बातें कानून की

बातें कानून की के लिए दो शब्द

'क़ानूनी पचड़ों से बचने, ख़ुद को उत्पीड़न से बचाने, एक महिला के रूप में अपने संपत्ति अधिकारों के लिए बातचीत करने के लिए—अपने अधिकारों को जानना ख़ुद को सशक्त बनाना है। यह किताब आपको ऐसा करने और एक तनावमुक्त क़ानूनी जीवन जीने में मदद करेगी।'

—इंदिरा जयसिंह, वरिष्ठ वकील,
सुप्रीम कोर्ट ऑफ़ इंडिया

'*बातें कानून की* आज के दौर की मांग है जो भारत में महिलाओं के क़ानूनी अधिकारों के बारे में जागरूकता बढ़ाती है। रोज़मर्रा की दुनिया के उदाहरणों का इस्तेमाल करते हुए यह कार्यस्थल के अधिकारों, संपत्ति क़ानूनों और पारिवारिक मामलों से जुड़ी जटिल क़ानूनी अवधारणाओं को सरल बनाती है, और विविध पृष्ठभूमियों के पाठकों को क़ानूनी परिदृश्य को आत्मविश्वास के साथ समझने और महिलाओं के जीवन को प्रभावित करने वाले ढांचों को बेहतर ढंग से समझने में सक्षम बनाती है।'

—सूज़न जेन फ़र्ग्युसन, कंट्री रेप्रेज़ेंटेटिव,
यूएन विमेन इंडिया

'मुझे इस किताब की सबसे अच्छी बात यह लगी कि यह बहुत ही समावेशी है। चाहे आप साइबरबुलींग से जूझ रही टीनएजर हों या साठ साल से ऊपर की ऐसी महिला हों जो उत्तराधिकार के क़ानूनों को समझना चाहती है, इसमें हर किसी के लिए कुछ न कुछ है। यह एक ऐसी हैंडबुक की तरह है जिसके बारे में आपको पता भी नहीं था कि आपको इसकी ज़रूरत है—लेकिन एक बार इसे पढ़ने के बाद आप इसके बिना नहीं रह पाएंगी।'

—नव्या नवेली नंदा, उद्यमी

'यह किताब एक क़ानूनी बैस्ट फ्रेंड जैसी है जो आपको सशक्त निर्णय लेने के लिए स्पष्टता, आत्मविश्वास और जानकारी प्रदान करती है।'

—मासूम मीनावाला, उद्यमी व सामग्री निर्माता

'महिलाओं के लिए ख़ुद को सशक्त बनाने का एक क़ीमती संसाधन। क़ानूनी बारीकियों को सरल और सुलभ भाषा में पेश किया गया है।'

—सौरभ किरपाल, वरिष्ठ वकील,
सुप्रीम कोर्ट ऑफ़ इंडिया

'अवश्य पढ़ें! कार्यस्थल के अधिकारों से लेकर व्यक्तिगत संबंधों और क़ानूनी उपायों तक, यह आज की महिलाओं के लिए अपनी आवाज़ और अपने अधिकारों की रक्षा करने के लिए एक व्यापक टूलकिट है।'

—मालिनी अग्रवाल, उद्यमी व डिजिटल इंफ़्लुएंसर

'मानसी इस देश की उन असाधारण क़ानूनी विशेषज्ञों में से एक हैं जिनका महिला अधिकारों से जुड़ा व्यापक और विचारशील काम सरल, सुलभ और मूल्यवान है। जहां पेचीदा क़ानून आपके मन में बहुत से सवाल छोड़ जाते हैं, वहीं मानसी की किताब सरल उत्तर प्रदान करती है।'

—निखिल तनेजा, सह-संस्थापक व प्रमुख, यूवा

'*बातें कानून की* आवश्यक रूप से पढ़ी जानी चाहिए। मानसी की स्पष्ट व्याख्याएं सभी उम्र की महिलाओं के लिए क़ानूनी अधिकारों को समझना आसान और सुलभ बनाती हैं।'

—राम्या कृष्णन, अभिनेत्री

बातें कानून की

महिलाओं के लीगल राइट्स की एक आसान गाइड

मानसी चौधरी

अनुवाद

शुचिता मीतल

प्रथम प्रकाशन 2026
हार्पर हिन्दी
(हार्परकॉलिंस *पब्लिशर्स* इंडिया) द्वारा प्रकाशित
हार्परकॉलिंस *पब्लिशर्स* इंडिया, साइबर सिटी, बिल्डिंग 10-A,
गुरुग्राम, हरियाणा – 122002, भारत
www.harpercollins.co.in

P-ISBN: 978-93-7307-480-1
E-ISBN: 978-93-7307-557-0

टाइपसेटिंग : हार्परकॉलिंस *पब्लिशर्स* इंडिया प्राइवेट लिमिटेड
मुद्रक : सौरभ प्रिन्टर्स प्रा. लि.

HarperCollins *Publishers*, Macken House, 39/40 Mayor Street Upper, Dublin 1, D01 C9W8, Ireland

मेरे माता-पिता, पार्टनर और पपी को समर्पित

अनुक्रम

एक विशेष संदेश

बातें कानून की महज़ एक किताब नहीं है—यह एक क्रांतिकारी बदलाव है। यह क़ानूनी पेचीदगियों को लेती है और उन्हें ऐसे रूप में सामने रखती है जिसे हम सभी समझ और इस्तेमाल कर सकते हैं। वास्तविक जीवन के केसों और आसान संदर्भों को लेते हुए इसने कुछ गंभीर, और अक्सर कठिन विषयों को भी सरल और रोचक बना दिया है। यह किताब भाषण नहीं देती; बल्कि हर क़दम पर आपके साथ खड़े रहने वाले दोस्त की तरह आपसे बात करती है।

मैं मानसी को काफ़ी समय से जानती हूं और मैं पूरे विश्वास के साथ इतना कह सकती हूं: महिलाओं को सशक्त बनाने का उनका जुनून और क़ानूनी अधिकारों को आसानी से समझने लायक़ बनाने की उनकी प्रतिभा वाक़ई प्रेरणादायक है। महिलाओं को उनके अधिकारों के बारे में जानकारी देकर उन्हें सशक्त बनाने के लिए वायरल हो चुके प्लेटफ़ॉर्म *पिंक लीगल* की संस्थापक के रूप में मानसी बदलाव की एक अथक पैरोकार रही हैं। वो क़ानून की सिर्फ़ जानकार नहीं हैं—वो यह भी समझती हैं कि यह हमारे रोज़मर्रा के जीवन को कैसे प्रभावित करता है और वो दिल से चाहती हैं कि वो इस राह में महिलाओं की मदद कर सकें।

मुझे इस किताब की सबसे अच्छी बात यह लगी कि यह बहुत ही समावेशी है। चाहे आप साइबरबुलींग से जूझ रही टीनएजर हों या साठ साल

से ऊपर की ऐसी महिला हों जो उत्तराधिकार के क़ानूनों को समझना चाहती है, इसमें हर किसी के लिए कुछ न कुछ है। यह एक ऐसी हैंडबुक की तरह है जिसके बारे में आपको पता भी नहीं था कि आपको इसकी ज़रूरत है—लेकिन एक बार इसे पढ़ने के बाद आप इसके बिना नहीं रह पाएंगी।

बातें कानून की को पढ़ना किसी ऐसे व्यक्ति से बात करने जैसा है जो सचमुच मदद करना चाहता है। यह सशक्त बनाती है, आंखें खोलती है और सबसे बढ़कर, कार्रवाई योग्य है। आप सिर्फ़ अपने अधिकारों के बारे में नहीं जान रही हैं—आप यह भी जान रही हैं कि उन अधिकारों के लिए खड़े कैसे होना है।

तो, मेरी सलाह है: इस किताब को पढ़िए। इसे अपनी दोस्तों, बहनों, माताओं और बेटियों के साथ शेयर कीजिए। इसे एक बड़े काम की शुरुआत बनने दें—एक ऐसी दुनिया की शुरुआत जहां हर महिला अपनी क़ीमत और अपने अधिकारों को जानती हो, और दोनों की मांग करने से डरती न हो।

इस किताब में ज़िंदगियों को बदलने की ताक़त है। और मुझे इसे आपके सामने पेश करते हुए बेहद गर्व हो रहा है।

मुंबई **नव्या नवेली नंदा**
फ़रवरी 2025

प्रस्तावना

दशकों लंबे अनुभव वाली एक पारिवारिक मामलों की वकील होने के नाते, मैंने ऐसी महिलाओं की अनगिनत कहानियां सुनी हैं जो अपने अधिकारों और उन्हें हासिल करने के तरीक़े से अनजान होने के कारण ख़ुद को फंसा हुआ पाती हैं। बात चाहे संपत्ति की लड़ाई की हो, निजी सुरक्षा की हो या फिर वैवाहिक क़ानूनों की उलझनों से जूझने की हो, अनेक महिलाएं क़ानूनी ज्ञान की कमी के कारण परेशानी झेलती हैं।

बातें कानून की : महिलाओं के लीगल राइट्स की एक आसान गाइड भारत में क़ानूनी साहित्य के क्षेत्र में एक महत्वपूर्ण योगदान है। पुरस्कार विजेता वकील और महिला अधिकारों के एक अभिनव मंच *पिंक लीगल* की सूत्रधार मानसी चौधरी द्वारा लिखित यह पुस्तक एक व्यापक क़ानूनी टूलकिट का काम करती है।

पारिवारिक मामलों की वकील होने के नाते मेरा मानना है कि ज्ञान ही शक्ति है। जब एक महिला अपने अधिकारों को समझेगी, तभी वो अच्छी तरह सोच-विचार करके अपने भविष्य को आकार देने वाले फ़ैसले ले पाएगी। यह पुस्तक महिलाओं को वो आवश्यक उपकरण प्रदान करती है जिनसे वो अपनी रक्षा कर सकती हैं, अपने भविष्य को सुरक्षित रख सकती हैं और अपने अधिकारों का दावा कर सकती हैं।

मानसी के पास क़ानून की पेचीदगियों को आसान बनाने का हुनर है। वो पाठकों को क़ानूनी शब्दावली में उलझाती नहीं हैं—बल्कि, इसे सरल भाषा में इस तरह के प्रासंगिक उदाहरणों और व्यावहारिक चरणों का उपयोग करके समझाती हैं, जिनसे जटिल अवधारणाओं को समझना आसान हो जाता है। चाहे आप उत्पीड़न से जूझ रही हों, या उत्तराधिकार के बारे में स्पष्टता चाहती हों, या विवाह और तलाक़ के नाज़ुक दौर से गुजर रही हों, यह पुस्तक आपकी मार्गदर्शक है।

मानसी ने अपना दिल और विशेषज्ञता एक ऐसे संसाधन का निर्माण करने में लगा दी है जो व्यावहारिक है, अंतर्दृष्टि से भरा है, और सबसे महत्वपूर्ण रूप से, परिवर्तनकारी है। भारत एक महत्वपूर्ण मोड़ पर है। महिलाएं अब हाशिये पर नहीं रहीं; वो हर क्षेत्र में बदलाव ला रही हैं। आज, महिलाएं कार्यबल का एक बड़ा भाग हैं—वो मानदंडों को चुनौती दे रही हैं, बाधाओं को तोड़ रही हैं और अपना रास्ता ख़ुद बना रही हैं। लेकिन सशक्तीकरण सिर्फ़ ऑफ़िस तक सीमित नहीं होता—इसका दायरा जीवन के हर पहलू तक फैलना चाहिए, ख़ासकर जहां क़ानूनी अधिकारों की बात आती हो। *बातें कानून की* इस महत्वपूर्ण खाई को पाटती है, और यह सुनिश्चित करती है कि महिलाएं आत्मविश्वास के साथ खड़ी हो सकें, सोच-समझकर फ़ैसले ले सकें और अपने भविष्य की रक्षा कर सकें। मुझे इसमें कोई संदेह नहीं है कि यह पूरे भारत में महिलाओं की एक भरोसेमंद साथी बनेगी।

मुंबई **मृणालिनी देशमुख**
जनवरी 2025

भूमिका

आइए, आपके क़ानूनी अधिकारों को सरल भाषा में जानें

आपको यह किताब क्यों पढ़नी चाहिए? मैं पहले ही कह देती हूं कि इस सवाल का जवाब मैं अभी नहीं दूंगी। वास्तव में, एक मिनट के अंदर आप ख़ुद ही इसका जवाब देने में सक्षम हो जाएंगी!

तो, क्या आप इस चुनौती के लिए तैयार हैं?

चलिए, बात एक क्विज़ से शुरू करते हैं। इन परिदृश्यों की कल्पना करें। क्या आपको पता है कि क्या करना चाहिए अगर:

1. आप किसी पब्लिक प्लेस पर हैं और कोई आपके साथ छेड़छाड़ करे?
2. आपका एक्स-बॉयफ्रेंड (या पार्टनर) आपकी प्राइवेट फ़ोटो लीक करने की धमकी दे?
3. कोई आपको स्टॉक करे?
4. आपकी दोस्त बहुत बुरी तलाक़ प्रक्रिया से गुज़र रही हो और उसका पति गुज़ारा-भत्ता देने से मना कर रहा हो?
5. तलाक़ की स्थिति में आपकी दोस्त अपने बच्चों के अधिकार सुरक्षित करना चाहती हो?
6. आपका सहकर्मी वर्कप्लेस पर आपका यौन शोषण करता हो?

7. आपकी किसी परिचित के साथ लिव-इन रिलेशनशिप में बुरा बर्ताव किया जा रहा हो?
8. आपकी कज़िन के माता-पिता उसकी जबरन शादी करवा रहे हों?
9. आप किसी के ख़िलाफ़ पुलिस में शिकायत दर्ज करना चाहती हों?
10. आप अपनी पारिवारिक संपत्ति में उत्तराधिकार पाना चाहती हों?
11. आपका ऑफ़िस किसी ऐसी सहकर्मी को निकालने की तैयारी कर रहा है जो अभी मां बनी हो?
12. आपको कोर्ट में कोई केस दर्ज कराना और वकील नियुक्त करना हो?
13. आपकी कोई परिचित अबॉर्शन करवाना चाहती हो?

अगर आप इनमें से ज़्यादातर सवालों के (या किसी भी सवाल का) जवाब न जानती हों, तो यह किताब आपके लिए *ज़रूरी* है!

मैं आपको एक निजी अनुभव बताती हूं। एक रात क़रीब दस बजे, जब मैं अपने होमटाउन हैदराबाद में ड्राइव करके काम से घर वापस जा रही थी, तो एक दूसरी कार के साथ मेरा एक छोटा सा एक्सीडेंट हो गया। एक रेड लाइट पर हमारे बंपर टकरा गए थे। दो आदमी चीख़ते-चिल्लाते बाहर आए। उन्होंने मेरी कार का रास्ता रोक लिया और दरवाज़ा खोलने की कोशिश करने लगे। मैं अकेली थी; कोई मेरी मदद के लिए आगे नहीं आया। जब मैंने ड्राइव करके निकलने की कोशिश की, तो उन्होंने मेरे साइड-व्यू मिरर तोड़ दिए।

मुझे बहुत ग़ुस्सा आया, लेकिन उससे ज़्यादा मुझे अपनी सुरक्षा की चिंता थी। आसपास के लोगों ने बीचबचाव नहीं किया। ख़ुशक़िस्मती से, मेरे दिमाग़ ने काम किया और मैंने जल्दी से अपना फ़ोन निकालकर दूसरी कार की नंबर प्लेट की फ़ोटो ले ली। एक वकील के तौर पर मुझे पता था कि यह तस्वीर सबूत के तौर पर काम आएगी।

अगले दिन मैंने उन दोनों आदमियों के ख़िलाफ़ पुलिस कंप्लेंट दर्ज करने का फ़ैसला किया। मैं यह पक्का करना चाहती थी कि उन्हें यह सबक़ मिले कि इस तरह की बदतमीज़ी करके वो बिना नतीजा भुगते बच नहीं सकते।

पहली बार पुलिस स्टेशन जाना बहुत घबराहट भरा था। मुझे पता नहीं था कि पुलिसवाले मेरी शिकायत को गंभीरता से लेंगे भी या नहीं। मुझे फ़िल्मों के वो सीन याद आ रहे थे जिनमें पुलिस कभी मिलनसार नहीं होती। उस दिन मैंने ख़ुद अनुभव किया कि भारत में औरतों का अपने हक़ के लिए खड़ा होना कितना भयावह है, ख़ासकर अगर उन्हें क़ानून की जानकारी न हो तो।

जिस इकलौती चीज़ ने मुझे अकेले उस पुलिस स्टेशन में जाने की हिम्मत दी, वो यह थी कि मुझे अपने क़ानूनी हक़ पता थे। इस अनुभव ने मुझे भारत के पहले डिजिटल प्लेटफ़ॉर्म पिंक लीगल को लॉन्च करने के लिए प्रेरित किया, जो महिलाओं को सरल तरीक़े से उनके क़ानूनी अधिकार बताता है। और अब, पिंक लीगल शुरू करने के चार साल बाद, मैं एक ऐसी किताब लिख रही हूं जो मुझे उम्मीद है कि भारत की हर महिला को अपने हक़ के लिए आवाज़ उठाने की ताक़त देगी।

इस किताब को एक ऐसी वकील दोस्त की तरह मानें जो आपको हमेशा से चाहिए थी मगर कभी मिल नहीं पाई। एक ऐसी दोस्त जिससे आप कोई भी, आलतू-फ़ालतू से लगने वाले भी, 'क़ानूनी' सवाल पूछ सकें। या एक ऐसी दोस्त जो बहुत धीरज से आपको आपके क़ानूनी अधिकार बताएगी, और वो भी बिना कठिन क़ानूनी शब्दावली के!

अब आप कह सकती हैं कि मैं तो कोई क़ानूनी केस नहीं लड़ रही हूं। मुझे अपने अधिकारों के बारे में जानने की क्या ज़रूरत है?

तो इस तरह सोचें। क्या आपने कोई हेल्थ इंश्योरेंस पॉलिसी ली है? (नहीं ली, तो आपको लेनी चाहिए!) लोग हेल्थ इंश्योरेंस पॉलिसी क्यों लेते हैं? इसलिए नहीं कि वो बीमार होते हैं या उन्हें अगले एक साल के अंदर बीमार पड़ने का अंदेशा होता है। हम इसे एक सुरक्षात्मक उपाय के रूप में लेते हैं, ताकि अगर भविष्य में कुछ अनहोनी आन पड़े तो उसके लिए तैयार रहें।

अपने क़ानूनी अधिकारों को जानना भी ऐसा ही है। आपको यह इंतज़ार नहीं करना चाहिए कि कुछ ग़लत हो और फिर आप अंधाधुंध गूगल से अधकचरी जानकारी निकालें या सबसे क़रीब मौजूद वकील के ऑफ़िस

की ओर भागें। इसके बजाय, आप आराम से बैठें और उस स्थिति में अपने अधिकारों को समझें, और यह भी कि आपको आगे क्या करना है। संक्षेप में, अपने अधिकारों को लेकर कूल रहें!

याद रखें, जानकारी होना कूल है। जानकारी होना सशक्त होना है।

क्या यह किताब आपके लिए है?

हां, हां और हां! चाहे आप सोलह साल की हों या साठ की, या आप मिड-लाइफ़ क्राइसिस से गुज़र रही हों; और चाहे आप कभी न सोने वाले किसी शहर की हों या भारत के अंदरूनी भागों की, यह दोस्त आपको सच्चा क़ानूनी ज्ञान देगी! साथ ही, आप चाहे किसी भी धर्म को मानने वाली हों—चाहे आप हिंदू हों, मुस्लिम हों, ईसाई हों या अ-धार्मिक हों—यह किताब आपके लिए है।

क्या यह दोस्त सिर्फ़ महिलाओं के लिए है? बिल्कुल नहीं! हालांकि यह महिलाओं के अधिकारों के बारे में है, लेकिन यह सभी के लिए है, चाहे वो किसी भी लिंग के हों। आख़िरकार, सबको ही अपने अधिकारों को समझने और अपने आसपास के लोगों को सशक्त बनने में मदद करने के लिए एक बेस्ट फ़्रेंड वकील की ज़रूरत होती है।

यह किताब भारत में महिलाओं के क़ानूनी अधिकारों के बारे में एक विस्तृत गाइड है। बात चाहे साइबरबुलींग की हो, या वर्कप्लेस पर परेशानी, घरेलू हिंसा, शादी और तलाक़, अपने विरासत के अधिकारों को समझने, लिव-इन रिश्ते से जूझने, यौन उत्पीड़न या पुलिस व अदालतों से निपटने से जुड़ी हो—इसमें सबके लिए कुछ न कुछ है!

इस किताब को कैसे पढ़ें?

इस किताब में इस्तेमाल की गई भाषा, बिना किसी डरावने शब्दजाल के, बेहद आसान है जिससे आपको ऐसा लगेगा जैसे कोई दोस्त आपसे बात कर रही है। इसमें बहुत से चाय-कॉफ़ी ब्रेक भी हैं जिनमें आप मज़ेदार क्विज़

खेल सकती हैं, फ़िल्मों की मिसालों से सीख सकती हैं और असल ज़िंदगी के मामलों की झलक पा सकती हैं।

मैंने इस किताब को इस तरह से बांटा है कि आप बाक़ी विषयों से हटकर जो चाहें विषय चुन सकती हैं, और उसी से शुरुआत कर सकती हैं। अपने पसंदीदा विषय से निपटने के बाद आप बेझिझक दूसरे विषयों पर भी नज़र डाल सकती हैं, ताकि आप अपने सभी अधिकारों को व्यापक रूप से समझ सकें।

भाग 1 में, आप ज़िंदगी के अलग-अलग क्षेत्रों में अपने सारे क़ानूनी अधिकारों के बारे में पढ़ सकती हैं। भाग 2 में, आप जानेंगी कि पुलिस में शिकायत कैसे दर्ज करें, और कि अदालती प्रक्रियाएं कैसी होती हैं, इत्यादि।

विषय सूची को अपने पास तैयार रखें ताकि ज़रूरत पड़ने पर आप किसी विषय को और गहराई से समझने के लिए अलग-अलग सेक्शनों पर जा सकें। उदाहरण के लिए, घरेलू हिंसा वाला चैप्टर पढ़ते समय आप चैप्टर 10 में पुलिस शिकायत वाला भाग देख सकती हैं ताकि यह समझ सकें कि कार्रवाई कैसे की जाती है।

तो, अपनी चाय या कॉफ़ी तैयार रखें (आपकी पसंद क्या है? मैं आमतौर पर कॉफ़ी पसंद करती हूं, लेकिन बारिश के दिनों में मुझे गरम मसाला चाय चाहिए होती है!), कोई बढ़िया सी जगह चुनें और फिर हम थोड़ी मस्ती करेंगे (और इसी के साथ ख़ुद को सशक्त बनाएंगे)। पिंकी प्रॉमिस, आप इस किताब को बिना कुछ नया सीखे छोड़ ही नहीं पाएंगी। नए आत्मविश्वास से भरी आपके नाम!

भारतीय क़ानूनी परिदृश्य के बारे में रोचक तथ्य

हमारी न्याय व्यवस्था किस तरह की है? क्या यह वैसी ही है जैसी फ़िल्मों में दिखाते है? एक कोर्ट केस लड़ने में कितना समय लगता है? और इससे भी महत्वपूर्ण यह कि क्या अदालत जाना हमेशा सबसे अच्छा समाधान होता है?

सुप्रीम कोर्ट, हाई कोर्ट्स और निचली अदालतों में काम करने का अनुभव होने के नाते मैं आपको बता सकती हूं कि हमारी न्याय प्रणाली बेहद जटिल

है। अगर मुझे कोई मिसाल देनी हो, तो मैं इसकी तुलना मानव शरीर से करूंगी। हम जानते हैं कि अनगिनत अंगों, प्रणालियों, ग्रंथियों, मांसपेशियों, हड्डियों, तंत्रिकाओं आदि के चलते हमारे शरीर में कितनी जटिलताएं हैं। इसीलिए इसमें आश्चर्य की कोई बात नहीं कि मेडिसन सबसे कठिन विषयों में से एक है। न्याय प्रणाली भी ऐसी ही है। सारे क़ानूनों और प्रक्रियाओं की पूरी बारीकी से जानने-समझने के लिए वकीलों को वर्षों के प्रशिक्षण और अनुभव की ज़रूरत पड़ती है। लेकिन इस पुस्तक के ज़रिए हम महत्वपूर्ण क़ानूनों को झटपट और रोचक ढंग से समझने की कोशिश करेंगे।

भारतीय न्याय प्रणाली के बारे में तीन रोचक तथ्य इस प्रकार हैं:

1. भारत में 'समान क़ानून व्यवस्था' है।

इसका अर्थ यह है कि क़ानूनी विधानों के अलावा, कोर्ट (हाई कोर्ट्स और सुप्रीम कोर्ट) में दिए गए निर्णय भी क़ानून माने जाते हैं। उदाहरण के लिए, सुप्रीम कोर्ट ने 2018 में भारत में समलैंगिकता को अपराधमुक्त करने का एक ऐतिहासिक फ़ैसला सुनाया। इस फ़ैसले के नतीजे में भारत में समलैंगिकता अपराधमुक्त हो गई।

सुप्रीम कोर्ट का फ़ैसला पूरे देश पर लागू होता है। लेकिन उच्च न्यायालय का फ़ैसला सिर्फ़ उससे संबंधित राज्य पर लागू होता है। इसलिए, अगर मध्य प्रदेश उच्च न्यायालय कोई फ़ैसला सुनाता है, तो उसे केवल मध्य प्रदेश में ही क़ानून माना जाएगा, आंध्र प्रदेश में नहीं! जैसे ही आप किसी राज्य की सीमा को पार करते हैं, क़ानून बदल सकते हैं। अजीब लग रहा है? लेकिन, सिस्टम ऐसे ही काम करता है।

दूसरे प्रकार की न्यायिक प्रणाली दीवानी क़ानून प्रणाली है, जो केवल संहिताबद्ध विधानों (न कि निर्णयों को) को ही क़ानून मानती है। समान क़ानून प्रणाली का पालन कनाडा, ऑस्ट्रेलिया, हांगकांग, आयरलैंड, यूके आदि अधिकांश पूर्व ब्रिटिश उपनिवेशों, या राष्ट्रमंडल देशों में किया जाता है। दीवानी क़ानून प्रणाली का पालन मुख्य रूप से यूरोपीय देशों (जैसे फ्रांस,

जर्मनी, स्पेन और अन्य), उनके पूर्व उपनिवेशों और चीन और जापान जैसे पूर्वी एशियाई देशों में किया जाता है।

2. भारत में इतने क़ानून हैं कि आप सारी ज़िंदगी में उन्हें गिन भी नहीं सकते!

मार्च 2024 तक, भारत में अकेले **केंद्रीय क़ानून ही लगभग 900** थे![1] केंद्रीय क़ानूनों के अलावा हर राज्य के अपने क़ानून होते हैं। हमारे देश में अट्ठाईस राज्य हैं, इसलिए अगर आप चाहें तो हिसाब लगा लें! इनमें अदालतों द्वारा हर रोज़ पारित किए जाने वाले अनगिनत फ़ैसलों को भी जोड़ लें, जो संहिताबद्ध क़ानूनों जितने ही अहम हैं (जैसा कि ऊपर बताया गया है)। मैं भारतीय क़ानूनों की कल्पना एक मकड़ी के जाले के रूप में करूंगी, जिसमें बेशुमार रेखाएं होती हैं जो अलग-अलग होते हुए भी आपस में जुड़ी हुई होती हैं, और जिनके एक साथ मिलने से एक विशेष पैटर्न बनता है।

3. भारत में कई क़ानूनों में अभी भी औपनिवेशिक काल की बू आती है।

हमारे कुछ क़ानून तो इतने पुराने हैं कि वो 1800 के दशक से, हमारे पर-पर-परदादा-दादी के जन्म से भी पहले से मौजूद हैं! हालांकि हमने उनमें से कुछ को रद्द कर दिया है, लेकिन कई क़ानून अभी भी मौजूद हैं। मसलन, देश की मुख्य दंड संहिता, भारतीय दंड संहिता (आईपीसी), अंग्रेज़ों द्वारा 1860 में पारित की गई थी। अब कुछ बदलावों के साथ इसका नाम बदलकर भारतीय न्याय संहिता (बीएनएस), 2023 कर दिया गया है। लेकिन, इसका अधिकांश भाग अभी भी वही है। इलेक्ट्रिक कारों (और उड़न-कारों पर रिसर्च) के इस युग में भारतीय न्याय व्यवस्था को एक ऐसी पुरानी एंबैसेडर कार की तरह समझिए जिसे नए रंग-रौग़न की परतों के साथ पीढ़ी दर पीढ़ी परोसा जाता रहा है!

याद रखने की बातें

1. व्यक्तिगत क़ानून, यानी विवाह, तलाक़, गोद लेने और संपत्ति के उत्तराधिकार से संबंधित क़ानून धर्म पर आधारित होते हैं और आपके धर्म के अनुसार अलग-अलग हो सकते हैं।
2. यौन उत्पीड़न से संबंधित क़ानून लिंग-तटस्थ नहीं हैं, कम से कम अभी तक तो नहीं हैं। वो इस तरह बनाए गए हैं जिनमें पीड़ित महिला होती है और अपराधी पुरुष।
3. पुस्तक में दिए गए असल जीवन के सारे उदाहरणों में लोगों के नाम बदल दिए गए हैं। पहचानों को छिपाने के लिए काल्पनिक नामों का इस्तेमाल किया गया है।
4. देश की प्रमुख दंड संहिता, जिसमें अपराधों की सूची और उनका विवरण दिया गया है, भारतीय न्याय संहिता, 2023 है (जिसे पहले भारतीय दंड संहिता के नाम से जाना जाता था)। इसके अलावा, अन्य क़ानूनों में भी आपराधिक दंड का प्रावधान है। उदाहरण के लिए, सूचना प्रौद्योगिकी अधिनियम 2000 में हैकिंग को अपराध माना गया है।
5. सिविल लॉ सैकड़ों अलग-अलग क़ानूनों में फैले हुए हैं, जो उस विषय के लिए विशिष्ट हैं जिससे उनका संबंध है। उदाहरण के लिए, घरेलू हिंसा से महिलाओं का संरक्षण अधिनियम, 2005 का उद्देश्य महिलाओं को घरेलू हिंसा से बचाना है; दहेज निषेध अधिनियम, 1961 का उद्देश्य दहेज लेने और देने पर रोक लगाना है।

1

ऐसा तो नहीं चाहा था: सेक्शुअल हैरेसमेंट के लिए क़ानूनी गाइड

इस चैप्टर में हम सेक्शुअल हैरेसमेंट (यौन उत्पीड़न) से संबंधित आम मिथकों को तोड़ेंगे और मोलेस्टेशन, पीछा करने (स्टॉकिंग), लड़कियों को छेड़ने आदि से जुड़े क़ानूनों को समझेंगे, और बताएंगे कि किसी भी तरह के यौन उत्पीड़न के ख़िलाफ़ आपको कौन से शुरुआती क़दम उठाने चाहिए।

सेक्शुअल हैरेसमेंट है क्या?

सेक्शुअल हैरेसमेंट क्या है? मैं क्या कार्रवाई कर सकती हूं? कौन सा क़ानून मेरी रक्षा करता है? मुझे यक़ीन है कि आपका दिमाग़ ढेरों सवालों से भरा होगा! इससे पहले कि हम अपने क़ानूनी अधिकारों के मुद्दे पर आएं, यह समझने के लिए एक छोटी सी एक्सरसाइज़ करते हैं कि हमारे लिए क़ानून को जानना *क्यों* ज़रूरी है।

अपने हाथों की उंगलियां ऊपर उठाइए। नीचे दिए गए हर कथन को पढ़ते हुए, अगर आपने या आपकी किसी परिचित महिला ने इस तरह की किसी स्थिति का अनुभव किया है, तो अपनी एक उंगली को नीचे कर लें।

एक उंगली नीचे कर लें अगर:

1. आपने कभी सार्वजनिक रूप से छेड़ख़ानी का या आप पर सीटी बजाए जाने का सामना किया है।
2. आपने कभी रात में अकेले चलते हुए असुरक्षित महसूस किया है।
3. आपको कभी आपकी मर्ज़ी के बिना अनुचित ढंग से छुआ गया है।
4. कभी आप पर आपके शरीर या रूप-रंग के बारे में अवांछित यौन टिप्पणियां की गई हैं।
5. आपको कभी किसी के घूरने के कारण असहज या अपमानित महसूस करना पड़ा है।
6. आपको कभी आपकी इच्छा के विरुद्ध यौन गतिविधियों में शामिल होने के लिए दबाव डाला या मजबूर किया गया है (भले ही यह केवल गले लगाना या ऐसा स्पर्श हो जो यौन प्रकृति का हो)।
7. आपको कभी आपके लिंग के कारण अवसरों या पदोन्नति से वंचित किया गया है।
8. आपने कभी जवाबी कार्रवाई के डर से यौन उत्पीड़न का सामना करने के बारे में बोलने में झिझक महसूस की है।

आपने कितनी उंगलियां नीचे कीं? अगर आपने पांच उंगलियां भी नीचे कीं, तो आप निश्चित रूप से समझ गई होंगी कि आपको यौन उत्पीड़न के बारे में अपने अधिकारों के बारे में जानना क्यों ज़रूरी है।

अपने दोस्तों और परिवार के साथ यह एक्सरसाइज़ करें और देखें कि हर लिंग का अनुभव कितना अलग है। आप देखेंगी कि पुरुषों की तुलना में महिलाएं ज़्यादा उंगलियां नीचे करती हैं। इसे अपनी मां, दादी और मौसियों के साथ करें। देखें कि क्या पीढ़ियों के अनुभवों में कोई अंतर है। इस एक्सरसाइज़ से आपको महिलाओं के क़ानूनी अधिकारों के महत्व को समझने और पुरुषों को अपने आसपास की महिलाओं द्वारा झेले जाने वाले यौन उत्पीड़न के प्रति सहानुभूति विकसित करने में मदद मिलेगी।

क्या यौन उत्पीड़न केवल शारीरिक होता है?

सीधे शब्दों में, यौन उत्पीड़न का अर्थ यौन प्रकृति का कोई भी अवांछित बर्ताव/ध्यान है। हालांकि यह एक गंभीर मुद्दा है जिससे सावधानी के साथ निपटने की ज़रूरत है, लेकिन हम इसे गंभीर बनाए बिना इससे जुड़े अपने अधिकारों को समझने की कोशिश करेंगे।

जब हम यौन उत्पीड़न के बारे में सोचते हैं, तो आमतौर पर हमारे मन में किसी न किसी रूप में शारीरिक उत्पीड़न का ही ख़्याल आता है। यह एक आम मिथक है जिसे तोड़ना ज़रूरी है। सच्चाई यह है कि यौन उत्पीड़न शारीरिक, मौखिक और ग़ैर-मौखिक हो सकता है।

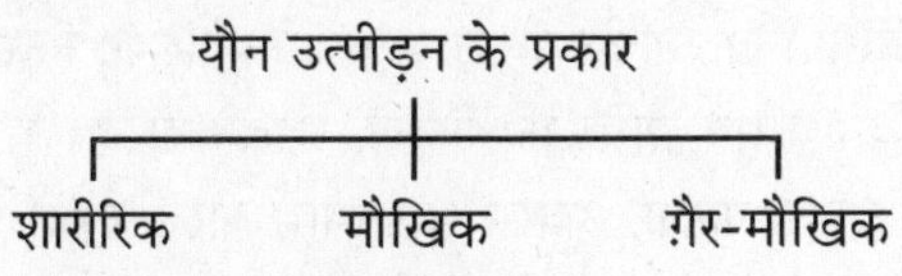

अब इन पर तफ़्सील से बात करते हैं।

1. शारीरिक यौन उत्पीड़न

शारीरिक उत्पीड़न एक ऐसा काम है जिसमें कोई व्यक्ति आपको आपकी इच्छा के विरुद्ध सेक्शुअली छूता है। यह आक्रामक या हिंसक कामों

तक सीमित नहीं है। इसमें छोटी-छोटी हरकतें, अनचाहे स्पर्श और ग़ैर-आक्रामक यौन व्यवहार, जैसे अनुचित इशारे या देर तक सहलाते हुए छूना शामिल है।

नोट: शारीरिक उत्पीड़न का अर्थ *यह नहीं है कि यह आक्रामक या हिंसक ही हो*। किसी भी प्रकार का अनचाहा स्पर्श (कंधा थपथपाना या जांघ को छू लेना भी) *आपकी सहमति न होने की दशा में* यौन उत्पीड़न माना जाता है।

शारीरिक उत्पीड़न के सामान्य उदाहरणों में शामिल हैं:

i. अश्लील स्पर्श: स्तन, कूल्हे, जांघ आदि जैसे शरीर के अंगों को छूना या दबाना। ऐसा आमतौर पर सार्वजनिक परिवहन/भीड़-भाड़ वाली जगहों पर होता है।

ii. शरीर के किसी भी हिस्से को छूना: इसमें किसी व्यक्ति द्वारा आपके चेहरे, होंठों को छूना, आपके हाथ/हाथों को पकड़ना, अपनी बांह/बाहों को आपकी कमर में या कंधे के गिर्द, आपके कपड़ों के अंदर या किसी भी ऐसी जगह डालना शामिल है जिससे आप असहज महसूस करें।

iii. अनुचित ढंग से घिसना या रगड़ना: यौन या अंतरंग तरीक़े से जानबूझकर और अनचाहा शारीरिक संपर्क बनाना, जैसे किसी के शरीर के साथ ख़ुद को घिसना या रगड़ना। सार्वजनिक परिवहनों में यह आम है, जहां उत्पीड़क इसे भीड़ के कारण हुई 'ग़लती' बताकर टालने की कोशिश करता है।

iv. शारीरिक निकटता के दौरान अनचाही कोशिश: किसी की सहमति के बिना उसके शरीर को घिसने, रगड़ने या दबाने जैसे अवांछित यौन प्रयास करना, अक्सर भीड़-भाड़ वाली जगहों पर।

v. बिना अनुमति के कपड़ों को छूना या उतारना: किसी व्यक्ति की सहमति के बिना उसके कपड़ों को छूना, ठीक करना या उतारने की कोशिश करना, जैसे बटन खोलना, स्ट्रैप्स को उठाना, या ज़िपर खींचना।

सोचने की बात

बॉलीवुड मूवी *कबीर सिंह* में मुख्य किरदार (कबीर) एक लड़की (प्रीति) को, जिसे वो पसंद करता है, पहली ही मुलाक़ात में किस करता है। क्या आपको लगता है कि यह शारीरिक यौन उत्पीड़न का काम था?

2. मौखिक यौन उत्पीड़न

मौखिक यौन उत्पीड़न का अर्थ है अश्लील अनुचित टिप्पणियां और कथन। इसमें शब्दों के माध्यम से किसी भी प्रकार का यौन उत्पीड़न शामिल है।

मौखिक यौन उत्पीड़न के सामान्य उदाहरणों में शामिल हैं:

i. वस्तुकरण और अश्लील टिप्पणियां: इसमें किसी भी व्यक्ति द्वारा कामुक टिप्पणियां करना या महिलाओं का उनके रूप या शरीर के अंगों के आधार पर वस्तुकरण करना शामिल है। उदाहरण के लिए, किसी महिला की फ़िगर पर उसके शरीर के बारे में खुलकर बोलते, या अपमानजनक भाषा का प्रयोग करते हुए टिप्पणी करना।

ii. द्विअर्थी बातें: इसमें ऐसे द्विअर्थी कथनों या संवादों का प्रयोग शामिल है जिनमें मज़ाक़ की आड़ में यौन अर्थ छिपे होते हैं। ये कथन या बातें अक्सर परोक्ष टिप्पणी, शाब्दिक खेल, या यौन कृत्यों के बारे में चतुराई से छिपे संदर्भों पर आधारित होती हैं।

iii. अनुचित प्रस्ताव: पेशेवर अवसरों, पदोन्नति या व्यक्तिगत लाभ के बदले में सीधे या छिपे तौर पर सेक्शुअल फ़ेवर मांगना। इससे लक्षित व्यक्ति के मन में क्रोध या असहजता का भाव पैदा हो सकता है।

iv. किसी को अश्लील नामों से पुकारना: इनमें 'आइटम,' 'बम,' 'मिर्ची,' 'पटाख़ा,' 'सेक्सी' और 'माल' आदि शामिल हैं। इन शब्दों को सुनकर आसानी से पहचाना जा सकता है, ख़ासकर जब आप इनको बोले जाने के लहजे पर ध्यान दें।

v. एडल्ट (सेक्शुअल) चुटकुले सुनाना: इसमें ऐसे चुटकुले सुनाना शामिल है जिनसे आप असहज महसूस करती हों। इसमें अहम सुनने वाले पर ऐसे चुटकुले का प्रभाव है (मसलन, उनसे अपना वस्तुकरण किया जाना महसूस होना), न कि चुटकुला सुनाने वाले व्यक्ति का इरादा ('मैं तो बस मज़ाक़ कर रहा था')।

vi. आपके शरीर के बारे में टिप्पणियां करना: इसमें आपके रूप-रंग के बारे में टिप्पणियां शामिल हैं, जैसे 'तुम्हारा शरीर बहुत सुंदर है,' 'तुम्हारे होंठ लाजवाब हैं,' 'तुम्हारे कूल्हे सेक्सी हैं,' 'मुझे तुम्हारी बॉडी का शेप बहुत पसंद है,' 'तुम सेक्सी लग रही हो,' 'तुम्हारी टांगें सेक्सी लग रही हैं,' आदि।

vii. छेड़ने/परेशान करने के इरादे से गाने गाना: इसके उदाहरणों में सड़कों पर छेड़छाड़ करना, अपनी कार की स्पीड आपकी स्पीड के बराबर करते हुए अश्लील गाने बजाना आदि शामिल हैं।

3. ग़ैर-मौखिक यौन उत्पीड़न

ग़ैर-मौखिक यौन उत्पीड़न का अर्थ है बातों या शारीरिक संपर्क के बिना, इशारों या हरकतों के ज़रिए किसी भी तरह का उत्पीड़न।

सामान्य उदाहरणों में शामिल हैं:

i. घूरना: इसमें किसी को इस तरह देखना शामिल है जिससे वो असहज महसूस करे। आपने कितनी बार सार्वजनिक सवारियों में यात्रा की है और किसी के घूरने से असहज महसूस किया है? अब जबकि आप जान गई हैं कि यह एक प्रकार का ग़ैर-मौखिक यौन उत्पीड़न है, तो अगली बार ऐसा होने पर आपको इसे नज़रअंदाज़ करने या ख़ामोशी से सहने की ज़रूरत नहीं है।

ii. अवांछित यौन हरकतें: इसके उदाहरणों में अपराधी द्वारा अपने हाथों से या शरीर की अन्य गतिविधियों के ज़रिए अवांछित हरकतें या संकेत करना शामिल है।

iii. चेहरे के भाव: इसमें आंख मारना, चुंबन भेजना, होंठों को चाटना या चटख़ारे लेना शामिल है, जिससे इस तरह का ध्यान पाने वाले को अपना वस्तुकरण महसूस होता है।

ये सारे उदाहरण आपको सिर्फ़ यह समझने में मदद करने के लिए हैं कि यौन उत्पीड़न केवल शारीरिक ही नहीं बल्कि किसी भी रूप में हो सकता है। हम इस किताब के आगामी सेक्शनों में यौन उत्पीड़न के विशिष्ट प्रकारों पर गहराई से बात करेंगे।

यौन उत्पीड़न के तीन 'क'

1. यौन उत्पीड़क **को**ई भी हो सकता है। वो हमेशा अजनबी ही नहीं होता। उत्पीड़क अक्सर आपके परिचित लोग होते हैं, जैसे कोई सहकर्मी या कोई अंकल।
2. यौन उत्पीड़न **क**हीं भी हो सकता है। किसी सार्वजनिक जगह पर, ऑफ़िस में या घर पर।
3. यौन उत्पीड़न **कि**सी भी तरह हो सकता है। ज़रूरी नहीं कि यह शारीरिक ही हो। यौन निहितार्थों वाले शब्दों, इशारों और हरकतों जैसे ग़ैर-शारीरिक कृत्य भी उत्पीड़न के दायरे में ही आते हैं।

सहमति से क्या तात्पर्य है?

अब जबकि हम समझ गए हैं कि यौन उत्पीड़न के दायरे में क्या आता है, तो अब सहमति की बारीकियों पर ध्यान देते हैं। सहमति क्या है? यह यौन गतिविधि में शामिल होने के लिए एक सचेत, स्पष्ट और सकारात्मक सहमति है। सीधे शब्दों में कहें तो सहमति का मतलब है हां, मेरी मर्ज़ी है!

भारतीय दंड संहिता (आईपीसी) की धारा 375, जो अब भारतीय न्याय संहिता (बीएनएस) की धारा 63 है, के अनुसार सहमति को इस प्रकार परिभाषित किया गया है: '...एक स्पष्ट स्वैच्छिक सहमति जब महिला शब्दों,

हावभाव या किसी भी प्रकार के मौखिक या ग़ैर-मौखिक संचार द्वारा किसी विशिष्ट यौन क्रिया में भाग लेने की इच्छा व्यक्त करती है; बशर्ते कि अगर कोई महिला लिंग-प्रवेश के कृत्य का शारीरिक रूप से विरोध नहीं करती है, तो उसे केवल इस तथ्य के आधार पर यौन गतिविधि के लिए सहमति नहीं माना जाएगा।'

उफ़! बात बड़ी पेचीदा लगती है, लेकिन आइए इसे समझते हैं:

1. एक स्पष्ट स्वैच्छिक सहमति: सहमति स्पष्ट (संदेह की किसी भी गुंजाइश के बिना) और स्वैच्छिक (अपनी मर्ज़ी से) होनी चाहिए। इसका मतलब है कि अगर आपको संदेह है, या आपने दबाव में हां कहा है, तो यह सहमति नहीं है।
2. शब्दों, हावभावों, या मौखिक या ग़ैर-मौखिक संचार के किसी भी रूप से: सहमति किसी भी रूप में व्यक्त की जा सकती है। यह शब्दों, हावभावों, कार्यों और शारीरिक भाषा के माध्यम से हो सकती है। मसलन, यदि आप ('नहीं' शब्द बोले बिना भी) शारीरिक रूप से विरोध कर रही हैं, तो आपके प्रतिरोध को सहमति न होना ही माना जाएगा।
3. भागीदारी की इच्छा व्यक्त करना: आपको यौन गतिविधि में भाग लेने के लिए मौखिक या ग़ैर-मौखिक संकेतों के द्वारा सहमति या इच्छा व्यक्त करनी चाहिए।
4. *विशिष्ट* यौन क्रिया में: किसी भी यौन गतिविधि में कई क्रियाएं शामिल होती हैं। यौन गतिविधि के एक भाग के प्रति सहमति का अर्थ किसी अन्य भाग के लिए सहमति नहीं है। मसलन, अगर आप चुंबन के लिए सहमत हैं, तो इसका मतलब यह नहीं है कि आप अपने साथी द्वारा आपके गुप्तांगों को छुए जाने से भी सहमत हैं। यौन क्रिया के प्रत्येक चरण के लिए सहमति आवश्यक है।

   इसका अर्थ यह भी है कि एक बार दी गई सहमति का अर्थ जीवन भर का समझौता नहीं है। उदाहरण के लिए, एक बार चुंबन

के लिए सहमत होने का अर्थ भविष्य में किसी भी समय चुंबन के लिए हां कहना नहीं है।

नोट: बोलचाल की भाषा में, सहमति उत्साहपूर्ण होनी चाहिए। जैसा कि 'उत्साहपूर्ण' शब्द से संकेत मिलता है, इसका अर्थ केवल 'नहीं' का अभाव नहीं, बल्कि इसका अर्थ निश्चित 'हां' है।

इन चीज़ों को सहमति समझने की ग़लती न करें:

1. 'ना' का अभाव: आपके सिर्फ़ 'ना' नहीं कहने का मतलब यह नहीं है कि आपने 'हां' कहा है। आप उस क्षण में भ्रमित या अनिश्चित हो सकती हैं।
2. प्रतिरोध का अभाव: अगर आप ऐसी स्थिति में हैं जहां आप प्रतिरोध नहीं कर पा रही हैं, चाहे ऐसा सुरक्षा संबंधी चिंताओं के कारण हो, अगर आप अभिभूत महसूस कर रही हैं, या अगर आप समझ नहीं पा रही हैं कि क्या हो रहा है, तो आपके प्रतिरोध का अभाव (जिसे क़ानून में 'समर्पण' भी कहा जाता है) सहमति के बराबर नहीं है।
3. किसी पदार्थ के प्रभाव में दी गई सहमति: अगर आप शराब या ड्रग्स जैसे किसी पदार्थ के प्रभाव में हैं, जिससे आप यह समझने में असमर्थ हैं कि क्या हो रहा है, तो इसे सहमति नहीं माना जाता है।
4. दबाव में दी गई सहमति: अगर आपके सहमत होने का एकमात्र कारण यह है कि आपका साथी आप पर 'हां' कहने का दबाव बना रहा है, तो इसे सहमति नहीं माना जाता है।

सीधे शब्दों में कहें तो, अगर सहमति 'हां', 'नहीं' और 'शायद' जैसे विकल्पों वाला एक फ़ीडबैक फ़ॉर्म होती, तो एकमात्र सही उत्तर 'हां' होता, जो बिना किसी संदेह या भ्रम के आपके भीतर से आना चाहिए।

अब आप सोच रहे रही होंगे कि सहमति मांगना कैसा होता है? इन विकल्पों पर विचार करें।

अगर कोई मेरे साथ छेड़छाड़ करे तो?

आपने सड़क पर चलते समय कितनी बार यौन उत्पीड़न का सामना किया है? सार्वजनिक स्थान—बाज़ार, सार्वजनिक परिवहन, सड़कें और पार्क—ऐसी आम जगहें हैं जहां महिलाओं को छेड़छाड़ का सामना करना पड़ता है। हालांकि इस दावे की पुष्टि के लिए हमारे पास सटीक आंकड़े नहीं हैं, लेकिन ऐसा कहना काफ़ी हद तक सही है कि भारत में लगभग हर महिला ने अपने जीवन में कम से कम एक बार तो सार्वजनिक स्थान पर यौन उत्पीड़न का सामना किया है।

रोज़मर्रा की छेड़छाड़ या हैरेसमेंट का सर्वव्यापी रूप काम पर या कॉलेज जाते समय, स्थानीय किराने की दुकान पर जाते समय, या पार्क में सामान्य सी सैर जैसे रोज़मर्रा के कामों के दौरान स्पष्ट दिखाई देता है। ऐसा लगता है कि अनचाहे ढंग से घूरा जाना, फब्तियां और अनुचित प्रयास हर जगह हमारे साथ चलते हैं। ईश्वर सर्वव्यापी हो या न हो, यौन उत्पीड़क निश्चित रूप से सर्वव्यापी लगते हैं!

रोज़ाना की छेड़छाड़ का सामना क़रना बेहद निराशाजनक और थकाऊ हो सकता है। लेकिन अगर हम अपने क़ानूनी अधिकारों के बारे में जानकारी हासिल करके ख़ुद को सशक्त बना लें और इस तरह ऐसी स्थितियों से

कुशलतापूर्वक निपट सकें तो? हम इस बात को समझकर चुपचाप सहने से बच सकते हैं कि उचित प्रतिक्रिया कैसे दी जाए। इस सेक्शन का उद्देश्य आपको यही समझ प्रदान करना है।

सार्वजनिक स्थानों पर मौखिक और ग़ैर-मौखिक यौन उत्पीड़न को आमतौर पर महिलाओं के साथ छेड़छाड़ कहा जाता है। यहां कुछ उदाहरण दिए गए हैं:

1. अश्लील या अभद्र शब्द बोलना
2. अश्लील गाने गाना
3. कोई भी अश्लील हरकत करना
4. किसी महिला पर फब्ती कसना
5. किसी महिला के लिए यौन टिप्पणी करना
6. किसी महिला पर अश्लील ढंग से सीटी बजाना
7. किसी महिला की ओर अश्लील चेहरे बनाना या इशारे करना

कौन से क़ानून आपको छेड़छाड़ से बचाते हैं?

अच्छी ख़बर यह है कि बीएनएस[1] के तहत आपके पास एक नहीं, बल्कि तीन क़ानूनी प्रावधान हैं जो छेड़छाड़ से सुरक्षा प्रदान कर सकते हैं:

1. धारा 296: यह धारा सार्वजनिक रूप से अश्लीलता के अपराध से जुड़ी है, जिसमें अश्लील या अभद्र कृत्य, गाने या शब्द शामिल हैं।
2. धारा 75: यदि कोई पुरुष किसी महिला पर यौन टिप्पणी करता है, तो यह दंडनीय अपराध है।
3. धारा 79: यह धारा किसी महिला की गरिमा को ठेस पहुंचाने के इरादे से अश्लील शब्द कहने या हरकत करने को दंडनीय बनाती है।

उपरोक्त प्रावधान छेड़छाड़ को न केवल अवैध, बल्कि आपराधिक भी बनाते हैं। क़ानून हमारे पक्ष में है! लेकिन, जो चीज़ हमारे पक्ष में नहीं है, वो है

ऐसे क़ानूनों का ख़राब क्रियान्वयन। इसलिए, भले ही काग़ज़ों पर हमारे पास अधिकार हैं, लेकिन वास्तविक जीवन में वो हमेशा प्रभावी रूप से लागू नहीं होते।

छेड़छाड़ के ख़िलाफ़ कार्रवाई करने के 3 तरीक़े

1. इसके ख़िलाफ़ आवाज़ उठाएं: अगर आप किसी भीड़-भाड़ वाली सार्वजनिक जगह पर हैं, तो इस कृत्य के ख़िलाफ़ आवाज़ उठाएं और अपने आसपास के लोगों का ध्यान इसकी ओर आकर्षित करें। आप अक्सर इसका प्रभाव देखकर हैरान रह जाएंगी। ज़्यादातर यौन उत्पीड़क इस विश्वास के साथ हरकतें करते हैं कि उनकी पीड़िताएं चुप रहेंगी। जब आप उनकी हरकतों की ओर ध्यान आकर्षित कराती हैं, तो इससे उन्हें न केवल शर्मिंदगी होती है, बल्कि अगर वो दोबारा ऐसा कुछ करने की कोशिश करते हैं, तब भी यह घटना उन्हें याद दिलाने का काम करती है।

   लेकिन अपनी सुरक्षा को हमेशा प्राथमिकता दें। अपनी स्थिति को बहुत ध्यान से आंकें और उत्पीड़क को तभी बेनक़ाब करें जब आप सुरक्षित महसूस कर रही हों। उदाहरण के लिए, अगर यह कोई भीड़-भाड़ वाली बस है, काम या कॉलेज जाने का आपका रोज़ का रास्ता है, या अगर आपको पता है कि आपके दोस्त या परिवार वाले बस एक कॉल की दूरी पर हैं, तो आप ध्यान आकर्षित करने की बेहतर स्थिति में होंगी बजाय इसके कि आप किसी सुनसान इलाक़े में हों, किसी अनजान जगह पर हों, या दोस्तों या परिवार के सुरक्षा जाल से दूर हों।
2. साक्ष्य जमा करें: उत्पीड़क के ख़िलाफ़ ऑडियो/वीडियो रिकॉर्डिंग, गवाह और सीसीटीवी फ़ुटेज जैसे हर संभव सबूत जुटाएं। अगर आप पुलिस में शिकायत दर्ज कराने का फ़ैसला करेंगी, तो ये सबूत आपके काम आएंगे। इनसे पुलिस को भी जांच शुरू करने का एक शुरुआती आधार मिल जाएगा।

3. शिकायतः आप ऊपर बताए गए क़ानूनी प्रावधानों का उपयोग करके उत्पीड़क के ख़िलाफ़ पुलिस में शिकायत दर्ज करा सकती हैं। अगर आपको नज़दीक ही कोई पुलिस अधिकारी दिखाई दे, तो तुरंत उससे संपर्क करें क्योंकि वो तुरंत कार्रवाई कर सकते हैं।

छेड़छाड़ के ख़िलाफ़ पुलिस में शिकायत दर्ज कराने पर क्या उम्मीद करें?

पुलिस की प्रतिक्रिया उत्पीड़क/उत्पीड़कों को चेतावनी देने से लेकर उन्हें थाने बुलाने या, ज़्यादा गंभीर मामलों में, उत्पीड़क/उत्पीड़कों को कुछ घंटों के लिए हिरासत में लेने तक कई तरह की हो सकती है। पुलिस की कार्रवाई इस पर निर्भर करती है कि वो आपकी शिकायत को कितनी गंभीरता से लेती हैं और छेड़छाड़ की गंभीरता कितनी है।

अगर पुलिस आपकी शिकायत को गंभीरता से न ले या उस पर कार्रवाई न करे, तो यह हताशाजनक हो सकता है, लेकिन उम्मीद मत खोइए। उत्पीड़क का सामना करके या सबूत इकट्ठा करके, आप यह संकेत देने की दिशा में पहला क़दम उठा चुकी होंगी कि इस तरह के कृत्य अब चुपचाप बर्दाश्त नहीं किए जाएंगे। इससे उत्पीड़क का हौसला टूट सकता है, और उसे आगे ऐसा करने से रोकने का काम कर सकता है।

मोलेस्टेशन (यौन दुर्व्यवहार) क्या है?

अश्लील स्पर्श या मोलेस्टेशन शारीरिक छेड़छाड़ का एक ऐसा रूप है जिसमें किसी व्यक्ति को उसकी सहमति के बिना, जानबूझकर, सेक्शुअली छूना शामिल है। क्या आप कभी किसी भीड़-भाड़ वाली बस या म्युज़िक कंसर्ट में गई हैं, जहां कोई आदमी जानबूझकर आप पर गिर जाता है, या आपके शरीर को छूता है, और इसका दोष भीड़ पर डालता है? यह कोई 'ग़लती से हुई हरकत' नहीं है; यह अश्लील स्पर्श है।

हालांकि बोलचाल की भाषा में दोनों शब्दों का एक-दूसरे के स्थान पर इस्तेमाल किया जाता है, लेकिन मोलेस्टेशन का अर्थ अश्लील स्पर्श के

ज़्यादा गंभीर रूपों में से एक है। मिसाल के तौर पर, किसी के स्तनों, कूल्हों या किसी अन्य गुप्तांग को छूना, आमतौर पर बलपूर्वक। इसका मतलब यह नहीं है कि अश्लील स्पर्श या मोलेस्टेशन हमेशा आक्रामक या हिंसक ही होता है, लेकिन अगर यह सहमति के बिना है, तो यह यौन उत्पीड़न है।

हम सुविधा के लिए इस चैप्टर में इन शब्दों का एक-दूसरे के स्थान पर इस्तेमाल करेंगे।

ये 'छिपे हुए' यौन दरिंदे कौन हैं?

हम हमेशा यह मानकर चलते हैं कि यौन दुर्व्यवहार के परिदृश्य में कोई सुनसान जगह, एक अजनबी और एक आक्रामक कृत्य शामिल होगा। लेकिन यह हक़ीक़त से कोसों दूर है। क्या आप जानती हैं कि रिसर्च बताती है कि ज़्यादातर यौन दरिंदे पीड़ितों के परिचित होते हैं?

उनमें से कई तो पीड़ित के परिवार के सदस्य होते हैं, जिसके कारण उनकी पहचान और उन पर कार्रवाई करना और भी मुश्किल हो जाता है।[2]

#सच्ची कहानी (ट्रिगर चेतावनी)

पिंक लीगल में, हमारे सामने एक बार एक व्याकुल कर देने वाला मामला आया, जिसमें एक कमउम्र किशोरी रिया (बदला हुआ नाम) के साथ एक ऐसे व्यक्ति ने यौन दुर्व्यवहार किया, जिसे वो दादा के दर्जे में रखती थी। आगे हम इस आदमी को 'एक्स' कहेंगे। रिया एक्स और एक्स की पत्नी से मिलने गई थी, जो उसके दादा-दादी के रिश्तेदार थे। जब एक्स और रिया एक कमरे में अकेले थे, तो एक्स ने उसकी जांघों के बीच हाथ डालना शुरू कर दिया। शुरू में तो रिया को लगा कि एक्स स्नेह दिखा रहा है। पर जल्द ही उसे यह स्पर्श ग़लत महसूस होने लगा। उसने कमरे

से बाहर जाने की कोशिश की, लेकिन एक्स ने उसका हाथ पकड़ लिया, उसे अपनी ओर खींचा और अपना शरीर उसके शरीर से रगड़ने लगा। रिया को उसकी पकड़ से छूटने के लिए काफ़ी संघर्ष करना पड़ा। सत्तर साल से ऊपर का आदमी होने के नाते, एक कमउम्र बच्ची के साथ यौन दुर्व्यव्हार करने के लिए वो निश्चित रूप से मज़बूत आदमी था। यह सब कुछ दिन के उजाले में हुआ, जबकि (एक्स की पत्नी समेत) पूरा परिवार घर में मौजूद था।

मेरे इस कहानी को साझा करने का कारण यह है (हालांकि यह व्याकुल करने वाली है) कि यह कोई इकलौता ऐसा मामला नहीं है। दुर्भाग्य से, इस बच्ची ने जो कुछ झेला, वो असामान्य घटना नहीं है। हमें कभी अंदाज़ा नहीं हो सकता कि ये दरिंदे कहां मिल सकते हैं। अक्सर, वो हमारे दायरे का ही हिस्सा होते हैं। इससे भी बदतर बात यह है कि जब यौन उत्पीड़क कोई परिचित व्यक्ति होता है, तो हम अक्सर उसे शक का फ़ायदा दे देते हैं। वास्तव में, हम ज़्यादा सोचने के लिए ख़ुद पर ही सवाल उठाने और शक करने लगते हैं। ऐसे हालात में, अपने अंतर्मन की आवाज़ को सुनना और यौन उत्पीड़न की पहचान करना और भी मुश्किल हो जाता है।

कौन से क़ानून आपको मोलेस्टेशन से बचाते हैं?

बीएनएस की चार धाराएं हैं जिन पर आप मोलेस्टेशन के मामलों में विचार कर सकते हैं।

1. धारा 74: यह धारा किसी महिला की गरिमा को ठेस पहुंचाने के इरादे से उसके विरुद्ध शारीरिक बल प्रयोग को दंडनीय अपराध बनाती है।
2. धारा 75: यह धारा किसी पुरुष द्वारा किसी महिला के विरुद्ध शारीरिक संपर्क और प्रयासों, जिनमें अवांछित तथा स्पष्ट यौन प्रस्ताव शामिल हों, को दंडनीय अपराध बनाती है।

3. धारा 76: यह धारा तब लागू होती है जब मोलेस्टेशन में किसी कपड़े को उतारना या हटाना भी शामिल हो।
4. धारा 133: यह धारा हमले या आपराधिक बल प्रयोग को सामान्यत: अवैध बनाती है।

मोलेस्टेशन के विरुद्ध आप क्या कार्रवाई कर सकती हैं?

मोलेस्टेशन या अश्लील स्पर्श के अधिकांश मामलों में हम इसलिए कार्रवाई नहीं करते हैं कि हमें पता ही नहीं होता कि करना क्या है। सबसे बड़ा डर और सवाल यह होता है कि 'सबूत क्या है?'

उदाहरण के तौर पर रिया का मामला ही ले लें। जब उसने अपने परिवार को इस घटना के बारे में बताया, तो उन्हें उसके लिए दुख हुआ और उन्होंने आपस में बात भी की, लेकिन उन्होंने कुछ किया नहीं। न तो पुलिस में शिकायत ही दर्ज कराई गई और न ही एक्स के घृणित व्यवहार के लिए उसे फटकार लगाई गई।

आपके ख़्याल से परिवार को क्या करना चाहिए था? उन्हें कम से कम एक्स को बेनक़ाब करके उसे पूरे परिवार के साथ मिलकर ज़लील करना चाहिए था। इसके बाद, उन्हें परिवार के सारे सदस्यों को सूचित करना चाहिए था ताकि बाक़ी लोग अपनी लड़कियों को सुरक्षित रख सकें। इसके अलावा, आदर्श रूप से उन्हें उसके ख़िलाफ़ पुलिस में शिकायत भी दर्ज करानी चाहिए थी।

सोचने की बात

हमारे समाज और परिवारों में जब एक्स जैसे यौन उत्पीड़कों की भावनाओं और पहचान की रक्षा की बात आती है, तो अक्सर एक स्तब्धतापूर्ण ख़ामोशी छा जाती है। परिवार के सदस्यों को अपनी लड़कियों को यौन उत्पीड़न से बचाने जैसी अधिक अहम बातों से ज़्यादा एक्स की प्रतिष्ठा को होने

वाले नुक़्सान की चिंता होने लगती है। जबकि परिवार के यही ख़ामोश सदस्य अपने परिवार की लड़कियों के बारे में गपशप करने में कोई कसर नहीं छोड़ते, फिर चाहे वो बेटियां हों, बहुएं हों या भांजी-भतीजियां हों। वो उनके कपड़ों के चयन से लेकर उनके दोस्तों के लिंग तक हर चीज़ पर सवाल उठाते हैं, और यह भूल जाते हैं कि उनकी निरर्थक गपशप न सिर्फ़ लड़की की प्रतिष्ठा को नुकसान पहुंचाती है, बल्कि उसे भावनात्मक रूप से भी आहत कर सकती है।

दुर्भाग्य से, एक समाज के रूप में, हम लड़की के उत्पीड़कों की निंदा करने की बजाय लड़की के आचरण पर उंगली उठाने में ज़्यादा सहज महसूस करते हैं।

मोलेस्टेशन/अश्लील स्पर्श के ख़िलाफ़ तीन एक्शन क्या हैं?

1. इसके ख़िलाफ़ आवाज़ उठाएं: जैसा कि छेड़छाड़ के सेक्शन में बताया गया था, उत्पीड़क को वहीं के वहीं बेनक़ाब करें। ऐसे मामलों में उसे बेनक़ाब करना अच्छा रहता है जिनमें मोलेस्टेशन (सार्वजनिक परिवहन या कंसर्ट जैसी) किसी भीड़-भाड़ वाली जगह पर हुआ हो। इससे आपको जनता का समर्थन जुटाने और उत्पीड़क को शर्मिंदा करने में मदद मिलेगी। इससे आपको सुरक्षा गार्डों का ध्यान आकर्षित करने में भी मदद मिल सकती है, जो उत्पीड़क को आपसे दूर ले जा सकते हैं। अगर मोलेस्टेशन किसी प्राइवेट जगह पर हुआ हो, जहां ध्यान आकर्षित करने के लिए आसपास कोई नहीं है, तो सबसे पहले वहां से निकलने पर ध्यान दें। ख़ुद को संभालने और कोई एक्शन लेने से पहले अपनी सुरक्षा को प्राथमिकता दें।
2. किसी को विश्वास में लें: अश्लील स्पर्श या मोलेस्टेशन न केवल शारीरिक रूप से, बल्कि भावनात्मक और मानसिक रूप से भी कष्टकारी हो सकता है। अगर आप यौन उत्पीड़न का सामना कर रही हैं, तो अकेले निपटने की कोशिश करके इसे अपने लिए और मुश्किल न बनाएं। अगर

संभव हो, तो किसी भरोसेमंद दोस्त या परिवार के सदस्य को बताएं। समर्थन मिलने से यह आपके लिए आसान हो सकता है। आप किसी मनोवैज्ञानिक से मिलने जैसी पेशेवर मदद लेने पर भी विचार कर सकती हैं।

3. शिकायत करें: अगर आप क़ानूनी रास्ता अपनाना चाहती हैं, तो पुलिस में शिकायत दर्ज करा सकती हैं। मैं सबूत इकट्ठा करने को अलग एक्शन के रूप में नहीं बता रही हूं, क्योंकि यौन दुर्व्यव्हार अक्सर बंद दरवाज़ों के पीछे और बिना गवाहों के होता है। इस कारण सबूत इकट्ठा करना मुश्किल हो जाता है। लेकिन इसकी चिंता न करें। आप फिर भी शिकायत दर्ज करा सकती हैं; आपका बयान ही पर्याप्त सबूत है।

किताब में आगे पुलिस शिकायत दर्ज कराने की बुनियादी बातों पर चर्चा की जाएगी।

आपको शिकायत कब दर्ज करानी चाहिए?

आपको शिकायत जल्द से जल्द दर्ज करानी चाहिए। अगर आपके पास शरीर पर निशान, फटे कपड़े या रिकॉर्डिंग जैसे कोई सबूत हैं, तो आप इन्हें भी जमा करा सकती हैं। अगर आपके पास सबूत नहीं हैं, तो चिंता न करें, इसका मतलब यह नहीं है कि आपको शिकायत दर्ज नहीं करानी चाहिए।

लेकिन यहां मैं थोड़ा सा सावधान करना चाहूंगी। सभी पुलिस शिकायतों के परिणामस्वरूप आपराधिक मामले नहीं बनते। इसके पीछे बाहरी प्रभावों (अगर आप मेरा मतलब बात समझ रही हैं) या सबूतों की कमी जैसे कई कारण हो सकते हैं। लेकिन, न्याय पाने या अपने उत्पीड़क को सबक़ सिखाने के लिए आपराधिक मामले का दर्ज होना ही ज़रूरी नहीं है। कभी-कभी आरोपी को सिर्फ़ पूछताछ के लिए पुलिस स्टेशन बुलाया जाना ही पर्याप्त सबक़ होता है। यह एक कड़ी चेतावनी का काम करता है!

अगर कोई मुझे स्टॉक कर रहा हो तो क्या करूं?

स्टॉकिंग या पीछा करना यौन उत्पीड़न का वो रूप है जिसमें एक व्यक्ति बार-बार किसी दूसरे व्यक्ति से, *उसकी इच्छा के विरुद्ध,* संपर्क करने या उस पर अनचाहा ध्यान देने की कोशिश करता है। उदाहरण के लिए, आप कॉलेज से घर जा रही हैं और कोई आपका पीछा करता है। स्टॉकिंग शारीरिक रूप ले सकती है—जैसे किसी का पीछा करना—या फिर ये फ़ोन कॉल, मैसेज, सोशल मीडिया जैसे संचार के अन्य तरीक़ों के ज़रिए हो सकती है।

#सच्ची कहानी

मेरी एक दोस्त, निशा (बदला हुआ नाम) को उस समय दो साल तक स्टॉक किया गया था जब वो हाई स्कूल में थी। स्टॉकर हर जगह उसका पीछा करता था—स्कूल, कॉलोनी, फ़ेसबुक पर और स्कूल के बाद ट्यूशन पर भी। उसने उसका नंबर भी हासिल कर लिया था और उसे बार-बार फ़ोन और मैसेज करता था। निशा बुरी तरह डर गई थी। उसे समझ नहीं आ रहा था कि क्या करे। वो अपनी सुरक्षा को लेकर भयभीत थी। लेकिन साथ ही, वो अपने माता-पिता को बताने से भी डर रही थी क्योंकि उसे डर था कि वो उसकी सारी गतिविधियों पर रोक लगा देंगे। स्टॉकर के उत्पीड़न की क़ीमत उसे चुकानी पड़ेगी। वो दो साल तक इसी डर के साथ जीती रही। फिर एक दिन उसके भाई ने देखा कि वो बहुत सहमी हुई दिख रही है। आख़िरकार उसने अपने भाई को यह बात बताई, जिसने पीछा करने वाले को फ़ोन किया और पुलिस में शिकायत करने की धमकी दी। सौभाग्य से, उस फ़ोन कॉल के बाद स्टॉकर ने निशा का पीछा करना बंद कर दिया।

निशा का मामला कोई इकलौता नहीं है। आंकड़ों के अनुसार, भारत में हर पचपन मिनट में स्टॉकिंग का एक मामला दर्ज होता है।[3] और ये सिर्फ़ दर्ज

किए गए मामलों का आंकड़ा है। हर कोई जानता है कि ज़्यादातर मामले दर्ज ही नहीं होते, शायद इसलिए कि स्टॉकिंग को कोई बहुत गंभीर अपराध नहीं माना जाता, या लड़कियां सामाजिक कलंक और घर से बाहर निकलने पर पाबंदी के डर से इसके बारे में बताने से डरती हैं।

#कहानी फ़िल्मी है

बॉलीवुड फ़िल्में स्टॉकिंग को रोमांस के रूप में महिमामंडन करने के लिए मशहूर हैं, जिससे ऐसे पुरुषों की पीढ़ियां तैयार होती हैं जिन्हें लगता है कि अपने सपनों की लड़की को पाने का यही सही तरीक़ा है। मिसाल के तौर पर, *रांझना* में, एक स्कूल जाने वाली लड़की (सोनम कपूर द्वारा अभिनीत) को एक लड़का (धनुष द्वारा अभिनीत) उनके होमटाउन में स्टॉक करता है। जब वो उसे भाव नहीं देती है, तो वो 'प्यार के प्रदर्शन' के रूप में अपनी कलाई काट लेता है।

2015 में, ऑस्ट्रेलिया में एक भारतीय व्यक्ति पर दो महिलाओं का पीछा करने का आरोप लगाया गया था। घटनाओं ने तब एक अजीबो-ग़रीब मोड़ लिया, जब स्टॉकर के वकील ने सफलतापूर्वक यह तर्क देकर उसे बचा लिया कि बॉलीवुड फिल्मों के सांस्कृतिक प्रभाव को देखते हुए एक भारतीय पुरुष के लिए यह बिल्कुल सामान्य व्यवहार है कि वो इस उम्मीद में एक महिला का पीछा करे कि वो उससे प्यार करने लगेगी![4]

स्टॉकिंग को कैसे पहचानें?

क्या आप जहां भी जाती हैं वहां आपको एक जाना-पहचाना चेहरा दिखाई देता है? क्या आपको लगता है कि आपका पीछा किया जा रहा है? क्या आपको लगता है कि कोई आपकी गतिविधियों पर नज़र रख रहा है? क्या कोई आपसे संपर्क करने की कोशिश कर रहा है, जबकि आपने स्पष्ट भी कर दिया है कि आपको कोई दिलचस्पी नहीं है? अगर इनमें से किसी भी सवाल का आपका जवाब हां है, तो शायद आपका पीछा किया जा रहा है।

पीछा करने में ये शामिल हो सकते हैं:

1. पीड़ित का लगातार पीछा करना या उसकी निगरानी करना।
2. अनचाहा और दख़लअंदाज़ी भरा संपर्क, जैसे बहुत ज़्यादा कॉल्स, मैसेज या ईमेल।
3. अनचाहे उपहार या पत्र भेजना।
4. पीड़ित की सहमति के बिना उसके घर, वर्कप्लेस या अन्य ऐसी जगहों पर जाना जहां वो अक्सर जाती है।
5. पीड़ित के बारे में अफ़वाहें या ग़लत जानकारी फैलाना।
6. पीड़ित की ऑनलाइन गतिविधियों पर नज़र रखना या उसके निजी अकाउंट्स को हैक करना।
7. पीड़ित या उसके प्रियजनों को (ज़बानी, लिखित या अप्रत्यक्ष रूप से) धमकाना।

अगर आप ख़ुद को उलझन में पाएं, तो हमेशा अपने अंतर्मन की सुनें। महिलाओं के रूप में हम इस बात की आदी हैं कि ख़ुद पर संदेह करें और लोगों को ज़रूरत से ज़्यादा संदेह का लाभ दें। ज़रा याद कीजिए कि आपको हर बातचीत तो असहज नहीं लगती और न ही आप हर पहल को स्टॉकिंग समझने का निष्कर्ष निकालती हैं, है ना? तो फिर इसे ही क्यों? इसका कोई कारण तो ज़रूर होगा (भले ही आप उसे समझा न सकें)।

कौन से क़ानून आपको स्टॉकिंग से बचाते हैं?

बीएनएस की निम्नलिखित धाराओं के तहत आपको स्टॉकिंग से सुरक्षा मिलती है:

1. धारा 78: यह धारा निम्नलिखित तरीक़ों से स्टॉकिंग को दंडनीय अपराध बनाती है:
   i. शारीरिक पीछा: किसी महिला की स्पष्ट अरुचि के बावजूद उसका पीछा करना और उससे संपर्क करना, या उससे संपर्क करने की कोशिश करना।

ii. ऑनलाइन स्टॉकिंग: किसी महिला के ईमेल, सोशल मीडिया हैंडल जैसे इंटरनेट उपयोग पर नज़र रखना। हम साइबरबुलींग वाले भाग में इस पर विस्तार से चर्चा करेंगे।

2. धारा 351(1): अगर आपका स्टॉकर आपको धमका रहा है या किसी भी तरह से आपको डराने की कोशिश कर रहा है, तो यह आपराधिक धमकी इस धारा के तहत आती है। इस प्रावधान के अनुसार किसी भी व्यक्ति द्वारा किसी अन्य व्यक्ति को उसके शरीर, संपत्ति, प्रतिष्ठा या उसके किसी प्रियजन को नुकसान पहुंचाने की धमकी देना एक आपराधिक कृत्य है।
3. धारा 329(1): अगर स्टॉकर आपके निजी परिसर, जैसे आपके घर में प्रवेश करता है, तो इस धारा के अंतर्गत यह आपराधिक अतिक्रमण है। इस प्रावधान के अनुसार किसी की निजी संपत्ति में अपराध करने, उसे धमकाने या उपद्रव पैदा करने के इरादे से प्रवेश करना आपराधिक कृत्य है।

अगर आपको स्टॉक किया जा रहा है तो आपको क्या करना चाहिए?

जैसा कि हमने निशा के मामले में देखा, कार्रवाई करना हमेशा आसान नहीं होता, ख़ासतौर से हमारे समाज में जहां हमें सुरक्षा और आज़ादी के बीच एक नाज़ुक संतुलन बनाए रखना पड़ता है। कभी-कभी पीड़ितों को स्टॉकिंग की शिकायत दर्ज कराने में महीनों लग सकते हैं, लेकिन तब तक आपको अपनी सुरक्षा सुनिश्चित करनी चाहिए। स्टॉकिंग के ख़िलाफ़ 4 एक्शन, जो अन्य परिस्थितियों से थोड़े अलग क्रम में हैं, कारगर हो सकते हैं।

स्टॉकिंग के ख़िलाफ़ 4 एक्शन क्या हैं?

1. किसी को विश्वास में लें: स्टॉकिंग अक्सर लंबे समय तक जारी रहती है। यह एक बार का काम नहीं होता। पीछा करने वाला अपनी शिकार की गतिविधियों पर नज़र रखना शुरू कर देता है और उसके ठिकानों के बारे

में जानकारी इकट्ठा करता है—वो कहां रहती है, कहां काम करती है, किस स्कूल में जाती है, किससे मिलती है, इत्यादि। इससे पीड़िता की सुरक्षा ख़तरे में पड़ जाती है। इसलिए, अगर आपको लगे कि आपका पीछा किया जा रहा है, तो हमेशा किसी को अपने विश्वास में ज़रूर लें। पक्का करें कि किसी दूसरे व्यक्ति को आपकी स्थिति की जानकारी ज़रूर हो, ताकि ज़रूरत पड़ने पर वो आपके काम आ सके।

नोट: अगर आपको लगता है कि आपका पीछा किया जा रहा है, ख़ासकर लंबे समय से, तो कम से कम तब तक सुनसान और अंधेरी जगहों पर जाने से बचें, जब तक आप स्टॉकर के ख़िलाफ़ कोई क़दम न उठा लें। अगर आप इससे नहीं बच सकतीं, तो अपनी लाइव लोकेशन किसी ऐसे व्यक्ति के साथ साझा कर लें जो ज़रूरत पड़ने पर आपकी मदद कर सके।

2. सबूत इकट्ठा करें: स्टॉकर के ख़िलाफ़ जितने अधिक से अधिक हो सकें सबूत इकट्ठा करें। इनमें उसका वाहन नंबर, उसकी फ़ोटो, उसकी सोशल मीडिया प्रोफ़ाइल/प्रोफ़ाइलें, उसकी किसी कॉल/मैसेज के स्क्रीनशॉट आदि हो सकते हैं। अगर आप पुलिस में शिकायत दर्ज कराती हैं, तो ये सारे सबूत बेहद काम आएंगे।
3. चेतावनी दें: अगर आपके आसपास निशा के भाई जैसा कोई व्यक्ति है जो स्टॉकर को सख़्त चेतावनी दे सकता हो, तो इसे आज़माइए। यह ठीक नहीं होगा कि आप उससे सीधे तौर पर बात करें, क्योंकि हो सकता है कि वो इसे गंभीरता से न ले। वो इसे इस प्रोत्साहन के तौर पर भी ले सकता है कि आपने उसकी अनचाही हरकतों को देखा है और स्वीकार किया है। बेशक यह दुर्भाग्य की बात है, लेकिन अगर स्टॉकर को कोई पुरुष चेतावनी देता है, तो इस बात की संभावना ज़्यादा है कि वो पीछे हट जाएगा, क्योंकि उसे लगेगा कि आपकी रक्षा के लिए कोई है।
4. शिकायत करें: अगर स्टॉकिंग बंद नहीं होती है, और सारे उपाय नाकाम हो जाते हैं, तो पुलिस में शिकायत दर्ज करें। ज़्यादा से ज़्यादा सबूत

अपने साथ लेकर जाएं क्योंकि इससे पुलिस को स्टॉकर को पकड़ने के लिए एक शुरुआती बिंदु मिल जाएगा। पुलिस पहले एक चेतावनी जारी करेगी। आमतौर पर, ऐसी चेतावनी स्टॉकर को डराने के लिए पर्याप्त होती है। अगर वो इससे नहीं रुकता है, तो पुलिस उसे हवालात में डालने जैसी कोई सख़्त कार्रवाई कर सकती है। पुलिस की कार्रवाई का स्तर इस पर निर्भर कर सकता है कि स्टॉकिंग कितनी गंभीर है और पुसिल ने मामले को कितनी गंभीरता से लिया है।

फ़्लैशिंग क्या है?

फ़्लैशिंग, या असभ्य प्रदर्शन अपने गुप्तांगों को किसी व्यक्ति की सहमति के बिना उसके सामने उजागर करने का कृत्य है। ऐसा आमतौर पर दूसरे व्यक्ति को परेशान करने और ख़ुद को यौन संतुष्टि देने के लिए किया जाता है। उदाहरण के लिए, अगर कोई पुरुष किसी महिला की सहमति के बिना उसके सामने अपना लिंग निकालता है या हस्तमैथुन करता है, तो यह फ़्लैशिंग के दायरे में आता है। यह सुनने में घिनौना लगता है, लेकिन दुर्भाग्य से यह यौन उत्पीड़न का एक आम रूप है।

महिलाओं के सामने फ़्लैश करने के लिए पुरुषों द्वारा इस्तेमाल किया जाने वाला एक आम तरीक़ा है रास्ता पूछने का बहाना करना। जब महिला जवाब देती है, तो वह उसे अपना लिंग दिखाता है। फ़्लैशिंग का एक और आम रूप सार्वजनिक परिवहन में होता है, जहां आदमी अपेक्षाकृत ख़ाली बसों या ट्रेनों में चढ़ते हैं और इस तरह से हस्तमैथुन करना शुरू कर देते हैं कि पीड़ित देख सके कि वो क्या कर रहे हैं।

महिलाओं के सामने फ़्लैश करने वाले यौन उत्पीड़क इससे पैदा होने वाले सदमे और डर से आनंद लेते हैं। अपने गुप्तांग को उजागर करके वो

यह संदेश देते हैं कि असुरक्षित वो नहीं हैं बल्कि पीड़ित है। इसी कारण से स्कूली लड़कियां अक्सर फ़्लैशिंग का शिकार बनती हैं; उनके असुरक्षित महसूस करने और भयभीत होने की संभावना ज़्यादा होती है।

दुर्भाग्य से, ज़्यादातर पीड़ित फ़्लैशिंग के मामलों की रिपोर्ट ही नहीं करती हैं क्योंकि या तो उन्हें पता ही नहीं होता कि यह अपराध है, या उन्हें अपने परिवार या पुलिस से मदद न मिलने का डर होता है। कुछ को इस बात का भी डर रहता है कि अपने माता-पिता को बताने से उनकी आज़ादी छिन जाएगी। ये सारी चिंताएं जायज़ हैं।

लेकिन सारी उम्मीदें ख़त्म नहीं हुई हैं। हालात धीरे-धीरे लेकिन सकारात्मक ढंग से बदल रहे हैं। भारत में ऐसे कई मामले सामने आए हैं जिनमें फ़्लैशिंग की शिकार महिलाओं ने उत्पीड़कों के ख़िलाफ़ शिकायत दर्ज की है और उन्हें गिरफ़्तार करवाया है।

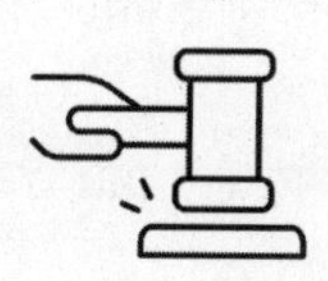

महिला ने फ़्लैश करने वाले ड्राइवर को गिरफ़्तार करवाया

एक इक्कीस वर्षीय लड़की (चलिए उसे सारा कहते हैं) मुंबई में अपनी मां के साथ एक टैक्सी में जा रही थी। सारा आगे वाली सीट पर बैठी थी। सफ़र शुरू होने के बमुश्किल दस मिनट बाद, ड्राइवर ने (अपना लिंग दिखाते हुए) फ़्लैश करना शुरू कर दिया। हैरान और भयभीत सारा बार-बार उसे गाड़ी रोकने के लिए कहती रही, लेकिन वो नहीं माना। आख़िरकार, उसने अपना फ़ोन निकाला और अपने गंतव्य पर पहुंचने तक उसकी वीडियो बनाती रही। वहां से सारा तुरंत नज़दीकी पुलिस स्टेशन गई। वीडियो क्लिप और टैक्सी के रजिस्ट्रेशन नंबर के आधार पर, पुलिस ने गाड़ी का पता लगाया और ड्राइवर को गिरफ़्तार कर लिया।[5]

एटीएम फ़्लैशर गिरफ़्तार

एक अन्य घटना में, एक एटीएम के अंदर अड़तीस वर्षीय पुरुष ने एक तेईस साल की लड़की (उसे जेसिका कह लेते हैं) को फ़्लैश किया और उसे अनुचित तरीक़े से छुआ। वो उसकी मदद करने के बहाने एटीएम में घुसा, लेकिन फिर फ़्लैश करने लगा। जेसिका ने तुरंत उसका वीडियो बनाना शुरू कर दिया, जिसे देखकर उत्पीड़क भाग गया। सौभाग्य से, पास में ही पुलिस कांस्टेबल मौजूद थे और जेसिका ने उन्हें वीडियो क्लिप दिखा दिया। उत्पीड़क पकड़ा गया और उसके ख़िलाफ़ एफ़आईआर दर्ज कर ली गई।[6]

हालांकि पीड़ितों के साथ जो हुआ, वो दुर्भाग्यपूर्ण है, लेकिन ये मामले महत्वपूर्ण जीत हैं क्योंकि:

- उम्मीद है कि उत्पीड़कों को सबक़ मिल गया होगा और वो दोबारा कभी महिलाओं को तंग करने से पहले कई बार सोचेंगे।
- त्वरित पुलिस कार्रवाई से अन्य महिलाओं को आशा मिलती है और उन्हें ऐसी घटनाओं की रिपोर्ट करने का प्रोत्साहन मिलता है।

कौन से क़ानून आपको फ़्लैशिंग से बचाते हैं?

भारत में सार्वजनिक अभद्रता या फ़्लैशिंग के विरुद्ध कोई विशिष्ट क़ानून नहीं है। लेकिन, बीएनएस के अन्य व्यापक प्रावधानों के अंतर्गत क़ानूनी उपाय उपलब्ध हैं, जैसे:

1. धारा 79: इसका संबंध किसी महिला की गरिमा को ठेस पहुंचाने से है। यह किसी भी ऐसे शब्द, कार्य या हावभाव को, जिसका उद्देश्य किसी महिला की गरिमा को ठेस पहुंचाना हो, अपराध मानता है। इसलिए, सार्वजनिक हस्तमैथुन इसके अंतर्गत आएगा।
2. धारा 75: यह यौन उत्पीड़न से संबंधित है। यह किसी पुरुष द्वारा किसी महिला के विरुद्ध इस तरह के शारीरिक संपर्क या प्रयासों को

दंडनीय अपराध मानता है जिसमें अनचाहा और स्पष्ट यौन प्रस्ताव शामिल हों।

3. छेड़छाड़ से संबंधित बीएनएस की सभी धाराएं: अगर उत्पीड़क किसी भी तरह से पीड़िता को छूता है, तो यौन व्यवहार के आरोप लगेंगे। आप क़ानूनी प्रावधानों के लिए यौन व्यवहार पर पिछला सेक्शन देख सकती हैं।
4. धारा 270: यह किसी भी प्रकार के सार्वजनिक उपद्रव को आपराधिक ठहराता है। सार्वजनिक स्थान पर खुलेआम हस्तमैथुन या फ़्लैशिंग के लिए यह धारा लागू हो सकती है।

नोट: ये विशिष्ट क़ानूनी प्रावधान आपकी जानकारी के लिए सूचीबद्ध किए गए हैं, ताकि अगर आपको पुलिस में शिकायत दर्ज करानी पड़े, तो आपको अपने क़ानूनी अधिकारों की बुनियादी समझ हो। लेकिन, कभी-कभी थाने/क्षेत्राधिकार की सामान्य कार्यप्रणाली के आधार पर पुलिस विभिन्न धाराओं के तहत शिकायतें दर्ज करती है। सुनिश्चित करें कि अगर पुलिस अतिरिक्त धाराएं लगा रही हो, तब भी ऊपर बताई गई धाराएं शामिल हों।

फ़्लैशिंग के ख़िलाफ़ कार्रवाई करने के 3 तरीक़े क्या हैं?

1. पर्दाफ़ाश करें: अधिकांश फ़्लैशर पीड़ितों को चौंकाने से आनंद लेते हैं और इस विश्वास के साथ काम करते हैं कि उन्हें इसके कोई परिणाम नहीं भुगतने होंगे। यदि आप किसी सुरक्षित सार्वजनिक स्थान पर हैं, तो आप उसकी हरकत का पर्दाफ़ाश कर सकती हैं और उत्पीड़क को शर्मिंदा कर सकती हैं।
2. सबूत इकट्ठा करें: जैसा कि सारा और जेसिका के वास्तविक जीवन के उदाहरणों से स्पष्ट है, घटना को तुरंत रिकॉर्ड करना और वाहन नंबर जैसी अन्य जानकारियों को नोट करना उत्पीड़क को गिरफ़्तार करवाने में मदद कर सकता है। आप ज़्यादा से ज़्यादा सबूत इकट्ठा करें। अगर आपके पास अपना फ़ोन है, तो रिकॉर्डिंग/फ़ोटोग्राफ़ ले लें।
3. शिकायत करें: सारा और जेसिका के ही मामलों की तरह, *जितनी जल्दी हो सके* पुलिस में शिकायत दर्ज करें। पुलिस को अपने पास मौजूद सारे

सबूतों की एक-एक प्रति दें। यह एक मुश्किल क़दम हो सकता है, ख़ासकर अगर आपको लगता है कि पुलिस कोई कार्रवाई नहीं करेगी। लेकिन, कोशिश करना हमेशा फ़ायदेमंद होता है, ख़ासतौर से अगर आपके पास सबूत मौजूद हैं। सारा और जेसिका के मामले हमें यह भी दिखाते हैं कि पुलिस कार्रवाई करती है और हालात बेहतर हो रहे हैं।

सोचने की बात

क्या आपको लगता है कि फ़्लैशर्स का नाम सार्वजनिक रूप से लिया जाना चाहिए और उन्हें शर्मिंदा किया जाना चाहिए (जैसे, उनकी फ़ोटो/वीडियो को सोशल मीडिया पर डालना)? आख़िरकार, वो हर काम सार्वजनिक रूप से करने के लिए बहुत उत्सुक दिखते हैं!

क्या मुझे यौन उत्पीड़क के बारे में सोशल मीडिया पर बताना चाहिए?

क्या आपने सोशल मीडिया पर सबूतों को डालने या यौन उत्पीड़क की पोल खोलने के बारे में सोचा है? आपको सोशल मीडिया का इस्तेमाल करना चाहिए या नहीं, इसका जवाब हां और ना दोनों है। आखिरकार, सोशल मीडिया दोधारी तलवार की तरह है।

एक ओर, यह आपको थोड़ी राहत दिला सकता है। क़ानूनी उपायों की कमी के कारण, हममें से बहुत से लोग अपने उत्पीड़कों को बेनक़ाब करने और अपने सरोकारों को दूसरों तक पहुंचाने के लिए सोशल मीडिया का रुख़ करते हैं। ऐसे मामलों में, सोशल मीडिया समर्थन जुटाने, अपने फ़ोन की आड़ से आवाज़ उठाने और उत्पीड़क को सार्वजनिक रूप से शर्मिंदा करने में आपकी मदद कर सकता है।

दूसरी ओर, सोशल मीडिया पर पोस्ट करना बाद में आपके लिए परेशानी का कारण बन सकता है। उत्पीड़क पीड़ितों से बदला लेने के लिए छल-कपट

का इस्तेमाल कर सकता है, जैसे फ़र्ज़ी प्रोफ़ाइल बनाना या जवाबी अभियान शुरू करना। सोशल मीडिया पर पोस्ट किए जाने से आपके उत्पीड़क को मानहानि के रूप में आप पर 'क़ानूनी' उंगली उठाने का मौक़ा भी मिल सकता है। वो दावा कर सकता है कि आपकी पोस्ट ने उसकी बदनामी की है। बेशक, मानहानि के मामलों को आगे बढ़ाना और साबित करना कठिन होता है, लेकिन इनका पीड़ित पर भयावह प्रभाव पड़ सकता है, जिससे डरकर वो शिकायत वापस लेने को मजबूर हो सकती है।

व्यावसायिक सलाह: अगर आप सोशल मीडिया पर अपने उत्पीड़क को उजागर करने का फ़ैसला करें, तो उसका फ़ोन नंबर, पता, पहचान पत्र वगैरह जैसी निजी जानकारी शेयर न करें, क्योंकि इससे आप ही ग़लत साबित होंगी। जब आप ही पीड़ित हैं, तो दूसरों को ख़ुद पर उंगली उठाने का मौक़ा क्यों दें!

सोशल मीडिया अपनी बात रखने और अपनी बात दूसरों तक पहुंचाने का एक अहम माध्यम है। दुर्भाग्य से, इस माध्यम का इस्तेमाल आपका उत्पीड़क भी कर सकता है। यहां हमारा इरादा आपको डराना नहीं, बल्कि सिक्के के दोनों पहलुओं से वाक़िफ़ कराना है। सोशल मीडिया का इस्तेमाल अपने फ़ायदे के लिए करें, लेकिन किसी डार्क वेब में न फंसें।

याद रखने की बातें

1. यौन उत्पीड़न शारीरिक, मौखिक या ग़ैर-मौखिक हो सकता है।
2. यौन उत्पीड़न के अधिकांश कृत्य आपराधिक क़ानून के तहत दंडनीय हैं।
3. जितने अधिक से अधिक हो सकें सबूत इकट्ठे करें, जैसे रिकॉर्डिंग, स्क्रीनशॉट, यहां तक कि उत्पीड़क का हुलिया भी नोट करें।
4. कुछ मामलों में, अपने उत्पीड़क को सार्वजनिक रूप से उजागर करना ही काफ़ी अच्छा जवाब हो सकता है। लेकिन हमेशा याद रखें, आपकी सुरक्षा सबसे पहले है।
5. यदि आप पुलिस में शिकायत दर्ज कराना चाहती हैं, तो यह काम जल्द से जल्द कर लें, ताकि सबूत नष्ट न हों।

दिमाग़ी कसरत

उत्पीड़न पहेली

इन अक्षरों को सुलझाकर यौन उत्पीड़न से संबंधित शब्द बनाएं:

1. मो _ स्टे _ न
2. _ ड़छा _
3. स _ म _
4. शा _ _ क
5. गै _ – मौ _ क

उत्तर:

1. मोलेस्टेशन 2. छेड़छाड़ 3. सहमति 4. शारीरिक 5. गैर-मौखिक

बलात्कार

यह एक मिथक है कि बलात्कार बस महिला की इच्छा के विरुद्ध हिंसक, बलपूर्वक यौन संबंध है। बेशक ये सब भी बलात्कार है, लेकिन क़ानून कई अन्य पहलुओं को भी शामिल करता है।

चलिए सबसे पहले यह समझ लेते हैं कि भारतीय क़ानून के तहत बलात्कार क्या है। बलात्कार का अर्थ है महिला की सहमति के बिना निम्नलिखित में से कोई भी सेक्शुअल गतिविधि:

1. संभोग (सेक्शुअल इंटरकोर्स): योनि/गुदा/मुंह/मूत्रमार्ग में लिंग डालना।
2. मुख मैथुन (ओरल सेक्स): योनि/गुदा/मुंह/मूत्रमार्ग पर मुंह लगाना।
3. योनि/गुदा/मुंह/मूत्रमार्ग में प्रवेश करने के लिए शरीर के किसी अन्य अंग (जैसे उंगली) का उपयोग करना।
4. योनि/गुदा/मुंह/मूत्रमार्ग में कोई वस्तु डालना।
5. महिला को किसी भी व्यक्ति के साथ संभोग, या ओरल सेक्स के लिए मजबूर करना।

उपरोक्त विवेचन से यह साफ़ है कि प्रवेश या 'प्रवेशी' सेक्शुअल इंटरकोर्स बलात्कार का एकमात्र मानदंड नहीं है। बिना सहमति के ओरल सेक्स को भी बलात्कार माना जाता है।

बलात्कार के कृत्य को बीएनएस की धारा 63 में परिभाषित किया गया है। बलात्कार की सज़ा, और बलात्कार के ऐसे कृत्यों का विवरण जिनकी सज़ा ज़्यादा है, बीएनएस की धारा 64 में दिया गया है।

क्या बलात्कार का हिंसक या बलपूर्वक होना ज़रूरी है?

नहीं। अगर 'बलात्कार' की परिभाषा में दी गई कोई भी यौन क्रिया महिला की सहमति के बिना की जाती है, तो उसे बलात्कार माना जाएगा।

हिंसक और बलपूर्वक किए गए कृत्यों और बिना सहमति के किए गए कृत्यों में बहुत बारीक सा फ़र्क़ होता है। हम सब समझते हैं कि बल और हिंसा क्या हैं। हम उन फ़िल्मों में इनके उदाहरण देखते हैं जिनमें बलात्कार के दृश्य दिखाए जाते हैं। 'बिना सहमति' का सीधा सा मतलब है कि महिला सहमत नहीं थी, भले ही उसने विरोध में संघर्ष न किया हो।

बलात्कार की सज़ा क्या है?

बलात्कार की सज़ा कम से कम दस साल की जेल है, जिसे जुर्माने के साथ आजीवन कारावास तक बढ़ाया जा सकता है। 2012 के निर्भया मामले जैसे वीभत्स (या दुर्लभतम) मामलों में, (बीएनएस की धारा 64 के अनुसार) सज़ा-ए-मौत भी हो सकती है।

अगर बलात्कार महिला के किसी रिश्तेदार, अभिभावक, शिक्षक, या किसी भरोसेमंद या प्रशासनिक पद के व्यक्ति द्वारा किया जाता है, तो सज़ा और अधिक कठोर होती है।

वैवाहिक बलात्कार क्या है?

वैवाहिक बलात्कार का अर्थ किसी महिला को उसके पति द्वारा संभोग या ओरल सेक्स जैसी किसी भी प्रकार की यौन गतिविधि के लिए मजबूर करना है। बलात्कार बलात्कार ही है; इससे कोई फ़र्क़ नहीं पड़ता कि बलात्कारी पति है या कोई अजनबी। दुर्भाग्यवश, भारत में वैवाहिक बलात्कार दंडनीय अपराध नहीं है। क़ानून के तहत बलात्कार की परिभाषा में वैवाहिक बलात्कार को विशेष रूप से अपराध की श्रेणी से बाहर रखा गया है।

ऐसा क्यों है? हम इसके लिए अपने पितृसत्तात्मक समाज को दोषी ठहरा सकते हैं, जिसका मानना है कि पति को यौन सुख देना पत्नी का कर्तव्य

है, और कुछ हद तक औपनिवेशिक विरासत को भी। अंग्रेज़ों ने बलात्कार से संबंधित क़ानून आईपीसी के तहत बनाए थे, जिसका नाम अब बदलकर बीएनएस कर दिया गया है। बीएनएस हमारे सांसदों के लिए क़ानून बदलने का एक अवसर था, लेकिन उन्होंने कुछ नहीं किया।

दुनिया के लगभग बत्तीस देशों में वैवाहिक बलात्कार को अपराध नहीं माना जाता है, और भारत उनमें से एक है।[7] अब यह समझने का समय आ गया है कि शादी बलात्कार का लाइसेंस नहीं है। यह बिना सहमति के सेक्स करने का अधिकार नहीं है। अब समय आ गया है कि क़ानून भी इसे माने।

क़ानून द्वारा वैवाहिक बलात्कार को बलात्कार माना जाने वाला एकमात्र अपवाद तब होता है जब पति और पत्नी अलग हो चुके हों, यानी साथ न रह रहे हों, या पत्नी की उम्र अठारह साल से कम हो।

डेट रेप क्या है?

डेट रेप का मतलब एक ख़ास क़िस्म का बलात्कार है जिसमें महिला को उसकी जानकारी के बिना इतना मदहोश कर दिया जाए या ऐसा नशीला पदार्थ दे दिया जाए जिससे वो अस्थायी रूप से याददाश्त खो सकती हो। ऐसा आमतौर पर सामाजिक आयोजनों और पार्टियों में होता है जहां बलात्कारी महिला की जानकारी के बिना उसकी ड्रिंक में कोई स्वादहीन, गंधहीन पदार्थ मिला देता है।

भारत में डेट रेप को बलात्कार के रूप में दंडनीय माना जाता है, क्योंकि यह 'नशे के कारण सहमति की कमी' की श्रेणी में आता है। आमतौर पर, डेट रेप के मामले में सबसे बड़ी बाधा यह साबित

करना होता है कि महिला ने वाक़ई सहमति नहीं दी थी या कि उसकी ड्रिंक में वाक़ई कोई पदार्थ मिलाया गया था।

डेट रेप को कैसे साबित किया जाए?

1. जितना अधिक से अधिक हो सके सबूत इकट्ठे करें।
2. अगर हो सके, तो लैब टैस्ट के लिए ड्रिंक के सैंपल अपने पास रखें।
3. अगर अगली सुबह आपको डेट रेप का शक हो, तो अल्कोहल या ड्रग्स के अवशेषों के लिए ब्लड टेस्ट करवाएं।
4. कार्यक्रम/पार्टी की सारी तस्वीरें और वीडियो इकट्ठा करें। कुछ नहीं पता कि कौन सी चीज़ मददगार साबित हो जाए।
5. कार्यक्रम के बारे में ज़्यादा से ज़्यादा जानकारी इकट्ठा करने के लिए पार्टी में शामिल हुए अन्य लोगों से बात करें।
6. जिस किसी ने भी आपके ड्रिंक में नशीला पदार्थ मिलाए जाते या उसके बाद आपके व्यवहार (जैसे, भ्रमित होना, बेक़ाबू होना, अपने सहज रूप में न होना या सिर घूमना) को देखा हो, वो गवाही का हिस्सा हो सकता है।

पार्टियों में ध्यान रखने योग्य सुझाव

1. अपनी ड्रिंक हमेशा सीधे स्रोत से ही लें।
2. अपनी ड्रिंक को कभी भी नज़रों से दूर या अकेला न छोड़ें।
3. इस बारे में बेहद सतर्क रहें कि आप किसके साथ ड्रिंक कर रही हैं।
4. अपने सहजबोध पर भरोसा करें। अगर आपको अपनी ड्रिंक में अचानक कुछ गड़बड़ लगे, तो उसे पीना बंद कर दें।

कैसे समझें कि आपकी ड्रिंक के साथ छेड़छाड़ की गई है

1. **अप्रत्याशित स्वाद या गंध:** हालांकि अधिकतर पदार्थ गंधहीन और स्वादहीन होते हैं, पर फिर भी कुछ में हल्की कड़वाहट या अजीब सा रासायनिक स्वाद हो सकता है। अगर आपकी ड्रिंक का स्वाद अचानक बदला हुआ महसूस हो, तो उसे पीना बंद कर दें।
2. **रंग या रूप में बदलाव:** कुछ पदार्थों के कारण ड्रिंक धुंधली या थोड़ी बदली हुई सी लग सकती है, हालांकि ऐसा हमेशा ही नहीं होता है।
3. **असामान्य धुंधलापन या बुलबुले:** अगर आपको किसी ऐसी ड्रिंक में बुलबुले या ज़रूरत से ज़्यादा सनसनाहट दिखाई दे, जिसमें ये नहीं होने चाहिए, तो यह छेड़छाड़ का संकेत हो सकता है।
4. **बहुत ज़्यादा ऊंघ या अचानक चक्कर आना:** अगर ड्रिंक लेने के बाद आपको बहुत ज़्यादा ऊंघ, चक्कर, उलझन या बेचैनी महसूस होने लगे, ख़ासकर जब ये उस मात्रा के हिसाब से ज़्यादा हों जो आपने पी है, तो यह इस बात का संकेत हो सकता है कि आपकी ड्रिंक में मिलावट की गई है।
5. **याददाश्त या समन्वय में कमी:** नशीले पेय से आपको चलने, ध्यान केंद्रित करने या पीने के तुरंत बाद क्या हुआ, यह याद रखने में भी मुश्किल हो सकती है।
6. **बेहोश या अचेत हो जाना:** अगर आप या आपके साथ कोई व्यक्ति शराब पीने के बाद अचानक बेहोश हो जाए, तो यह ख़तरे की घंटी हो सकती है।

मैं जानती और समझती हूं कि यह लड़की की ज़िम्मेदारी नहीं है कि वो 'डेट रेप' से बचने के लिए ख़ुद को बदले। डेट रेप तो किसी भी हालत में होना ही नहीं चाहिए। दुर्भाग्य से, हम एक ऐसे समाज में रहते हैं जहां ज़्यादातर महिला को ही उसके आचरण के लिए ज़िम्मेदार ठहराया जाता है। सावधानी के तौर पर यहां ये सुझाव दिए गए हैं।

क्या विरोध न होने की स्थिति में मुख मैथुन बलात्कार है?

आइए एक वास्तविक जीवन की घटना पर विचार करते हैं।[8] बॉलीवुड के एक निर्देशक पर ओरल सेक्स द्वारा बलात्कार का आरोप लगाया गया था। पीड़िता ने अपनी गवाही में कहा कि निर्देशक ने उसे किस किया। पीड़िता ने मना किया और उसे धक्का दे दिया। फिर उसने उसका अंडरवियर नीचे खींचना शुरू कर दिया और ज़बरदस्ती ओरल सेक्स किया। पीड़िता ने विरोध किया और अपना अंडरवियर ऊपर खींचने की कोशिश की, लेकिन वह कहीं ज़्यादा ताक़तवर था। पीड़िता ने कहा कि उसे एक डॉक्युमेंटरी में निर्भया के बलात्कारी की कही बात याद आ गई, जिसके अनुसार अगर निर्भया ने प्रतिरोध नहीं किया होता तो वो ज़िंदा होती। पीड़िता उस स्थिति से जल्दी से जल्दी बाहर निकलना चाहती थी, इसलिए उसने इस कृत्य को समाप्त करने के लिए ऑर्गैज़्म का नाटक किया। तो, यह वो सामान्य हिंसक बलात्कार नहीं है जिसकी हम आमतौर पर कल्पना करते हैं।

इस मामले में, बलात्कार न तो प्रवेशात्मक (पेनिट्रेटिव) था और न ही हिंसक। लेकिन यह फिर भी बलात्कार की श्रेणी में ही आएगा क्योंकि पीड़िता ने 'नहीं' कहा था। हमेशा याद रखें, नहीं का मतलब नहीं होता है, और सहमति ही सबसे महत्वपूर्ण है।

उपरोक्त मामले में क्या हुआ? निचली अदालत ने निर्देशक को बलात्कार का दोषी पाया। बाद में दिल्ली उच्च न्यायालय ने इस फ़ैसले को पलट दिया, जिसे सुप्रीम कोर्ट ने भी बरक़रार रखा। हालांकि, दिल्ली उच्च न्यायालय के फ़ैसले की जनता के कुछ वर्गों द्वारा आलोचना की गई है,[9] और सवाल उठाया गया है कि क्या एक महिला के लिए बलात्कार साबित करने के लिए 'विरोध करने का कोई सही तरीक़ा' है। क्या सिर्फ़ उसके नहीं चीख़ने-चिल्लाने का यह मतलब है कि उसने सहमति दे दी थी? क़तई नहीं!

उच्च न्यायालय के फ़ैसले के पीछे कुछ अन्य कारक हो सकते हैं, जैसे न्यायाधीश का पूर्वाग्रह, वो पितृसत्तात्मक समाज जिसमें हम रहते हैं और यह सामान्य मानसिकता कि 'महिला झूठ बोल रही होगी।' हाई कोर्ट और सुप्रीम कोर्ट में फ़ैसला सुनाने वाले न्यायाधीशों के जेंडर का अंदाज़ा लगाइए? मुझे यक़ीन है कि यह अनुमान लगाने के लिए आपको गूगल करने की भी ज़रूरत नहीं पड़ेगी!

अगर आप या आपकी कोई जानकार बलात्कार की शिकार हुई है, तो सबसे पहले क्या क़दम उठाने चाहिए?

1. मेडिकल जांच करवाएं: यह जल्द से जल्द करवाएं, ख़ासकर अगर आप किसी भी तरह से घायल हुई हैं। हो सके तो जांच से पहले नहाने से बचें। ऐसा यह पक्का करने के लिए है कि आपके शरीर पर मौजूद डीएनए सैंपल या शारीरिक द्रवों जैसे कोई भी सबूत धुलें नहीं, और मेडिकल जांच में दर्ज हों।
2. सारे साक्ष्य सुरक्षित रखें: इनमें कपड़े, बालों के नमूने और शारीरिक द्रव शामिल हैं जो किसी भी ऐसी वस्तु पर जमा हुए हों जिसके संपर्क में आप आई हों (जैसे चादर)।
3. अपने कपड़े एक अलग बैग में रखें: अपराध के समय पीड़िता द्वारा पहने गए कपड़ों से किसी भी तरह का संपर्क या छेड़छाड़ न करें। उनमें अभियुक्त का डीएनए हो सकता है।
4. महत्वपूर्ण बारीकियों को नोट करें: इनमें अपराध की तारीख़, समय और स्थान, अभियुक्त का विवरण (जैसे जन्मचिह्न या टैटू, जिनसे अभियुक्त की पहचान की जा सकती हो), कोई गवाह, अपराध से पहले और बाद में आपने जो कुछ किया, और कोई भी अन्य विवरण जो आपको याद हो, शामिल हैं। ये पुलिस में शिकायत दर्ज कराते समय आपके काम आएंगी और ये उस समय भी उपयोगी होंगी जब मामला अदालत में जाएगा। अगर आप पुलिस के पास जाने को लेकर अनिश्चित हैं,

तब भी ऐसा करें, क्योंकि अगर आप बाद में कभी शिकायत दर्ज कराने का फ़ैसला करती हैं तो इससे मदद मिलेगी।

5. जल्द से जल्द पुलिस में शिकायत दर्ज कराएं: जल्दी शिकायत दर्ज कराने के दो मुख्य फ़ायदे हैं। आपको सभी महत्वपूर्ण और प्रासंगिक विवरण याद होंगे क्योंकि आपकी याददाश्त अभी ताज़ा है, और पुलिस अपनी जांच शुरू कर सकेगी और समय की बर्बादी से बच सकेगी।

बलात्कार पीड़िताएं अक्सर भारी शारीरिक और मानसिक आघात से गुज़रती हैं। इसलिए यह समझ में आने वाली बात है कि वो शिकायत दर्ज कराने में समय लगा सकती हैं। कभी-कभी तो शिकायत सालों बाद दर्ज की जाती है। याद रखें, किसी अपराध के ख़िलाफ़ शिकायत दर्ज कराने के लिए समय की कोई पाबंदी नहीं है। आप जब चाहें शिकायत दर्ज करा सकती हैं। लेकिन, बेहतर यही है कि आप शिकायत जल्द से जल्द दर्ज करा दें, ताकि समय बीतने के कारण सबूत नष्ट न हों।

याद रखने की बातें

1. इसमें आपकी कोई ग़लती नहीं है।
2. बलात्कार हमेशा बलपूर्वक या हिंसक नहीं होता। बिना सहमति के किया गया ओरल सेक्स भी बलात्कार माना जाता है।
3. ना का मतलब ना ही है। आप अपनी सहमति (या असहमति) शब्दों, कार्यों या हावभावों से दिखा सकती हैं। आपके लिए 'नहीं' बोलना ही ज़रूरी नहीं है।
4. सारे सबूत संभालकर रखें। जितनी जल्दी हो सके, मेडिकल जांच करवाएं।
5. आप जब भी तैयार हों, पुलिस में शिकायत दर्ज करा सकती हैं। इसकी कोई समय सीमा नहीं है।

2

साइबरबुलींग: अदृश्य ख़तरा

इस चैप्टर से आपको विभिन्न प्रकार की साइबरबुलींग से निपटने के तरीक़े समझने में मदद मिलेगी, और साथ ही उन क़ानूनी प्रावधानों की सूची मिलेगी जो आपको इन सबसे बचा सकते हैं। अंत में, एक पृष्ठ पर बताया गया है कि आपको सामान्य तौर पर साइबरबुलींग से कैसे निपटना चाहिए।

परिचय

आप दिन में कितनी बार अपने फ़ोन को अनलॉक करती हैं? मेरा स्कोर लगभग चालीस बार है। हमारे फ़ोन लगभग हमारे शरीर का हिस्सा बन गए हैं, और सोशल मीडिया हमारे दिलो-दिमाग़ का ही एक विस्तार बन चुका है। हम सभी को मज़ेदार वीडियो देखना, जानकारी साझा करना और दोस्तों से वर्चुअली मिलना पसंद है, लेकिन हमारी बढ़ती ऑनलाइन गतिविधियों ने हमें इंटरनेट के एक बुरे पहलू - साइबरबुलींग – के ख़तरे में डाल दिया है।

राष्ट्रीय महिला आयोग (एनसीडब्ल्यू) की 2020-21 की वार्षिक रिपोर्ट के अनुसार, कोविड-19 महामारी के प्रकोप के बाद से महिलाओं के ख़िलाफ़ ऑनलाइन उत्पीड़न के मामलों में पांच गुना इज़ाफ़ा हुआ है।[1] ये आंकड़े डराने वाले हैं। क्या इसका मतलब यह है कि अपनी सुरक्षा के लिए हमें इंटरनेट और सोशल मीडिया का इस्तेमाल पूरी तरह से बंद कर देना चाहिए? यह ऐसा कहने जैसा होगा कि दुर्घटना के डर से हम सड़क पर चलना बंद कर दें।

इंटरनेट तो अब हमेशा के लिए है, इसका विकास भी होगा और यह हमारे जीवन का और भी अभिन्न अंग बनेगा। इसलिए, हमारे लिए यह समझना ज़रूरी है कि हम अपनी सुरक्षा कैसे करें। यह चैप्टर उन क़ानूनों के बारे में समझाएगा जो आपकी सुरक्षा करते हैं और बताएगा कि साइबरबुलींग के प्रत्येक रूप के विरुद्ध किस तरह कार्रवाई की जा सकती है।

जानने योग्य कुछ बुनियादी बातें:

1. इंटरनेट से संबंधित हर चीज़ के लिए हमारे पास सिर्फ़ एक क़ानून है, जिसे सूचना प्रौद्योगिकी (आईटी) अधिनियम, 2000 कहा जाता है। यह क़ानून दो दशक से भी ज़्यादा पुराना है और तकनीकी विकास के साथ तालमेल नहीं बिठा पाया है।
2. आप साइबरबुलींग के ख़िलाफ़ अपने शहर के साइबर क्राइम सेल में शिकायत दर्ज करा सकती हैं। ज़्यादातर महानगरों में एक साइबर क्राइम सेल होता है। यह प्रक्रिया सामान्य पुलिस शिकायत दर्ज कराने जैसी ही है। अगर आपके शहर में कोई साइबर क्राइम

सेल नहीं है, तो किसी भी सामान्य पुलिस स्टेशन में शिकायत दर्ज करा दें।

गतिविधि: क्या आपके शहर में कोई साइबर क्राइम सेल है? अगर आपको पक्का पता नहीं है, तो यह पता करने के लिए एक सरल सी ऑनलाइन सर्च कर लें!

ट्रोल कौन होते हैं? मैं उनसे कैसे निपटूं?

अगर आप डिजिटल जगत से परिचित हैं, तो आपने निश्चित रूप से ट्रोलिंग के बारे में भी ज़रूर सुना होगा। ट्रोलिंग साइबरबुलींग का एक रूप है जिसमें ट्रोल जानबूझकर किसी के बारे में ऑनलाइन भद्दी और आहत करने वाली बातें कहते हैं। ट्रोल या तो कीबोर्ड की गुमनामी के पीछे छिपे असली लोग हो सकते हैं, या फिर साइबरबॉट (इंसानों की तरह काम करने वाला रोबोट) हो सकते हैं।

ट्रोलिंग प्रभावित तो हर किसी को करती है, चाहे वह किसी भी जेंडर, उम्र या पेशे का हो, लेकिन यह महिलाओं को ऑनलाइन विशेष रूप से असुरक्षित बना देती है। उदाहरण के लिए, पत्रकार राना अय्यूब अपने ट्वीट्स के लिए क्रूर ट्रोलिंग का शिकार हुई हैं। जान से मारने की धमकियों के अलावा, उनकी निजी जानकारी पूरे इंटरनेट पर लीक कर दी गई और उन्हें 'इस्लामवादी,' 'जिहादी जेन,' 'दीदी' और न जाने कौन-कौन से भद्दे नामों से पुकारा गया।[2]

अगर आपको ट्रोल किया जाए तो आपको क्या करना चाहिए?

1. ब्लॉक करें और अनदेखा करें: ज़्यादातर ट्रोल बिना चेहरे वाले, नाकारा कीबोर्ड योद्धा होते हैं जो ख़ुद अपनी ज़िंदगी से हताश होते हैं। कभी-कभी सबसे अच्छा उपाय उन्हें अनदेखा करना और ब्लॉक कर देना होता है। ट्रोल का एकमात्र उद्देश्य आपको परेशान करना होता है, लेकिन अगर

उन्हें समझ आ जाता है कि आपको उनकी परवाह ही नहीं है, तो यह उनके लिए मज़ेदार नहीं रह जाता है।

2. अपनी सैटिंग्स बदल लें: इंस्टाग्राम जैसे कुछ प्लेटफ़ॉर्मों पर आपके पास अपनी सैटिंग्स बदलने का विकल्प होता है जिससे सिर्फ़ वही लोग जो आपके दोस्त हैं या जिन्हें आप फ़ॉलो करते हैं आपकी तस्वीरों पर टिप्पणी कर सकते हैं। अगर आपके लिए यह संभव नहीं है, तो आप एक फ़िल्टर सेट कर लें जो कुछ ख़ास क़िस्म के कमेंट्स को 'प्रतिबंधित' या ऑटोमैटिकली ब्लॉक कर देगा।
3. ट्रोल को उजागर करके शर्मिंदा करें: कभी-कभी ट्रोल का नाम बताना और उसे शर्मिंदा करना भी कारगर हो सकता है। अगर ट्रोल कोई असली व्यक्ति है, तो उसे बुली के रूप में उजागर किए जाने पर उसे शर्मिंदगी ज़रूर महसूस होगी (सबूत के तौर पर स्क्रीनशॉट लगाना ज़रूर याद रखें)।
4. क्या आपको शिकायत करनी चाहिए? पुलिस में शिकायत दर्ज करना ट्रोलिंग का बहुत कारगर समाधान नहीं हो सकता, क्योंकि पुलिस के पास ट्रोलिंग के इतनी बड़ी तादाद में मामलों से निपटने के लिए संसाधन नहीं होते। हो सकता है कि वे आपकी शिकायत को गंभीरता से न लें, बशर्ते आप कोई प्रभावशाली व्यक्ति न हों।
5. मानहानि का मुकदमा: अगर आप जानती हैं कि ट्रोल कौन है या वह कोई ख़ास व्यक्ति है, तो आप उसके ख़िलाफ़ मानहानि का मुकदमा दायर कर सकती हैं। मानहानि का मुकदमा तब दायर किया जाता है जब कोई व्यक्ति किसी दूसरे व्यक्ति को 'बदनाम' करता है, यानी ऐसी बातें कहता है जिससे उस व्यक्ति का नाम और प्रतिष्ठा धूमिल हो सकती है। ट्रोलिंग भी इसी श्रेणी में आती है। हालांकि मानहानि के ज़्यादातर मुकदमों में कोई ठोस फ़ैसला नहीं आता है, लेकिन मुकदमा दायर करना ही एक कड़ी चेतावनी और डराने का काम कर सकता है। इसके लिए आपको किसी वकील की मदद लेनी चाहिए।

कौन से क़ानून आपको ट्रोलिंग से बचाते हैं?

ट्रोलिंग ऑनलाइन किए जाने वाले हेट क्राइम से कम नहीं है और आदर्श रूप से इससे सख़्ती से निपटा जाना चाहिए। हमारे यहां सूचना प्रौद्योगिकी अधिनियम की धारा 66ए नामक एक विशेष प्रावधान था, जिसके अनुसार किसी भी वर्चुअल संचार माध्यम से किसी को भी आपत्तिजनक संदेश भेजना अपराध था। लेकिन, 2015 में, असहमति को दबाने के लिए सरकार द्वारा इसके दुरुपयोग के कारण सुप्रीम कोर्ट ने इस धारा को अस्पष्ट और असंवैधानिक बताते हुए रद्द कर दिया।

चलिए देखते हैं कि कौन से क़ानून हमारी रक्षा कर सकते हैं। यहां केवल मुख्य शब्द दिए गए हैं।

1. भारतीय न्याय संहिता
   - i. धारा 78: साइबरस्टॉकिंग
   - ii. धारा 351(4): गुमनाम संचार द्वारा आपराधिक धमकी
   - iii. धारा 79: महिला की गरिमा को ठेस पहुंचाना
   - iv. धारा 356: आपराधिक मानहानि
2. सूचना प्रौद्योगिकी अधिनियम, 2000

   ईमानदारी से कहें, तो अब आईटी अधिनियम में ट्रोलिंग पर सीधे तौर पर चोट करने का कोई प्रावधान नहीं बचा है। हम बस इसे अन्य क़ानूनी प्रावधानों में शामिल करने का प्रयास कर सकते हैं, जैसे:
   - i. धारा 66C: पहचान की चोरी
   - ii. धारा 66E: निजता का उल्लंघन
   - iii. धारा 67, 67ए, 67बी: इलेक्ट्रॉनिक रूप में अश्लील सामग्री प्रसारित या प्रकाशित करना

नोट: ऊपर वर्णित सभी क़ानूनों के अतिरिक्त, यदि पीड़िता अठारह वर्ष से कम आयु की है, तो उसे पॉक्सो (यौन अपराधों से बच्चों का संरक्षण) अधिनियम, 2012 के तहत अतिरिक्त सुरक्षा प्राप्त होगी।

मेरे निजता के अधिकार का क्या?

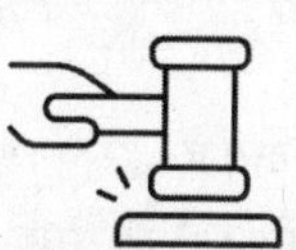

2017 में, सुप्रीम कोर्ट ने *न्यायमूर्ति के.एस. पुट्टस्वामी बनाम भारत संघ* के ऐतिहासिक मामले में 'निजता के अधिकार' को (हमारे संविधान के अनुच्छेद 21 में 'जीवन के अधिकार' के अंतर्गत) एक मौलिक अधिकार के रूप में मान्यता दी। ताक-झांक, ट्रोलिंग, पहचान की चोरी आदि पीड़ित की निजता से समझौता करने वाला साइबरबुलींग का कोई भी रूप निजता के मौलिक अधिकार के अंतर्गत संरक्षित होगा। लेकिन, संवैधानिक अधिकार बहुत व्यापक स्तर पर काम करते हैं और उनके अंतर्गत सीधी कार्रवाई करना मुश्किल है। उदाहरण के लिए, आप पुलिस स्टेशन जाकर अपनी निजता के उल्लंघन का हवाला देते हुए शिकायत दर्ज नहीं करा सकतीं।

यह जानकर अच्छा लगता है कि हमारे पास निजता का अधिकार है, लेकिन अभी तक हम इसके साथ ज़्यादा कुछ नहीं कर सकते!

वॉयरिज़्म या ताक-झांक क्या है? अगर कोई मेरे निजी पलों की जासूसी कर रहा हो तो?

क्या आपको याद है, जब हम अपने सहपाठी की नोटबुक में झांकते थे या किसी के नोट्स की नक़ल करने की कोशिश करते थे, तो हमारे टीचर कहते थे, 'पीपिंग टॉम मत बनो!'? वॉयरिज़्म मूल रूप से 'पीपिंग टॉम' व्यवहार के लिए तकनीकी शब्द है। इसका अर्थ है किसी व्यक्ति को उसकी जानकारी या सहमति के बिना गुप्त रूप से निजी काम (कभी-कभी यौन क्रिया) करते हुए देखना। उदाहरण के लिए, किसी को नहाते हुए देखना, चेंजिंग रूम में किसी महिला की जासूसी करना या किसी को सेक्स करते देखना। अगर आपने चेंजिंग रूम कांडों के बारे में सुना हो, जहां छोटी दुकानों के मालिक/कर्मचारी छिपे हुए कैमरे लगाते

हैं और महिलाओं को कपड़े बदलते हुए रिकॉर्ड करते हैं, तो वो वॉयरिज़्म के दायरे में आते हैं।

ताक-झांक करने वाले दूसरों को गुपचुप देखकर मज़े लेते हैं। इसका एक उदाहरण नेटफ़्लिक्स की *लस्ट स्टोरीज़ 2* में दिखाया गया था। इस संग्रह की एक कहानी में ताक-झांक को उसके सबसे बुनियादी रूप में दिखाया गया है। अकेली रहने वाली एक कामकाजी महिला एक दिन घर आने पर देखती है कि उसकी नौकरानी उसके बिस्तर पर सेक्स कर रही है। शुरू में तो वो भौंचक्की रह जाती है, लेकिन बाद में उसे उनको देखने का चस्का लग जाता है। जब उसे पता चलता है कि यह रोज़ाना की बात है, तो वो उसी समय घर आने लगती है और अपनी नौकरानी को चुपके से यह करते हुए देखने लगती है। नौकरानी की जानकारी या सहमति के बिना उसे ताड़ना वॉयरिज़्म है।

क्या वॉयरिज़्म ब्लैकमेल का कारण बन सकता है?

कई मामलों में, ताक-झांक करने वाले महिला को देखने भर तक नहीं रुकते हैं। वो उन निजी पलों को रिकॉर्ड कर लेते हैं और फिर उन्हें लीक करने की धमकी देते हैं। किसी महिला की निजी तस्वीरों या वीडियो (जो यौन प्रकृति के हों) को उसकी सहमति के बिना शेयर करना भी वॉयरिज़्म है। हम नीचे 'सेक्सटॉर्शन' वाले सेक्शन में इस पर बात करेंगे।

#मूवी टाइम

क्या आपको फ़िल्म *दृश्यम* (एक तमिल फ़िल्म जिसे तेलुगु और हिंदी में रीमेक किया गया) याद है? क्या आपको याद है कि इस फ़िल्म के अद्भुत उतार-चढ़ावों की शुरुआत किस कारण हुई थी? फ़िल्म में, एक किशोर लड़के ने अपनी सहपाठी को बाथरूम में कपड़े उतारते और नहाते हुए रिकॉर्ड करने के लिए एक मोबाइल फ़ोन छिपा दिया था। बाद में उसने उसे

सेक्स के लिए ब्लैकमेल किया और धमकी दी कि अगर उसने विरोध किया तो वो उसके वीडियो को सोशल मीडिया पर अपलोड कर देगा। यह साइबरबुलींग का एक स्पष्ट मामला था जिसमें वॉयरिज़्म और सेक्सटॉर्शन शामिल था।

वॉयरिज़्म के ख़िलाफ़ कार्रवाई करने के 3 तरीक़े क्या हैं?

1. छेद बंद करें: अगर आपको पता है कि कोई किसी ख़ास जगह (जैसे चाबी के छेद) से आपकी जासूसी कर रहा है, तो उसे तुरंत बंद कर दें ताकि उस वॉयर को दोबारा ऐसा करने का मौक़ा न मिले।
2. शोर मचाएं: अगर आपको सही और सुरक्षित लगे, तो वॉयर की पोल सबके सामने खोलें। शर्म उन्हें आनी चाहिए, आपको नहीं। ज़्यादातर वॉयर इस सोच के साथ काम करते हैं कि या तो वो पकड़े नहीं जाएंगे या फिर पीड़िता इतनी शर्मिंदा हो जाएगी कि कुछ कह नहीं पाएगी।
3. शिकायत करें: अगर इस वॉयरिज़्म में ब्लैकमेल भी शामिल है, या यह (चेंजिंग रूम कांड जैसी) किसी बड़ी गतिविधि का हिस्सा है, तो आपको निश्चित रूप से पुलिस में शिकायत दर्ज करानी चाहिए। अगर यह ऊपर दिए गए नेटफ़्लिक्स के उदाहरण जैसा मामला है, या कोई आपको निजी तौर पर देख रहा है, तो भी आप पुलिस में शिकायत दर्ज करा सकती हैं। अपनी शिकायत के समर्थन में सबूत इकट्ठा करने की कोशिश करें। उदाहरण के लिए, अगर आपको पता है कि वॉयर किसी निश्चित समय पर किसी निश्चित जगह से आपकी ताक-झांक कर रहा है, तो उसे ऐसा करते हुए पकड़ने के लिए एक गुप्त कैमरा लगाएं।

कौन से क़ानून आपको वॉयरिज़्म से बचाते हैं?

हम जानते हैं कि किसी की जासूसी करना, ख़ासकर उसके निजी पलों की, (नैतिक स्तर पर भी) ठीक नहीं है। क़ानून भी इससे सहमत है और, मानें या न मानें, बीएनएस में एक विशेष धारा है जो ताक-झांक को अपराध मानती है।

1. बीएनएस की धारा 77: इस धारा के अनुसार, महिला की सहमति के बिना निम्नलिखित में से कोई भी काम करना वॉयरिज़्म में शामिल है:
   i. किसी महिला को निजी क्रिया करते हुए देखना (जैसे सेक्स, शौचालय का उपयोग या स्नान आदि), जहां वो अपने अंडरगारमेंट्स में हो या उसके निजी अंग खुले हों।
   ii. किसी महिला की निजी क्रिया करते हुए तस्वीरें/वीडियो लेना या शेयर करना।

सेक्सटॉर्शन क्या है?

कल्पना कीजिए। समीर और लीला (दोनों काल्पनिक पात्र) एक रिश्ते में हैं। वो अपने देखने के लिए अपनी सेक्स क्रिया को रिकॉर्ड करने के लिए सहमत हो जाते हैं। लेकिन कुछ महीनों बाद वो ब्रेकअप कर लेते हैं और समीर लीला को धमकाना शुरू कर देता है कि वो उनका निजी वीडियो लीक कर देगा। लीला घबरा जाती है और उसे समझ नहीं आता कि वो क्या करे। वो इस बात से चिंतित है कि इसका उसके परिवार पर क्या प्रभाव पड़ेगा और लोग उसके बारे में क्या कहेंगे। वो समीर को वीडियो लीक करने से रोकने के लिए कुछ भी करने को तैयार है, जिसका समीर फ़ायदा उठाता है और उससे एक मोटी रक़म ऐंठ लेता है। समीर को पैसे देने के लिए लीला को अपना बैंक खाता ख़ाली करना पड़ता है और चोरी-छिपे अपने गहने बेचने पड़ते हैं। यह जाना-पहचाना लग रहा है? ऐसी घटनाएं हमारे देश में बहुत आम हैं।

यह सेक्सटॉर्शन है। सीधे शब्दों में कहें तो सेक्सटॉर्शन किसी की यौन सामग्री को सार्वजनिक करने की धमकी देकर उससे पैसे/सेक्स की मांग करना है। उत्पीड़क आमतौर पर पीड़ित से पैसे ऐंठने या सेक्स करने के लिए उसे ब्लैकमेल करता है।

सेक्सटॉर्शन हमेशा किसी अजनबी द्वारा ही चुपके से आपकी रिकॉर्डिंग करके नहीं किया जाता है। अधिकांश मामलों में, उत्पीड़क पीड़िता का कोई

क़रीबी होता है, कोई ऐसा व्यक्ति जिसकी निजी पलों तक पहुंच हो (उदाहरण के लिए, कोई एक्स-बॉयफ्रेंड या ठुकराया हुआ प्रेमी)। ऐसा भी हो सकता है कि पीड़िता अपनी निजी तस्वीरें/वीडियो बनवाने या उत्पीड़क के साथ शेयर करने के लिए सहमत रही हो, जैसा कि समीर और लीला के मामले में है। महत्वपूर्ण बात यह है कि तस्वीरें/वीडियो बनवाने की सहमति उन्हें शेयर करने की सहमति के बराबर नहीं है। अगर लीला अपने निजी पलों को निजी तौर पर देखने के लिए रिकॉर्ड करने पर सहमत हो गई थी, तो इसका मतलब यह नहीं है कि वो समीर को उन्हें किसी तीसरे व्यक्ति के साथ शेयर करने या ख़ुद को ब्लैकमेल किए जाने के लिए सहमत थी।

नोट: यह बताना ज़रूरी है कि *इससे कोई फ़र्क़ नहीं पड़ता* कि निजी तस्वीरें/वीडियो पीड़िता की सहमति के बिना बनाई गई थीं, या उसने ख़ुद ही उन्हें उत्पीड़क के साथ शेयर किया था। अगर महिला ने *किसी तीसरे व्यक्ति के साथ तस्वीरें/वीडियो शेयर करने की सहमति नहीं दी थी,* तो उत्पीड़क को उन्हें शेयर करने का अधिकार नहीं है।

सेक्सटॉर्शन से बहुत मिलती-जुलती एक चीज़ प्रतिशोधी पोर्न है, जिसमें किसी व्यक्ति की सहमति के बिना उसकी बोल्ड या अंतरंग तस्वीरें या वीडियो साझा करना (ज़्यादातर ऑनलाइन) शामिल है। जैसा कि नाम से स्पष्ट है, प्रतिशोधी पोर्न का इस्तेमाल आमतौर पर पीड़िता से बदला लेने (जैसे, कोई रिश्ता बिगड़ जाने पर) या पीड़िता को अपमानित करने या धमकाने के लिए किया जाता है।

अगर आप सेक्सटॉर्शन की शिकार हैं तो आपको क्या करना चाहिए?

1. **शांत रहें:** मैं जानती हूं कि ऐसे हालात में यह सबसे मुश्किल काम लग सकता है। लेकिन अगर आप घबरा गईं, तो आप ठीक से सोच नहीं पाएंगी और अंततः अपने ब्लैकमेलर की मांगों के आगे झुक जाएंगी। नुकसान को कम से कम करने के लिए सबसे अच्छा उपाय ढूंढने की कोशिश करें।

2. **सहायता लें:** अपने परिवार या शुभचिंतकों को स्थिति के बारे में बताना मुश्किल हो सकता है; आप नहीं जानतीं कि उनकी प्रतिक्रिया कैसी होगी। अगर आपको अपने परिवार का सहयोग नहीं मिल रहा है, तो अपने दोस्तों की मदद लें। यह महत्वपूर्ण है क्योंकि सेक्सटॉर्शन पीड़ित पर ज़बरदस्त मानसिक दबाव डालता है, जिससे अकेले निपटना नामुमकिन है।
3. **सबूत इकट्ठा करें:** जल्द से जल्द जितने सबूत इकट्ठा कर सकती हैं, करें—चैट, फ़ोन कॉल या ईमेल के स्क्रीनशॉट। उस फ़ोन नंबर या सोशल मीडिया प्रोफ़ाइल को भी नोट कर लें जिससे उत्पीड़क आपसे संपर्क कर रहा है। पुलिस में शिकायत दर्ज कराते समय यह उपयोगी होगा।
4. **पुलिस में शिकायत दर्ज करें:** सेक्सटॉर्शन के मामलों में यह एक महत्वपूर्ण क़दम है क्योंकि पुलिस उत्पीड़क के डिवाइस के आईपी एड्रेस से उसका पता लगा सकेगी। पुलिस उसके डिवाइसों को ज़ब्त भी कर सकती है और उससे सारी सामग्री डिलीट करवा सकती है। यहां, अगर आपको डर है कि पुलिस के फ़ोन करने पर उत्पीड़क आपकी सामग्री को लीक कर सकता है, तो आपको पुलिस को यह बताना अहम है। ऐसे मामले में, पुलिस उत्पीड़क को अचानक पकड़ने के लिए दूसरे तरीक़े अपना सकती है।

नोट: अगर आपके शहर में महिला पुलिस स्टेशन या साइबर सेल है, तो आप वहां शिकायत दर्ज करा सकती हैं। अगर नहीं है, तो किसी भी सामान्य पुलिस स्टेशन चली जाएं। हो सके तो अपने साथ एक वकील भी ले जाएं, क्योंकि इससे पुलिस आपके मामले को ज़्यादा गंभीरता से लेगी।

अपने बॉयफ्रेंड या किसी और के साथ नग्न तस्वीरें शेयर करते समय आप अपनी सुरक्षा कैसे कर सकती हैं?

मैं फिर से कहूंगी कि मुझे पता है कि किसी महिला को सिर्फ़ इसलिए अपने तौर-तरीक़े नहीं बदलने चाहिए कि कोई अपराधी उस पर हमला न करे। लेकिन

उस समाज को देखते हुए जिसमें हम रहते हैं, थोड़ी सावधानी बरतने में कोई बुराई नहीं है। कुछ मामलों में, सावधानी वाक़ई इलाज से बेहतर होती है।

यहां नग्न तस्वीरें साझा करने के बारे में कुछ सुझाव हैं (अगर आप रिश्ते में हों तब भी):

1. अपनी तस्वीरें केवल उसी के साथ शेयर करें जिस पर आपको भरोसा हो। यदि आप इससे सहज नहीं हैं तो एक ऐसा पार्टनर जो सचमुच आपकी परवाह करता हो, आपको निजी सामग्री शेयर करने के लिए कभी मजबूर नहीं करेगा।
2. ऐसे ऐप्स का इस्तेमाल करें जिनमें प्राप्तकर्ता केवल एक ही बार तस्वीर खोल सकता हो। अपनी जानकारी के बिना स्क्रीनशॉट न लेने दें। उदाहरण के लिए, स्नैपचैट, व्हाट्सएप, इंस्टाग्राम और अधिकांश अन्य सोशल ऐप्स में यह सुविधा होती है।
3. शेयर करते वक़्त अपना चेहरा काट लें और जन्मचिह्न या टैटू जैसे पहचानने योग्य निशान मिटा दें।
4. अगर आप अपनी निजी तस्वीरें अपने फ़ोन, लैपटॉप या अन्य निजी उपकरणों पर स्टोर कर रही हैं, तो उन्हें बेहद सुरक्षित रखें।
5. यदि आप गूगल फ़ोटोज़ जैसे किसी क्लाउड बैकअप का उपयोग करती हैं, तो पक्का कर लें कि आप एक सुरक्षित ईमेल आईडी का उपयोग कर रही हैं, जिसकी एक्सेस केवल आपके पास हो।

मैं 'अगर आप रिश्ते में हों तब भी' वाले हिस्से पर ज़ोर देना चाहूंगी, क्योंकि वॉयरिज़्म और सेक्सटॉर्शन के ज़्यादातर मामलों में, उत्पीड़क पीड़ित के क़रीबी लोग होते हैं, ऐसे लोग जिन पर पीड़ित को भरोसा था। रिश्ता ख़त्म होने के बाद, या हालात बिगड़ने पर, वही भरोसेमंद एक्स-बॉयफ्रेंड पीड़ित को ब्लैकमेल कर सकता है। हम किसी काल्पनिक अजनबी के हमें परेशान करने की बहुत ज़्यादा चिंता करते हैं, लेकिन यह नहीं सोचते कि वो कोई

ऐसा व्यक्ति हो सकता है जो हमारा विश्वास जीत चुका है। मेरा मतलब यह नहीं है कि आपका सभी रिश्तों पर से भरोसा उठ जाए। मैं बस आपसे सावधान रहने को कहना चाहती हूं। जैसा कि कहा जाता है, हर समय अपनी सीटबेल्ट पहने रहें, चाहे आप सबसे अच्छे ड्राइवर के साथ ही क्यों न हों।

कौन से क़ानूनी प्रावधान सेक्सटॉर्शन और प्रतिशोधी पोर्न से सुरक्षा प्रदान करते हैं?

हमारे यहां कई ऐसे क़ानून हैं जो हमें सेक्सटॉर्शन और प्रतिशोधी पोर्न से सुरक्षा प्रदान करते हैं। यहां केवल मुख्य शब्द दिए गए हैं:

1. भारतीय न्याय संहिता
   - i. धारा 74: हमले/आपराधिक बल द्वारा गरिमा को ठेस पहुंचाना।
   - ii. धारा 75: सामान्य रूप से यौन उत्पीड़न।
   - iii. धारा 77: वॉयरिज़्म।
   - iv. धारा 79: गरिमा को अपमानित करना/निजता का उल्लंघन करना।
   - v. धारा 351(1): आपराधिक धमकी, किसी व्यक्ति को कोई कार्य करने/न करने के लिए चोट पहुंचाने की धमकी देना।
   - vi. धारा 308 (1): किसी व्यक्ति को चोट पहुंचाने के भय में डालकर उससे कोई मूल्यवान वस्तु (जैसे धन) प्राप्त करना।
   - vii. धारा 356: मानहानि, जिसमें किसी की प्रतिष्ठा को ठेस पहुंचाने के इरादे से बोले या प्रकाशित किए गए शब्द या संकेत शामिल हैं।
   - viii. धारा 294: अश्लील प्रकाशनों को बेचना, किराये पर देना, वितरण, सार्वजनिक प्रदर्शन, या वितरण या प्रचलन में लाने का कोई अन्य माध्यम।
2. सूचना प्रौद्योगिकी अधिनियम
   - i. धारा 66ई: बिना सहमति के गुप्त भाग की तस्वीरें लेना, प्रकाशित या प्रसारित करना (वॉयरिज़्म के समकक्ष)।

ii. धारा 67: कामुक सामग्री (चित्र) प्रकाशित या प्रसारित करना।
iii. धारा 67 ए: खुले सेक्शुअल कृत्यों (वीडियो) का प्रकाशन या प्रसारित करना।
iv. धारा 67बी: बच्चों से संबंधित यौन रूप से स्पष्ट सामग्री का प्रकाशन, वितरण, सुगमीकरण या उपभोग।
v. धारा 72: गोपनीयता और निजता का उल्लंघन।

3. धारा 4, महिलाओं का अभद्र चित्रण अधिनियम: महिलाओं को अभद्र रूप में प्रस्तुत करने वाली सामग्री का वितरण।

अच्छी ख़बर यह है कि भारतीय अदालतें साइबरबुलींग के मामलों को लेकर सख़्त हो रही हैं।

रिवेंज पोर्न: उत्पीड़क को जेल हुई

2017 में पश्चिम बंगाल के एक मामले में, आरोपी ने पीड़िता के साथ अपने रिश्ते का फ़ायदा उठाकर उसके मोबाइल फ़ोन से उसके नग्न वीडियो एक्सेस कर लिए। जब पीड़िता ने रिश्ता तोड़ दिया, तो आरोपी ने उसे ब्लैकमेल करना शुरू कर दिया और पीड़िता की निजी जानकारी के साथ वीडियो विभिन्न पोर्न साइट्स पर अपलोड कर दिए। पश्चिम बंगाल की एक अदालत ने आरोपी को आईपीसी (अब बीएनएस) और आईटी एक्ट की कई धाराओं के तहत दोषी ठहराया और उसे जुर्माने के साथ पांच साल जेल की सज़ा सुनाई।

इस मामले *(पश्चिम बंगाल राज्य बनाम अनिमेष बॉक्सी)* का फ़ैसला ऐतिहासिक था क्योंकि यह भारत में रिवेंज पोर्न के लिए पहली सज़ा थी। इस मामले में घटनाओं का क्रम रिवेंज पोर्न और सेक्सटॉर्शन के मामलों का एक सटीक उदाहरण है।

सेक्सटॉर्शन मामले में उत्पीड़क को ज़मानत नहीं दी गई

2020 में ओडिशा में हुए एक मामले में, उत्पीड़क और पीड़िता के बीच रोमांटिक रिश्ता था। उत्पीड़क ने पीड़िता के साथ मारपीट की और अपने मोबाइल फ़ोन पर मारपीट का वीडियो बना लिया। फिर उसने वीडियो लीक करने की धमकी दी। बाद में, उसने वीडियो फ़ेसबुक पर पोस्ट भी कर दिए। जब पीड़िता और उसके माता-पिता ने पुलिस में शिकायत दर्ज कराई, तो सामग्री को फ़ेसबुक से हटा दिया गया।

सुभ्रांशु राउत बनाम ओडिशा राज्य के मामले में, उच्च न्यायालय ने उत्पीड़क को ज़मानत देने से इंकार कर दिया। न्यायालय ने यह भी कहा कि लीक हुए वीडियो पीड़िता के 'निजता के अधिकार' का उल्लंघन करते हैं।

साइबरफ़्लैशिंग क्या है?

क्या आपको पिछले सेक्शन में बताई गई फ़्लैशिंग याद है? साइबरफ़्लैशिंग उसी का ऑनलाइन स्वरूप है। हम सबने किसी डेटिंग ऐप या सोशल मीडिया पर अपना इनबॉक्स खोलने पर एक अनचाहे मेहमान—एक अनचाही 'डिक पिक'—को देखने की बेहूदा और भयावह कहानी सुनी है।

मूल रूप से, साइबरफ़्लैशिंग तब होती है जब कोई व्यक्ति बिना आज्ञा के जननांगों की खुली या आपत्तिजनक तस्वीरें (जैसे डिक पिक्स) भेजता है। इस आक्रामक और अपमानजनक व्यवहार से पीड़ितों को अपमान, असुरक्षा और अत्यंत असहजता का अहसास हो सकता है। हालांकि साइबरफ़्लैशिंग का निशाना मुख्य रूप से महिलाएं होती हैं, लेकिन इस तरह के उत्पीड़न का शिकार कोई भी जेंडर हो सकता है।

अगर आप साइबरफ़्लैशिंग का शिकार हो जाती हैं तो आपको क्या करना चाहिए?

1. उत्पीड़क को ब्लॉक करें: उत्पीड़क के सारे अकाउंट और नंबर ब्लॉक कर दें। बाद में ज़रूरत पड़ने पर सबूत के लिए स्क्रीनशॉट लेना न भूलें।
2. अपनी सेटिंग्स बदल लें: कई सोशल मीडिया ऐप्स में यह विकल्प होता है कि आपको सिर्फ़ वही लोग मैसेज भेज सकते हैं जिन्हें आप जानते हैं, या आप अश्लील सामग्री को सेंसर भी कर सकती हैं। इससे भविष्य में होने वाले मामलों को रोकने में मदद मिलेगी।
3. पर्दाफ़ाश करें और शर्मिंदा करें: अगर संभव हो और आपके लिए सुरक्षित हो, तो सोशल मीडिया पर उस व्यक्ति का पर्दाफ़ाश करें। बहुत लोगों से कहें कि वो उसके अकाउंट की स्पैम के रूप में रिपोर्ट करें। कई मामलों में यह कारगर रहता है, क्योंकि उत्पीड़क यह सोचकर आपत्तिजनक तस्वीरें भेजते हैं कि पीड़िता शर्म के कारण कुछ भी नहीं कह सकेगी (जैसे, अगर आपको याद हो, तो रूबरू फ़्लैश करने में)। शर्म पीड़िता को नहीं, बल्कि उत्पीड़क को आनी चाहिए!
4. क्या आपको शिकायत दर्ज करनी चाहिए? आप शिकायत दर्ज कर सकती हैं। लेकिन, पुलिस कार्रवाई की सीमा इस आधार पर अलग-अलग हो सकती है कि मामला कितना गंभीर है और पुलिस कितनी सक्रिय है। दरअसल, मैं पिछले दिनों अपनी दोस्त और जानी-मानी इन्फ़्लुएंसर मालिनी अग्रवाल से इस बारे में बात कर रही थी। कभी-कभी सेलिब्रिटीज़ और इन्फ़्लुएंसर्स के लिए भी साइबरफ़्लैशिंग की शिकायतों पर पुलिस से कार्रवाई करवाना मुश्किल हो जाता है। इसलिए मैं कहूंगी कि यह आपकी क़िस्मत पर निर्भर करता है। लेकिन इसकी वजह से आप शिकायत करने से न रुकें, क्योंकि जितना ज़्यादा हम अपने अधिकारों की मांग करेंगे, उतनी ही ज़्यादा संभावना है कि सिस्टम हमारी चिंताओं को गंभीरता से लेगा।

कौन से क़ानून आपको साइबरफ़्लैशिंग से सुरक्षा प्रदान करते हैं?

फिर से, साइबरफ़्लैशिंग के लिए कोई विशिष्ट क़ानून नहीं है, इसलिए हमें क़ानूनों की एक पूरी सूची में से कुछ धाराएं चुननी पड़ती हैं। ये धमकी और ब्लैकमेल से संबंधित धाराओं को छोड़कर कमोबेश वही हैं जो सेक्सटॉर्शन पर पिछले सेक्शन में बताई गई हैं।

साइबरफ़्लैशिंग के लिए लागू हो सकने वाले क़ानूनों में बीएनएस की धाराएं 75, 79 और 294 और आईटी अधिनियम की धाराएं 67 और 67ए शामिल हैं। आप पिछले सेक्शन में दिया गया विवरण देख सकती हैं।

साइबरस्टॉकिंग क्या है?

अब तक हम समझ चुके हैं कि स्टॉकिंग क्या है। जब यही चीज़ ऑनलाइन होती है (अगर कोई आपकी सहमति के बिना आपकी सारी गतिविधियों पर नज़र रखे), तो इसे साइबरस्टॉकिंग कहते हैं। इसके उदाहरणों में शामिल हैं:

1. ऑनलाइन निगरानी: इसमें किसी व्यक्ति की ऑनलाइन गतिविधियों पर लगातार नज़र रखना शामिल है, जैसे उनकी लोकेशन और चेक-इन की निगरानी करते रहना, या उनकी ऑनलाइन मौजूदगी के स्टैटस को जानना।
2. अनचाहे संदेश: इसमें ईमेल, सोशल मीडिया या मैसेजिंग ऐप्स के माध्यम से बार-बार अनचाहे (और अक्सर धमकी भरे या अभद्र) संदेश भेजना शामिल है।
3. विभिन्न ऐप्स के ज़रिए पीड़ित पर नज़र रखना।
4. पीड़ित की गतिविधियों पर नज़र रखने के लिए उसके डिवाइस के साथ अपने डिवाइस को सिंक करना।

संक्षेप में, साइबरस्टॉकिंग में पीड़ित की सहमति के बिना उससे संपर्क करने या उसकी निगरानी करने के लिए की गई कोई भी ऑनलाइन गतिविधि शामिल है। कभी-कभी, इसके साथ शारीरिक रूप से स्टॉकिंग भी शामिल हो सकती है।

अगर आप साइबरस्टॉकिंग से पीड़ित हैं तो आपको क्या करना चाहिए?

1. ब्लॉक करें: यह जानने की कोशिश करें कि स्टॉकर आप पर नज़र रखने के लिए किन तरीक़ों का इस्तेमाल कर रहा है। उदाहरण के लिए, क्या वो बार-बार मैसेज भेज रहा है, या उसने आपकी प्रोफ़ाइल या कंप्यूटर को हैक कर लिया है? एक बार इसकी पहचान कर लेने के बाद आपको तुरंत स्टॉकर को हर जगह से ब्लॉक कर देना चाहिए, अपना पासवर्ड बदल देना चाहिए और ज़रूरत पड़े तो अपने डिवाइस को रीफ़ॉर्मैट कर देना चाहिए।
2. शिकायत करें: अगर ऑनलाइन स्टॉकिंग के साथ-साथ शारीरिक रूप से भी स्टॉकिंग हो रही है, तो आपको पुलिस में शिकायत दर्ज करानी चाहिए क्योंकि यह ख़तरनाक है। इस पर ज़्यादा जानकारी के लिए कृपया पिछले चैप्टर में स्टॉकिंग के सेक्शन को पढ़ें। अगर यह सिर्फ़ ऑनलाइन स्टॉकिंग है, तो हो सकता है कि पुलिस शिकायत को गंभीरता से न ले, इसलिए आपके लिए सबसे अच्छा यही होगा कि आप अपने और स्टॉकर के बीच सारे एक्सेस पॉइंट हटा दें।

कौन से क़ानून आपको साइबरस्टॉकिंग से बचाते हैं?

साइबरबुलींग के अन्य मामलों के विपरीत, ऑनलाइन स्टॉकिंग के लिए हमारी क़ानून व्यवस्था में एक विशेष धारा है!

1. भारतीय न्याय संहिता
   i. धारा 78: यह कहती है कि 'किसी महिला द्वारा इंटरनेट, ईमेल या किसी अन्य प्रकार के इलेक्ट्रॉनिक संचार का उपयोग किए जाने पर नज़र रखने वाला कोई भी पुरुष स्टॉकिंग का अपराध करता है।' इस धारा में वो सभी उदाहरण शामिल हैं जिनका ऊपर ज़िक्र किया गया है।

      अक्सर, स्टॉकिंग के साथ ब्लैकमेल, निजी सामग्री को लीक करने आदि अन्य संबंधित अपराध भी जुड़े होते हैं।

स्टॉकिंग की प्रकृति के आधार पर निम्नलिखित धाराएं भी जोड़ी जा सकती हैं:

ii. धारा 351 (4): यह गुमनाम तरीक़ों से आपराधिक धमकी का ज़िक्र करती है। उदाहरण के लिए: अगर स्टॉकर किसी गुमनाम पहचान के पीछे छिपकर महिला को उसकी बात न मानने पर परिणाम भुगतने की धमकी देता है।

iii. धारा 79: अगर स्टॉकर सोशल मीडिया प्लेटफ़ॉर्म पर लगातार आपत्तिजनक मेल या संदेश भेजकर महिला की प्राइवेसी का उल्लंघन करता है।

2. सूचना प्रौद्योगिकी अधिनियम

i. धारा 67/67ए: इसका संबंध स्टॉकर द्वारा पीड़िता के बारे में किसी भी अश्लील सामग्री का ऑनलाइन प्रकाशन या प्रसारण करने से है।

ii. धारा 66ई: इसका संबंध ऑनलाइन वॉयरिज़्म और उसके परिणामस्वरूप प्राइवेसी के उल्लंघन से है (विवरण के लिए, वॉयरिज़्म वाला सेक्शन देखें)।

अच्छी ख़बर यह है कि ऑनलाइन स्टॉकिंग के मामलों को गंभीरता से लिया जा रहा है।

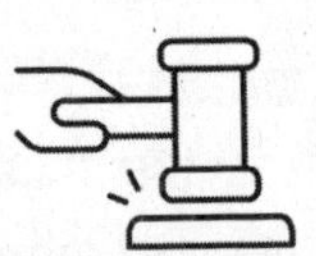

ऑनलाइन स्टॉकर और "लवरबॉय" गिरफ़्तार

नई दिल्ली में रहने वाला रिज़वान अंसारी[5], एक महिला को बार-बार मैसेज कर रहा था जिसने फ़ेसबुक पर उसकी फ़्रेंड रिक्वेस्ट को स्वीकार कर लिया था। उसने उसे धमकी दी कि अगर वो उससे बात नहीं करेगी तो वो उसे जान से मार देगा। महिला और उसके पति ने नेशनल साइबरक्राइम रिपोर्टिंग पोर्टल

(एनसीआरपी) के ज़रिए शिकायत दर्ज कराई। दिल्ली पुलिस ने टेक्निकल निगरानी और मुख़बिरों की मदद से रिज़वान के आईपी एड्रेस का पता लगा लिया। इसके बाद उसे साइबरस्टॉकिंग और अन्य संबंधित अपराधों के लिए गिरफ़्तार कर लिया गया।

साइबरस्टॉकिंग से ख़ुद को कैसे बचाएं

1. अगर आपकी कोई सार्वजनिक प्रोफ़ाइल है, तो सोशल मीडिया पर अपनी लाइव लोकेशन न डालें। अगर आप इंस्टाग्राम पर बताना चाहती हैं कि आप अपने शहर के सबसे लोकप्रिय रेस्तरां में गई थीं, तो वहां से निकलने के बाद ही कोई लोकेशन टैग करें।
2. अपना पता या फ़ोन नंबर जैसी संवेदनशील निजी जानकारी ऑनलाइन शेयर करने से बचें। ऐसी बातचीत के लिए निजी संदेशों का इस्तेमाल करें।
3. गूगल पर नियमित रूप से सर्च करके देखती रहें कि आपके बारे में ऑनलाइन क्या जानकारी उपलब्ध है। ज़रूरत पड़ने पर किसी भी ग़लत या आपत्तिजनक जानकारी का समाधान करें।

पहचान चोरी क्या है?

इंटरनेट फ़र्ज़ी प्रोफ़ाइल्स से भरा पड़ा है। मैं लगभग हर रोज़ सोशल मीडिया पर किसी न किसी को ऐसी स्टोरी पोस्ट करते हुए देखती हूं जिसमें लोगों से किसी फ़र्ज़ी प्रोफ़ाइल को ब्लॉक करने और उसकी रिपोर्ट करने के लिए कहा जाता है। कई मामलों में घोटालेबाज़ किसी की फ़र्ज़ी प्रोफ़ाइल बना कर उसके मित्रों-परिचितों को पैसे भेजने के लिए पटाकर वित्तीय धोखाधड़ी करते हैं। फ़र्ज़ी अकाउंट्स का इस्तेमाल महिलाओं को बुली करने के लिए भी किया जाता है, जैसे उनकी फ्रेंड लिस्ट में शामिल लोगों को झूठे संदेश भेजना, फ़र्ज़ी/मॉफ़्र्ड तस्वीरें डालना, या निजी संपर्क जानकारी शेयर करना तक।

आजकल, पहचान चोरी और भी उन्नत हो गई है। चूंकि आर्टिफ़िशियल इंटैलिजेंस हमारी रफ़्तार से कहीं अधिक तेज़ी से तरक़्क़ी कर रही है, इसलिए डीपफ़ेक साइबरबुलींग का सबसे नया हथियार बन गए हैं। एआई कंपनी डीपट्रेस द्वारा 2019 में किए गए एक अध्ययन के अनुसार, आश्चर्यजनक रूप से 96 प्रतिशत डीपफ़ेक अश्लील पाए गए, जिनमें से 99 प्रतिशत मामले महिलाओं से जुड़े थे।[6]

#कहानी फ़िल्मी है

अभिनेत्री रश्मिका मंदाना के वायरल डीपफ़ेक वीडियो ने साइबरबुलींग के इस नए रूप पर बहुत अहम रोशनी डाली है। इस वीडियो में, रश्मिका का चेहरा एक अन्य महिला के शरीर पर लगाया गया था, जिसे बॉडीसूट पहने एक लिफ़्ट में जाते दिखाया गया था। यह डीपफ़ेक इतना असली लग रहा था कि अगर इसे उजागर नहीं किया गया होता, तो हममें से ज़्यादातर लोग मान लेते कि वो रश्मिका ही थीं। दिल्ली पुलिस के स्पेशल सेल ने कथित तौर पर इस मामले में अज्ञात लोगों के ख़िलाफ़ एफआईआर दर्ज की है।[7]

अगर आप पहचान चोरी की शिकार हो जाएं तो आपको क्या करना चाहिए?

1. सबको सचेत करें: सबको बता दें कि यह प्रोफ़ाइल 'फ़ेक' है और कि वो उससे कोई संपर्क न रखें। सभी से इसे ब्लॉक करने और इसकी रिपोर्ट करने के लिए भी कहें।
2. शिकायत करें: अगर इस नक़ली प्रोफ़ाइल का इस्तेमाल आपको ब्लैकमेल करने, आपकी असली या मॉर्फ़्ड सेक्शुअल तस्वीरें पोस्ट करने, या आपकी निजी जानकारी को लीक करने के लिए किया जा रहा है, तो तुरंत पुलिस में शिकायत दर्ज करें। नीचे कुछ वास्तविक मामले दिए गए हैं, जिनमें पुलिस ने नकली प्रोफ़ाइल बनाने वाले व्यक्ति को गिरफ़्तार कर लिया।

लेकिन, यह अगर बस एक और फ़ेक प्रोफ़ाइल है जिसका इस्तेमाल घोटालेबाज़, या शायद आपका कॉलेज का दोस्त-दुश्मन कर रहा है, तो हो सकता है कि शिकायत दर्ज करने से कोई ख़ास फ़ायदा न हो। यह पुलिस के लिए कार्रवाई करने के लिए 'पर्याप्त गंभीर' वजह नहीं होगा। आपके लिए सबसे अच्छा यही होगा कि या तो इसे नज़रअंदाज़ करके ब्लॉक कर दें (अगर यह वित्तीय जालसाज़ी के लिए एक अवैयक्तिक नक़ली प्रोफ़ाइल है) या सार्वजनिक/सोशल मीडिया पर इसे उजागर करें।

कौन से क़ानून आपको पहचान चोरी से बचाते हैं?

क़ानून अभी तक ऑनलाइन पहचान चोरी के मामलों में पूरी तरह सक्षम नहीं है, इसलिए हमें इस अपराध के लिए अन्य क़ानूनों और धाराओं का सहारा लेना होगा।

1. सूचना प्रौद्योगिकी अधिनियम
   - i. धाराएं 66सी और 66डी: ये पहचान चोरी से संबंधित हैं और धोखाधड़ी करने के लिए व्यक्तिगत जानकारी या बहरूप के ज़रिए किसी की पहचान चुराने पर लागू होती हैं।
   - ii. धारा 66ई: यह धारा डीपफ़ेक के मामलों में लागू होती है जिसमें मास मीडिया का उपयोग करके किसी व्यक्ति की तस्वीरों को लेना, प्रकाशित या प्रसारित करना शामिल होता है, जिससे उसकी प्राइवेसी का उल्लंघन होता हो।
   - iii. धाराएं 67, 67ए और 67बी: इन धाराओं का उपयोग अश्लील या सेक्शुअली उन्मुक्त कृत्यों वाले डीपफ़ेक प्रकाशित या प्रसारित करने वाले व्यक्तियों पर मुकदमा चलाने के लिए किया जा सकता है।
2. भारतीय न्याय संहिता
   - i. धारा 319 (1): यह धारा बहरूप द्वारा धोखाधड़ी करने पर लागू होती है, अर्थात, जब कोई व्यक्ति कोई और व्यक्ति होने का दिखावा कर रहा हो। यह नक़ली प्रोफ़ाइल के मामलों पर लागू होती है।

ii. धारा 79: यह हमारी हर जगह लागू होने वाली धारा है, जिसके अनुसार किसी महिला की गरिमा को ठेस पहुंचाने वाले शब्द, हाव-भाव या कृत्य अपराध माने गए हैं।

iii. धारा 356: ये धाराएं आपराधिक मानहानि से संबंधित हैं, जो यहां इसलिए लागू होती हैं कि डीपफ़ेक और फ़र्ज़ी प्रोफ़ाइल पीड़ित के सम्मान को ठेस पहुंचाती हैं।

iv. धारा 336: ये धाराएं जालसाजी के मामलों पर लागू होती हैं। पहचान चोरी, जो जालसाज़ी का एक वर्चुअल रूप है, भी इन प्रावधानों के अंतर्गत आती है।

नोट: भारतीय दंड संहिता, जिसका नाम अब भारतीय न्याय संहिता कर दिया गया है, की धाराएं मूल रूप से वास्तविक दुनिया के अपराधों के लिए थीं। लेकिन ऑनलाइन अपराधों के लिए वैकल्पिक क़ानूनों के अभाव में हम इन्हीं धाराओं को साइबर अपराधों पर भी लागू करते हैं।

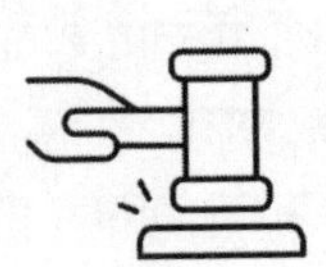

फ़र्ज़ी प्रोफ़ाइल बनाने के आरोप में ज़मानत अर्ज़ी ख़ारिज

जितेंद्र सिंह ग्रेवाल बनाम पश्चिम बंगाल राज्य[8] मामले में आरोपी ने पीड़िता का फ़र्ज़ी फ़ेसबुक अकाउंट बनाया और उस अकाउंट पर उसकी अश्लील तस्वीरें अपलोड कर दीं। पुलिस ने भारतीय दंड संहिता और सूचना प्रौद्योगिकी अधिनियम की विभिन्न धाराओं के तहत उसके ख़िलाफ़ एफ़आईआर दर्ज की। आरोपी ने गिरफ़्तारी से बचने के लिए ज़मानत अर्ज़ी दायर की, लेकिन निचली अदालत ने उसकी अर्ज़ी ख़ारिज कर दी, जिसे कलकत्ता उच्च न्यायालय ने बरक़रार रखा। दोनों अदालतों द्वारा ज़मानत ख़ारिज करना महत्वपूर्ण है, क्योंकि अन्यथा आरोपी साइबरबुलींग की अपने हरकतों के बावजूद आराम से अपनी ज़िंदगी जीने के लिए आज़ाद रहता।

ओवरस्मार्ट साइबरबुली के लिए अग्रिम ज़मानत ख़ारिज!

हरीश बनाम केरल राज्य[9] के मामले में, अभियुक्त ने पीड़िता का एक फ़र्ज़ी फ़ेसबुक प्रोफ़ाइल बनाया, उसकी मॉफ़र्ड अश्लील तस्वीरें ऑनलाइन पोस्ट कीं और फिर उस पोस्ट के नीचे उसका मोबाइल नंबर भी लिख दिया, जिससे कोई भी अजनबी उसे फ़ोन कर सके।

इसके बाद, उसने अग्रिम ज़मानत याचिका दायर कर दी। अग्रिम ज़मानत याचिका तब दायर की जाती है जब आपको गिरफ़्तार कर लिए जाने की आशंका हो। केरल उच्च न्यायालय ने सही फ़ैसला लेते हुए उसकी याचिका को इस आधार पर ख़ारिज कर दिया कि रिकॉर्ड पर मौजूद सामग्री अपराध में उसके शामिल होने की पुष्टि करती है, और कि अदालत के लिए जांच में हस्तक्षेप करना उचित नहीं होगा।

इसके अलावा, सूचना प्रौद्योगिकी (मध्यवर्ती दिशानिर्देश और डिजिटल मीडिया आचार संहिता) नियम, 2021, 3 (1) (बी) और 3 (2) (बी)[10] भी डिजिटल प्लेटफ़ॉर्मों को ऐसे किसी भी कंटेंट को होस्ट करने से रोकते हैं जो किसी दूसरे व्यक्ति का बहरूप धारण करता हो, और सतर्क किए जाने पर ऐसे प्लेटफ़ॉर्मों के लिए उन व्यक्तियों की 'कृत्रिम रूप से मॉफ़र्ड तस्वीरों' को हटाना ज़रूरी होता है। अगर वो ऐसी सामग्री को नहीं हटाते हैं, तो वो 'सेफ़ हार्बर' सुरक्षा खोने के जोखिम में आ जाते हैं—एक ऐसा प्रावधान जो सोशल मीडिया कंपनियों को उनके प्लेटफ़ॉर्म पर उपयोगकर्ताओं द्वारा शेयर किए गए थर्ड-पार्टी कंटेंट के लिए नियामक दायित्व से बचाता है।

अगर मौत और बलात्कार की धमकियां मिलें तो?

सोशल मीडिया पर महिलाओं को जान से मारने या बलात्कार की धमकी देना साइबरबुलींग का नवीनतम चलन बन गया है। ट्रोल इतने बेलगाम हो

गए हैं कि 2021 में विराट कोहली और अनुष्का शर्मा की दस महीने की बेटी तक को नहीं बख़्शा गया। एक व्यक्ति ने ट्विटर पर उसे तब बलात्कार की धमकी दी जब कोहली की कप्तानी में भारतीय टीम टी20 पुरुष क्रिकेट वर्ल्ड कप में अच्छा प्रदर्शन नहीं कर सकी थी। बरखा दत्त, राना अय्यूब और निधि राज़दान जैसी प्रमुख महिला पत्रकारों को भी कई बार बलात्कार की धमकियां मिली हैं, ख़ासकर तब जब वो सत्ताधारी पार्टी के ख़िलाफ़ रिपोर्टिंग करती हैं। राज़दान ने तो ट्विटर पर इंस्टाग्राम से ऐसी धमकियों के ख़िलाफ़ कार्रवाई करने की मांग की थी।

Nidhi Razdan
@Nidhi · Follow

I got a death threat on @instagram via a pvt msg: "I will hang you,I will execute you". I reported the account to @instagram. They replied that it does not violate their guidelines. Shame on you @instagram. Am deleting my account. And yes, I'm filing an FIR

6:34 PM · Jun 10, 2018

12.5K Reply Copy link

Read 1.9K replies

हमें यह तो नहीं पता कि राज़दान की एफ़आईआर का क्या हुआ, लेकिन आइए समझते हैं कि अगर कोई आपके साथ ऐसा करने की कोशिश करे तो आपको क्या करना चाहिए।

1. ब्लॉक करें और रिपोर्ट करें: ट्रोल्स को ब्लॉक कर दें और संबंधित सोशल मीडिया प्लेटफ़ॉर्म पर उनकी रिपोर्ट करें। मैं जानती हूं कि यह सुनने में बहुत ही मामूली लगता है, लेकिन यह पहला क़दम है, ख़ासतौर से आपकी मानसिक शांति के लिए।

2. सारे सबूतों का रिकॉर्ड रखें: धमकी/धमकियों के सारे सबूतों के स्क्रीनशॉट लें और उन्हें किसी ऐसी जगह पर सेव कर लें जहां वो आसानी से उपलब्ध रहें।
3. पुलिस को रिपोर्ट करें: साइबर पुलिस/नियमित पुलिस, जो भी आपको उपलब्ध हो, में शिकायत दर्ज कराएं। मौत और बलात्कार की धमकियां गंभीर हैं; ये वास्तव में अपराध करने की खुली चुनौतियां हैं। हमें उनके ख़िलाफ़ शिकायत दर्ज करनी ही चाहिए।

कौन से क़ानून आपको मौत या बलात्कार की धमकियों से बचाते हैं?

आप विश्वास करें या न करें, भारत में ऐसा कोई क़ानून नहीं है जो मौत और बलात्कार की धमकियों को अपराध मानता हो। साइबरबुलींग के अन्य रूपों की ही तरह हमें कई क़ानूनों से अलग-अलग प्रावधान इकट्ठा करने होंगे।

1. भारतीय न्याय संहिता: बीएनएस के तहत धारा 75 (यौन उत्पीड़न), 79 (महिला की गरिमा को ठेस पहुंचाना) और 351 (आपराधिक धमकी के लिए दंड) सुरक्षा प्रदान करने वाले क़ानून हैं।
2. सूचना प्रौद्योगिकी अधिनियम: आईटी अधिनियम के तहत अश्लील सामग्री के डिजिटल प्रसारण से संबंधित धारा 67 और 67ए सुरक्षा प्रदान करने वाले क़ानून हैं।

यह ध्यान रखना अहम है कि ऊपर दी गई धाराएं सांकेतिक हैं, जिसका मतलब यह है कि हम मौत और बलात्कार की धमकियों को इनके अंतर्गत रख सकते हैं। लेकिन, हर पुलिस स्टेशन इस सूची में बदलाव कर सकता है और धाराएं घटा या बढ़ा सकता है। बस इतना पक्का कर लें कि भले ही अन्य धाराएं बढ़ा दी गई हों, लेकिन ऊपर दी गई धाराएं ज़रूर शामिल हों।

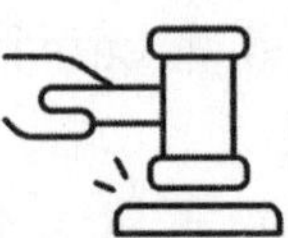

संबंधित केस

2020 में, शुभम मिश्रा नाम के एक व्यक्ति ने एक महिला कॉमेडियन अग्रिमा जॉशुआ के ख़िलाफ़ बलात्कार की धमकी वाली दो मिनट की एक चित्रात्मक पोस्ट इसलिए डाली कि वो उनके एक चुटकुले से आहत था (!)। इस व्यक्ति का पता खोजने पर वो वडोदरा का निकला और स्थानीय पुलिस ने उसके ख़िलाफ़ एफ़आईआर दर्ज की।[11]

कभी-कभी एक एफ़आईआर ही काफ़ी होती है क्योंकि इससे ट्रोल को सबक़ मिल जाता है कि वो अपनी ऑनलाइन धमकियों के लिए जेल भी जा सकता है। इससे दूसरे बुलीज़ को भी यह संदेश जाता है कि अगर उन्होंने ऐसा कुछ किया तो उनका भी यही हश्र होगा।

सोशल मीडिया प्लेटफ़ॉर्मों को अपनी महिला उपयोगकर्ताओं की सुरक्षा के लिए और अधिक प्रयास करना चाहिए

आख़िर में, मैं आपसे कुछ पूछना चाहती हूं। क्या आपको लगता है कि फ़ेसबुक, इंस्टाग्राम और व्हाट्सएप की मालिक मेटा जैसी इंटरनेट कंपनियों को इंटरनेट को महिलाओं के लिए एक सुरक्षित स्थान बनाने का ज़िम्मेदार ठहराया जाना चाहिए? ज़रा सोचिए, अगर साइबरबुलींग एक भूकंप है, तो सोशल मीडिया प्लेटफ़ॉर्म ही इसका केंद्र हैं। लेकिन, इन प्लेटफ़ॉर्म ने साइबरबुलींग को रोकने के लिए बहुत कम या कुछ भी नहीं किया है।

यह देखते हुए कि मेटा के पास कितना धन और संसाधन हैं, और कि इस बारे में शोध और विकास पर कितना भारी निवेश किया गया है कि

उपयोगकर्ताओं को अपने प्लेटफ़ॉर्म पर लंबे अर्से तक कैसे बनाए रखा जाए, यह विश्वास करना मुश्किल है कि वो साइबरबुलींग के बारीक रूपों का पता लगाने वाला कोई सिस्टम विकसित नहीं कर पाए हैं। जबकि यही मेटा एक बेहद कारगर तंत्र लेकर आया है जिसके ज़रिए यह आपके द्वारा अपलोड किए गए किसी भी वीडियो में ध्वनि का स्वतः पता लगा लेता है। और अगर बैकग्राउंड में कोई कॉपीराइट वाला गाना है, तो यह आपको अपना वीडियो अपलोड नहीं करने देगा।

इसके लिए आप क्या सफ़ाई देंगे? उत्तर सरल है। मेटा और गूगल जैसे प्लेटफ़ॉर्म (म्युज़िक लेबल, प्रोडक्शन हाउस जैसे) कॉपीराइट मालिकों से पैसा कमाते हैं, लेकिन उन महिलाओं से नहीं जो इन प्लेटफ़ॉर्म पर पीड़ित होती हैं। क्या यह सही समय नहीं है कि हमारे क़ानून और नीति निर्माता यह सुनिश्चित करें कि ये प्लेटफ़ॉर्म अपने उपयोगकर्ताओं की सुरक्षा और सम्मान की रक्षा के लिए समान रूप से कड़ी जांच (जैसे उनकी कॉपीराइट जांच) करें?

शिकायत दर्ज करें!

साइबरबुलींग के ज़्यादातर मामलों में पीड़ित पुलिस से संपर्क करने से या तो सामाजिक कलंक के कारण हिचकिचाती हैं या फिर इसलिए कि उन्हें लगता है कि पुलिस उनकी मदद नहीं करेगी। ज़्यादातर अपराधी इसी सोच के साथ काम करते हैं कि वो कभी पकड़े नहीं जाएंगे। लेकिन, जैसा कि ऊपर दिए गए मामलों से ज़ाहिर है, पुलिस कई मामलों में कार्रवाई करती भी है। दरअसल, पुलिस के पास आईपी एड्रेस के ज़रिए अपराधी के डिवाइस का पता लगाने और उसे ज़ब्त करने का अधिकार है। कभी-कभी पुलिस की चेतावनी भी एक निवारक का काम करती है।

याद रखने की बातें

1. साइबरबुलींग कई रूपों में हो सकती है, जैसे ऑनलाइन स्टॉकिंग, सेक्सटॉर्शन, वॉयरिज़्म, ट्रोलिंग, फ़र्ज़ी प्रोफ़ाइल बनाना, आदि।
2. साइबरबुलींग के अधिकांश मामलों के लिए कोई विशेष क़ानून नहीं है (कम से कम अभी तक तो नहीं)। आपको हर मामले में अलग-अलग धाराओं के मिश्रण से काम लेना होगा।
3. साइबरबुलींग के सेक्सटॉर्शन, जान से मारने और बलात्कार की धमकियां, और वॉयरिज़्म जैसे कई रूपों में आपराधिक क़ानून के प्रावधान भी लागू हो सकते हैं।
4. साइबरबुलींग के गंभीर मामलों (जैसे सेक्सटॉर्शन) के लिए आपको पुलिस में शिकायत दर्ज करानी होगी। ट्रोल्स जैसी समस्याओं के लिए आप अन्य विकल्पों पर विचार कर सकती हैं।
5. आप साइबर क्राइम सेल या किसी नियमित पुलिस स्टेशन में शिकायत दर्ज करा सकती हैं।

अभ्यास का समय!

साइबरबुली भंजक

बाईं ओर दिए गए शब्दों का दाईं ओर दिए गए सही अर्थ से मिलान करें।

शब्द	परिभाषा
A. सेक्सटॉर्शन	1. किसी को उसकी निजी स्थिति में देखकर यौन संतुष्टि प्राप्त करना
B. वॉयरिज़्म	2. एक छेड़छाड़ की हुई वीडियो या ऑडियो रिकॉर्डिंग जो वास्तविक प्रतीत होती है लेकिन नक़ली है
C. ट्रोलिंग	3. प्रतिक्रिया भड़काने के लिए अपमानजनक टिप्पणी करना
D. डीपफ़ेक	4. किसी को डराने के लिए यौन उत्पीड़न की धमकी का इस्तेमाल करना
E. बलात्कार की धमकी	5. निजी जानकारी सार्वजनिक करने की धमकी देकर पैसा वसूलना या कोई काम कराना

उत्तर कुंजी:

A-5; B-1; C-3; D-2; E-4

3

काम, काम, काम: वर्कप्लेस पर आपके राइट्स

इस चैप्टर में, हम वर्कप्लेस (वर्कप्लेस) पर आपके अधिकारों पर नज़र डालेंगे—यौन उत्पीड़न से लेकर समान कार्य के लिए समान वेतन और मातृत्व लाभ तक।

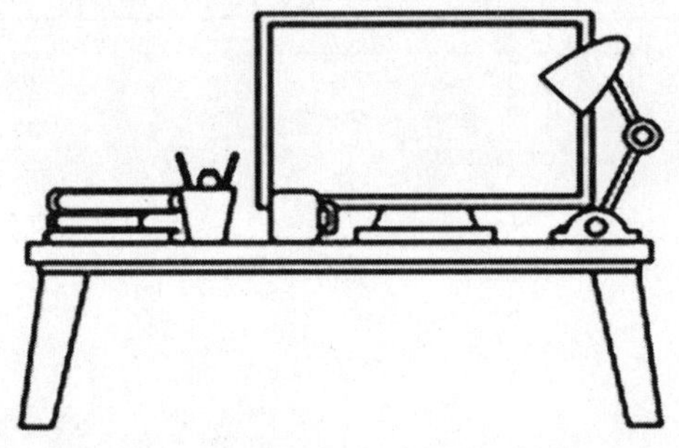

प्रस्तावना

लोकप्रिय #मीटू आंदोलन की बदौलत, हम सबको वर्कप्लेस पर यौन उत्पीड़न के बारे में अच्छी-ख़ासी जानकारी हो गई है। जिन्हें इसकी जानकारी नहीं है, उनके लिए बता दें कि #मीटू आंदोलन एक वैश्विक सामाजिक अभियान है जिसने 2017 में गति पकड़ी थी। इसका उद्देश्य पीड़ितों को अपने अनुभव साझा करने के लिए प्रोत्साहित करके अपराधियों को जवाबदेह ठहराते हुए यौन उत्पीड़न और हमले, विशेष रूप से वर्कप्लेस पर, के बारे में जागरूकता पैदा करना और उनसे लड़ना था।

इस आंदोलन के नतीजे में भारत में फ़िल्म, मीडिया और मनोरंजन उद्योग की प्रमुख हस्तियों का पर्दाफ़ाश हुआ और उन्होंने अपने पदों से इस्तीफ़े दिए, जिससे सहमति, ताक़त के इस्तेमाल और यौन दुराचार से जुड़े सामाजिक दृष्टिकोण और क़ानूनी ढांचे में बदलाव की तत्काल आवश्यकता पर बातचीत शुरू हुई। उदाहरण के लिए, *क्वीन* के निर्देशक विकास बहल पर एक महिला सहकर्मी का यौन उत्पीड़न करने का आरोप लगाया गया था। पीड़िता ने इस घटना को सार्वजनिक किया और नतीजतन एक प्रोडक्शन कंपनी में बहल की साझेदारी टूट गई।[1] पूर्व केंद्रीय राज्य मंत्री एम.जे. अकबर पर भी एक प्रसिद्ध संपादक के रूप में उनके कार्यकाल के दौरान (प्रमुख पत्रकारों सहित) कई महिलाओं ने यौन दुराचार का आरोप लगाया, जिसके कारण उन्हें केंद्रीय मंत्री के पद से इस्तीफ़ा देना पड़ा।

अन्यों के साथ-साथ इन मामलों ने भी भारत में यौन उत्पीड़न के मुद्दों की व्यापकता को उजागर करने में महत्वपूर्ण भूमिका निभाई है, जिसके नतीजे में प्रणालीगत परिवर्तन, वर्कप्लेस सुरक्षा में सुधार और दुर्व्यवहार के दोषियों के ख़िलाफ़ जवाबदेही तय करने की आवश्यकता पर व्यापक बातचीत को बढ़ावा मिला।

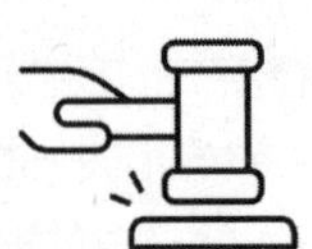

#मीटू: एक दमनकारी मानहानि मामले के विरुद्ध न्याय

#मीटू आंदोलन के चरम पर पत्रकार प्रिया रमानी ने एम.जे. अकबर द्वारा किए अपने यौन उत्पीड़न के बारे में ट्वीट किया। रमानी के ट्वीट के बाद लगभग बीस अन्य महिलाओं ने अकबर पर यौन उत्पीड़न का आरोप लगाया। जब उनके ख़िलाफ़ सार्वजनिक आलोचना बढ़ती गई, तो वो केंद्रीय मंत्री के अपने पद से इस्तीफ़ा देने के लिए मजबूर हो गए।

लेकिन, एक विशिष्ट प्रकार के घटनाक्रम में, अकबर ने सभी आरोपों से इंकार कर दिया और अपनी प्रतिष्ठा को ठेस पहुंचाने के लिए रमानी के ख़िलाफ़ मानहानि का मुकदमा दायर करके मुआवज़े के रूप में एक भारी राशि (जो करोड़ों में थी) की मांग की।

रमानी इसके ख़िलाफ़ लड़ीं। ढाई साल की क़ानूनी लड़ाई के बाद दिल्ली उच्च न्यायालय ने फ़ैसला दिया कि रमानी मानहानि की दोषी नहीं थीं। यह फ़ैसला न केवल रमानी के लिए एक व्यक्तिगत जीत थी, बल्कि यह यौन उत्पीड़न की सभी पीड़िताओं की सामूहिक जीत भी थी, जिन्हें अक्सर इसी तरह धमकाया और चुप करा दिया जाता है।[2]

वर्कप्लेस किसे माना जाता है?

पॉश एक्ट या वर्कप्लेस पर महिलाओं का यौन उत्पीड़न (रोकथाम, निषेध और निवारण) अधिनियम, 'कर्मचारी द्वारा रोज़गार के दौरान या रोजगार के काम से जुड़ी किसी भी जगह, जिसमें नियोक्ता द्वारा ऐसी यात्रा के लिए प्रदान किया गया परिवहन भी शामिल है' को वर्कप्लेस के रूप में परिभाषित करता है। इस परिभाषा को जानबूझकर इसलिए खुला रखा गया है ताकि इसकी उदार रूप से व्याख्या की जा सके।

इसलिए, वर्कप्लेस सिर्फ़ आपके ऑफ़िस की डेस्क नहीं है। इसमें शामिल हैं:

1. **आपका पूरा कार्यालय स्थान:** आपके संगठन द्वारा कवर की गई पूरी जगह इसमें शामिल है, न कि सिर्फ़ वो डेस्क, क्यूबिकल, केबिन या फ़्लोर जिस पर आप काम करती हैं। उदाहरण के लिए, यदि आप किसी ऐसी आईटी कंपनी में काम करती हैं जिसके ऑफ़िस में कई इमारतें, लॉन आदि हैं, तो पूरा क्षेत्र (न कि केवल आपकी ऑफ़िस बिल्डिंग) वर्कप्लेस होगा।

2. **कार्यालय परिवहन:** यदि आपका कार्यालय बस या कैब जैसी परिवहन सुविधा प्रदान करता है, तो वो भी वर्कप्लेस का हिस्सा बन जाता है। निजी/सार्वजनिक परिवहन इसमें नहीं आएंगे, क्योंकि वो आपके नियोक्ता द्वारा प्रदान नहीं किए जाते हैं।

3. **भोजन और मनोरंजन स्थान:** कार्यालय कैंटीन, मेस, लाउंज या ऑफ़िस में मौजूद कोई मनोरंजन क्षेत्र भी वर्कप्लेस का हिस्सा हैं।

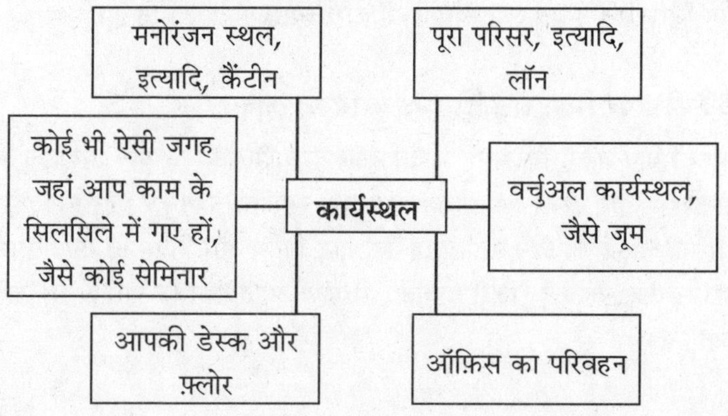

चूंकि परिभाषा में 'रोजगार के दौरान या रोजगार के काम से जुड़ी किसी भी जगह,' शब्दों का प्रयोग किया गया है, इसलिए वर्कप्लेस में निम्नलिखित भी शामिल हो सकते हैं:

1. आपका ऑफ़िस आपको मीटिंग के लिए किसी क्लायंट के ऑफ़िस पर भेजता है। क्लायंट का ऑफ़िस, और ऑफ़िस तक आने-जाने का परिवहन (यदि आपके नियोक्ता द्वारा प्रदान किया गया हो) ऑफ़िस का हिस्सा बन जाते हैं।
2. आप अपने काम के भाग के रूप में फ़ील्डवर्क के लिए बाहर जाती हैं। हर वो जगह जहां आप जाती हैं (और उस जगह तक आने-जाने का परिवहन, यदि ऑफ़िस द्वारा प्रदान किया गया हो) आपका वर्कप्लेस बन जाता है।
3. आपको काम से संबंधित यात्रा पर भेजा जाता है। जिस होटल में आपका ऑफ़िस आपको ठहराता है और जिन स्थानों पर आप मीटिंग के लिए जाती हैं, वो आपके वर्कप्लेस का हिस्सा हैं।

व्यापक परिभाषा के अनुसार, उपरोक्त परिदृश्यों को तकनीकी रूप से 'वर्कप्लेस' की आधिकारिक परिभाषा में शामिल किया जाना चाहिए। लेकिन, चूंकि अधिनियम में इनका विशेष रूप से उल्लेख नहीं किया गया है, इसलिए यह विस्तारित अवधारणा न्यायालयों द्वारा व्याख्या के अधीन है।

वर्कप्लेस पर सेक्शुअल हैरेसमेंट के विरुद्ध क़ानून

अच्छी बात यह है कि भारत में वर्कप्लेस पर महिलाओं के यौन उत्पीड़न की रोकथाम और उससे निपटने के लिए एक समर्पित क़ानून है। इसे वर्कप्लेस पर महिलाओं का यौन उत्पीड़न (रोकथाम, निषेध और निवारण) अधिनियम, 2013 कहा जाता है, जिसे आमतौर से पॉश अधिनियम के नाम से भी जाना जाता है।

इस अधिनियम को समझकर अपने अधिकारों को जानने के लिए आपको थोड़ा समय लगाना और कोशिश करनी चाहिए। तो आइए, अब इस पर विस्तार से बात करते हैं।

पॉश एक्ट क्यों बनाना पड़ा?

पॉश के प्रावधानों पर बात करने से पहले मैं आपको भंवरी देवी नाम की एक महिला की कहानी सुनाती हूं, पॉश अधिनियम के लिए हम जिनके ऋणी हैं।

भंवरी देवी राजस्थान के भटेरी की एक सामाजिक कार्यकर्ता थीं। वो समुदाय के ज़मीनी स्तर के मुद्दों को सुलझाने के लिए सरकार के साथ एक *साथिन* के रूप में काम करती थीं। 1992 में, अपने सामाजिक कार्य के हिस्से के रूप में उन्होंने अपने गांव के एक गूजर परिवार (तथाकथित उच्च जाति) में एक नौ महीने के बच्चे की शादी को रोकने की कोशिश की। भंवरी देवी कुम्हार (निम्न) जाति से थीं।

बाल विवाह रोकने की उनकी कोशिश से गूजर नाराज़ हो गए और उन्होंने भंवरी देवी और उनके पति के ख़िलाफ़ मोर्चा खोल दिया। उन्होंने न केवल परिवार का बहिष्कार किया, बल्कि उनके पति को मारा-पीटा भी और भंवरी के नियोक्ता पर उन्हें नौकरी से निकाल देने का दबाव भी डालने लगे। एक दिन जब भंवरी और उनके पति अपने खेत में काम कर रहे थे, तो गूजर जाति के पांच लोगों ने उनके पति पर लाठियों से हमला कर दिया, जिससे वो बेहोश हो गए। फिर उन्होंने बारी-बारी से भंवरी के साथ सामूहिक बलात्कार किया। भंवरी के अटूट हौसले की कल्पना कीजिए, ख़ासकर सामाजिक संदर्भ को देखते हुए, कि उन्होंने फिर भी उन लोगों के ख़िलाफ़ पुलिस में शिकायत दर्ज कराई। पांचों आरोपियों को गिरफ़्तार कर लिया गया, लेकिन राजस्थान उच्च न्यायालय ने आरोपियों के स्थानीय प्रभाव के कारण उन्हें बरी कर दिया।

भंवरी की न्याय की लड़ाई को स्थानीय अख़बारों और महिला संगठनों ने संभाल लिया। इसने व्यापक रूप से ध्यान आकर्षित किया और इससे जन-आक्रोश भड़क उठा, जिसके परिणामस्वरूप वर्कप्लेस पर यौन उत्पीड़न के ख़िलाफ़ क़ानूनी सुरक्षा की मांग उठने लगी। विशाखा नामक एक ग़ैर-सरकारी संगठन के नेतृत्व में कई महिला अधिकार संगठनों ने भंवरी देवी के लिए न्याय और महिलाओं के मौलिक अधिकारों की सुरक्षा की मांग करते हुए भारत के सुप्रीम कोर्ट में एक केस दायर किया।

1997 में, सुप्रीम कोर्ट ने *विशाखा एवं अन्य बनाम राजस्थान राज्य* नामक एक ऐतिहासिक निर्णय पारित किया, जिसमें वर्कप्लेस पर महिलाओं के यौन उत्पीड़न के ख़िलाफ़ सख़्त दिशानिर्देश जारी किए गए। ये दिशानिर्देश लोकप्रिय रूप से *विशाखा दिशानिर्देश* कहलाए जाते हैं। 2013 में पॉश अधिनियम लागू होने तक वर्कप्लेस पर महिलाओं की सुरक्षा के लिए हमारे पास केवल *विशाखा दिशानिर्देश* ही थे।

पॉश अधिनियम की बुनियादी बातें

1. यह अधिनियम किसे सुरक्षा प्रदान करता है?

   पॉश अधिनियम किसी भी पीड़ित महिला को पुरुष द्वारा यौन उत्पीड़न से सुरक्षा प्रदान करता है। पीड़ित महिला कौन है? इसमें वर्कप्लेस पर किसी भी क्षमता में काम करने वाली हर महिला शामिल है।

   i. इससे कोई फ़र्क़ नहीं पड़ता कि वो स्थायी है, या कॉन्ट्रैक्ट पर, अस्थायी या दैनिक वेतन पर काम करती है।

   ii. इससे कोई फ़र्क़ नहीं पड़ता कि उसे वेतन मिल रहा है या वह वॉलंटियर/ट्रेनी/इंटर्न है। इसमें वो महिलाएं भी शामिल हैं जिनकी 'नियुक्ति' नहीं होती, बल्कि वो सलाहकार के रूप में काम करती हैं (उदाहरण के लिए, चिकित्सा और क़ानून जैसी पेशेवर सेवाओं में कंपनियां सबको अपने कर्मचारियों के रूप में नियुक्त नहीं करतीं। इसके बजाय, वो उन्हें सलाहकार के रूप में नियुक्त करती हैं)।

तकनीकी रूप से, यह अधिनियम उन महिलाओं को भी सुरक्षा प्रदान करता है जो किसी वर्कप्लेस पर जाती हैं, भले ही वो वहां कार्यरत न हों (मसलन, अगर आप किसी इंटरव्यू या मीटिंग के लिए किसी ऑफ़िस में जाती हैं)।

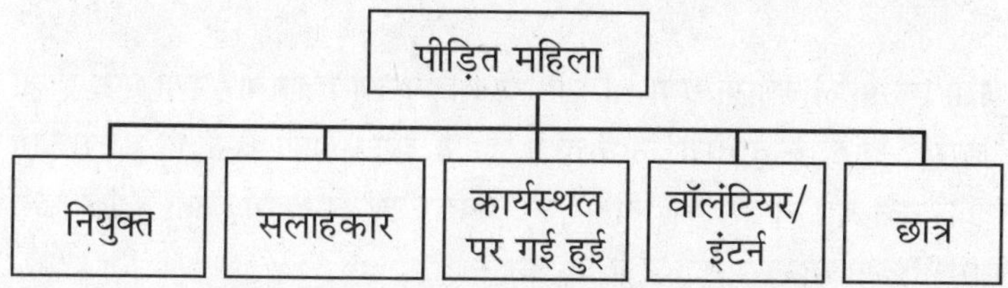

नोट: पॉश अधिनियम केवल पुरुषों के यौन उत्पीड़न से महिलाओं की रक्षा करता है। यह पुरुषों को यौन उत्पीड़न से नहीं बचाता है, न ही यह महिलाओं को अन्य महिलाओं के यौन उत्पीड़न से बचाता है।

2. वर्कप्लेस पर यौन उत्पीड़न किसे माना जाता है?
   पॉश अधिनियम यौन उत्पीड़न के तीन रूपों को कवर करता है: शारीरिक, मौखिक और ग़ैर-मौखिक (जैसा कि चैप्टर 1 में बताया गया है)। इसमें शामिल है किसी भी प्रकार का:
   i. अवांछित शारीरिक संपर्क और प्रस्ताव।
   ii. यौन संबंधों की मांग या अनुरोध।
   iii. यौन अर्थों वाली टिप्पणी करना।
   iv. पोर्नोग्राफ़ी दिखाना।
   v. यौन प्रकृति का मौखिक या ग़ैर-मौखिक आचरण।

यौन उत्पीड़न के उपर्युक्त व्यापक रूपों के अलावा पॉश अधिनियम में कुछ विशिष्ट परिदृश्य भी शामिल हैं जैसे:

1. प्रतिदान: यौन संबंधों के बदले वर्कप्लेस पर विशेष व्यवहार (जैसे पदोन्नति) का वादा, या यौन मांगों को अस्वीकार करने पर पदोन्नति रोकने या नौकरी से निकालने की धमकी।

2. शत्रुतापूर्ण वातावरण: अगर महिला यौन संबंधों से इंकार कर दे, तो उसके लिए काम का प्रतिकूल या असहज वातावरण बनाना, जैसे द्वेष के कारण उसे अपमानित करना या नीचा दिखाना।

जैसा कि पहले बताया गया था, यौन उत्पीड़न का मतलब हमेशा एक खुला 'हिंसक शारीरिक हमला' नहीं होता है। ये छोटी-छोटी बातें भी हो सकती हैं, जिनके बारे में हम महिलाओं को अक्सर यह सिखाया जाता है कि उन्हें मामूली बात मानकर तूल न दिया जाए।

यहां कुछ रोज़मर्रा के उदाहरण दिए गए हैं जिन्हें वर्कप्लेस पर उत्पीड़न के रूप में गिना जा सकता है:

1. बिना सहमति के कोई भी स्पर्श, जैसे अनुचित आलिंगन, शरीर को अवांछित ढंग से छूना या किसी को सेक्शुअल तरीक़े से रगड़ते हुए जाना।
2. यौन रूप से खुली टिप्पणियां करना।
3. वयस्क/यौन चुटकुले शेयर करना।
4. किसी के व्यक्तिगत जीवन, शरीर या रूप-रंग के बारे में स्पष्ट बातचीत करना।
5. किसी सहकर्मी के मना करने या असहज होने के बावजूद, उसे बार-बार डेट पर चलने के लिए पूछना।
6. किसी सहकर्मी के साथ लगातार छेड़ख़ानी करना, अवांछित रोमांटिक या अश्लील संदेश, या उपहार भेजना, या असहज और दख़लअंदाज़ी वाला माहौल पैदा करना।
7. इलेक्ट्रॉनिक माध्यमों से सेक्शुअल चित्र, वीडियो या लिखित सामग्री शेयर करना, या उन्हें वर्कप्लेस पर दिखाना।
8. ईमेल, चैट प्लेटफ़ॉर्म या काम से संबंधित सोशल मीडिया चैनलों के ज़रिए अनचाहे सेक्शुअल संदेश या बोल्ड सामग्री भेजना।

गतिविधि: अगर आप किसी ऑफ़िस में काम करती हैं, तो आपने इनमें से कितनी चीज़ों का अनुभव किया है या इन्हें अपने आसपास देखा है?

अगर मेरा सहकर्मी सिर्फ़ दोस्ताना या मज़ाक़िया व्यवहार कर रहा था तो?

मुझे विश्वास है कि हम जब भी किसी असहज स्थिति में होते हैं, तो हम ख़ुद से यही सवाल पूछते हैं। क्या मुझे उसे शक का फ़ायदा देना चाहिए? अगर वह सिर्फ़ दोस्ताना व्यवहार ही कर रहा हुआ तो? शायद मैं ज़रूरत से ज़्यादा संवेदनशील हो रही हूं? बात दरअसल ये है। दोस्ताना बर्ताव करने या किसी की तारीफ़ करने और सेक्शुअली अनुचित आचरण के बीच एक स्पष्ट फ़र्क़ है।

आइए, कुछ आम संवादों पर ग़ौर करते हैं:

दोस्ताना टिप्पणी/तारीफ़	अनुचित/सेक्शुअल टिप्पणी
तुम्हारी मुस्कुराहट बहुत अच्छी है।	तुम्हारे होंठ सेक्सी हैं। मुझे तुम्हारे होंठ बहुत पसंद हैं।
तुम फ़िट दिखती हो।	तुम्हारा शरीर लाजवाब/सेक्सी है। तुम्हारी फ़िगर ज़बरदस्त है।
तुम्हें एतराज़ न हो, तो मैं तुम्हें तुम्हारे घर तक छोड़ सकता हूं, या तुम्हारे लिए कैब बुला सकता हूं।	मैं तुम्हें घर छोड़ दूंगा, यह मेरा आग्रह है। (या आपकी सुविधा को नज़रअंदाज़ करते हुए कोई अन्य टिप्पणी।)
घर पर सब कैसा चल रहा है?	तुम्हारी सेक्स लाइफ़ कैसी चल रही है? अपने पति के साथ तुम्हारा शारीरिक जीवन कैसा चल रहा है?

दोस्ताना टिप्पणी/तारीफ़	अनुचित/सेक्शुअल टिप्पणी
तुम अपना काम अच्छी तरह करती हो, लेकिन तुम इससे बेहतर कर सकती हो (या कोई और पेशेवर सलाह)।	तुम अपना काम अच्छी तरह करती हो, लेकिन अगर तुम मेरे कुछ काम आओ तो तुम इससे बेहतर कर सकती हो (या सेक्स के लिए कहने का कोई और संकेत)।
ज़रूरत हो तो बेझिझक मदद मांग लेना।	मैं तुम्हें टॉप तक पहुंचने में मदद कर सकता हूं, लेकिन तुम्हें 'समझौता' करने के लिए तैयार रहना होगा (तरक़्क़ी के बदले यौन संबंध बनाने का संकेत देते हुए)।

ऐसे हालात में सबसे अहम चीज़ होती है संदर्भ और आपकी सहजता। मसलन, अगर दोस्तों का एक ग्रुप कोई वयस्क चुटकुला शेयर करता है और ख़ूब हंसता है, तो इसे यौन उत्पीड़न की श्रेणी में नहीं रखा जाएगा क्योंकि उनके बीच एक समूह के रूप में सहजता और समझ का स्तर बना हुआ है। लेकिन, अगर कोई पुरुष सहकर्मी या बॉस अपनी महिला सहकर्मी के साथ ऐसे ही कोई वयस्क चुटकुला शेयर करता है, तो इससे वो असहज या अपना वस्तुकरण जैसा महसूस कर सकती है। स्थिति बुनियादी रूप से वही है, लेकिन एक अलग संदर्भ में यह 'सिर्फ़ एक मज़ाक़' न रहकर यौन उत्पीड़न बन जाता है।

यौन उत्पीड़कों द्वारा आमतौर पर इस्तेमाल किया जाने वाला बचाव यह होता है: 'मेरा मक़सद उसे परेशान करने का नहीं था। मैं तो बस मज़ाक़ कर रहा था!' या वो भले होने और बुरा मान जाने का दिखावा कर सकते हैं: 'मैं तो उसे बाहर चलने के लिए कहकर या गिफ़्ट भेजकर अच्छा बर्ताव कर रहा था। वो इसे उत्पीड़न कैसे मान सकती है? अच्छाई का ज़माना ही नहीं रहा!'

अदालतें इस चाल को समझती हैं, इसीलिए यह स्पष्ट रूप से कह दिया गया है कि क़ानून इस बात पर ग़ौर करेगा कि पीड़ित ने क्या महसूस किया, न कि इस बात पर कि आरोपी का उत्पीड़न करने का मक़सद था या नहीं। अगर पीड़ित को असहजता या अपने साथ दुर्व्यवहार हुआ महसूस होता है, तो यह यौन उत्पीड़न माना जाएगा।

व्यावसायिक सलाह: जब आप संदेह में हों, तो अपने सहजबोध पर भरोसा करें। अगर आपको किसी ख़ास कृत्य के यौन उत्पीड़न होने या न होने को लेकर संशय है, तो ख़ुद से पूछिए कि क्या आपको उससे असहजता महसूस हुई थी। अगर जवाब हां है, तो समझ जाइए कि यह उत्पीड़न है। याद रखिए, आप हर समय या हर पुरुष के साथ असहज महसूस नहीं करती हैं। अगर कोई ख़ास आदमी या परिस्थिति आपको असहज कर रही है, तो कुछ तो गड़बड़ है। हमें अपनी सहजवृत्ति पर भरोसा करना सीखना चाहिए।

अनौपचारिक लैंगिक भेदभाव (कैज़ुअल सेक्सिज़्म)

अनौपचारिक लैंगिक भेदभाव सूक्ष्म या बज़ाहिर हानिरहित ऐसी हरकतें, टिप्पणियां या व्यवहार होता है जिससे लैंगिक रूढ़ियों को बढ़ावा मिलता है या जिनमें महिलाओं के प्रति भेदभाव होता है। यह दोस्तों के बीच 'तुम लड़की होते हुए भी बहुत अच्छी ड्राइविंग कर लेती हो' जैसी व्यंग्यपूर्ण तारीफ़ों से लेकर वर्कप्लेस पर सहकर्मियों के बीच सामाजिक समारोहों से महिलाओं को बाहर रखने तक हर जगह मौजूद है।

अनौपचारिक लैंगिक भेदभाव से जूझना बेहद निराशाजनक हो सकता है, लेकिन क़ानूनी तौर पर लैंगिक भेदभाव और यौन उत्पीड़न में अंतर है। अगर लैंगिक भेदभाव की प्रकृति यौन रूप ले ले, तो यह यौन उत्पीड़न की श्रेणी में आ जाएगा। उदाहरण के लिए, किसी महिला सहकर्मी के रूप-रंग, शरीर के अंगों, कपड़ों आदि पर अश्लील टिप्पणी करना, या काम का प्रतिकूल वातावरण बनाने के लिए वयस्क चुटकुले सुनाना।

लैंगिक भेदभाव अन्य क़ानूनों के अंतर्गत भी आता है। जैसे, अगर आपको समान कार्य के लिए असमान वेतन मिलता है, या आपको मातृत्व अवकाश लेने के लिए भेदभाव का सामना करना पड़ता है, तो आप उन विशिष्ट क़ानूनों के तहत सहायता ले सकती हैं। इस चैप्टर में आगे इस पर चर्चा की गई है।

#कहानी फ़िल्मी है

नेटफ़्लिक्स के लोकप्रिय शो *नेवर हैव आई एवर* में, एक होशियार और प्रतिभाशाली इंजीनियर, कमला, को एक पुरुष सुपरवाइज़र अपनी लैब में बीकर साफ़ करने के लिए मजबूर करता है। उससे उसके पुरुष सहकर्मियों के लिए कॉफ़ी भी मंगवाई जाती है और काम के बाद होने वाली सामाजिक सभाओं से भी उसे बाहर रखा जाता है। एक दिन, अपने लिंगभेदी सुपरवाइज़र द्वारा सफ़ाई करने के लिए मजबूर करने पर कमला जानबूझकर कई टेस्ट ट्यूब तोड़ देती है! बेशक, असल ज़िंदगी में हम टेस्ट ट्यूब नहीं तोड़ते। लिंगभेदी सहकर्मियों को सबक़ सिखाने के और भी तरीक़े हैं।

हालांकि अनौपचारिक लैंगिक भेदभाव के लिए आप हमेशा पॉश अधिनियम के तहत शिकायत दर्ज नहीं करा सकतीं, लेकिन इससे निपटने के दूसरे तरीक़े भी हैं।

1. खुलकर बोलें: लोगों को अपनी सीमाएं, सलाहें और विचार खुलकर बता दें। उदाहरण के लिए, 'आपने जो कहा, मैं उससे सहज नहीं हूं। यह सेक्सिज़्म लगता है। आप भविष्य में मुझसे इस तरह बात न करें तो अच्छा रहेगा।'
2. सहयोगी और समर्थन नेटवर्क बनाएं: सामूहिक आवाज़ें हमेशा अकेली आवाज़ से ज़्यादा प्रभावी होती हैं। लैंगिक समानता के बारे में समान मूल्यों वाले अन्य महिला और पुरुष सहकर्मियों से जुड़ें और एक समर्थन तंत्र बनाएं। एकजुट होकर आप अनौपचारिक लैंगिक भेदभाव

को चुनौती दे सकती हैं, एक-दूसरे की आवाज़ को बुलंद कर सकती हैं और भेदभावपूर्ण व्यवहार के ख़िलाफ़ एकजुट मोर्चा बना सकती हैं।

3. घटनाओं का रिकॉर्ड रखें: अनौपचारिक लैंगिक भेदभाव की विशिष्ट घटनाओं का रिकॉर्ड रखें, जिसमें तारीख़, समय, उसमें शामिल लोग और वास्तव में क्या हुआ, ये सब शामिल हो। अगर आपको औपचारिक शिकायत दर्ज करने की ज़रूरत पड़े, तो आप इसे सबूत के तौर पर इस्तेमाल कर सकती हैं। दस्तावेज़ीकरण से पैटर्न को स्थापित करने और आपके केस को मज़बूत बनाने में मदद मिलती है।
4. एचआर या वरिष्ठ प्रबंधन से मार्गदर्शन लें: यदि आपके वर्कप्लेस पर सकारात्मक और समान कार्य वातावरण के लिए स्पष्ट नीतियां हैं, तो आप अनौपचारिक लैंगिक भेदभाव की घटनाओं की रिपोर्ट करने के लिए एचआर या वरिष्ठ प्रबंधन से संपर्क कर सकती हैं। यह आपकी कंपनी के संगठनात्मक ढांचे द्वारा प्रदान किए जाने वाले समर्थन पर निर्भर करेगा।

रीमोट वर्किंग मॉडल में यौन उत्पीड़न

घर से काम करने के दौर में पॉश अधिनियम ऑफ़िस से परे भी लागू होना चाहिए। अब, घर पर आपका डेस्क, और कभी-कभी आपका बेड भी, वो जगह बन जाता है जहां से आप काम करती हैं, है ना? क्या इसका मतलब यह है कि आपका बेड ही आपका वर्कप्लेस है? नहीं। लेकिन पॉश अधिनियम काम के उद्देश्य से की जाने वाली ईमेल, व्हाट्सएप, फ़ोन कॉल और ज़ूम कॉल जैसी सभी बातचीतों पर लागू होगा।

यहां रोज़मर्रा के कुछ उदाहरण हैं:

1. देर रात या काम के घंटों के बाद अनुचित संदेश (सेक्शुअल इशारों के साथ) भेजना।
2. महिला कर्मचारियों को वीडियो कॉल पर, आमने-सामने की सेटिंग में, जब वो सहज न हों, रहने के लिए मजबूर करना।

3. महिला कर्मचारियों से कैमरे को इस तरह एडजस्ट करने के लिए कहना कि वो अपने चेहरे के अलावा और भी कुछ दिखाएं।
4. किसी भी संचार माध्यम (व्हाट्सएप, ईमेल, एसएमएस, आदि) के ज़रिए सेक्शुअल चित्र, लिंक, चुटकुले या संदेश भेजना। यह फ़ॉरवर्डेड मैसेज और ग्रुप चैट पर भेजे गए मैसेज पर भी लागू होता है।

फिर से, संदर्भ और सहजता ही मुख्य तत्व हैं। दो सहकर्मी दोस्तों का बिना किसी आपत्ति के कोई सेक्शुअल चुटकुला या तस्वीर शेयर करना एक पुरुष बॉस द्वारा महिला सहकर्मियों को अश्लील चुटकुला भेजने से भिन्न है।

मैं पॉश अधिनियम के तहत कार्रवाई कैसे करूं?

पॉश अधिनियम का सबसे महत्वपूर्ण हिस्सा है 'कैसे।' आप वर्कप्लेस पर यौन उत्पीड़न के ख़िलाफ़ कैसे कार्रवाई करें?

1. साक्ष्य इकट्ठा करें: अपने फ़ोन पर रिकॉर्ड करें, स्क्रीनशॉट लें, सीसीटीवी फ़ुटेज की तलाश करें (समय और तारीख़ नोट करें) और गवाह ढूंढें। जब भी उत्पीड़न हो, तो जितने भी सबूत हो सकें, इकट्ठा करें। इस साक्ष्य को अपने निजी (न कि अपने ऑफ़िस के) डिवाइस/ईमेल पर अच्छी तरह सेव करें।
2. समर्थन जुटाएं: अगर आप किसी ऐसी व्यक्ति को जानती हैं जिसने आपके ऑफ़िस में इसी तरह के उत्पीड़न को झेला है, या अगर कोई अन्य महिला/पुरुष सहकर्मी आपके साथ खड़े होने को तैयार हों, तो उन्हें इकट्ठा करें। आपको यह लड़ाई अकेले लड़ने की ज़रूरत नहीं है।
3. शिकायत करें: उत्पीड़क के खिलाफ पॉश अधिनियम का उपयोग करके शिकायत दर्ज करें।

   i. कैसे दर्ज करें: आपकी शिकायत लिखित होनी चाहिए और आपके संगठन की आंतरिक शिकायत समिति (आईसीसी)

में जमा की जानी चाहिए। अगर आपके संगठन में ऐसी कोई समिति नहीं है, तो मानव संसाधन विभाग (एचआर) में शिकायत दर्ज करें। यह हाथ से लिखी या टाइप की हुई चिट्ठी, या ईमेल हो सकती है। हमेशा जांच लें कि आपके संगठन में इस संबंध में कोई प्रक्रिया है या नहीं।

ii. कब दर्ज करें: शिकायत आपको जल्द से जल्द दर्ज करानी चाहिए। इससे सुनिश्चित होगा कि सबूत सुरक्षित रहें, आप समय रहते कार्रवाई शुरू कर दें और उत्पीड़क दुराचरण करते हुए बहुत लंबे समय तक बच न सके। पॉश अधिनियम के अनुसार शिकायत दर्ज करने की समय-सीमा घटना से तीन महीने के अंदर है। यदि मामला बार-बार हुई कई घटनाओं का है, तो नवीनतम घटना से तीन महीने के भीतर शिकायत दर्ज करें। आप तीन महीने के बाद भी शिकायत दर्ज कर सकती हैं, लेकिन देरी के पीछे कोई उचित कारण होना चाहिए।

#सच्ची कहानी

क्या आपको बॉलीवुड में लगे एक के बाद एक #मीटू के आरोप याद हैं? उनमें से ज़्यादातर ट्विटर या सोशल मीडिया पर लगाए गए आरोप थे, लेकिन कुछेक मामलों में (जैसे तनुश्री दत्ता द्वारा नाना पाटेकर पर लगाए गए इल्ज़ाम) मुंबई पुलिस द्वारा औपचारिक शिकायत दर्ज की गई थी। लेकिन, बाद में 2019 में, पुलिस ने सबूतों के अभाव में नाना पाटेकर को क्लीन चिट दे दी। ये आरोप लगभग एक दशक पहले, 2008, के थे। ज़्यादा समय बीतना आरोप साबित करने को मुश्किल बना देता है, जिससे पीड़िता के लिए लड़ाई और भी कठिन हो जाती है। इसलिए, हमेशा सबूत इकट्ठा करें और शिकायत जल्द से जल्द दर्ज कराएं।

नोट: पॉश अधिनियम के तहत शिकायत दर्ज करने के अलावा, आप भारतीय न्याय संहिता के तहत भी यौन उत्पीड़न के लिए नियमित पुलिस शिकायत दर्ज करा सकती हैं (जिसकी चर्चा पहले चैप्टर में की जा चुकी है)। पॉश और बीएनएस के तहत कार्रवाई समानांतर चलती है, और कोई एक दूसरे की काट नहीं करता है।

मेरा सुझाव है कि चूंकि हो सकता है कि पुलिस पॉश के अंतर्गत की गई शिकायतों पर बहुत ध्यान न दे और आपको पहले आईसीसी के पास जाने के लिए कहे, इसलिए अगर आपके संगठन में कोई आईसीसी या आंतरिक तंत्र है, तो पहले उससे संपर्क करें। लेकिन, अगर यह उत्पीड़न का गंभीर मामला है (चाहे शारीरिक हो या ग़ैर-शारीरिक) और आपको लगता है कि आपका संगठन आपकी मदद नहीं करेगा, तो सारे सबूत इकट्ठा करें और सीधे पुलिस के पास जाएं।

एक शिकायतकर्ता के रूप में अपने अधिकारों को ध्यान में रखें:

1. गोपनीयता: आपके संगठन को शिकायत और यौन उत्पीड़न की पूरी कार्रवाई को गोपनीय रखना होगा।
2. अस्थायी राहतें: पॉश कार्रवाई के दौरान आप इन अस्थायी राहतों की मांग कर सकती हैं:
   i. उत्पीड़क के साथ आपके रिपोर्टिंग संबंधों को रोका जाए।
   ii. आपको या आपके उत्पीड़क को किसी अन्य मैनेजर के पास या परियोजना में स्थानांतरित किया जाए।
   iii. आपको तीन महीने तक वेतन के साथ अवकाश/घर से काम करने दिया जाए। क़ानून के अनुसार, यह आपकी वार्षिक अवकाश नीति के अतिरिक्त उपलब्ध है।
3. गौण उत्पीड़न के ख़िलाफ़ संरक्षण: अक्सर पीड़ित शिकायत करने में इसलिए संकोच करती हैं कि उन्हें डर रहता है कि कहीं उन्हें कोई तीखी प्रतिक्रिया न झेलनी पड़े—सहकर्मियों की कानाफूसी, अभियुक्त द्वारा

अपनी शक्ति का प्रयोग करके पीड़ित का जीना मुश्किल बना देना, इत्यादि। हालांकि, क़ानून के अनुसार आपको इस तरह के गौण उत्पीड़न के विरुद्ध संरक्षण प्राप्त है जिससे काम का प्रतिकूल वातावरण पैदा हो सकता है।

जब आप अपने संगठन में पॉश शिकायत दर्ज करें, तो ऊपर दिए गए अधिकारों और राहतों का विनम्र लेकिन दृढ़ स्वर में उल्लेख करें। इस तरह आप अपनी शिकायत पर विचार कर रही टीम को एक विनम्र ढंग से याद दिला देंगी कि आप अपने क़ानूनी अधिकारों से अवगत हैं और कि उन्हें क़ानूनी प्रक्रिया का पालन करना ही होगा।

मैं वर्कप्लेस पर यौन उत्पीड़न कैसे साबित करूं?

'प्रूफ़ कहां है, माई लॉर्ड?' हिंदी क़ानूनी नाटकों का एक बड़ा आम संवाद है। इसका कारण यह है कि अधिकांश मामलों में सबूत ही आधार होता है। केस कौन जीतता है, यह आमतौर पर इस पर निर्भर करता है कि कौन अपनी बात को बेहतर ढंग से साबित कर सकता है। यह आपको डराने के लिए नहीं, बल्कि आपको सचेत करने के लिए है। आजकल यौन उत्पीड़न का दस्तावेज़ीकरण करने के लिए बहुत सारे उपकरण उपलब्ध हैं। यहां कुछ उदाहरण हैं:

1. स्क्रीनशॉट या स्क्रीन रिकॉर्डिंग
2. कॉल या वॉइस रिकॉर्डिंग
3. गवाह
4. सीसीटीवी फ़ुटेज
5. उत्पीड़न का पिछला इतिहास (अपनी शिकायत के समर्थन में)
6. अन्य लोगों के समान अनुभव (आपकी शिकायत के समर्थन में)

आप सोच रही होंगी कि अगर उत्पीड़क और आपके बयान के अलावा कोई सबूत ही न हो, तो क्या करें? ऐसा आमतौर पर तब होता है जब उत्पीड़न

बंद दरवाज़ों के पीछे होता है। आइए एक उदाहरण के ज़रिए समझते हैं कि इसका दस्तावेज़ीकरण कैसे करें:

मान लीजिए कि कोई पुरुष सीनियर आपको ऑफ़िस के समय के बाद किसी बंद जगह में निजी बैठक के लिए बुलाता है। बस अपने फ़ोन में वॉइस रिकॉर्डर को चालू रखें (या हो सके तो एक अतिरिक्त फ़ोन रखें, ताकि रिकॉर्डिंग बाधित न हो)। अगर सब ठीक रहा तो आपके लिए अच्छा है! लेकिन अगर ऐसा नहीं होता है, और आपको किसी उत्पीड़न का सामना करना पड़ता है, तो आप तुरंत आपत्ति दर्ज कर सकती हैं, क्योंकि आपको पता है कि बातचीत रिकॉर्ड हो रही है।

लेकिन अगर आप अचानक फंस जाएं और आपको रिकॉर्ड करने का समय ही न मिले तो? ऐसी स्थिति में, उत्पीड़न के बारे में बाद में (निजी तौर पर) बात करें और उस बातचीत को रिकॉर्ड करें।

व्यावसायिक सलाह: इस तरह की बातचीत की शुरुआत कुछ इस तरह करें, 'राजीव, उस दिन आपने मुझे बातचीत के लिए अपने केबिन में बुलाया था और मेरा हाथ पकड़ा था, उससे मैं बहुत असहज हो गई थी। मैं उस समय सदमे में थी, इसलिए कुछ नहीं कह पाई, लेकिन अब मैं आपको बताना चाहती हूं कि यह यौन उत्पीड़न है।'

राजीव निश्चित रूप से या तो बचाव में, या तर्क में, या खंडन में जवाब देगा। जवाब चाहे जो भी हो, रिकॉर्डिंग सबूत के तौर पर काम करेगी।

अगर मेरा उत्पीड़क जवाबी कार्रवाई करे तो?

हमारे समाज में पीड़ित को दोष देने की संस्कृति इतनी प्रबल है कि महिलाओं के रूप में हम चुपचाप सहने की अभ्यस्त हो जाती हैं। हमें हमेशा उत्पीड़क से जवाबी कार्रवाई का डर रहता है। वर्कप्लेस पर यह मामला और भी पेचीदा हो सकता है, क्योंकि उत्पीड़क कोई सीनियर अधिकारी हो सकता है जो आपके कैरियर को प्रभावित कर सकता है।

पॉश अधिनियम का उद्देश्य जवाबी कार्रवाई से बचना है। हालांकि अधिनियम में इस बारे में कुछ कहा नहीं गया है, लेकिन महिला एवं बाल

विकास मंत्रालय की पॉश पुस्तिका (पृष्ठ 24 और 27 पर) में कहा गया है कि पॉश शिकायत दर्ज करते समय जवाबी कार्रवाई के विरुद्ध आश्वासन की अपेक्षा करना कर्मचारी का अधिकार है, और यह अधिकार अपरक्राम्य है।[4]

इसलिए, अगर आपके आवाज़ उठाने के बाद संगठन में कोई जवाबी कार्रवाई करने की कोशिश करता है, तो उसे बता दीजिए कि आप क़ानून जानती हैं और कि उसकी कार्रवाई क़ानूनी नीति के विरुद्ध है। साथ ही, बाद में अपनी बात साबित करने के लिए इसका साक्ष्य भी इकट्ठा कर लें।

क्या शिकायत दर्ज करने पर उल्टा मुझे ही दोषी ठहराया जा सकता है?

शिकायतकर्ताओं की एक और चिंता यह होती है कि वो आरोप साबित नहीं कर पाएंगी और उनकी शिकायत झूठी घोषित कर दी जाएगी। क्या शिकायत करने के लिए आपको दंडित किया जाएगा? जवाब है, क़तई नहीं।

झूठी शिकायतों के ख़िलाफ़ पॉश अधिनियम में प्रावधान मौजूद है। अगर पॉश समिति को पता चलता है कि शिकायत झूठी या दुर्भावनापूर्ण है, तो वो संगठन के नियमों के अनुसार शिकायतकर्ता के ख़िलाफ़ कार्रवाई कर सकती है। लेकिन, इस प्रावधान के साथ दो महत्वपूर्ण चेतावनियां भी जुड़ी हुई हैं।

1. '...यह आवश्यक नहीं है कि शिकायत को प्रमाणित करने या पर्याप्त सबूत देने में अक्षमता के कारण शिकायतकर्ता के विरुद्ध कार्रवाई की ही जाए।'
2. '...किसी भी कार्रवाई की सिफ़ारिश से पहले, निर्धारित प्रक्रिया के अनुसार जांच के बाद शिकायतकर्ता की ओर से दुर्भावनापूर्ण इरादे की पुष्टि की जाएगी।'

इसका अर्थ यह है कि सिर्फ़ इसलिए कि आप अपनी शिकायत साबित नहीं कर पाईं, इसका मतलब यह नहीं है कि अभियुक्त आप पर झूठी शिकायत दर्ज करने का आरोप लगा सकता है। साथ ही, शिकायतकर्ता को दोष देने की आम प्रथा (जैसे, 'वो पैसे के लिए ऐसा कर रही है,' 'वो हताश है

क्योंकि उसे प्रमोशन नहीं मिला,' 'वो बदला ले रही है,' 'वो झूठ बोल रही है') से बचने के लिए, क़ानून स्पष्ट रूप से कहता है कि दुर्भावनापूर्ण इरादे को जांच द्वारा साबित करना होगा। सिर्फ़ दुर्भावनापूर्ण इरादे का आरोप लगाना काफ़ी नहीं है।

तो, इस तरह, झूठी शिकायतों को लेकर क़ानून संतुलित है और जवाबी कार्रवाई के बारे में शिकायतकर्ता की चिंताओं का समाधान करता है।

क्या आपकी कंपनी पॉश अधिनियम के अनुसार अपनी ज़िम्मेदारी निभा रही है?

पॉश अधिनियम हर ऐसे संगठन पर लागू होता है जिसमें (किसी भी लिंग के) दस से ज़्यादा कर्मचारी हों। इससे कोई फ़र्क़ नहीं पड़ता कि उन दस कर्मचारियों में महिला सिर्फ़ एक है।

साथ ही, इससे भी कोई फ़र्क़ नहीं पड़ता कि वो किस प्रकार का संगठन है—कोई कॉरपोरेट है, एनजीओ है या स्टार्ट-अप है—वही नियम सब पर लागू होते हैं।

दस से ज़्यादा कर्मचारियों वाले किसी भी संगठन को पॉश के तहत ये क़दम उठाने होंगे:

1. सभी कर्मचारियों के लिए एक सुरक्षित कार्य वातावरण प्रदान करना।
2. संगठन के भीतर यौन उत्पीड़न की शिकायतों के समाधान के लिए एक आईसीसी का गठन करना।
3. यौन उत्पीड़न-विरोधी नीति बनाना।
4. यौन उत्पीड़न-विरोधी नीति के उल्लंघन की सज़ा को उल्लेखनीय स्थानों (जैसे बुलेटिन बोर्ड) पर प्रदर्शित करना।
5. कर्मचारियों में पॉश अधिनियम के बारे में जागरूकता पैदा करने के लिए वर्कशॉप और कार्यक्रम आयोजित करना।
6. पीड़िता पुलिस में शिकायत दर्ज कराना चाहे, तो उसकी मदद करना।

गतिविधि: गिनिए कि ऊपर बताए गए बिंदुओं में से आपका संगठन कितनों का अनुपालन करता है।

दोषपूर्ण क्रियान्वयन की महामारी

दुर्भाग्यपूर्ण सच्चाई यह है कि हालांकि क़ानून हर संस्था के लिए पॉश अधिनियम का पालन करना अनिवार्य बनाता है, लेकिन बहुत कम संस्थाएं ऐसी हैं जो वास्तव में ऐसा करती हैं। यहां तक कि इसका पालन करने वाली संस्थाओं के पास भी पॉश समिति और नीतियां सिर्फ़ काग़ज़ों पर होती है।

मैंने ख़ुद ऐसी कई बड़ी संस्थाओं की कहानियां सुनी हैं, जिनमें से एक तो एक महिला के नेतृत्व वाली संस्था भी है और जिसमें 2,000 से ज़्यादा कर्मचारी थे, कि कोई शिकायत आने पर वो उसकी जांच करने के बजाय उसमें शामिल एक या दोनों लोगों (यानी, शिकायतकर्ता और आरोपी) को नौकरी से निकाल देना पसंद करते हैं।

समस्या का एक हिस्सा यह है कि संस्थानों के पास पॉश शिकायत को देखने के लिए आंतरिक विशेषज्ञता नहीं होती, क्योंकि यह प्रक्रिया ऑफ़िस के भीतर लगभग एक अदालत चलाने जैसी होती है। वो न तो सही मायनों में एक आईसीसी स्थापित करना चाहते हैं और न ही समिति और कर्मचारियों को प्रशिक्षित करने में समय और पैसा लगाना चाहते हैं।

मेरा आशय पॉश अधिनियम के बारे में आपको निराश करना नहीं है। हालांकि कुछ संस्थान बेशक ऐसे हैं जो इसकी परवाह नहीं करना चाहते, लेकिन भारत में ही कुछ ऐसे भी संस्थान हैं जो अपने कर्मचारियों को लेकर चिंतित रहते हैं और पॉश का अनुपालन करने के प्रति विशेष रूप से सजग रहते हैं। मैंने देश के सबसे बड़े डेटिंग ऐप्स में से एक के आईसीसी में एक बाहरी सदस्य के रूप में काम किया है, और मुझे आपको यह बताना होगा कि वो यह सुनिश्चित करने को लेकर बहुत सक्रिय हैं कि संस्थान में हर कोई अपने अधिकारों के बारे में पूरी तरह से जागरूक हो और यौन उत्पीड़न पर प्रतिक्रिया करने के लिए प्रशिक्षित हो। ऐसा ही बड़ी कंपनियों के साथ

भी है, जिन्हें ईएसजी (पर्यावरण, सामाजिक और प्रशासनिक) मानकों का पालन करना होता है।

आप कैसे बदलाव ला सकती हैं?

बेशक आप देश के लाखों संगठनों का रवैया तो नहीं बदल सकतीं, लेकिन व्यक्तिगत स्तर पर आप ये कर सकती हैं:

1. सवाल पूछिए: किसी कंपनी में शामिल होते समय हमेशा पॉश अनुपालन के बारे में पूछें और यह कि वो उत्पीड़न-मुक्त वातावरण सुनिश्चित करने के लिए क्या क़दम उठाते हैं।
2. अपनी सौदेबाज़ी की शक्ति बढ़ाइए: ख़ुद को इतना कुशल और अपूरणीय बनाएं कि आपके पास अपने नियोक्ता के साथ सौदेबाज़ी की मज़बूत शक्ति आ जाए। इससे आपको वर्कप्लेस में सकारात्मक बदलावों, जैसे लैंगिक समानता के प्रयासों, की मांग करने या पहल करने का लाभ मिलेगा। यह साबित हो चुका है कि जब सहानुभूति भरी महिलाएं शीर्ष पर पहुंचती हैं, तो वो कल्याण और समानता की पहल करके अन्य महिलाओं को भी अपने साथ ले लेती हैं।
3. सामूहिक सौदेबाज़ी की शक्ति बनाएं: दस आवाज़ें हमेशा एक आवाज़ से ज़्यादा मज़बूत होती हैं। अपने संस्थान में महिलाओं (और अन्य सहयोगियों) का एक सहायता तंत्र और समुदाय बनाएं। अगर आप अपनी कंपनी के भीतर ऐसा नहीं कर सकतीं, तो उससे परे नज़र डालकर देखें। आजकल महिलाओं के लिए कई नेटवर्किंग प्लेटफ़ॉर्म सामने आ रहे हैं। इसका लाभ उठाएं और अपनी आवाज़ खोजें!
4. अपने संस्थान में अन्य महिलाओं का समर्थन करें: नौकरी छूटने या सहकर्मियों द्वारा इल्ज़ाम लगाए जाने के डर से, किसी महिला के लिए वर्कप्लेस पर यौन उत्पीड़न के ख़िलाफ़ आवाज़ उठाना मुश्किल हो सकता है। आपका साथ फ़र्क़ पैदा कर सकता है कि पीड़िता चुपचाप सहे या शिकायत दर्ज करने का फ़ैसला ले।

याद रखें, छोटे क़दम भी बड़ा असर डालते हैं। इसी तरह, जब भी कोई महिला अपने साक्षात्कारकर्ता से पॉश के कार्यान्वयन के बारे में पूछती है, तो वो यह संदेश देती है कि उसके संस्था में शामिल होने के लिए पॉश का होना ज़रूरी है। हम जितना ज़्यादा ये सवाल पूछेंगे, हमारा संदेश उतना ही ज़ोरदार और स्पष्ट होता जाएगा!

#महिलाओं द्वारा महिलाओं का सशक्तीकरण

साथ ही, यह भी ज़रूरी है कि हम महिलाएं एक साथ खड़ी हों और एक-दूसरे की मदद करें। चुप रहना भी एक सचेत विकल्प है; इसका मतलब है कि आप पीड़ित के लिए खड़ी न होकर अपराधी के साथ खड़ी हैं। और अगर हम ख़ुद खड़े नहीं होंगे, तो दूसरों से उम्मीद नहीं कर सकते कि वे हमारे लिए खड़े हों।

अंत में, जैसे बीमा पॉलिसी लेने से पहले आप एजेंट से कवर के बारे में पूछते हैं, कि दावा कैसे करेंगे, कि यह किन-किन लोगों को कवर करेगी इत्यादि, उसी तरह किसी संस्थान से जुड़ने से पहले अपनी खोजबीन करें और पता करें कि संस्थान की नीतियां कैसी हैं।

किसी संस्थान से जुड़ने की चेकलिस्ट

✓ क्या उनके यहां यौन उत्पीड़न-विरोधी नीति है? अगर हां, तो उसमें क्या-क्या चीज़ें कवर होती हैं?

✓ क्या उन्होंने पॉश अधिनियम के अनुसार आईसीसी का गठन किया है?

✓ आप मानव संसाधन विभाग (एचआर) से कैसे संपर्क बनाएंगी? क्या वो दोस्ताना और सुलभ हैं?

✓ लिंग अनुपात क्या है? संगठन में कितनी महिला कर्मचारी काम करती हैं?

✓ नेतृत्व के पदों पर कितनी महिलाएं हैं?

✓ अंत में, और यह एक ऐसी बात है जिसे आप समझा नहीं सकतीं, बस महसूस कर सकतीं हैं, एक बार माहौल को ज़रूर महसूस कर लें!

याद रखने की बातें

1. आप जिस जगह भी काम के लिए जाती हैं, उसे आपका वर्कप्लेस माना जाएगा। यह आपके ऑफ़िस की डेस्क, कैंटीन, ऑफ़िस का वाहन और वीडियो कॉन्फ्रेंस कॉल हो सकता है।
2. दस से ज़्यादा कर्मचारियों वाली हर संस्था (चाहे लिंग जो भी हो) में एक पॉश समिति होनी चाहिए।
3. महत्वपूर्ण यह है कि पीड़ित ने क्या महसूस किया, न कि यह कि उत्पीड़क का क्या मक़सद था। उदाहरण के लिए, अगर उत्पीड़क कोई ऐसा एडल्ट जोक सुनाता है जिससे आप असहज महसूस करती हैं, तो अहम यह है कि आपने असहज महसूस किया, यह नहीं कि उसका इरादा आपको तंग करने का था या वो मज़ाक़ करने की कोशिश कर रहा था।
4. पॉश की सभी कार्रवाइयां पूरी तरह से गोपनीय रखी जानी चाहिए।
5. पॉश शिकायत पुलिस शिकायत के समानांतर शुरू की जा सकती है। अगर यह गंभीर रूप से यौन उत्पीड़न का मामला हो तो आपको पुलिस में शिकायत दर्ज करानी चाहिए।

अभ्यास का समय!

वर्कप्लेस योद्धा

उन अक्षरों का अनुमान लगाएं जिनसे वर्कप्लेस पर यौन उत्पीड़न से संबंधित शब्दों को जाना जा सके।

1. र्कवसप्ले
2. असेलक्सू
3. मोटरी गवर्किं
4. यतकाशि
5. सऑफि

उत्तर कुंजी:

1. वर्कप्लेस 2. सेक्सुअल 3. रीमोट वर्किंग 4. शिकायत 5. ऑफिस

समान काम के लिए समान वेतन

क्या आपने कभी सोचा है कि क्या आपके पास समान मात्रा में काम के लिए समान वेतन की मांग करने का क़ानूनी अधिकार है?

आपको क्या लगता है? इससे पहले कि मैं इसका जवाब दूं, मैं आपको वास्तविक जीवन का एक उदाहरण देती हूं। जब मैं लॉ स्कूल में थी, तब मैं एक लोकप्रिय बॉलीवुड फ़िल्म के लिए एक शीर्ष अभिनेता और अभिनेत्री के कॉन्ट्रैक्ट पर काम कर रही थी। मैं यह देखकर हैरान रह गई कि दोनों के मुख्य भूमिकाओं में होने के बावजूद, अभिनेता की फ़ीस अभिनेत्री की तुलना में पांच गुना ज़्यादा थी। कोई आश्चर्य नहीं कि आजकल फ़िल्म उद्योग में लिंग-आधारित वेतन अंतर बहस का एक बड़ा मुद्दा बना हुआ है।

अफ़सोस कि वेतन का यह अंतर सिर्फ़ बॉलीवुड तक सीमित नहीं है। यह सभी उद्योगों और संगठनों में है। पुरुष सहकर्मियों को एक ही भूमिका के लिए अपनी महिला सहकर्मियों के मुक़ाबले अधिक वेतन प्राप्त करते देखना असामान्य नहीं है।

समान वेतन के बारे में क़ानून क्या कहता है?

वेतन संहिता, 2019[5] के अनुसार, किसी भी नियोक्ता को एक ही या एक जैसे काम के लिए लिंग के आधार पर वेतन में भेदभाव नहीं करना चाहिए। समान वेतन के आपके अधिकारों को भारतीय संविधान के अनुच्छेद 14, 15 और 16 के अंतर्गत भी कवर किया गया है, जिनमें क़ानून के समक्ष समानता, भेदभाव से सुरक्षा और सार्वजनिक रोज़गार में समान अवसर प्रदान करने का प्रावधान है।

आप समान वेतन की मांग कैसे करें?

अब जबकि आप जान चुकी हैं कि समान वेतन की आपकी मांग केवल नैतिक आधार पर नहीं है, बल्कि क़ानून द्वारा भी समर्थित है, तो आप कुछ व्यावहारिक क़दम इस तरह उठा सकती हैं:

1. बातचीत: उसकी मांग करें जिसकी आप हक़दार हैं। इस बारे में शोध करें कि समान ओहदों पर दोनों लिंगों के अन्य लोगों की आय कितनी है। उसी के अनुसार अपने नियोक्ता से बात करें। अगर वो मना करते हैं, तो उन्हें उन क़ानूनों से अवगत कराएं जो आपको समान कार्य के लिए समान वेतन पाने का अधिकार देते हैं।
2. साक्ष्य एकत्र करें: यदि आपका नियोक्ता फिर भी मानने से इंकार कर देता है, तो आपके लिए कार्रवाई करने का समय आ गया है। शुरुआत करने के लिए लिंग-आधारित वेतन अंतर के साक्ष्य इकट्ठा करें। इसमें तन्ख़्वाह, रोज़गार अनुबंध, काम के प्रोफ़ाइल का विवरण, पदनाम, कार्यक्षेत्र, भूमिकाएं और ज़िम्मेदारियां आदि शामिल हो सकती हैं। एक बार जब आपके पास भेदभाव के सबूत इकट्ठा हो जाएं, तो (लिंग के अलावा) वेतन में अंतर के आधार को उचित ठहराना नियोक्ता की ज़िम्मेदारी होगी।
3. समर्थन जुटाएं: अगर आपके लिए मुमकिन हो, तो उन अन्य महिला और पुरुष सहकर्मियों का समर्थन जुटाएं जो समान काम के लिए समान वेतन में विश्वास करते हैं और ख़ुद भी इसी की मांग करना चाहेंगे। इससे आपका काम बहुत आसान हो जाएगा। एक नियोक्ता एक कर्मचारी को खोने का जोखिम उठा सकता है, लेकिन वो एक ही बार में दस कर्मचारियों को खोने का जोखिम नहीं उठा सकता। संख्याबल से आप सौदेबाज़ी के लिए बेहतर स्थिति में होंगी।
4. मामला दर्ज करें: अंत में, अगर कुछ भी कारगर नहीं रहता है, तो आप वेतन संहिता, 2019 के तहत अपने अधिकार क्षेत्र में किसी श्रम न्यायालय (रोज़गार और श्रम विवादों के लिए समर्पित निचली अदालतें) में मामला दर्ज करा सकती हैं। इसके लिए, आपको एक वकील की मदद की आवश्यकता हो सकती है, ख़ासकर एक ऐसे वकील की जो श्रम क़ानूनों का विशेषज्ञ हो। मामला दर्ज करते समय, आपको वेतन में लैंगिक भेदभाव को प्रदर्शित करने के लिए सभी संभव साक्ष्य प्रस्तुत करने होंगे।

व्यावसायिक सलाह: भारत की जटिल क़ानूनी और सरकारी व्यवस्थाओं को देखते हुए शिकायत या केस दर्ज करने से आपको हमेशा वो राहत नहीं मिल सकती जो आपको चाहिए। लेकिन, ऐसा करने से आपका नियोक्ता आपकी मांग को गंभीरता से ज़रूर लेगा। ज़्यादा संभावना इस बात की है कि इसके बाद आपका नियोक्ता बातचीत और समझौते के लिए आगे आएगा।

सोचने की बात

कभी-कभी, शिकायत दर्ज करने का उल्टा असर भी हो सकता है, और आपके अपने नियोक्ता के साथ रिश्ते ख़राब हो जाते हैं और आपको अन्य तरीक़ों से भी भेदभाव का सामना करना पड़ता है। नतीजतन, ज़्यादातर लोग ऐसे मामलों में ख़ामोश रहते हैं, ख़ासकर अगर उनकी आर्थिक स्थिति मज़बूत न हो। इसीलिए मैंने केस दर्ज करने का सुझाव आख़री कदम के तौर पर दिया है।

वर्कप्लेस पर मातृत्व लाभ: गर्भधारण से लेकर मुआवज़े तक

क्या आप कभी किसी नई मां से मिली हैं? उनमें से ज़्यादातर रातों को सो नहीं पाती हैं, हर घंटे पर बच्चे की दूध पीने की इच्छा के कारण जागती हैं, शारीरिक और भावनात्मक बदलावों से जूझती हैं, और गर्भावस्था के दौरान बढ़े वज़न को तेज़ी से कम करने के सामाजिक दबाव का सामना करती हैं। एक नन्हे से नए इंसान की मांगें उनकी पूरी ज़िंदगी को उलट-पुलट कर देती हैं। फिर भी, कुछ लोग मानते हैं कि 'मैटरनिटी लीव' सवेतन छुट्टी मिलने जैसी है! वो नहीं जानते कि एक नवजात शिशु की देखभाल करना ऑफ़िस के काम से भी ज़्यादा थकान भरा होता है!

इसी के साथ, भारत के मातृत्व लाभ अधिनियम, 1961 के तहत दिए गए अधिकारों को समझते हैं।

किस नियोक्ता को मातृत्व लाभ देना ज़रूरी है?

हर उस संस्था को मातृत्व अवकाश देना ज़रूरी है, जहां किसी भी लिंग के दस या उससे ज़्यादा कर्मचारी हों।

आपको कितने महीने की छुट्टी मिल सकती है?

पहली और दूसरी बार मां बनने वाली महिलाएं छब्बीस हफ़्ते की सवेतन छुट्टी ले सकती हैं। इसमें से आठ हफ़्ते (दो महीने) बच्चे के जन्म से पहले और बाक़ी उसके बाद हो सकते हैं।

दो बच्चों वाली मांओं को बारह हफ़्ते की सवेतन छुट्टी मिलती है। इसमें से छह हफ़्ते बच्चे के जन्म से पहले लिए जा सकते हैं।

आपको कितना वेतन मिलेगा?

आपको मैटरनिटी लीव से पहले के तीन महीनों के औसत दैनिक वेतन के बराबर राशि मिलेगी। सरल शब्दों में, आपको उतनी राशि मिलेगी जितनी आपको आपकी छुट्टी शुरू होने से ठीक पहले मिल रही थी। इसमें न केवल मूल वेतन घटक, बल्कि भत्तों और बोनस जैसे अन्य सभी घटक भी शामिल हैं।

व्यावसायिक सलाह: मैटरनिटी लीव तभी मिलती है जब आपने अपनी डिलीवरी की तारीख़ से पहले के बारह महीनों में कम से कम अस्सी दिन ऑफ़िस में काम किया हो। अगर आप परिवार बढ़ाने का सोच रही हैं और यह छुट्टी आपके लिए अहम है, तो इस बात को ध्यान में रखें।

क्या आपको पता है कि क़ानून उन मांओं को भी अधिकार देता है जो गोद लेने या सरोगेसी के माध्यम से बच्चे हासिल करती हैं? गोद लेने वाली और सरोगेट मांओं को बच्चे के जन्म की तारीख़ से बारह सप्ताह का मातृत्व अवकाश मिलता है। गोद लेने के मामलों में, बच्चा तीन महीने से कम आयु का होना चाहिए।

महिला छात्राओं के लिए मैटरनिटी लीव

यूजीसी विनियम, 2016 के नियम 4.4 के अनुसार, एमफ़िल और पीएचडी छात्राओं को अपने पूरे कोर्स के दौरान एक बार 240 दिनों तक के मातृत्व अवकाश की अनुमति है। यह लाभ चिकित्सा क्षेत्र में विशेष रूप से उपयोगी है, जहां महिलाओं को अक्सर अपनी पढ़ाई और परिवार नियोजन के बीच संतुलन बनाना पड़ता है।

मातृत्व लाभ के अंतर्गत वे अधिकार जिनके बारे में आपको कोई नहीं बताता है, लेकिन जो आपको पता होने चाहिए:

एक गर्भवती और नई मां होने के नाते आपके पास सवेतन अवकाश के अलावा कुछ अन्य अधिकार भी हैं। ये हैं:

1. रोज़गार सुरक्षा का अधिकार: मैटरनिटी लीव के दौरान आपको न तो नौकरी से निकाला जा सकता है और न ही डिमोट किया जा सकता है। आपको उसी पद पर वापस आने में सक्षम होना चाहिए जिस पर आप मैटरनिटी लीव पर जाने के समय थीं।
2. सुविधाएं और आराम: गर्भवती महिलाओं को अतिरिक्त देखभाल की आवश्यकता होती है। यह सुनिश्चित करने के लिए कि वो सुरक्षित और स्वस्थ तरीक़े से काम कर सकें, वर्कप्लेस पर कुछ सुविधाओं का उपलब्ध होना ज़रूरी है, जैसे स्वच्छ शौचालय, आरामदेह ढंग से बैठने या काम करने की व्यवस्था और सुरक्षित पेयजल।
3. अबॉर्शन के लिए छुट्टी: महिलाओं को अबॉर्शन की तारीख़ से छह सप्ताह की छुट्टी पाने का अधिकार प्राप्त है।
4. क्रेश का अधिकार: यदि किसी संगठन में पचास या अधिक कर्मचारी हैं, तो उसे क्रेश या कम से कम नज़दीक में ऐसी सुविधा उपलब्ध करानी होगी।

5. नर्सिंग ब्रेक: अपनी कंपनी को दोबारा जॉइन करने के बाद एक नई मां को अपने नियमित ब्रेक के अलावा प्रतिदिन चार नर्सिंग ब्रेक पाने का अधिकार है।
6. बीमारी के लिए अतिरिक्त छुट्टी: मैटरनिटी लीव के अलावा, यदि किसी महिला को डिलीवरी के बाद कोई बीमारी होती है जो उसके मातृत्व काल से आगे जा रही है, तो वो एक महीने के अतिरिक्त सवेतन अवकाश की हक़दार है।

व्यावसायिक सलाह: चालाकी से सावधान रहें। कुछ वर्कप्लेस, ख़ासतौर से पुरुषों के वर्चस्व वाले वर्कप्लेस, अपनी महिला कर्मचारियों को मातृत्व अधिकार देने से बचने की कोशिश करते हैं। यह जानते हुए कि वो आपको सीधे तौर से डिमोट नहीं कर सकते, वो चालाकी से आपको किसी कम महत्वपूर्ण प्रोजेक्ट में स्थानांतरित कर सकते हैं या आपको आपकी वर्तमान भूमिका में स्थिर रख सकते हैं। इन रणनीतियों पर नज़र रखें ताकि आप अनजाने में 'गर्भावस्था भेदभाव' का शिकार न हो जाएं।

गतिविधि: अपनी महिला सहकर्मियों को एक क्विज़ के लिए इकट्ठा करें। ख़ुद से पूछें कि आपको इनमें से कितने अधिकारों के बारे में पता था? यह सुनिश्चित करने के लिए विचारों का मंथन करें कि आपका नियोक्ता आपको आपके वैधानिक मातृत्व लाभ प्रदान करे!

अगर आपका नियोक्ता आपको मातृत्व लाभ नहीं दे रहा है तो आप क्या कर सकती हैं?

1. अपने अधिकारों को जानें: सबसे पहले, सुनिश्चित करें कि आप क़ानून के अनुसार मातृत्व अधिकारों से अच्छी तरह वाक़िफ़ हों, ताकि आप अपने नियोक्ता से इनकी मांग कर सकें।
2. इसके लिए कहें: अगर आप किसी बड़ी कंपनी में काम करती हैं, जिसमें एक एचआर टीम है, तो आपको इस मुद्दे पर उनसे बात करनी होगी।

अगर एचआर नहीं है, या प्रभावी नहीं है, तो वरिष्ठ प्रबंधन से बात करें। इस बात को समझें कि क्या आपकी कंपनी की कोई मातृत्व लाभ नीति है, और क्या यह क़ानून के मुताबिक़ है। अगर आपकी कंपनी में ऐसी कोई नीति नहीं है, तो आपको अपने मातृत्व लाभों की मांग करनी होगी।

व्यावसायिक सलाह: सबसे पहले, बातचीत का मित्रवत माहौल बनाने के लिए अनौपचारिक ढंग से बातचीत करें। आप ईमेल के ज़रिए बातचीत को फ़ॉलो-अप के तौर पर दर्ज कर सकती हैं। आप हमेशा कह सकती हैं, 'आज अपना समय देने के लिए आपका धन्यवाद। मेरे मातृत्व लाभ के बारे में हमने जो बात थी, मैं उसके बारे में संक्षेप में बताना चाहती थी कि...'

> बातचीत किसी आरोप से शुरू न करें। इससे आपके नियोक्ता को बचाव की मुद्रा में आना पड़ सकता है।

3. क़ानूनी नोटिस: अगर आपसी बातचीत नाकाम रहती है, तो आप अपने नियोक्ता को यह कहते हुए क़ानूनी नोटिस भेज सकती हैं कि वो आपको मातृत्व लाभ दें अन्यथा आप उन्हें अदालत ले जाएंगी। इस नोटिस का मसौदा किसी वकील से बनवाएं। अगर आपको अदालत जाना पड़े, तो भी यह नोटिस आपकी मदद करेगा।
4. अदालती केस: अगर कुछ भी कारगर नहीं होता है, तो आप मातृत्व लाभ अधिनियम, 1961 के तहत अपने नियोक्ता के ख़िलाफ़ श्रम न्यायालय में मामला दर्ज करें। इस केस में, आप मैटरनिटी लीव और अन्य लाभ मांगें, अपनी संस्था से क़ानून के अनुसार मातृत्व नीति बनाने के लिए कहें, अगर आपको छुट्टी नहीं दी गई थी और आपको काम करना जारी रखना पड़ा था तो आर्थिक क्षतिपूर्ति देने के लिए कहें, और आपको हुई मानसिक पीड़ा के लिए आर्थिक मुआवज़ा देने को कहें।

क्या आपको मुकदमा दायर करना चाहिए?

हालांकि मातृत्व लाभ के ज़्यादा मामले दायर नहीं किए जाते हैं, लेकिन सुप्रीम कोर्ट और हाई कोर्ट तक जो मामले पहुंचे हैं, उनमें आमतौर पर झुकाव मांओं के पक्ष में रहा है। उदाहरण के लिए, 2023 के एक मामले (*डॉ. कविता यादव बनाम स्वास्थ्य एवं परिवार कल्याण मंत्रालय*),[7] में सुप्रीम कोर्ट ने कहा कि अगर किसी महिला का कॉन्ट्रैक्ट ख़त्म भी हो रहा है, और अगर वो कॉन्ट्रैक्ट के अंत में मैटरनिटी लीव के लिए आवेदन करती है, तो नियोक्ता को उसे इस पूरी अवधि का वेतन देना होगा। इस मामले में, महिला का कॉन्ट्रैक्ट उसकी छुट्टी शुरू होने के एक हफ़्ते बाद ख़त्म हो रहा था। उसके नियोक्ता ने उसे केवल एक हफ़्ते का मातृत्व लाभ देने का फ़ैसला किया और उसका कॉन्ट्रैक्ट नहीं बढ़ाया। सुप्रीम कोर्ट ने इस कार्रवाई को यह कहते हुए रद्द कर दिया कि कॉन्ट्रैक्ट की अवधि चाहे जो भी हो, मातृत्व लाभ लागू होंगे।

हालांकि कविता यादव का केस महिलाओं के पक्ष में रहा, लेकिन ऐसे मामलों का नतीजा जजों पर और इस पर निर्भर कर सकता है कि क़ानून के बारे में उनकी व्याख्या क्या है। जब आप मुकदमा दायर करती हैं, तो आपको यह भी ध्यान रखना चाहिए कि केस आपकी प्रेग्नेंसी के बाद तक भी चल सकता है। हो सकता है कि आपको अंतिम फ़ैसला अपने बच्चे का पहला या दूसरा जन्मदिन मनाते समय मिले! फिर भी, अदालती केस से आपके नियोक्ता पर आपको आपके हक़ की छुट्टी/मुआवज़ा देने का दबाव पड़ सकता है। अगर अदालत से आपको अपने हक़ में फ़ैसला मिलता है, तो यह एक बोनस है!

व्यावसायिक सलाह: अपने मामले की पैरवी के लिए एक अच्छे वकील की सेवाएं लें। साथ ही, लागत-लाभ विश्लेषण करें और फ़ैसला करें कि क्या आप नतीजे का इंतज़ार करने को तैयार हैं, और क्या नतीजा इंतज़ार के लायक़ है।

सुप्रीम कोर्ट ने माताओं को बाल देखभाल अवकाश प्रदान किया

हाल ही में 2024 के एक फ़ैसले (*शालिनी धर्माणी बनाम हिमाचल प्रदेश राज्य*) में, सुप्रीम कोर्ट ने कहा कि किसी महिला को 'बाल देखभाल अवकाश' से वंचित करना उसके समानता के संवैधानिक अधिकार और कार्यबल में भागीदारी के अधिकार का उल्लंघन है। मातृत्व अवकाश के अतिरिक्त, बाल देखभाल अवकाश बच्चे की देखभाल के लिए है। इस मामले में, एक सरकारी कॉलेज की प्रोफेसर को अपने विशेष आवश्यकताओं वाले बच्चे की देखभाल के लिए यह अवकाश प्रदान किया गया था।

हालांकि यह फ़ैसला अधिक न्यायसंगत वर्कप्लेस नीतियों की एक बहुत अच्छी शुरुआत है, लेकिन यह ठोस दिशानिर्देशों या क़ानूनों के बिना लिया गया बस *एक* फ़ैसला है। इसलिए, संभव है कि यह अधिकांश महिलाओं के लिए वास्तविकता में न बदल सके।[8]

'बेटा, गुड न्यूज़ कब दे रहे हो?'

कभी न कभी हम सभी को इस सवाल का सामना करना पड़ता है। आपकी शादी कब हो रही है? आपके बच्चे कब होंगे?

ये सवाल न सिर्फ़ ताकझांक करने वाले रिश्तेदारों से, बल्कि नौकरी के इंटरव्यू के दौरान भी सुनने को मिल जाते हैं! सुनने में भले ही यह बड़ा ऊटपटांग लगे, लेकिन कई महिलाओं को इन भद्दे 'इंटरव्यू प्रश्नों' का सामना करना पड़ता है।

समझ लीजिए कि किसी भर्तीकर्ता के लिए आपसे आपकी निजी ज़िंदगी के बारे में पूछना उचित नहीं है। अगली बार जब आप या आपके किसी परिचित को इसका सामना करना पड़े, तो पूछने वाले से विनम्रता से कह दें कि आप इतने निजी मामले पर बात करने में सहज नहीं हैं, लेकिन आप उन्हें

आश्वस्त कर सकती हैं कि आपकी निजी ज़िंदगी का असर आपकी पेशेवर जीवन पर नहीं पड़ेगा।

क्या आप ऑफ़िस में तो जीत रही हैं लेकिन घर पर हार रही हैं?

इसमें कोई शक नहीं कि मातृत्व एक सुखद अनुभव है, लेकिन यह सुखद अनुभव कैरियर और आय की क़ीमत पर मिलता है। हार्वर्ड यूनिवर्सिटी की प्रोफ़ेसर क्लॉडिया गोल्डिन को 2023 में 'मातृत्व दंड' पर उनके शोध के लिए अर्थशास्त्र के नोबेल पुरस्कार से नवाज़ा गया था। गोल्डिन ने दर्शाया था कि महिलाएं अपने पहले बच्चे के जन्म के बाद पुरुषों की तुलना में कम अर्जित करती हैं, अक्सर तो उन्हें नौकरी छोड़नी ही पड़ती है या अपने काम के घंटे काफ़ी कम करने पड़ते हैं। नतीजतन, वो कैरियर में उस तरक़्क़ी से वंचित रह जाती हैं जो उनके पुरुष समकक्षों को मिलती रहती है।

इसका एक कारण भी मातृत्व दंड ही है कि हम ज़्यादातर पुरुषों को टॉप मैनेजमेंट पदों पर और महिलाओं को बस शुरुआती और मिड-लेवल पदों पर ही देखते हैं।

आप जानती हैं ना कि ऐसा क्यों होता है? ऐसा इसलिए है कि अगर माता-पिता दोनों ही कामकाजी हों, तो भी मुख्य ज़िम्मेदारी मां पर ही आती है। ऐसे में, मां को या तो अपने वर्कप्लेस की ज़िम्मेदारियों को कम करना पड़ता है या फिर व्यक्तिगत और पेशेवर दोनों मोर्चों पर संतुलन बनाने के लिए ख़ुद को पूरी तरह से झोंक देना पड़ता है।

'मामूली सा काम करने वाला पिता'

अगर आपने कभी पुरुषों को अपने बच्चे के लिए कोई छोटा सा काम करने के लिए प्रशंसा पाते सुना है, तो अपना हाथ ऊपर करें। 'हे भगवान, उसने डायपर बदला?,' 'तुम्हारे पति ने तुम्हारे बच्चे को खाना खिलाया?,' 'वो बच्चों को डिनर कराने बाहर ले गया (खाना पकाने के बजाय)? कितना ज़िम्मेदार पिता है!'

मां और पिता से अपेक्षाओं के मामले में समाज के मानदंड दोहरे हैं। मां के श्रम पर ध्यान नहीं दिया जाता, जबकि पिता के 'मामूली' योगदान को भी सराहा जाता है। रिश्तेदार और पड़ोसी हमेशा कहते हैं, 'कितनी हेल्प करता है वो!'

हक़ीक़त यह है कि यह 'मदद' नहीं है। यह 'योगदान' है। जब हम कहते हैं कि पति अपनी पत्नी की मदद कर रहा है, तो इसका मतलब यह निकलता है कि बच्चे की देखभाल मां का काम है और पिता उदारता दिखाते हुए उसकी मदद कर रहा है। हालांकि, सच्चाई यह है कि बच्चे को दुनिया में लाने का फ़ैसला माता-पिता दोनों ने किया था। और बच्चे की देखभाल में योगदान, लिंगभेद के बिना माता-पिता दोनों का कर्तव्य होना चाहिए।

संबंधित केस

अमेरिका में एक महिला ने अपने पति से उनके बच्चे को जन्म देने के लिए 50,000 डॉलर प्रति माह की क्षतिपूर्ति मांगी!

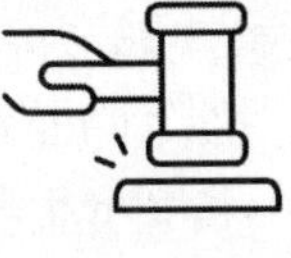

पति-पत्नी, जिनकी वार्षिक आमदनी एक समान थी, ने अपने व्यक्तिगत ख़र्चों को अलग रखा और बच्चे के जन्म से पहले सभी संयुक्त ख़र्चों को मिला लिया।

छह महीने के मातृत्व अवकाश के दौरान, पत्नी को अपने कैरियर में पिछड़ने के अलावा अपनी आय का 50 प्रतिशत हिस्सा भी गंवाना पड़ा। इसलिए, वो चाहती थी कि उसका पति उस 'मातृत्व दंड' की भरपाई करे जो उसे झेलना पड़ेगा। इस ख़बर पर इंटरनेट पर तीखी बहस हुई, और उपयोगकर्ताओं ने महिला के समर्थन और विरोध दोनों में लिखा।

आपका इस पर क्या ख़्याल है?[9]

कुल मिलाकर बात यह है कि हमें अपने वर्कप्लेस पर मातृत्व अधिकारों की ज़रूरत है, और काग़ज़ों पर तो ये अधिकार हमारे पास हैं भी। लेकिन उससे

भी अहम बात यह है कि हमें अपने घरों में बराबरी की ज़रूरत है। महिलाओं को इसके लिए मजबूर नहीं होना चाहिए कि उन्हें संतुष्ट पारिवारिक जीवन और फलते-फूलते कैरियर में से एक को चुनना पड़े, ठीक उसी तरह जैसे पुरुषों को कभी यह चुनाव नहीं करना पड़ता है। और यह बदलाव तब तक नहीं आएगा जब तक हम, एक समाज के रूप में, यह स्वीकार नहीं कर लेते कि बच्चों की देखभाल सिर्फ़ मां का काम नहीं है। जिस तरह दान घर से शुरू होता है, उसी तरह बदलाव भी घर से ही शुरू होता है।

याद रखने की बातें

1. आपको छब्बीस सप्ताह का सवेतन मातृत्व अवकाश मिलता है (आठ हफ़्ते बच्चे के जन्म से पहले और बाक़ी उसके बाद)।
2. मातृत्व अवकाश के दौरान आपका नियोक्ता आपको नौकरी से नहीं निकाल सकता। काम पर वापस आने के बाद आपको उसी पद पर बहाल किया जाना चाहिए (आपको डिमोट नहीं किया जा सकता)।
3. आपको वही वेतन दिया जाना चाहिए जो आपको मातृत्व अवकाश से पहले मिल रहा था।
4. मातृत्व अवकाश के बाद जब आप काम पर लौटती हैं, तो आपके पास नर्सिंग ब्रेक का अधिकार होता है।
5. अबॉर्शन से पीड़ित महिला को भी मातृत्व अवकाश दिया जाता है।

4

बंद दरवाज़ों के पीछे: घरेलू हिंसा

इस चैप्टर में, हम यह समझेंगे कि घरेलू दुर्व्यवहार किसे माना जाता है, आप इसके विरुद्ध क्या कार्रवाई कर सकती हैं, और यह कि जब आप पुलिस में शिकायत या अदालती मामला दर्ज कराती हैं तो क्या होता है।

प्रस्तावना

मार्च 2020 में, जब मैंने पिंक लीगल लॉन्च किया, तो मुझे लगा था कि हमारे पास सबसे ज़्यादा सवाल यौन उत्पीड़न के बारे में आएंगे। मेरा मतलब, हम इसे लगभग हर दिन देखते हैं, है ना? हम जैसे ही सार्वजनिक जगहों पर क़दम रखते हैं, यह शुरू हो जाता है। लेकिन पिंक लीगल लॉन्च करने के पहले महीने में जो हुआ, उसने मुझे चौंका दिया और एक हैरतअंगेज़ सच्चाई ने मेरी आंखें खोल दीं। एक हफ़्ते के अंदर, हमारी वेबसाइट (www.pinklegal.in) को देश भर से 60,000 (जी हां, साठ हज़ार) ऑर्गैनिक हिट्स मिले। हमारे इनबॉक्स में क़ानूनी मदद चाहने वाली महिलाओं की ईमेल की बाढ़ आ गई। और अंदाज़ा लगाइए कि 90 प्रतिशत ईमेल किस बारे में थीं? घरेलू हिंसा!

आज तक, पिंक लीगल में हमें जो शिकायतें मिलती हैं, उनमें से ज़्यादातर घरेलू हिंसा (आमतौर पर पति या ससुरालवालों से जुड़ी) के बारे में होती हैं। लगभग हर दूसरे दिन कोई न कोई भलामानस पड़ोसी, आंटी या दोस्त किसी पीड़ित की मदद के लिए संपर्क करता है। यह वैसा ही है जैसा वेब सीरीज़ *मेड इन हैवेन* की एक पात्र बुलबुल जौहरी ने कहा था, "हमारी सोसाइटी बीमार है।"

मुझे सचमुच ऐसा लगता है कि हमारे देश में घरेलू हिंसा एक महामारी है, और हर रोज़ अनगिनत महिलाएं इसका शिकार बनती हैं। किसी महामारी से निपटने का एकमात्र तरीक़ा लोगों का टीकाकरण होता है। हमारे मामले में, जागरूकता और कार्रवाई ही टीकाकरण का सबसे अच्छा तरीक़ा है। चलें घरेलू हिंसा और उससे जुड़े अपने क़ानूनी अधिकारों को समझते हैं।

घरेलू हिंसा क्या है?

अपनी आंखें बंद करें और आप घरेलू हिंसा से जो समझती हैं, उसके आधार पर घरेलू हिंसा के एक दृश्य की कल्पना करें। आप अपने पति के हाथों

पीटी जा रही एक असहाय महिला की कल्पना कर सकती हैं। लेकिन, घरेलू हिंसा इससे कहीं ज़्यादा है।

घरेलू हिंसा (डीवी) अधिनियम, 2005, महिलाओं को सभी प्रकार के दुर्व्यवहारों से बचाता है, जिन्हें मोटे तौर पर इस प्रकार वर्गीकृत किया गया है:

1. शारीरिक दुर्व्यवहार: शारीरिक दुर्व्यवहार का अर्थ है किसी भी प्रकार की शारीरिक या दैहिक चोट, जैसे पिटाई, थप्पड़, लात-घूंसे मारना आदि। किसी भी प्रकार की और किसी भी स्तर की शारीरिक चोट इसका भाग मानी जाएगी। इसका हिंसक या अत्यधिक मात्रा में होना ज़रूरी नहीं है, न ही यह ज़रूरी है कि इससे गंभीर चोट आई हो।
2. मानसिक दुर्व्यवहार: इसमें लज्जित करना, उपहास, अपमान, गाली-गलौज, बच्चा न होने या लड़का न होने के संबंध में ताने, या शारीरिक उत्पीड़न की मौखिक धमकियां शामिल हैं।
3. यौन दुर्व्यवहार: इसका अर्थ है कोई भी यौन आचरण जो अपमानजनक हो या महिला का अपमान करता हो। इसमें उसकी सहमति के बिना उसे संभोग करने या किसी भी यौन गतिविधि में शामिल होने के लिए मजबूर करना, उसकी इच्छा के विरुद्ध उसे पोर्नोग्राफ़ी दिखाना, किसी भी यौन क्रिया का ज़बरदस्ती फ़िल्मांकन करना आदि शामिल हो सकते हैं।
4. वित्तीय दुर्व्यवहार: यह *अत्यंत* महत्वपूर्ण है और अक्सर इसे अनदेखा कर दिया जाता है। वित्तीय शोषण के विरुद्ध प्रावधान का उद्देश्य हर ऐसी महिला की रक्षा करना है जो आर्थिक रूप से अपने परिवार के सदस्यों पर निर्भर है, या जिसके धन और संपत्ति पर परिवार के सदस्यों का नियंत्रण है, ताकि यह सुनिश्चित हो सके कि वो उसके साथ दुर्व्यवहार करने के लिए वित्तीय धमकियों का इस्तेमाल न करें। इसमें शामिल हैं:
    i. महिला को ऐसे किसी भी वित्तीय संसाधन (किसी भी रूप में पैसों) से वंचित करना, जिसकी वो हक़दार है। इसमें कमाई/बचत/स्त्रीधन शामिल है।

ii. महिला को वित्तीय सहायता न देना, जिसकी उसे भरण-पोषण के लिए ज़रूरत है। उदाहरण के लिए, मासिक ख़र्च, घर चलाने, बच्चों की देखभाल आदि के लिए आवश्यक धन।

iii. किसी भी ऐसी संपत्ति, गहनों, धन, शेयर, बॉन्ड या अन्य वित्तीय संपत्तियों का निपटान कर देना जो महिला की हैं, या जिनमें पत्नी/बेटी/बहू के रूप में उसका हिस्सा है। उदाहरण के लिए, उसके स्वामित्व वाले घर को उसकी अनुमति के बिना बेचना, या पारिवारिक संपत्ति में उसे उसका उचित हिस्सा न देना।

#कहानी फ़िल्मी है

अगर आपने बॉलीवुड फ़िल्म *थप्पड़* देखी है, तो संदेश स्पष्ट है: एक थप्पड़ भी शारीरिक शोषण माना जाता है। फ़िल्म में, एक पति एक पार्टी के बीच में ग़ुस्से में अपनी पत्नी को थप्पड़ मार देता है। पत्नी, जिसका किरदार तापसी पन्नू ने निभाया है, पति के ख़िलाफ़ घरेलू हिंसा का मामला दर्ज कराती है। उसकी दलील स्पष्ट है: *'उसने मुझे मारा, पहली बार। नहीं मार सकता। बस इतनी सी बात है, और मेरी पिटीशन भी इतनी सी है।'*

काश हर महिला तापसी के किरदार जितनी सशक्त होती, तो घरेलू हिंसा की महामारी का सदियों पहले ही उन्मूलन हो गया होता!

घरेलू हिंसा के मामले में मुझे किन लोगों से सुरक्षा प्राप्त है?

क्या मैं इस सवाल का जवाब देने के बजाय आपकी मदद करूं कि आप ख़ुद इसका जवाब दे सकें? जिस तरह हर रेसिपी में कुछ ख़ास अवयवों की ज़रूरत होती है, और सही चीनी/नमक/मसाले के मिश्रण के बिना वह पूरी नहीं होती है, उसी तरह घरेलू हिंसा अधिनियम के अनुसार शारीरिक, मानसिक, यौन और आर्थिक शोषण को घरेलू हिंसा मानने के लिए दो 'अवयव' आवश्यक होते हैं।

1. दुर्व्यवहार करने वाला आपका रिश्तेदार और परिवार का सदस्य होना चाहिए। आपका रिश्ता ख़ून का (आपके अपने परिवार के सदस्य), शादी का (आपके ससुराल पक्ष का कोई भी व्यक्ति), गोद लेने का, या लिव-इन (आपका लिव-इन पार्टनर) हो सकता है।

   संदेह की कोई गुंजाइश न रहे, इसके लिए इसमें आपके अपने परिवार के सदस्य (माता-पिता, भाई-बहन, दादा-दादी/नाना-नानी, चाची-मामी, चाचा-मामा, आदि), आपके पति या लिव-इन पार्टनर (क़ानून में स्पष्ट रूप से लिव-इन रिश्तों को शामिल नहीं किया गया है, लेकिन चूंकि इन्हें विवाह की तरह ही माना जाता है, इसलिए आपका लिव-इन पार्टनर भी इसमें शामिल होगा) और आपके ससुरालवाले (सास, ससुर, ननद, देवर-जेठ, आदि) शामिल होंगे।
2. जब दुर्व्यवहार हुआ हो, तब आप उसी घर में रह रही हों या रह चुकी हों। मूल रूप से, इसे 'घरेलू' दुर्व्यवहार तभी माना जाएगा जब आप दुर्व्यवहार करने वाले परिवार के सदस्य के साथ एक ही छत साझा करती हों। आप कितने समय तक साथ रही हों? क़ानून ने इसकी कोई समय सीमा निर्धारित नहीं की है। यह मामले-दर-मामले के आधार पर तय किया जाता है। लेकिन, इतना तय है कि 'मुलाक़ात' के लिए जाने को साथ रहना नहीं गिना जाएगा।

संक्षेप में, दुर्व्यवहार करने वाले की पीड़ित से रिश्तेदारी होनी चाहिए और वो एक ही छत के नीचे रहते हों। अगर ये दोनों मानदंड पूरे होते हैं, तो ऊपर दी गई चार श्रेणियों (शारीरिक, मानसिक, यौन और आर्थिक) में आने वाला कोई भी दुर्व्यवहार घरेलू हिंसा माना जाएगा।

उपरोक्त दो बिंदुओं को लागू करते हुए, क्या आपके साथ रहने वाले नौकर द्वारा किए गए दुर्व्यवहार (काल्पनिक स्थिति में) को घरेलू हिंसा माना जाएगा? नहीं, इसे घरेलू हिंसा नहीं माना जाएगा! क्यों? क्योंकि क़ानून उसे परिवार का सदस्य नहीं मानता।

तो, क्या अब आप इस सवाल का जवाब दे सकती हैं कि घरेलू हिंसा अधिनियम आपको किन-किन लोगों से सुरक्षा प्रदान करता है? अपने आसपास देखें कि आप किसके साथ रहती हैं और आपको जवाब मिल जाएगा।

हो सकता है कि आप पूछें कि क्या आपको परिवार की महिला सदस्यों के घरेलू दुर्व्यवहार से भी सुरक्षा प्राप्त है? हां, बिल्कुल है। दुर्व्यवहार करने वाले के लिंग से कोई फ़र्क़ नहीं पड़ता। अहम बात यह है कि वे परिवार के सदस्य हों और आप दोनों एक ही घर में रहते हों।

कौन से क़ानून मुझे घरेलू हिंसा से बचाते हैं?

1. घरेलू हिंसा अधिनियम, 2005: यह देश का प्रमुख क़ानून है, जो सभी महिलाओं को किसी भी प्रकार की घरेलू हिंसा से बचाता है।

नोट: 2024 तक, घरेलू हिंसा अधिनियम को बीस साल भी नहीं हुए हैं। उससे पहले हमारे देश में महिलाओं को घरेलू हिंसा से बचाने के लिए कोई समर्पित क़ानून नहीं था। आज जो क़ानून हमारे पास है, वो भी उन महिला अधिकार कार्यकर्ताओं की बदौलत है, जिन्होंने इसके लिए अपना तन-मन-धन सब कुछ लगा दिया। इस महत्वपूर्ण कदम के लिए हम उनके बहुत आभारी हैं।

2. भारतीय न्याय संहिता की धाराएं 85 और 86: यह क़ानून सभी विवाहित महिलाओं को उनके पति या ससुरालवालों द्वारा किए जाने वाले गंभीर शारीरिक और भावनात्मक शोषण से बचाता है।

नोट: 2005 के घरेलू हिंसा अधिनियम से पहले, महिलाओं को घरेलू हिंसा से बचाने वाला एकमात्र क़ानून भारतीय दंड संहिता की धारा 498ए (जो अब बीएनएस की धाराएं 85 और 86 हैं) थी।

हालांकि दोनों ही क़ानून महिलाओं को घरेलू हिंसा से सुरक्षा देते हैं, लेकिन दोनों भिन्न हैं। चलिए घरेलू हिंसा अधिनियम और धारा 498ए के बीच अंतर को समझते हैं।

डीवी (घरेलू हिंसा) अधिनियम	धारा 498ए
सभी महिलाओं को परिवार के किसी भी सदस्य से (न केवल पति और ससुरालवालों से) सुरक्षा प्रदान करता है।	केवल *शादीशुदा* महिलाओं को उनके पति और ससुरालवालों से सुरक्षा प्रदान करती है।
इसमें *सभी प्रकार के दुर्व्यवहार* कवर होते हैं: शारीरिक, मानसिक, यौन और वित्तीय।	इसमें केवल *शारीरिक* और *भावनात्मक* दुर्व्यवहार कवर होते हैं।

अगर आप एक अविवाहित महिला हैं, तो आपको घरेलू हिंसा अधिनियम का सहारा लेना चाहिए। अगर आप एक विवाहित महिला हैं, तो आप घरेलू हिंसा अधिनियम और बीएनएस की धारा 85, 86, दोनों का इस्तेमाल कर सकती हैं।

मैं अपने पति और/या ससुरालवालों द्वारा किए जाने वाले दुर्व्यवहार के ख़िलाफ़ क्या कर सकती हूं?

हमारे देश में ज़्यादातर महिलाओं को किसी एक महामारी ने त्रस्त किया हुआ है, तो वो है शादी के बाद घरेलू हिंसा। '90 के दशक और 2000 के दशक के शुरुआती भाग में हम जो सास-बहू के टीवी सीरियल देखते थे, वो पूरी तरह काल्पनिक नहीं होते थे। उन सीरियलों में जो कुछ दिखाया जाता था, वो कई भारतीय घरों में एक हक़ीक़त है। मैं ऐसी कई महिलाओं को जानती हूं जो शिक्षित और संपन्न हैं, और कुछ ऐसी महिलाओं को भी जिन्होंने प्रेम विवाह किया था, लेकिन फिर भी घरेलू हिंसा का शिकार हैं।

#सच्ची कहानी

चलिए मेरी दोस्त क़रीना (बदला हुआ नाम) का वास्तविक मामला लेते हैं। क़रीना की शादी सैफ़ (बदला हुआ नाम) से हुई, जिससे वो प्यार करती थी। वो उसके साथ एक ऐसी ज़िंदगी बसाने का सपना देखती थी, जहां वो दोनों वीकएंड बेड पर नाश्ता करते हुए बिताएं, हर रात एक-दूसरे के पास आएं और एक प्यार भरा रिश्ता बनाएं। लेकिन, क़रीना की सास—उसका नाम क्रूएला मान लेते हैं—के इरादे कुछ और ही थे। क्रूएला को दरअसल बहू की शक्ल में एक नौकरानी चाहिए थी। शादी के बाद जैसे ही क़रीना क्रूएला के घर में आई, क्रूएला ने सारी नौकरानियों की छुट्टी कर दी और उम्मीद करने लगी कि क़रीना ही खाना बनाएगी और साफ़-सफ़ाई करेगी। क़रीना से उम्मीद की जाती कि वो पहले परिवार के दूसरे सदस्यों को खाना परोसेगी और ख़ुद बचा हुआ खाना खाएगी। इसके अलावा रोज़मर्रा के ताने और अपमान, खुलेआम उसे गालियां देना और रोज़ाना घर से बाहर निकालने की धमकी देना भी शामिल था। हालात इतने बिगड़ गए कि एक रात क्रूएला ने क़रीना को घर से बाहर निकाल दिया और उसे अंदर नहीं आने दिया। घरेलू हिंसा ने न केवल क़रीना की शादी को प्रभावित किया, बल्कि उसके मानसिक स्वास्थ्य पर भी गहरा असर डाला।

क़रीना को क्या करना चाहिए?

चलिए, सबसे पहले यह जानते हैं कि इस मामले में किस तरह का दुर्व्यवहार किया जा रहा है। यह स्पष्ट रूप से भावनात्मक दुर्व्यवहार का मामला है, जो एक तरह की घरेलू हिंसा है।

दूसरे, क्या यह घरेलू हिंसा के सबसे महत्वपूर्ण दोनों पहलुओं को पूरा करता है? हां, यह करता है। क़रीना की सास परिवार की सदस्य हैं और उसी घर में रहती हैं।

क़रीना को क्या क़ानूनी कार्रवाई करनी चाहिए?

1. ज़्यादा से ज़्यादा सबूत जुटाने की कोशिश करें: चाहे ऑडियो रिकॉर्डिंग हो, या वीडियो रिकॉर्डिंग, फ़ोटो, मैसेज हों, या और कुछ, हर चीज़ मददगार होती है। यह शायद सबसे अहम क़दम है जो कोर्ट में सभी आरोपों को साबित करने में मदद कर सकता है।
2. पुलिस में शिकायत दर्ज करें: एक बार जब क़रीना यह तय कर लेती है कि वो क्रूएला के तौर-तरीक़ों को अब और नहीं सह सकती, तो वो भारतीय न्याय संहिता की धारा 85, 86 के तहत पुलिस में शिकायत दर्ज कर सकती हैं।
3. केस दर्ज करने के लिए किसी वकील से बात करें: एक अच्छा वकील मज़बूत केस बनाने में, सही दिशा दिखाने में और यह बताने में आपकी मदद कर सकता है कि आपको घरेलू हिंसा अधिनियम के तहत कब केस दर्ज करना चाहिए। अगर कोई वकील आपकी पहुंच में नहीं है, तो प्रोजेक्ट न्यायरी (पिंक लीगल द्वारा प्रोजेक्ट नवेली के सहयोग से संचालित) जैसी हेल्पलाइन हैं जो महिलाओं को मुफ़्त क़ानूनी सलाह उपलब्ध करवाती हैं।

भारतीय न्याय संहिता की धारा 85, 86 के तहत शिकायत करने, और घरेलू हिंसा अधिनियम के तहत केस दर्ज करवाने के बाद क्या होगा, इसके बारे में कुछ देर बाद बात करेंगे।

अगर आपके लिए उस घर और उसके ज़हरीले माहौल से निकलना मुमकिन हो तो आप वहां से निकल जाएं। कभी-कभी यही सबसे अच्छा समाधान होता है, जैसा कहते हैं न कि न रहेगा बांस न बजेगी बांसुरी! बुनियादी तौर पर अगर आप अपने शोषणकर्ता के सामने नहीं होंगी तो वो

आपका शोषण नहीं कर पाएगा। आप जानती हैं क़रीना ने क्या किया? उसने अपना घर ख़रीदा और अपने पति के साथ उसमें शिफ़्ट हो गई! कैसा तमाचा जड़ने वाला क़दम है! मगर क़रीना ऐसा कर पाई क्योंकि वो अच्छा-ख़ासा कमा रही थी, और इसीलिए मैंने इस किताब में न जाने कितनी बार महिलाओं के लिए आर्थिक स्वतंत्रता की अहमियत पर बल दिया है।

क्या मेरे ससुरालवाले या पति मुझे घर से निकाल सकते हैं?

क़रीना के केस पर सोचें, जिसमें उसकी सास उसे घर से निकालने की धमकी देती रहती थीं। करीना की ख़ुशक़िस्मती से उसके माता-पिता पास ही रहते थे और उसका साथ देते थे। लेकिन, बहुत से मामलों में, घरेलू हिंसा की पीड़िताओं के पास जाने को कोई जगह नहीं होती। उनके माता-पिता या तो उस शहर में नहीं रहते, या यह सोचकर अपनी बेटियों के घर वापस आने का साथ नहीं देते कि लोग क्या कहेंगे।

ऐसी स्थिति में क़रीना के क्या अधिकार हैं?

1. शादी हो जाने के बाद अपने वैवाहिक घर, यानी पति के घर में रहना आपका अधिकार है। यह अधिकार आपसे कोई नहीं छीन सकता। इसलिए, अगर आपके ससुरालवाले आपको धमकी देते हैं, तो सख़्त शब्दों में उन्हें बता दें कि वहां रहना आपका अधिकार है और वो आपसे वहां से जाने को नहीं कह सकते।
2. अगर आपके ससुरालवाले क्रूएला जैसी हरकतें करते हैं, जैसे क़रीना को घर में न आने देना, तो आप भारतीय न्याय संहिता की धारा 85, 86 के तहत पुलिस में शिकायत दर्ज कर सकती हैं। ज़्यादातर मामलों में पीड़िताएं आखिरी उपाय के तौर पर क़ानून की शरण लेती हैं क्योंकि इससे रिश्ते बिगड़ सकते हैं। इसलिए, यह आपका फ़ैसला है। अगर आप पुलिस में शिकायत नहीं करना चाहतीं, तो कम से कम जो हो रहा है, उसके सबूत जमा करें। अपने पति या दूसरे रिश्तेदारों से मध्यस्थता करवाएं।

#सच्ची कहानी

मेरी एक और दोस्त आशिमा (नाम परिवर्तित) अपने पति एवं ससुरालवालों की घरेलू हिंसा का शिकार बन गई थी। शादी के बाद वो हैदराबाद से अपने पति के घर पंजाब चली गई थी। एक दिन, आशिमा और यातना सहन नहीं कर पाई। उसने हैदराबाद की टिकट बुक की और एक छोटा सा बैग और अपना पर्स लेकर अपने माता-पिता के घर वापस चली आई।

आशिमा का सारा सामान, उसके ज़ेवर, कपड़े, डॉक्युमेंट, और दूसरी क़ीमती चीज़ें पति के घर पर ही छूट गईं। उसके ससुरालवालों ने उसे वापस नहीं आने दिया। अपना सामान वापस पाने में उसे छह से आठ महीने लग गए।

फिर से कहूंगी, आशिमा का केस कोई असामान्य नहीं है। बहुत से मामलों में घरेलू हिंसा की शिकार महिलाओं की बर्दाश्त से जब बाहर हो जाता है तो अपना सामान समेटकर घर छोड़ देती हैं। लेकिन ज़्यादातर महिलाएं इतनी परेशानी में घर छोड़ती हैं कि ज़रूरी चीज़ें लेना भूल जाती हैं। वो बस यातनाओं से बच निकलना चाहती हैं। हालांकि यह समझा जा सकता है, मगर अपने सामान को छोड़ देने से भविष्य में आपके लिए उस समय परेशानियां खड़ी हो सकती हैं जब आप अपनी क़ीमती चीज़ें और डॉक्युमेंट वापस पाना चाहती हैं।

ससुराल को छोड़ते समय आशिमा को क्या ध्यान रखना चाहिए था?

1. आशिमा को अपना सारा स्त्रीधन, ज़ेवर, कैश आदि लिए बिना ससुराल को नहीं छोड़ना चाहिए था। एक बार महिला घर छोड़ दे, तो उसके लिए अपने सामान को वापस ले पाना बहुत मुश्किल हो जाता है।
2. आशिमा को अपने साथ अपना पासपोर्ट, आधार कार्ड, ड्राइविंग लाइसेंस, पैन कार्ड, शैक्षिक और प्रोफ़ेशनल सर्टिफ़िकेट, और क़ीमती वस्तुओं

एवं प्रॉपर्टी (जैसे शेयर सर्टिफ़िकेट, सेल डीड आदि) से जुड़े सारे ज़रूरी दस्तावेज़ ले जाने चाहिए थे।

3. अगर संभव होता, तो आशिमा को अपने कपड़े और दूसरी क़ीमती चीज़ें, या भावनात्मक चीज़ें भी ले जानी चाहिए थी।
4. अगर आशिमा और उसके पति की कोई जॉइंट प्रॉपर्टी हो, तो उसे उन काग़ज़ात की प्रतियां भी ले लेनी चाहिए थी। अगर हो सकता था, तो उसे अपने पति की संपत्तियों के दस्तावेज़ों की प्रतियां भी ले लेनी चाहिए थी। इससे बाद में मेंटिनेंस का दावा करने में उसे मदद मिलेगी।

बेसिकली, अगर आप घर छोड़ने की योजना बना रही हैं, तो घर छोड़ने की 'योजना' बनाएं। ऊपर दी गई लिस्ट में 1 और 2 नंबर में बताई चीज़ें लिए बिना न जाएं। आप पूछ सकती हैं, बिना शक पैदा किए मैं अपनी चीज़ें कैसे ले जा पाऊंगी? ज़रूरी हो तो रातोंरात घर छोड़ दें! जैसे *दिलवाले दुल्हनिया ले जाएंगे* में सिमरन और उसका परिवार रातोंरात दूसरे देश चला गया था। यक़ीन करें, ससुरालवाले क्या सोचेंगे, इस चिंता में उलझे रहने की बजाय आप उस विषाक्त माहौल से दूर अपने सामान के साथ सुरक्षित रहना पसंद करेंगी।

#सच्ची कहानी

मेरी दोस्त मोहिनी (नाम परिवर्तित) ने एक दिन मुझे फ़ोन किया। वो बहुत घबराई हुई लग रही थी। उसके माता-पिता ज़बरदस्ती उसकी शादी कर रहे थे। उसके पिता ने उसे उसके कमरे में बंद कर दिया था और फ़ोन भी ले लिया था। मोहिनी भाग न जाए, इस डर से वो न तो उसे किसी से बात करने दे रहे थे, न ही कमरे से बाहर निकलने दे रहे थे। उनके इस बर्ताव के बारे में सवाल करने पर मोहिनी के चाचा ने तो उस पर हाथ भी उठा दिया था।

मित्रों और परिचितों के ज़रिए मैंने इस तरह के अनेक मामले सुने हैं। जबरन विवाह तो बस एक उदाहरण है।

अपने माता-पिता के शोषण के ख़िलाफ़ मैं क्या कर सकती हूं?
माता-पिता द्वारा किया जाने वाला शोषण कई रूप ले सकता है। इस किताब में आगे (*शादी-ब्याह का लेखा-जोखा* शीर्षक के चैप्टर में) 'जबरन विवाह' सेक्शन में मैंने इस पर विस्तार से चर्चा की है। माता-पिता या परिवार के सदस्यों द्वारा किए जाने वाले किसी भी तरह के घरेलू शोषण के लिए कमोबेश वही क़दम लागू होंगे।

अपने लिव-इन पार्टनर द्वारा की जाने वाली घरेलू हिंसा के ख़िलाफ़ मैं क्या कर सकती हूं?
हालांकि बाद के एक चैप्टर में मैंने लिव-इन रिलेशनशिप के बारे में वो सब कुछ बताया है जो आपके लिए जानना ज़रूरी है, और यह भी कि अगर आप इस रिश्ते में हैं तो क़ानूनी तौर पर अपना बचाव कैसे कर सकती हैं, लेकिन फिर भी ऐसी स्थिति में अपने अधिकारों की सुरक्षा की एक रूपरेखा यहां प्रस्तुत है।

अगर आपका लिव-इन पार्टनर मारपीट करता है, तो सोचें क्या आप इस रिश्ते को जारी रखना भी चाहती हैं। अक्सर, हम मारपीट या आक्रामकता को प्यार समझ बैठते हैं। *कबीर सिंह* और *एनिमल* जैसी फ़िल्मों के बहकावे में न आएं जो औरतों को यह विश्वास दिला सकती हैं कि आपके पार्टनर का आपको थप्पड़ मारना ठीक है, कि यह उसका प्यार जताने का तरीक़ा है। नहीं, ऐसा क़तई नहीं है!

क़ानूनी नज़रिए से, आपके शुरुआती क़दम वही होंगे जो घरेलू हिंसा के मामले में होते हैं: सबूत जमा करें, पुलिस में शिकायत दर्ज करें, कोर्ट में केस फ़ाइल करें। घरेलू हिंसा से आपको सुरक्षा देने वाले क़ानून यहां भी लागू होते हैं—घरेलू हिंसा अधिनियम और भारतीय न्याय संहिता की धाराएं 85, 86।

मगर, लिव-इन रिलेशनशिप में आपको एक और क़ानूनी क़दम का सामना करना पड़ सकता है, अपनी रिलेशनशिप को साबित करना। अगर आप कोर्ट में जाती हैं, तो आपका पार्टनर पक्का इस सच को नकारने की

कोशिश करेगा, ताकि दर्शा सके कि जब लिव-इन रिलेशनशिप ही नहीं है तो घरेलू हिंसा भी नहीं है।

आप अपनी लिव-इन रिलेशनशिप को साबित करने के लिए कोई एड्रेस प्रूफ़ दे सकती हैं जो यह दर्शाता हो कि आप दोनों साथ रहते हैं, जैसे आपका आधार या ड्राइविंग लाइसेंस। आप बिजली या फ़ोन के बिल भी दिखा सकती हैं जिन पर आपका पता हो। मक़सद यह दिखाना है कि आप दोनों का एक ही पता है और आप साथ रहते हैं। साथ ही, आप दूसरों से यह गवाही देने को भी कह सकती हैं कि आप लिव-इन रिलेशनशिप में हैं, महज़ दोस्त या फ़्लैटमेट्स नहीं हैं। इनमें आपके पड़ोसी, दोस्त या परिवार के सदस्य हो सकते हैं।

घरेलू हिंसा से जुड़े आम मिथक

मिथक 1: घरेलू हिंसा का मतलब बस शारीरिक मारपीट है।
सच: क़ानून के अनुसार, घरेलू हिंसा शारीरिक, मानसिक, सेक्शुअल और आर्थिक हो सकती है।

मिथक 2: घरेलू हिंसा अधिनियम केवल विवाहित महिलाओं की मदद करता है।
सच: घरेलू हिंसा अधिनियम सभी महिलाओं और लड़कियों की मदद करता है चाहे उनका वैवाहिक स्तर या उम्र कुछ भी हो।

मिथक 3: घरेलू हिंसा केवल पति या ससुरालवाले करते हैं।
सच: घरेलू हिंसा *परिवार का कोई भी सदस्य* कर सकता है जो उसी घर में रहता है। इसका मतलब है केवल ससुरालवाले ही नहीं, बल्कि अपने ख़ुद के परिवार के सदस्य (माता-पिता, चाचा/मामा, चाची/मामी/बुआ, भाई-बहन आदि) भी।

मिथक 4: घरेलू हिंसा के लिए केवल पुरुष सदस्य ही ज़िम्मेदार होते हैं।
सच: परिवार का कोई भी सदस्य घरेलू हिंसा में लिप्त हो सकता है, भले ही उनका जेंडर कुछ भी हो। इसका मतलब है कि परिवार की महिला सदस्य भी घरेलू हिंसा के लिए ज़िम्मेदार हो सकती हैं (चाची/मामी/बुआ, सास, ननद/जेठानी आदि)।

घरेलू हिंसा के ख़िलाफ़ की जाने वाली कार्रवाई

वैसे तो यह कोर्ट पर निर्भर करता है, मगर घरेलू हिंसा के केस में एक से लेकर तीन, या ज़्यादा साल भी लग सकते हैं। यह आपको डराने के लिए नहीं, बस तैयार रहने के लिए बता रही हूं। घरेलू हिंसा के मामलों में 'तारीख़ पे तारीख़' एक दुर्भाग्यपूर्ण हक़ीक़त है जिसमें आरोपी पक्ष का वकील केस को खींचने के लिए तारीख़ें मांगता रहता है। इसे रोकने, या अपने इस सफ़र को सुगम बनाने के लिए आप क्या कर सकती हैं?

1. सबसे पहले तो, मेरी पुरज़ोर सिफ़ारिश है कि एक अच्छा वकील करें। क्यों? अपने केस को बेहतर से बेहतर तरीक़े से दायर करने के लिए, दूसरे पक्ष की केस को टालते रहने की तिकड़मों का विरोध करने और यह पक्का करने के लिए कि केस के पेंडिंग होने के दौरान आपको कुछ राहत मिल सके।

   आप सोच सकती हैं, क्या मैं अपना केस ख़ुद नहीं लड़ सकती? हां, आप अपनी पैरवी कर सकती हैं। मगर, कोर्ट की प्रक्रियाएं बहुत पेचीदा होती हैं। वकील के अभाव में दूसरा पक्ष आसानी से आपका फ़ायदा उठा सकता है।
2. दूसरे, क़ानूनी प्रक्रिया को समझें। चाहे वकील करें या न करें, आपके लिए प्रक्रिया को समझना बहुत ज़रूरी है ताकि आप सूचित फ़ैसले ले सकें।

पुलिस में शिकायत दर्ज करने के बाद क्या होता है?

आप भारतीय न्याय संहिता की धारा 85, 86 के तहत अपने पति और ससुरालवालों के ख़िलाफ़ पुलिस में शिकायत दर्ज कर सकती हैं। अंतिम चैप्टर में मैंने बताया है कि पुलिस में शिकायत दर्ज करने की प्रक्रिया क्या है और आपको क्या अपेक्षा करनी चाहिए।

2014 से पहले पुलिस को आईपीसी की धारा 498ए के तहत दर्ज शिकायत के आधार पर आरोपी को तुरंत गिरफ़्तार करने का अधिकार था। लेकिन 2014 में सुप्रीम कोर्ट ने (*अर्नेश कुमार बनाम बिहार राज्य* की सुनवाई के दौरान) कहा था कि जब तक बेहद ज़रूरी न हो, गिरफ़्तारी न की जाए। 2023 के एक मामले में सुप्रीम कोर्ट ने, और अनेक फ़ैसलों में कई हाई कोर्ट ने इसे दोहराया। 2014 से पुलिस में शिकायत दर्ज करने पर आरोपी और पीड़ित को काउंसलिंग के लिए भेजा जाता है। पुलिस आरोपी के लिए चेतावनी भी जारी करती है, मगर गिरफ़्तारी तब तक नहीं की जाती जब तक कि बहुत गंभीर केस न हो।

इसे देखते हुए, क्या आपको पुलिस में शिकायत दर्ज करनी भी चाहिए? हां! केवल इसलिए सब कुछ ख़त्म नहीं हो जाता कि गिरफ़्तारी तुरंत नहीं होती। अपने शोषणकर्ता (कर्ताओं) के ख़िलाफ़ आपराधिक केस दायर करने की दिशा में पुलिस शिकायत पहला क़दम है। पुलिस में शिकायत करने के बाद क्या होता है, इस पर अधिक जानकारी के लिए अंतिम चैप्टर देखें।

किसी भी सूरत में, पुलिस में शिकायत आरोपी का हौसला तोड़ने का काम करती है। इससे संदेश जाता है कि आप ख़ामोशी से यातनाएं नहीं सहेंगी, कि उन्हें अपने ज़ुल्मों का नतीजा भुगतना होगा।

सोचने की बात

हालांकि यह अहम है कि किसी बेगुनाह इंसान को गिरफ़्तार न किया जाए, लेकिन क्या यह विडंबना नहीं है कि एक ऐसे देश में जहां महिलाएं न्याय पाने के लिए रोज़ाना लगातार संघर्ष कर रही हैं, अदालतें *अर्नेश कुमार फ़ैसले* (यानी गिरफ़्तारी न करने को) को लागू करने के लिए इतनी ज़्यादा सक्रिय रही हैं। काश यही उत्साह अदालतें यह सुनिश्चित करने में भी दिखातीं कि आरोपी व्यक्ति मुकदमे को लटकाते न रहें तो हमारी दुनिया कहीं बेहतर जगह हो जाती।

अगर मैं सबूत जमा न कर पाऊं तो?

फ़िक्र न करें, बस सब कुछ लिखें। जब भी घरेलू हिंसा की कोई घटना हो, तो किसी सुरक्षित स्थान पर उसे पूरे विस्तार से लिखें (और एक बैकअप रखें)। यह ध्यान रखें कि आप छोटी से छोटी बात भी लिखें जैसे समय, जगह, तारीख़, वहां कौन-कौन था, क्या हुआ था, क्या कोई चशमदीद था, आदि। जब आप कोर्ट में जाएंगी तो ये विवरण आपके बयान को मज़बूती देंगे।

व्यावसायिक सलाह: जल्द से जल्द सारा ब्योरा लिख लें। आख़िर, समय के साथ याददाश्त भी धुंधलाने लगती है। याद रखें, सारा खेल बारीकियों का है। क़ानून में बारीकियां बहुत अहम होती हैं। तारीख़, समय, स्थान और ऐसी ही दूसरी छोटी-छोटी बातों को आपकी ओर से एकरूपता स्थापित करने के लिए इस्तेमाल किया जा सकता है। अगर कुछ बेमेल हुआ तो विरोधी पक्ष उसे आपके ख़िलाफ़ इस्तेमाल कर सकता है। इसलिए, सारा ब्योरा सही और एकरूप रखें। अगर कोई बात आपको याद न आ रही हो, तो ग़लत लिखने से बेहतर होगा कि उसे न लिखें।

घरेलू हिंसा अधिनियम के तहत केस फ़ाइल करने के बाद क्या होता है?

बाद के चैप्टर में केस फ़ाइल करने की चरणबद्ध प्रक्रिया का उल्लेख किया गया है।

फ़िलहाल तो हम इससे शुरू करते हैं कि घरेलू हिंसा के ख़िलाफ़ केस आप कहां फ़ाइल करें। जवाब है फ़ैमिली कोर्ट। यह आमतौर पर मजिस्ट्रेट की कोर्ट होती है (हमारे यहां त्रिस्तरीय प्रणाली है: सुप्रीम कोर्ट, हाई कोर्ट और निचली कोर्ट जैसे कि मजिस्ट्रेट की कोर्ट)। आप ख़ुद या किसी वकील के ज़रिए केस दायर कर सकती हैं। मेरी राय यही होगी कि किसी वकील के ज़रिए जाएं क्योंकि भारतीय कोर्ट प्रणाली बहुत जटिल है।

वैकल्पिक रूप से, आप एक सुरक्षा अधिकारी की मांग भी कर सकती हैं। सुरक्षा अधिकारी एक निर्दिष्ट अधिकारी होता है, आमतौर पर पुलिस द्वारा नियुक्त, जो घरेलू हिंसा और दूसरे संबंधित मसलों का सामना कर रही महिला की सहायता करता है। आप अपने शहर के लिए गूगल सर्च करके सुरक्षा अधिकारी को ढूंढ सकती हैं, या पुलिस थाने जाकर या राष्ट्रीय/राज्य महिला आयोग से संपर्क करके उनसे कह सकती हैं कि आपका किसी सुरक्षा अधिकारी से संपर्क करवाएं। आप सुरक्षा अधिकारी के पास घरेलू घटना की रिपोर्ट (डीआईआर) दर्ज कर सकती हैं। डीआईआर पुलिस शिकायत की तरह ही होती है और इसमें घरेलू हिंसा का सारा विवरण दर्ज होता है। सुरक्षा अधिकारी को फ़ैमिली कोर्ट में डीआईआर दर्ज करनी होगी ताकि घरेलू हिंसा अधिनियम के तहत कोर्ट केस शुरू हो सके।

टेक्नीकली तो हर ज़िले में एक सुरक्षा अधिकारी होना चाहिए। मगर, अनेक न्यायाधिकरणों में यह भूमिका या तो बस काग़ज़ों में ही होती है या ठीक तरह से निभाई नहीं जाती जिससे पीड़िताओं को और ज़्यादा परेशानी होती है। अगर आपको कोई सक्षम सुरक्षा अधिकारी न मिल पाए, तो मेरी राय है कि किसी वकील के पास जाएं।

कोर्ट में क्या होता है?

हालांकि इसे इस किताब में आगे बताया गया है, मगर यहां हम सारी प्रक्रिया पर झटपट नज़र डाल लेते हैं।

1. कोर्ट आरोपी (आरोपियों) को नोटिस भेजेगी, जिसमें उनसे किसी निर्धारित दिन पर कोर्ट में पेश होने के लिए कहा जाएगा। इसे सम्मन कहते हैं।
2. आरोपियों के कोर्ट में हाज़िर होने के बाद उन्हें आपकी शिकायत का जवाब देने के लिए समय दिया जाएगा।
3. उनका जवाब मिलने के बाद, आप अपना प्रत्युत्तर दाख़िल कर सकती हैं।
4. शिकायत और उत्तर के चरणों के बाद, केस ज़बानी बहस की ओर बढ़ जाता है।

इस सारी प्रक्रिया में अहम है शुरू से ही कोर्ट से राहत मांगना। इसे अंतरिम राहत कहा जाता है, जिसका मतलब है कि केस के जारी रहने के दौरान आपको राहतें प्रदान करना। एक बार अंतरिम राहत मिल जाए, तो केस के दौरान आपको थोड़ा सहारा मिल जाएगा।

कोर्ट किस तरह की राहत प्रदान कर सकती है?

आपकी स्थिति के आधार पर, आप कोर्ट से नीचे दी गई लिस्ट में से कोई या सारी राहतें मांग सकती हैं:

1. वैवाहिक घर में रहने का अधिकार, यानी उस घर में जहां आप शादी होने के बाद रह रही हैं।
2. आप शारीरिक या मानसिक आघातों, आमदनी गंवाने, प्रॉपर्टी के नुकसान, मेडिकल ख़र्च आदि के लिए वित्तीय मुआवज़ा मांग सकती हैं।
3. वित्तीय मुआवज़े के अलावा, आप अपने बच्चों और अपने दिन-प्रतिदिन के गुज़ारे के लिए मेंटिनेंस भी मांग सकती हैं।

4. केस के पेंडिंग होने के दौरान आप अपने बच्चों की कस्टडी मांग सकती हैं। सुरक्षा संबंधी पहलुओं के अनुसार आरोपी को मिलने का अधिकार दिया जा सकता है।
5. आप आरोपी के ख़िलाफ़ सुरक्षा आदेश मांग सकती हैं। उदाहरण के लिए, आप मांग कर सकती हैं कि आरोपी आपसे संपर्क करना, आपके वर्कप्लेस पर मिलने आना बंद करे, आदि। अगर आप अलग घर में रहती हैं, तो उत्पीड़कों के आने को रोकने के लिए भी आदेश ले सकती हैं।
6. आप कोर्ट से मांग कर सकती हैं कि आरोपियों को काउंसलिंग लेने का निर्देश दे।
7. आप कोर्ट से निवेदन कर सकती हैं कि केस की कार्रवाई को 'कैमरे में' करवाए (यानी खुली कोर्ट की जगह जजों के चैंबर के एकांत में)।

नोट: इनमें से हर बिंदु को (यानी केस के लंबित होने के दौरान) अंतरिम राहत के तौर पर प्रदान किया जा सकता है, क्योंकि केस अक्सर बहुत लंबे चलते हैं।

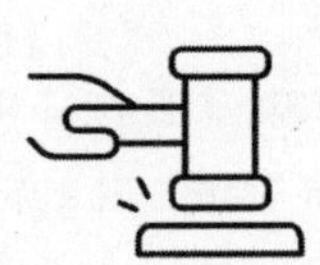

मुबई हाई कोर्ट ने घरेलू हिंसा की पीड़िता को तीन करोड़ का मुआवज़ा दिया

हाल ही में 2024 के एक केस में, बॉम्बे हाई कोर्ट ने एक आदमी को, जो अपनी पत्नी पर मानसिक, शारीरिक और आर्थिक अत्याचार करता था, इस ट्रॉमा के लिए उसे तीन करोड़ का मुआवज़ा देने का आदेश दिया। इस केस ने ख़ूब सुर्ख़ियां बटोरीं क्योंकि यह शायद घरेलू हिंसा का पहला ऐसा केस था जिसमें पीड़िता को इतनी बड़ी राशि दी गई थी। इस मामले में, पति-पत्नी दोनों ही संपन्न, शिक्षित थे और यूएसए में रहते और काम करते थे। कोर्ट ने मुआवज़े

की राशि तय करते समय शोषण की गंभीरता, दोनों पक्षों की आर्थिक स्थिति और उच्च सामाजिक स्तर पर विचार किया।

मगर, हमेशा की तरह, चीज़ें हक़ीक़त से ज़्यादा काग़ज़ों पर लुभावनी लगती हैं! इस आदेश को पति ने सुप्रीम कोर्ट में चुनौती दी और केस अभी अधर में लटका हुआ है। हमें यह देखने के लिए इंतज़ार करना होगा कि महिला को अपना मुआवज़ा मिलता है या नहीं।[1]

लोग आमतौर पर घरेलू हिंसा का केस कब फ़ाइल करते हैं?

हालांकि ट्रॉमा के ख़िलाफ़ आवाज़ उठाने के लिए घरेलू हिंसा का केस अकेले भी फ़ाइल किया जा सकता है, मगर आमतौर पर महिलाएं इसे तलाक़ के केस के साथ ही फ़ाइल करती हैं। इसकी वजह यह है कि अपने परिवार के सदस्यों, पति या ससुरालवालों समेत, के ख़िलाफ़ केस करना टैबू माना जाता है। साथ ही, एक बार केस दर्ज हो जाए तो शादी ख़त्म ही हुई समझिए। इसलिए, भारत में ज़्यादातर घरेलू हिंसा के मामले तलाक़ के केस में एक सहयोगी बल की तरह दर्ज किए जाते हैं, आमतौर पर बेहतर निपटान पाने के लिए।

कुछ तकनीकी बिंदु समझते हैं।

1. घरेलू हिंसा अधिनियम के तहत फ़ाइल किया गया कोई भी केस, और इस केस में आपके द्वारा मांगी गई कोई भी राहत, उन राहतों के अलावा उपलब्ध होती है जो आपको दूसरे क़ानूनों के तहत मिलती हैं। उदाहरण के लिए, अगर आपने दहेज उत्पीड़न का केस भी दर्ज किया हुआ है, तो उन प्रावधानों के तहत आप अलग से राहत पाने की हक़दार होंगी।
2. आप एक साथ भारतीय न्याय संहिता की धारा 85, 86 के तहत पुलिस शिकायत और घरेलू हिंसा अधिनियम के तहत केस दर्ज कर सकती हैं।

3. आप कोर्ट में चल रहे किसी भी दूसरे संबंधित केस के हिस्से के तौर पर घरेलू हिंसा के ख़िलाफ़ पिटीशन भी दर्ज कर सकती हैं। उदाहरण के लिए, अगर आप तलाक़ या दहेज का केस फ़ाइल कर चुकी हैं, तो उसके साथ ही घरेलू हिंसा की पिटीशन भी फ़ाइल कर सकती हैं। सुनवाई के समय सारे केसों को एक साथ जोड़ दिया जाएगा।

आईपीसी की धारा 498ए (अब भारतीय न्याय संहिता की धारा 85, 86): वरदान है या अभिशाप?

आजकल आईपीसी की धारा 498ए के ख़िलाफ़ नकारात्मक अंदाज़ में बात करना फ़ैशनेबल बन गया है। इस धारा के बारे में गूगल सर्च करें तो प्रावधान की जानकारी से ज्यादा ये परिणाम सामने आते हैं कि इसका दुरुपयोग कैसे किया जा रहा है। बेशक कुछ लोग ग़लत कारणों से इसका इस्तेमाल करते हैं, लेकिन अगर हम तुलना करें, तो पाएंगे कि घरेलू हिंसा के दर्ज केसों में दुरुपयोग के मामलों का प्रतिशत नगण्य ही होगा।

यहां मुझे सावधानी बरतने की सलाह जोड़नी होगी। क्रूरता के ख़िलाफ़ महिलाओं को प्रदान संरक्षणों का दुरुपयोग न करें। घरेलू हिंसा भयानक महामारी है जिसने अनेकों-अनेक महिलाओं को त्रस्त कर रखा है जिन्हें सच में इन क़ानूनों और इनके द्वारा दिए जाने वाले संरक्षण की ज़रूरत है। हम यह क़तई नहीं चाहेंगे कि किसी स्वार्थी मक़सद के लिए कोई इन प्रावधानों का दुरुपयोग करे, क़ानून के ख़िलाफ़ अविश्वास पैदा करे और, नतीजतन, असल पीड़िता को संरक्षण से वंचित कर दे।

मेरा केस खिंचता ही चला जा रहा हो तो मैं क्या करूं?

आप अकेली नहीं हैं। हमारी अदालतें गले तक मुकदमों में डूबी हुई हैं, राहतें जल्दी प्रदान नहीं की जातीं, और विरोधी पक्ष हमेशा देरी करने की तिकड़में भिड़ाता है या शिकायतकर्ता का चरित्र-हनन करने की कोशिशें करता है।

बहुत सी पीड़िताएं और उनके परिवार या तो अंतहीन मुकदमों के जंजाल में फंस जाते हैं जिससे हताशा होती है और वो भावनात्मक और आर्थिक रूप से चुक जाते हैं, या वो मुकदमे से हाथ खींच लेते हैं और इस तरह अपने अधिकारों को छोड़ देते हैं। भारत में दूसरे ज़्यादातर मुकदमों की तरह ही घरेलू हिंसा के मुकदमों में भी बरसों लग जाते हैं। इसे लड़ने के लिए, आपको भावनात्मक और आर्थिक संबल की ज़रूरत होगी। यह आपको डराने के लिए नहीं, बल्कि तैयार करने के लिए कह रही हूं, ताकि आप अपने हर मुमकिन अस्त्र-कवच जुटा लें।

आपको ख़ुद को तैयार करना होगा:

1. भावनात्मक रूप से: किसी ऐसे व्यक्ति को तलाशें जिस पर आप भरोसा कर सकें, जिससे हर मसले पर चर्चा कर सकें और अपनी भड़ास निकाल सकें। वो परिवार का सदस्य, दोस्त, पड़ोसी या और कोई शुभचिंतक हो सकता है। आप मानसिक स्वास्थ्य काउंसलर के पास भी जा सकती हैं।
2. आर्थिक रूप से: आपको कोर्ट केस फ़ाइल करने, वकील को देने, दस्तावेज़ हासिल करने आदि के लिए पैसा चाहिए होगा। अगर आप अपने वैवाहिक घर को छोड़ने वाली हैं और आपके पास रहने के लिए कोई पारिवारिक घर नहीं है, तो आपको यह भी सोचना होगा कि आप अपना (और अगर बच्चे हैं, तो उनका) भरण-पोषण कैसे करेंगी।

अंत में, अगर आप कोई भावनात्मक और आर्थिक दबाव नहीं लेना चाहतीं, तो कोर्ट के बाहर निपटान का विकल्प चुनें। सुनिश्चित करें कि आप अपने जीवनस्तर को बनाए रखने लायक़ आर्थिक मुआवज़ा हासिल करें। अधिक जानकारी के लिए *तलाक* वाले चैप्टर में *गुज़ारा-भत्ता (एलिमनी) एवं भरण-पोषण (मेंटिनेंस)* का सेक्शन पढ़ें। मैं जानती हूं कि पैसा घावों को भर नहीं सकता, मगर यह आपको और ज़्यादा भावनात्मक और आर्थिक तनाव से बचा सकता है।

क्या घरेलू हिंसा केवल अशिक्षितों के बीच ही मौजूद है?

अगर आप ऐसा सोचती हैं तो आप दुखद रूप से ग़लत हैं। घरेलू हिंसा भेदभाव नहीं करती। यह हर वर्ग, समुदाय और सामाजिक स्तर में मौजूद है। इसका एक बेहतरीन उदाहरण वेब सीरीज़ *मेड इन हैवेन* (सीज़न 2) की दूसरी एपिसोड है। इस एपिसोड में, एक सुपरमॉडल (अधीरा) अपने बॉयफ्रेंड अनिक, एक प्रेरक वक्ता, के साथ ख़राब रिश्ते में है। अधीरा और अनिक दोनों ही शिक्षित और समृद्ध बैकग्राउंड के हैं। दुनिया के सामने उनका रिश्ता परफ़ेक्ट दिखता है; वो पॉवर कपल की छवि पेश करते हैं। शादी से एक दिन पहले, जब अनिक अधीरा को पीटता है, तो उसका परिवार आग्रह करता है कि वो उसे छोड़ दे। मगर, अधीरा नहीं मानती और उससे शादी कर लेती है, यह सोचकर कि वो उसे सुधार लेगी।

अधीरा इसकी एक ज़बरदस्त मिसाल है कि क्यों पढ़ी-लिखी और आर्थिक रूप से आत्मनिर्भर महिलाएं भी घरेलू हिंसा सहती रहती हैं, क्योंकि वो मानती हैं कि वो उस आदमी को बदल सकती हैं, और कि ऐसा दोबारा कभी नहीं होगा। लेकिन वो यह नहीं जान पातीं कि यह कभी नहीं रुकता। अगर महिलाएं यह समझने लगें कि पत्नी एक बदमिज़ाज पति के लिए रीहैबिलिटेशन सेंटर नहीं होती, तो उनमें से अनेक अपने ख़राब रिश्ते से बाहर निकल आएंगी।

स्त्री, तुम ग़लत परवरिश पाए
आदमियों के लिए पुनर्वास केंद्र नहीं हो।
उसे सुधारना, उसे पालना या उसकी परवरिश
करना तुम्हारा काम नहीं है।

आपको एक पार्टनर चाहिए,
प्रोजेक्ट नहीं।

याद रखने की बातें

1. घरेलू हिंसा केवल शारीरिक नहीं होती। यह मानसिक, सेक्शुअल या आर्थिक शोषण भी हो सकता है।
2. शोषण को 'घरेलू हिंसा' के दायरे में लाने वाले दो मुख्य कारक हैं: (अ) पीड़ित और शोषणकर्ता एक ही घर में रहते हों, (आ) वो रक्त संबंधों या विवाह के माध्यम से जुड़े हों।
3. घरेलू हिंसा अधिनियम, 2005 लड़कियों को अपने ही परिवार के सदस्यों के शोषण से सुरक्षा प्रदान करता है।
4. पति या ससुरालवालों की गंभीर शारीरिक और मानसिक प्रताड़ना भी आपराधिक क़ानून के तहत आती है।
5. आपको अपने वैवाहिक घर में रहने का अधिकार है; कोई आपसे उसे छोड़ने को नहीं कह सकता।

दिमाग़ी कसरत!

नीचे दिए गए घरेलू हिंसा से जुड़े शब्दों को उनके साथ दिए गए संकेतों के अनुसार सुलझाएं।

1. **घ _ लू _ सा**
   संकेत: घर में होने वाली मारपीट या अत्याचार
2. **_ री _ क _ र्व्य _ हा _ र**
   संकेत: अपमान, बुरा बर्ताव, मारपीट, छेड़छाड़
3. **मा _ सि _ दु _ व _ र**
   संकेत: प्रताड़ना, जलील करना, अपशब्द कहना
4. **_ श _ दा _**
   संकेत: संबंधी, परिवार के सदस्य
5. **_ वी अ _ नि _ म**
   संकेत: महिलाओं को घरेलू हिंसा से बचाने वाला अधिनियम

उत्तर कुंजी:

1. घरेलू हिंसा 2. शारीरिक दुर्व्यवहार 3. मानसिक दुर्व्यवहार 4. रिश्तेदार 5. डीवी अधिनियम

5

शादी की डगर: ख़ुद को कैसे सुरक्षित रखें

यह चैप्टर विवाह में आपके अधिकारों के, पैतृक समाज के मिथकों को तोड़ने के और यह समझने के बारे में है कि आप रस्मी या कोर्ट मैरिज, या अंतरधार्मिक विवाह में से चुनने के अपने अधिकार का प्रयोग कैसे करें।

भूमिका

विवाह आपकी ज़िंदगी के सबसे अहम फ़ैसलों में से एक है। किसी से विवाह करने का मतलब है अपने जीवन के एक बड़े हिस्से को बांटने के लिए एक पार्टनर, एक हाउसमेट और एक को-पेरेंट चुनना। कहने की ज़रूरत नहीं है कि आपको विवाह बस तभी करना चाहिए जब आप उस व्यक्ति और विवाह की अवधारणा को लेकर पूरी तरह से निश्चित हों, इसलिए नहीं कि 'उम्र निकली जा रही है' या आपका परिवार आप पर दबाव डाल रहा है। अगर हम कोई रूममेट चुनने या अपने घर को किसी पेइंग गेस्ट को देने से पहले दस बार सोचते हैं, तो ज़रा कल्पना कीजिए जीवनसाथी के रूप में किसी को चुनने से पहले हमें कितनी बार सोचना चाहिए।

इस मुद्दे पर सोचें तो, क़ानून के नज़रिए से, आपको विवाह क्यों करना चाहिए? तो, क़ानून विवाह को एक अहम मिलन मानता है। विवाह करने से आपको कुछ विशिष्ट अधिकार मिलते हैं जो आपको, आपके जीवनसाथी और बच्चों को एक पारिवारिक इकाई में बांधते हैं। वो अधिकार हैं:

1. पति-पत्नी के रूप में साथ रहने का अधिकृत अधिकार और दायित्व।
2. एक दूसरे की संपत्ति का उत्तराधिकार (विस्तृत जानकारी के लिए देखें चैप्टर *'धन दा मामला'*)।
3. इस विवाह से उत्पन्न आपके बच्चों को अपने आप ही आपके वैध रूप से जन्मे बच्चों के रूप में मान्यता मिलती है।
4. आपके बच्चों को माता-पिता की संपत्ति पाने का उत्तराधिकार भी मिलता है।

क्या आपको पता था: विवाह क़ानून आपके धर्म पर निर्भर करते हैं?

मानें या न मानें, मगर भारत में विवाह, तलाक़ और संपत्ति के अधिकार आपके धर्म द्वारा शासित होते हैं। मसलन, अगर आप हिंदू स्त्री हैं, तो आपका

विवाह हिंदू विवाह अधिनियम के तहत होगा। इसी तरह, किसी ईसाई महिला का विवाह भारतीय ईसाई विवाह अधिनियम के तहत होगा।

तो कौन किस क़ानून के अंतर्गत आता है?

हिंदू (सिख, बौद्ध, जैन समेत)	हिंदू विवाह अधिनियम, 1955
मुस्लिम	मुस्लिम विवाह मुख्य रूप से पारंपरिक रिवाजों से शासित होते हैं। इन रिवाजों को मुस्लिम पर्सनल लॉ (शरीयत) एप्लिकेशन एक्ट, 1937 ने क़ानून का दर्जा प्रदान किया है।
ईसाई	भारतीय ईसाई विवाह अधिनियम, 1872
अंतरधार्मिक विवाह	स्पेशल मैरिज एक्ट, 1954

विवाह के लिए क़ानूनी अर्हताएं क्या हैं?

एक वैध विवाह के लिए सभी धर्मों में बुनियादी सिद्धांत एक समान हैं, चाहे आप कोर्ट मैरिज करना चुनें या रस्मी विवाह।

1. वर-वधू दोनों को क़ानूनन विवाह योग्य आयु का होना चाहिए। फ़िलहाल, लड़कियों के लिए यह अठारह साल और लड़कों के लिए इक्कीस साल है। मुस्लिमों में उनके असंहिताबद्ध प्रथागत क़ानून के अनुसार लड़के-लड़की दोनों के लिए आयु सीमा पंद्रह साल या प्यूबर्टी (यौवनारंभ) है।
2. विवाह वर-वधू की इच्छा से, बिना किसी दबाव के होना चाहिए। साथ ही पति-पत्नी दोनों को मानसिक रूप से स्वस्थ और सहमति देने में सक्षम होना चाहिए।

3. दोनों में से कोई भी पहले से विवाहित नहीं होना चाहिए, यानी, अगर आप पहले से ही विवाहित हैं, तो तब तक दोबारा शादी नहीं कर सकते जब तक कि पहली शादी समाप्त न हो गई हो। (मगर, मुस्लिम पर्सनल लॉ के तहत एक पुरुष को चार पत्नियां रखने की इजाज़त है)।
4. पति-पत्नी नज़दीकी संबंधी नहीं होने चाहिए (जैसे माता-पिता और संतान, चाचा/मामा-भतीजी/भानजी, बुआ/मौसी और भतीजा/भानजा, सौतेले माता-पिता और संतान, भाई-बहन आदि)। मगर कुछ समुदायों में नज़दीकी संबंधियों में, जैसे चचेरे/ममेरे/मौसेरे/फुफेरे भाई-बहन और मामा-भानजी में विवाह सामान्य हैं। अगर यह उस समुदाय का रिवाज है, तो क़ानून ऐसे विवाह को वर्जित नहीं कहेगा।

नोट: जून 2024 तक, लड़के-लड़कियों के लिए विवाहयोग्य उम्र अलग-अलग है (इक्कीस और अठारह साल)। मगर, भारतीय संसद लड़कियों के लिए विवाह की न्यूनतम उम्र इक्कीस करने पर विचार कर रही है। अगर यह लागू हो जाता है, तो लड़कियों को अपनी पढ़ाई पूरी करने, कैरियर के मौक़े तलाशने और आर्थिक आत्मनिर्भरता पाने के लिए और समय मिल जाएगा। इससे बाल-विवाह की घटनाएं भी कम होंगी।

क्या आपने कभी सोचा है कि आपके जाने बिना क़ानून आपकी निजी ज़िंदगी में कितनी गहराई तक सेंध लगाता है? मसलन, आपका विवाह, और विवाह की रस्में तक क़ानून से शासित होती हैं! दिलचस्प पक्ष यह है कि क़ानून विभिन्न धर्मों की रस्मों में भिन्नता को समझता और उन्हें शामिल करता है। अगर आप रस्मी विवाह चुनती हैं, तो आपको कुछ ख़ास क़ानूनी आवश्यकताओं को पूरा करना होगा। रजिस्टर्ड विवाह के लिए, यह ज़रूरी नहीं होगा। दोनों ही सूरतों में, आपको अपने विवाह को रजिस्टर करवाना और विवाह प्रमाणपत्र प्राप्त करना चाहिए जो एक सबूत के तौर पर काम करे। संक्षेप में इसकी प्रक्रिया थोड़ा बाद में बताऊंगी।

हिंदू विवाह

अगर आप आनुष्ठानिक विवाह (यानी रजिस्टर्ड विवाह के विपरीत विवाह समारोह) करने का चुनाव करती हैं, तो अपने समुदाय के परंपरागत रीति-रिवाजों को पूरा करके आपका विवाह संपन्न हो सकता है। अगर *सप्तपदी* रस्मों का परंपरागत अंग है, तो विवाह संपन्न होने के लिए यह आवश्यक होगा।

नोटः लगभग सभी हिंदू समुदायों में *सप्तपदी* परंपरा का हिस्सा है, और इसलिए यह एक आवश्यक चरण है।

मुस्लिम विवाह

मुस्लिम विवाह, जिसे निकाह कहा जाता है, एक अनुबंध की तरह होता है। किसी भी क़ानूनी अनुबंध के लिए प्रस्ताव, स्वीकृति और गवाह होने चाहिए। एक पक्ष को शादी का प्रस्ताव (ईजाब) रखना होता है, और दूसरे को उसे स्वीकार (क़ुबूल) करना होता है। कम से कम दो गवाह होने चाहिए, दोनों को ही सही होशो-हवास वाला वयस्क मुस्लिम होना चाहिए।

मुस्लिम शादियों में मेहर की अवधारणा भी होती है, जो शादी के वक़्त पति द्वारा पत्नी को दिया जाने वाला तोहफ़ा होता है। यह धन या संपत्ति के रूप में हो सकता है। क़ानून के अनुसार मेहर की कोई निश्चित राशि नहीं होती; यह दोनों पक्षों को आपसी सहमति से तय करना होता है। मेहर तय करने का मुख्य उद्देश्य यह सुनिश्चित करना है कि अगर पति की मृत्यु हो जाए, या शादी ख़त्म हो जाए तो पत्नी आर्थिक रूप से अपना गुज़ारा चलाने में सक्षम हो सके।

नोटः मेहर निकाह के वक़्त देना ज़रूरी नहीं है। यह बाद में भी दिया जा सकता है। निकाह के समय पति को उस राशि का वादा करना होता है जो वो देगा।

चूंकि निकाह को एक अनुबंध माना जाता है, इसलिए दोनों पक्षों को निकाहनामे पर साइन करने होते हैं। यह अनुबंध शादी की शर्तों को निर्धारित

करता है (जैसे आप किसी भी दूसरे अनुबंध में नियम और शर्तें लिखते हैं), जैसे कि मेहर, बच्चे की कस्टडी, या पत्नी का भरण-पोषण, या अगर पति दूसरी शादी करता है तो पत्नी को तलाक़ का हक़ देना, आदि।

चूंकि मुस्लिम शादी परंपराओं और क़ानूनों के मेल से शासित होती हैं, इसलिए दूसरे धर्मों की तुलना में इसमें दो अपवाद हैं:

1. निकाह की उम्र: मुस्लिम परंपराओं के अनुसार, जब कोई व्यक्ति यौवन में क़दम रखता है, या पंद्रह साल का हो जाता है, तो वो शादी करने के योग्य है। उनके लिए अठारह (लड़कियों के मामले में) और इक्कीस (लड़कों के मामले में) साल का होना ज़रूरी नहीं है जैसा कि दूसरे धर्मों में आवश्यक है। सभी धर्मों के लिए विवाह की उम्र एक जैसी करने के लिए सुप्रीम कोर्ट में एक केस चल रहा है[1] ताकि मुस्लिम माता-पिता द्वारा अपनी पंद्रह साल की लड़कियों की शादी करने को रोका जा सके।[2]
2. बहुविवाह: यह एक से अधिक जीवनसाथी रखने का चलन है। हालांकि यह किसी भी क़ानून में संहिताबद्ध नहीं है, मगर एक धार्मिक प्रथा के रूप में इसकी इजाज़त है। मुस्लिम परंपराओं के अनुसार, पुरुषों को चार स्त्रियों से शादी करने की इजाज़त है। मैं जानती हूं कि आज के दौर में यह अजीब सा लगेगा, मगर अतीत में इस प्रावधान की मूल मंशा युवा विधवाओं को सुरक्षा प्रदान करना थी। इस प्रथा को मुस्लिम महिलाओं ने अदालतों में चुनौती भी दी है और वर्तमान में यह मुद्दा समीक्षाधीन है।[3]

नोट: मुस्लिम रिवाज समुदायों (शिया और सुन्नी) के आधार पर भिन्न हो सकते हैं। अधिकांश रिवाज क़ानून के रूप में संहिताबद्ध नहीं हैं मगर परंपराओं के तौर पर (क़ानूनी अनिवार्यता के नहीं) उनका पालन किया जाता है। हालांकि यह सेक्शन मोटे तौर पर मुस्लिम विवाहों की जानकारी देता है, लेकिन अगर आप मुस्लिम क़ानूनों के तहत शादी करने का प्लान कर रही हैं तो बेहतर होगा कि किसी विशेषज्ञ से जानकारी ले लें।

ईसाई विवाह

ईसाई विवाह के लिए दोनों पक्षों को किसी एक के चर्च के धार्मिक पदाधिकारी को शादी करने के इरादे के बारे में लिखित नोटिस देना होता है। इस नोटिस में दूल्हा-दुल्हन के नाम, व्यवसाय, पते के साथ ही उस चर्च का नाम भी होना चाहिए जहां विवाह संपन्न होना है। फिर आपत्ति दर्ज करने के लिए इस नोटिस को कुछ दिन चर्च में लगाया जाता है। अगर कोई आपत्ति नहीं आती, तो दोनों पक्ष शादी करने की घोषणा करते हैं। पादरी एक सर्टिफ़िकेट जारी करता है, जिसके बाद रस्म अदा की जा सकती है। इसके बाद चर्च द्वारा मेंटेन की जाने वाली रजिस्ट्रार बुक में शादी रजिस्टर की जाती है।

प्रसंगवश, क़ानून में हॉलीवुड स्टाइल *अब-आप-ब्राइड-को किस-कर-सकते-हैं* टाइप पल आवश्यक नहीं होता!

देखा आपने, क़ानून कैसे हर धर्म की ज़रूरतों को अपने अंदर समेट लेता है? हालांकि ये बुनियादी क़ानूनी प्रक्रियाएं हैं, मगर वास्तविक प्रक्रिया राज्य दर राज्य और समुदाय दर समुदाय भिन्न हो सकती है।

अगर मैं किसी भिन्न धर्म के व्यक्ति से शादी करना चाहूं तो?

चूंकि विवाह क़ानून धर्म द्वारा शासित होते हैं, इसलिए पति-पत्नी दोनों को एक ही धर्म का होना चाहिए। लेकिन अगर आप अपने धर्म के बाहर किसी से शादी करना चाहें तो? तो अच्छी ख़बर है! प्यार और शादी के मामलों में, आपको धर्म के बंधनों से परे अपना पार्टनर चुनने की पूरी आज़ादी है। आपके लिए दो विकल्प मौजूद हैं:

1. अपना धर्म बदलें: आप दोनों में से कोई भी अपने पार्टनर के धर्म को अपनाने, उसके धर्म में कंवर्ट होने और संबंधित धार्मिक क़ानून के तहत विवाह करने का फ़ैसला कर सकता है। इस स्थिति में, आप पर उस धर्म के क़ानून लागू होंगे जिसमें आप कंवर्ट हो रही हैं। मसलन, अगर आप हिंदू स्त्री हैं और इस्लाम में कंवर्ट होती हैं, तो आप मुस्लिम लॉ के अनुसार शादी कर सकती हैं।

याद रखें, जब आप किसी दूसरे धर्म में कंवर्ट होती हैं, तो अपने मूल उत्तराधिकार क़ानून के अनुसार अपने जन्मदाता परिवार से विरासत नहीं पा सकेंगी। आप अपने नए धर्म के मुताबिक़ अपने पार्टनर से विरासत पाएंगी, मगर अपने माता-पिता की विरासत पाने के लिए उन्हें आपके लिए वसीयत लिखनी होगी। इस किताब में बाद में आए चैप्टर *'धन दा मामला'* में उत्तराधिकार सेक्शन को देखें। धर्मांतरण से आपके जीवन के दूसरे पहलू भी प्रभावित होंगे, जैसे दफ़्न के अधिकार, आनुष्ठानिक अधिकार और अपने धार्मिक समुदाय में स्वीकृति। हमेशा लाभ-हानि को तोलें, और विवेकसम्मत फ़ैसला लें।

2. स्पेशल मैरिज एक्ट (एसएमए): यह एक विशिष्ट धर्म-तटस्थ क़ानून है जिसे स्पेशल मैरिज एक्ट, 1954 कहते हैं, जो विभिन्न धर्मों के दो लोगों को अपना धर्म बदले बिना आपस में विवाह करने की अनुमति देता है।

पुन: अगर आप एसएमए के तहत शादी करती हैं, तो उपरोक्त स्थिति की तरह ही आप अपने जन्मदाता परिवार से उत्तराधिकार नहीं पा सकेंगी। अब आप भारतीय उत्तराधिकार अधिनियम जिसके बारे में *'धन दा मामला'* चैप्टर के उत्तराधिकार सेक्शन में बताया गया है) के तहत उत्तराधिकार पाएंगी। मगर, उपरोक्त के विपरीत, चूंकि आप अपना धर्म नहीं बदल रही हैं, इसलिए आपकी ज़िंदगी के दूसरे पहलू अप्रभावित रहेंगे।

हम जानते हैं कि करीना कपूर ख़ान और सैफ़ अली ख़ान, शाहरुख़ ख़ान और गौरी ख़ान (विवाह-पूर्व छिब्बर), आमिर ख़ान और किरण राव आदि जैसे मशहूर लोगों ने अंतरधार्मिक विवाह किए हैं। ऐसे मामलों में, दोनों पार्टनर बहुधर्मीय परिवार को अपनाते हुए अपने-अपने धर्मों से जुड़े रहते हैं। यह मुमकिन है कि उन्होंने विवाह करने के लिए स्पेशल मैरिज एक्ट को चुना हो।

स्पेशल मैरिज एक्ट के तहत चरणबद्ध प्रक्रिया क्या है?

स्पेशल मैरिज एक्ट, 1954 के तहत विवाह करने का एक ख़ास प्रोसीजर होता है जो विवाह की वैधता और मान्यता को सुनिश्चित करता है। यह प्रक्रिया इस प्रकार है:

1. **आवेदन और दस्तावेज़:** आपको अपना विवाह रजिस्टर करवाने के लिए एक आवेदन पत्र भरना और उसे विवाह करने के अपने इरादे के नोटिस के तौर पर मैरिज रजिस्ट्रार के पास जमा करना होगा। आप किसी भी ऐसी जगह पर अपनी शादी को रजिस्टर करवा सकती हैं जहां आप, या आपका पार्टनर कम से कम तीस दिन (निवास के सबूत के साथ) से रह रहे हों। आप यह ऑनलाइन भी कर सकती हैं (उस राज्य की सरकारी वेबसाइट पर जाएं जहां आप रजिस्टर करना चाहती हों) या मैरिज रजिस्ट्रार के ऑफ़िस जाएं।

   आपको इस फ़ॉर्म के साथ कुछ और दस्तावेज़ भी जमा करने होंगे:

   i. एफ़िडेविट: आप किसी स्थानीय वकील या अदालत से एफ़िडेविट तैयार करवा सकती हैं। इसे स्थानीय स्तर पर करें क्योंकि इसका फ़ॉर्मेट हर न्यायाधिकरण में भिन्न होता है। आपके एफ़िडेविट को नोटराइज़ भी करवाना होगा।

   ii. पहचान के दस्तावेज़: आपको पासपोर्ट साइज़ फ़ोटोज़ के साथ ही पहचान, उम्र, निवास के सबूत (आधार, पासपोर्ट, वोटर आईडी/ड्राइविंग लाइसेंस) भी चाहिए होंगे।

   iii. गवाह: उन तीन गवाहों (ये कोई भी हो सकते हैं, परिवार के होना ज़रूरी नहीं है) का विवरण और पहचान संबंधी दस्तावेज़ जिन्हें साइन करने होंगे।

2. **प्रकाशन और आपत्ति:** आपका फ़ॉर्म और दस्तावेज़ मिलने के बाद विवाह अधिकारी अपने कार्यालय में तीस दिन की अवधि के लिए आपके इच्छित विवाह के बारे में सार्वजनिक नोटिस प्रकाशित करेगा। इस दौरान, कोई भी व्यक्ति विवाह पर आपत्ति दर्ज कर सकता है, बशर्ते उसके पास इसके लिए कोई वैध कारण हो। यह तीन दिन की अवधि एक औपचारिकता है जिसे मैरिज रजिस्ट्रार को पूरा करना होता है।

नोट: इच्छित विवाह पर आपत्ति केवल जायज़ कारणों से उठाई जा सकती है। मसलन, अगर दोनों में से किसी भी पक्ष का पति/पत्नी मौजूद है, वो नाबालिग़ हैं, या दोनों व्यक्ति निकट संबंधी हैं। इस आधार पर आपत्ति **नहीं उठाई जा सकती** कि माता-पिता अपनी संतान द्वारा किए अपने जीवनसाथी के चुनाव से सहमत नहीं है।

3. **हस्ताक्षर और शादी:** तीस दिन के इंतज़ार के बाद, आपको अपने गवाहों के साथ फ़ाइनल हस्ताक्षर करने फिर से उसी रजिस्ट्रार के ऑफ़िस में जाना होगा। दोनों पार्टनर और गवाह मैरिज रजिस्ट्रार की मौजूदगी में एक घोषणापत्र पर दस्तख़त करेंगे, जिस पर लिखा होगा कि वो स्वेच्छा से और बिना किसी दबाव के शादी कर रहे हैं। रजिस्ट्रार दोबारा आपकी फ़ाइल जांचेगा, पुष्टि करेगा कि सब कुछ क्रमानुसार है और फिर दस्तावेज़ पर दस्तख़त कर देगा।
4. **विवाह समारोह:** आप जैसे चाहें, विवाह करना चुन सकते हैं। यह धार्मिक आयोजन, जश्न, या मैरिज रजिस्ट्रार के ऑफ़िस में साधारण सा रजिस्ट्रेशन भी हो सकता है।
5. **मैरिज सर्टिफ़िकेट:** समारोह के बाद, मैरिज रजिस्ट्रार प्रक्रियाओं को रजिस्टर करेगा और एक मैरिज सर्टिफ़िकेट जारी करेगा, जो एक क़ानूनी सबूत का काम करता है और पासपोर्ट, वीज़ा या सरकारी रिकॉर्डों में वैवाहिक स्थिति बदलवाने जैसे विभिन्न उद्देश्यों के लिए आवश्यक है।

यह ध्यान रखना ज़रूरी है कि कुछ विशिष्ट प्रक्रियाएं और आवश्यकताएं उस राज्य या ज़िले के अनुसार थोड़ी-बहुत भिन्न हो सकती हैं जहां आप रहती हैं। उचित होगा कि अपने ज्युरिडिक्शन की प्रक्रिया के बारे में सटीक और नवीनतम जानकारी के लिए आप स्थानीय विवाह अधिकारी से परामर्श करें या क़ानूनी सलाह लें।

सोचने की बात

आपको यह अजीब सी बात नहीं लगती कि अगर कोई स्पेशल मैरिज एक्ट के तहत शादी करना चाहे, तो उसे सार्वजनिक नोटिस जारी करना होगा? यह आवश्यकता न केवल उस जोड़े की निजता के अधिकार के ख़िलाफ़ है, बल्कि अपने बच्चों को अपने धर्म के बाहर विवाह करने से वंचित करने के लिए परिवारों द्वारा इसका ग़लत इस्तेमाल भी किया जाता है। साथ ही, यह किसी भी दूसरे धार्मिक क़ानून में ज़रूरी नहीं है। इसे शायद जबरन विवाहों, या धर्मांतरणों के ख़िलाफ़ एक सावधानी के तौर पर जोड़ा गया होगा, लेकिन अब समय है कि क़ानून में संशोधन किया जाए!

नोट: फ़िलहाल, स्पेशल मैरिज एक्ट के तहत पब्लिक नोटिस की आवश्यकता को ख़त्म करने के लिए सुप्रीम कोर्ट में एक पिटीशन दायर है। देखते हैं कोर्ट अंतत: क्या फ़ैसला लेती है।

मैं अपनी शादी कैसे रजिस्टर करूं?

2006 तक, भारत में ज़्यादातर दंपती अपनी शादियां रजिस्टर नहीं करते थे। उन दिनों अपने प्रियजनों को आमंत्रित करना और उनके सामने शादी करना ही अपने-आप में पर्याप्त सबूत था।

सभी राज्यों के पास यह फ़ैसला लेने का विकल्प था कि वो शादियों के रजिस्ट्रेशन को अनिवार्य बनाएं या नहीं। अट्ठाइस में से केवल पांच राज्यों (महाराष्ट्र, गुजरात, कर्नाटक, हिमाचल प्रदेश और आंध्र प्रदेश) ने ऐसा किया था। मगर, 2006 में, सुप्रीम कोर्ट ने हर शादी को, चाहे वो किसी भी धर्म की हो, रजिस्टर करना अनिवार्य कर दिया *(सीमा बनाम अश्विनी कुमार)*।

अपनी शादी को रजिस्टर करवाना क्यों ज़रूरी है?

जब आप अपनी शादी रजिस्टर करवाती हैं, तो आपको मैरिज सर्टिफ़िकेट मिलता है। यह दस्तावेज़ आपकी शादी के सबूत की तरह काम करता है।

यह क़ानूनी और दूसरे दस्तावेज़ों जैसे आपके पासपोर्ट, बैंक खाते, बीमा पॉलिसी, आदि में आपके जीवनसाथी के नाम को जोड़ने में भी मदद करता है। पहले, जब लोग अपनी शादियां रजिस्टर नहीं करवाते थे, तो यह पतियों के लिए सबूत के अभाव में अपनी पत्नियों को असहाय छोड़ने और बिना तलाक़ लिए दूसरी शादी करने का बहाना बन जाता था (और बिना कोई नतीजा भुगते)।

गतिविधि: अपने माता-पिता या दादा/नाना-दादी/नानी से पूछें कि क्या उन्होंने अपनी शादी रजिस्टर करवाई थी। यह जानना दिलचस्प होगा कि पीढ़ियों के दरम्यान चीज़ें कैसे बदली हैं।

शादी को रजिस्टर करवाने की क्या प्रकिया है?

1. मैरिज रजिस्ट्रार को ढूंढें: आमतौर पर आप इन दो ज्युरिडिक्शन में से किसी के भी मैरिज रजिस्ट्रार के पास जा सकती हैं: जहां आपकी शादी हुई है (यानी वो ज्युरिडिक्शन जहां आपका विवाह-स्थल पड़ता है) या जहां आप शादी के बाद रहेंगी। मैरिज रजिस्ट्रार किस स्थान पर है, यह जानने के लिए आप ऑनलाइन खोज सकती हैं।
2. दस्तावेज़ जमा करें: आपको पहचान, पते, आयु (जैसे आधार कार्ड) का सबूत दिखाने के लिए दस्तावेज़, शादी का निमंत्रण पत्र या फ़ोटो, दो गवाह (ये कोई भी हो सकते हैं, परिवारवालों का होना ज़रूरी नहीं है) और पासपोर्ट साइज़ फ़ोटो चाहिए होंगे। अगर आपकी शादी मंदिर में हुई है तो आप रसीदें दिखा सकती हैं।
3. मैरिज सर्टिफ़िकेट: जब आप फ़ीस जमा कर देती हैं और फ़ॉर्म भर देती हैं, तो रजिस्ट्रार आप दोनों को हस्ताक्षर करने के लिए आपका सर्टिफ़िकेट देगा। सर्टिफ़िकेट के लिए फ़ॉर्म भरते समय आपको स्पष्ट करना होगा कि आप अपना सरनेम बदलना चाहती हैं या नहीं। अगर आप ऐसा नहीं करेंगी, तो आपके पुराने नाम को अपने आप ही बदलकर पति का नाम कर दिया जाएगा।

रजिस्ट्रेशन आमतौर पर एक सीधी-सरल और बिना झंझट की प्रक्रिया है। मगर, रजिस्ट्रार के ऑफ़िस में आपको कतार में इंतज़ार करना पड़ सकता है, शायद किसी को टिप भी देनी पड़े। हालांकि ऊपर बताए गए चरण सामान्य प्रक्रिया की रूपरेखा बताते हैं, मगर राज्य सरकारें छोटे-मोटे बदलावों के साथ नियम बना सकती हैं। अपने राज्य के नियम आप ऑनलाइन देख सकती हैं (कई राज्यों की अपनी वेबसाइट है) और उनके अनुरूप आगे बढ़ सकती हैं। अपने राज्य की वेबसाइट को तलाशने के लिए marriage registration <state> पर गूगल करें।

क्या मैं अपनी शादी को ऑनलाइन रजिस्टर करवा सकती हूं?

आजकल कई राज्यों ने शादियों के लिए ऑनलाइन रजिस्ट्रेशन शुरू किया है। आपको राज्य सरकार या रजिस्ट्रार (जहां आप अपनी शादी को रजिस्टर करवाना चाहती हैं) की वेबसाइट पर जाकर फ़ॉर्म तलाशना होगा। फिर आप फ़ॉर्म भरकर आवश्यक दस्तावेज़ों के साथ ऑनलाइन जमा कर सकती हैं। कुछ राज्यों में प्रक्रिया पूरी तरह से ऑनलाइन हो सकती है, तो अन्यों में आपको एक बार रजिस्ट्रार ऑफ़िस में जाना पड़ सकता है।

आपको कब अपनी शादी को रजिस्टर करवाना चाहिए?

शादी होने के बाद आप कभी भी अपनी शादी को रजिस्टर करवा सकती हैं। बेशक, जितनी जल्दी करवाएं उतना बेहतर होगा, न केवल दस्तावेज़ों के लिए बल्कि देरी को लेकर सवाल किए जाने से बचने के लिए भी। आमतौर पर एक हफ़्ते से लेकर दो-तीन महीने के बीच कभी भी दंपती अपनी शादी को रजिस्टर करवा लेते हैं।

क्या आप रस्मों से पहले भी अपनी शादी को रजिस्टर करवा सकती हैं? हां, बिल्कुल! मैंने बहुत से दंपती देखे हैं जो रजिस्ट्रेशन प्रक्रिया पूरी कर लेते हैं और फिर 'अच्छी तारीख़ों' के हिसाब से रस्में संपन्न करवाते हैं। इसकी प्रक्रिया भी वही है। आप अपने शादी के निमंत्रण पत्र को सबूत की तरह दिखा सकते हैं।

अगर मैं कोर्ट मैरिज करना चाहूं तो?

कोर्ट मैरिज तब होती है जब कोई जोड़ा शादी की रस्मों को छोड़कर सीधे अपनी शादी रजिस्टर करवाता है। यह स्पेशल मैरिज एक्ट के तहत होती है (इसके बारे में पहले बताया जा चुका है)।

कोर्ट मैरिज के लिए विवाह के धार्मिक क़ानून लागू क्यों नहीं होते?

अगर आपको याद हो, तो हर धर्म के विवाह क़ानून गठबंधन को संपन्न करवाने के लिए आपसे कुछ अनिवार्य रस्में करवाते हैं। उदाहरण के लिए, हिंदू विवाह में सप्तपदी अनिवार्य है। अब कोर्ट मैरिज में आप धार्मिक रस्मों को छोड़ रही हैं, इसीलिए आप अपने विवाह को किसी भी धार्मिक क़ानून में रजिस्टर नहीं कर पाएंगी।

नोट: आपके तलाक़ लेने और विरासत के अधिकार भी स्पेशल मैरिज एक्ट के अनुसार ही तय किए जाएंगे।

कोर्ट मैरिज के लिए चरणबद्ध प्रक्रिया

कोर्ट मैरिज की प्रक्रिया वही है जो स्पेशल मैरिज एक्ट के तहत शादी करने की है। आपको आवेदन और दस्तावेज़ जमा करने से शुरू करके, तीस दिन आपत्तियों का (अगर कोई आए) इंतज़ार करना होगा और फिर अपने गवाहों के साथ किसी मैरिज रजिस्ट्रार के सामने दस्तख़त करने होंगे।

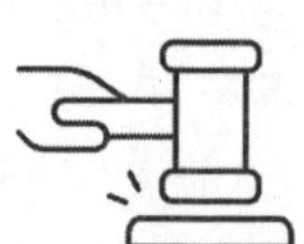

हादिया केस और अपना जीवनसाथी चुनने का संवैधानिक अधिकार

सनसनीख़ेज़ हादिया केस (शफ़ी जहां बनाम अशोकन के.एम.) में, जिसे मीडिया ने व्यापक रूप से कवर किया था, एक हिंदू लड़की अखिला अशोकन ने पच्चीस साल की आयु में इस्लाम में धर्मांतरित होकर एक मुस्लिम व्यक्ति शफ़ी जहां से शादी कर ली। धर्म बदलने के बाद उन्होंने अपना नाम हादिया जहां रख लिया। हादिया के पिता ने यह कहते हुए शादी पर आपत्ति की कि उनकी बेटी का ब्रेनवॉश कर दिया गया है। केस सुप्रीम कोर्ट तक गया।

हादिया कोर्ट में लगातार इसी बात पर क़ायम रहीं कि उन्होंने अपनी मर्ज़ी से शफ़ी जहां से शादी की है और वो उनके साथ ही रहना चाहती हैं। उनके बयान के आधार पर सुप्रीम कोर्ट ने न केवल शादी में हस्तक्षेप न करने का फ़ैसला किया, बल्कि यह भी कहा कि संविधान के अनुच्छेद 19 और 21 के अनुसार हर व्यक्ति को, शादी में या शादी के बाहर, अपना जीवनसाथी चुनने का अधिकार है।

आप क्या सोचती हैं? हालांकि मुझे माता-पिता के लिए अफ़सोस होता है, मगर यह फ़ैसला उन अंतरधार्मिक जोड़ों के लिए मील का पत्थर है जो शादी करना चाहते हैं।

क्या हम एक दूसरे को माला पहना सकते हैं?

हां, बिल्कुल! मैरिज रजिस्ट्रार का ऑफ़िस अक्सर ऐसे जोड़ों से भरा होता है जो जश्न के मूड में होते हैं। आप बेहिचक एक दूसरे को माला पहनाएं या मिठाई बांटें।

आप साइन करने के लिए रजिस्ट्रार के ऑफ़िस में जाने के बजाय अतिरिक्त फ़ीस देकर उसे किसी निर्धारित स्थान पर भी बुला सकती हैं। उदाहरण के लिए, आप अपने क़रीबी लोगों के साथ जश्न मनाना और उनके

सामने साइन करना चाह सकती हैं। आप लोकल मैरिज रजिस्ट्रार के ऑफ़िस से प्रोसीजर समझ सकती हैं।

तीस दिन की प्रतीक्षा अवधि के अलावा सारे प्रोसीजर में दो से तीन दिन लगेंगे (जब आपको रजिस्ट्रार के ऑफ़िस जाना होगा)। यह काफ़ी सीधी-सरल सी प्रक्रिया है, मगर सरकारी रवैये के लिए तैयार रहें!

अगर मैं भागकर शादी करना चाहूं तो?

कुछ लोग घर से भागकर और चोरी-छिपे शादी करना चाहते हैं, ज़्यादातर तो इसलिए कि उनके माता-पिता जीवनसाथी की उनकी पसंद से सहमत नहीं होते। फ़िल्में इसकी अच्छी मिसाल पेश करती हैं। ऐसे बहुत से मामलों में लड़का-लड़की गुपचुप शादी कर लेते हैं, अक्सर मंदिर में, एक दूसरे को माला पहनाते हैं और बुनियादी रस्में पूरी करते हैं।

ऐसे केस में, उनके लिए क्या विकल्प हैं?

1. धार्मिक नियमों (अगर दोनों एक ही धर्म के हैं तो) के मुताबिक़ एक छोटा सा धार्मिक आयोजन करें और फिर शादी को रजिस्टर करवाएं। अगर वो मंदिर में शादी करते हैं, तो उसे भी धार्मिक आयोजन माना जाएगा। सबूत के तौर पर वो टाइमस्टैंप के साथ फ़ोटो खिंचवा सकते हैं (क्योंकि तारीख़ बताने के लिए निमंत्रण पत्र तो होगा नहीं)।
2. कोर्ट मैरिज का विकल्प चुनें, इसका प्रोसीजर पहले ही बताया जा चुका है।

अगर दोनों पक्ष विभिन्न धर्मों के हैं, तो उन्हें स्पेशल मैरिज एक्ट के तहत शादी करनी होगी। इसके लिए उन्हें शादी करने के अपने इरादे के बारे में रजिस्ट्रार को नोटिस देना होगा जिसे रजिस्ट्रार अपने ऑफ़िस में लगाएगा। अगर कोई जोड़ा घर से भागा है, तो उनके परिवार उन्हें रजिस्ट्रार के ऑफ़िस में खोज सकते हैं और आपत्ति दर्ज कर सकते हैं।

#मूवी टाइम

क्या आपने बॉलीवुड फ़िल्म *धड़क* देखी है जिसमें दो प्रेमी अपने घरों से भाग जाते हैं क्योंकि वो भिन्न जातियों के हैं? वो उत्तर भारत के एक गांव से भागते हैं और पश्चिम बंगाल पहुंच जाते हैं।

ऐसी स्थिति में, वो या तो हिंदू विवाह अधिनियम के तहत झटपट शादी कर सकते हैं और अपनी शादी को कोलकाता में रजिस्टर करवा सकते हैं (वहां रहने के सबूत जुटाकर जैसे लीज़ एग्रीमेंट या बिजली का बिल) या सीधे कोर्ट मैरिज कर सकते हैं। बुरी से बुरी स्थिति में, अगर वो कोई घर ढूंढने के लिए जूझ रहे हैं या छिपे हुए हैं, तो उन्हें तुरंत अपनी शादी को रजिस्टर करवाने की ज़रूरत नहीं है। वो ऐसा बाद में कर सकते हैं, जब भी उन्हें सुरक्षित महसूस हो।

शादी के बाद क्या

क्या मुझे शादी के बाद अपना सरनेम बदलना होगा?

नहीं, जब तक कि आप ऐसा न चाहें! भारत में ऐसा कोई क़ानून नहीं है जो शादी के बाद आपसे सरनेम बदलने की मांग करता हो। आप अपना मूल नाम जारी रख सकती हैं, उसके साथ अपने पति का नाम जोड़ सकती हैं, या केवल अपने पति का सरनेम ही अपना सकती हैं। याद रखें, यह फ़ैसला केवल आपका है। कोई आपको मजबूर या प्रभावित नहीं कर सकता। आप इतने समय से एक ख़ास पहचान के साथ जी हैं; इसे किसी को छीनने न दें!

अगर आप अपना सरनेम बदलती हैं, तो एकरूपता बनाए रखें, अपनी पहचान के सभी निजी दस्तावेज़ों (पासपोर्ट, पैन कार्ड, आधार कार्ड, ड्राइविंग लाइसेंस, बैंक अकाउंट आदि) में अपने नाम को अपडेट करवाएं।

क़ानूनी तरीक़े से अपना नाम कैसे बदलूं?

भारत में क़ानूनी तरीक़े से अपना नाम बदलने के लिए आपको एक निश्चित प्रक्रिया अपनानी होगी। यहां इसके लिए आवश्यक क़दमों की सामान्य रूपरेखा प्रस्तुत है:

1. एफ़िडेविट: अपना नाम बदलने की वजह बताते हुए एक एफ़िडेविट तैयार करें। इस केस में, कारण शादी होगा। यह एफ़िडेविट ग़ैर न्यायिक स्टैंप पेपर पर टाइप किया हुआ और नोटरीकृत होना चाहिए।
2. अख़बार में प्रकाशन: कम से कम दो अख़बारों (एक स्थानीय और एक राष्ट्रीय) में अपने नाम बदलने के मंतव्य का नोटिस छपवाएं। नोटिस में आपका वर्तमान नाम, प्रस्तावित नया नाम और बदलने का कारण होना चाहिए। अख़बार की मूल कतरनों को सुरक्षित रखें क्योंकि आगे के दस्तावेज़ों में उनकी ज़रूरत पड़ सकती है।
3. गज़ेट अधिसूचना: केंद्रीय सरकार के आधिकारिक गज़ेट में नाम परिवर्तन का आवेदन करें। आपको इसके लिए निर्धारित शुल्क भी देना होगा।
4. सहायक दस्तावेज़: सहायक दस्तावेज़ जमा करें, जिनमें एफ़िडेविट की एक प्रति, नाम बदलने के नोटिस वाले अख़बारों की कतरनें, पहचान के सबूत (जैसे कि आधार कार्ड, पैन कार्ड या पासपोर्ट), पते का सबूत, पासपोर्ट साइज़ फ़ोटोग्राफ़ और आपके राज्य की निर्दिष्ट गाइडलाइन्स के अनुसार आवश्यक अन्य दस्तावेज शामिल होंगे।
5. जमा करना और सत्यापन: सभी आवश्यक दस्तावेज़ों के साथ उस अधिकारी के पास आवेदन जमा करें जो नाम-परिवर्तन के लिए उत्तरदायी है। आवेदन का सत्यापन किया जाएगा। अगर सब कुछ ठीक हुआ, तो आपके नए नाम के साथ गज़ेट अधिसूचना जारी की जाएगी।

6. आधिकारिक रिकॉर्ड अपडेट करें: अपने नए नाम के साथ गज़ेट अधिसूचना मिलने के बाद सभी आधिकारिक दस्तावेज़ों, जैसे कि आपका आधार कार्ड, पैन कार्ड, पासपोर्ट, ड्राइविंग लाइसेंस, बैंक खातों आदि में अपना नाम अपडेट करें।

आजकल VakilSearch[4] जैसी वेबसाइट हैं जो इसे ऑनलाइन करने में आपकी मदद करती हैं।

सोचने की बात

बहुत सी महिलाओं पर उनके पति या परिवार यह कहते हुए नाम बदलने पर ज़ोर डालते हैं कि इससे 'वो ख़ुद को परिवार का अंग महसूस करेंगी।' ख़ुद से यह पूछें: क्या काग़ज़ पर नाम बदलने भर से यह पक्का हो जाता है कि आपका रिश्ता कितनी बारीकी से गुथा है? और अगर ऐसा ही है, तो पति भी अपनी पत्नियों का सरनेम क्यों नहीं अपनाते ताकि वो भी समान रूप से ख़ुद को अपनी पत्नियों के परिवारों का अंग महसूस कर सकें?

अगर मैं अपना विवाह से पहले का नाम ही जारी रखती हूं, तो मेरी संतान का सरनेम क्या होगा?

क्या आप जानती थीं कि आपका अपना और आपके पति का नाम कुछ भी हो, आप अपने बच्चे को कोई भी नाम और सरनेम दे सकती हैं? मिसाल के लिए, हॉलीवुड अभिनेत्री ग्विनेथ पैल्ट्रो और उनके एक्स-पति कोल्डप्ले गायक क्रिस मार्टिन ने अपनी बेटी का नाम एपल रखा था! अगर वो ऐसा कर सकते थे, तो आपको अपनी संतान का नाम जामुन रखने से कौन रोकता है!

संतान के सरनेम का फ़ैसला माता-पिता करते हैं और ज़रूरी नहीं है कि यह उन दोनों में से किसी का सरनेम हो। बच्चों को अपने आप ही आमतौर पर पिता का सरनेम दे दिए जाने की वजह ऐसी परंपरा होना है, क्योंकि परिवार अपना ख़ानदानी नाम जारी रखना चाहते हैं। यह क़ानूनी अनिवार्यता नहीं है।

अगर माता-पिता के सरनेम भिन्न हैं, तो आप तय कर सकती हैं कि आपके बच्चे को आपके पति का, आपका या दोनों का सरनेम मिले! आप कोई तीसरा, पूरी तरह से अलग नाम भी चुन सकती हैं! आजकल दंपतियों में हाइफ़न लगाकर सरनेम लिखना भी काफ़ी लोकप्रिय हो रहा है, जिससे यह सुनिश्चित हो कि बच्चे ने केवल पिता की जगह अपने माता-पिता दोनों से अपना नाम पाया है।

उदाहरण के लिए, टेनिस स्टार सानिया मिर्ज़ा के बेटे का नाम अपने माता-पिता के नामों पर इज़हान मिर्ज़ा मलिक है। लेकिन आप पूछेंगी कि अब जब सानिया और शोएब मलिक का अधिकृत रूप से तलाक़ हो चुका है, तो उनके बच्चे के सरनेमों का क्या होगा? तो, वो अपने नाम को जस का तस जारी रख सकता है, या आगे ज़िंदगी में कभी उसे बदल सकता है।

जब आपके बच्चे के दस्तावेज़ों की बात आती है, तो जन्म प्रमाणपत्र पर माता-पिता दोनों के नाम होंगे और यह माता/पिता-संतान के संबंध के सबूत का काम करेगा। इसके अलावा जहां भी माता/पिता का नाम लिखने का विकल्प हो, वहां आपको अपनी संतान के कुछ और दस्तावेज़ों में पिता के नाम की जगह अपना नाम जोड़ना चाहिए (उस सेक्शन में जहां लिखा होता है 'पुत्री/--' या 'पुत्र/--')। इस तरह, आपके पास सबूत के तौर पर कम से कम एक-दो दस्तावेज़ होंगे जिनसे दूसरे दस्तावेज़ों के संदर्भ में आपको आसानी हो जाएगी।

क्या शादी के बाद मेरा ससुरालवालों के साथ रहना ज़रूरी है?

नहीं और शायद। मैं ऐसा क्यों कह रही हूं? क्योंकि ऐसा कोई क़ानून नहीं है जो एक पत्नी को अपने ससुरालवालों के साथ रहना आवश्यक कहता हो। मगर इसमें एक झोल है।

टिपिकली, भारत में शादी के बाद एक स्त्री से अपने पति के घर में शिफ़्ट होने की अपेक्षा की जाती है। अक्सर, इस घर में सास-ससुर और परिवार के दूसरे सदस्य होते हैं। अगर सारे परिवारवालों के बीच सुखद संबंध हैं और वधू को अपने वैवाहिक घर में अच्छा लगता है तब तो बहुत बढ़िया है! मगर

दुखद वास्तविकता यह है कि बहुओं से अक्सर समानता का बर्ताव नहीं किया जाता। उस पर ज़िम्मेदारियों का बोझ डाल दिया जाता है, दूसरे दर्जे के नागरिकों जैसा बर्ताव किया जाता है और 'घर जैसा' महसूस नहीं करवाया जाता। बहुत से मामलों में, वो ससुरालवालों की प्रताड़ना और निर्दयता का शिकार भी होती है।

यह भी हो सकता है कि आप अपने ससुरालवालों से अलग एक दंपती के रूप में अपनी जगह पाना चाहें या अपनी शर्तों पर जीना चाहें। आपके कारण चाहे जो भी हों, आपको अपने ससुरालवालों के साथ रहने के लिए मजूबर नहीं किया जा सकता।

झोल क्या है?

हालांकि क़ानून यह नहीं कहता कि आपको अपने ससुरालवालों के साथ रहना ही होगा, मगर हमारा पितृसत्तात्मक समाज और संस्कृति औरतों से ऐसा करने की अपेक्षा करते हैं। अलग रहने की इच्छा करने वाली बहू को 'घर तोड़ने वाली,' 'परिवार को तोड़ने वाली' और 'लाड़ले बेटे को अपने माता-पिता से दूर करने वाली' के तौर पर देखा जाता है। यह पूरी तरह से अलग बात है कि कोई यह नहीं देखता कि पत्नी भी अपने माता-पिता और परिवार को छोड़कर अपने पति के साथ रहने आती है। तलाक़ के मामलों में, पति के वकील पत्नी द्वारा क्रूरता किए जाने के आधार के तौर पर अक्सर पति से यह कहलवाते हैं कि 'उसने मुझे मेरे माता-पिता से अलग करवा दिया, जिससे साबित होता है कि वो क्रूर है।' इसे पत्नी के चरित्र को कलंकित करने के लिए इस्तेमाल किया जाता है।

प्रसंगवश, 2016 में, सुप्रीम कोर्ट ने इसे तलाक़ का आधार बनाते हुए अप्रत्यक्ष रूप से यह अनिवार्य किया था कि एक महिला को अपने ससुरालवालों के साथ रहना चाहिए (*नरेंद्र बनाम के. मीना* की सुनवाई के दौरान)। कोर्ट ने माना कि पति को उसके परिवार से अलग होने के लिए मजबूर किया जा रहा है। कोर्ट ने ससुरालवालों से अलग रहने की पत्नी

की मांग को हिंदू विवाह अधिनियम, 1955 की धारा 13 के अंतर्गत क्रूरता बताते हुए कहा कि पारंपरिक भारतीय मूल्यों के अनुसार अपने माता-पिता की देखभाल करना पुत्र का कर्तव्य है।

'पति को उसके माता-पिता से अलग करने की पत्नी की कोशिश क्रूरता के समान है'

केस की सुनवाई करते हुए सुप्रीम कोर्ट ने कहा कि:

'11. ...हिंदू समाज में, माता-पिता की देखभाल करना पुत्र का पवित्र कर्तव्य है। अगर कोई पत्नी समाज की सामान्य प्रथा और सामान्य रिवाजों से हटने की कोशिश करती है, तो उसके पास इसके लिए कोई न्यायसंगत कारण होना चाहिए और, इस मामले में, हमें कोई न्यायसंगत कारण नहीं दिखता है, आर्थिक सोच के अलावा... हमारी राय में, आमतौर पर, कोई पति इसे सहन नहीं करेगा और कोई पुत्र अपने बूढ़े माता-पिता एवं ऐसे परिवारजनों से अलग नहीं होना चाहेगा जो उसकी आय पर निर्भर हैं। पति को अपने परिवार से अलग होने के लिए मजबूर करने की पत्नी की लगातार कोशिश पति के लिए यातनापूर्ण होगी और हमारी राय में... यह "क्रूरता" का कार्य है।'

सोचने की बात

सुप्रीम कोर्ट के इस फ़ैसले के बारे में आप क्या सोचती हैं? आप जज से सहमत हैं या असहमत? आपको लगता है कि शादी के बाद पति के लिए अपने माता-पिता के साथ रहने की मांग करना उचित है, जबकि पत्नी से उम्मीद की जाती है कि वो अपने माता-पिता को छोड़कर उसके घर में रहने आए?

#मूवी टाइम

बॉलीवुड फ़िल्म *पीकू* में अमिताभ बच्चन का डायलॉग याद करें जिसमें वो कहते हैं, 'अरे, देखभाल करना है तो मेरा करो। शादी के बाद फ़ादर का घर छोड़ के दूसरे घर में जाना, उधर देखभाल करना, हाउ फ़ुलिश!' उनका तात्पर्य यह था कि बेटी चाहे शादी करे या न करे, उसके लिए अपने माता-पिता की देखभाल करना समान रूप से अहम है। मगर फिर भी समाज उससे उम्मीद करता है कि वो अपने माता-पिता का घर छोड़ दे, और उसे उनकी देखभाल करने के मौक़े से वंचित कर देता है जबकि पति अपने माता-पिता के साथ रहना जारी रखता है।

व्यावसायिक सलाह: शादी से पहले हमेशा इस बात पर चर्चा करें कि दंपती के रूप में आप कहां रहना चाहते हैं। चूंकि दो लोग एक दूसरे से विवाह कर रहे हैं, इसलिए इस फ़ैसले में पति-पत्नी दोनों की समान भागीदारी होनी चाहिए। पत्नी से (स्वाभाविक रूप से) यह उम्मीद करना ग़लत है कि वो सब कुछ छोड़कर अपने पति के घर आ जाए, सिर्फ़ इसलिए कि वो एक स्त्री है।

अगर मेरे पति नौकरी के लिए मुझे बाहर न जाने दें?

यह ज़रा टेढ़ी स्थिति है। बेशक, ऐसा कोई क़ानून नहीं है जो आपको नौकरी के लिए बाहर जाने से रोके, फिर चाहे आप शादीशुदा हों या न हों। मगर, क़ानून एक पति-पत्नी से उनके वैवाहिक घर में साथ रहने की अपेक्षा करता है। अगर किसी वजह से (जैसे कि दूसरे शहर में नौकरी) दंपती अलग-अलग रहते हैं, तो यह आपसी सहमति से लिया गया फ़ैसला होना चाहिए। अगर दोनों में से कोई एक सहमत नहीं है, तो 'वैवाहिक अधिकारों की बहाली' की मांग लेकर वो अदालत का दरवाज़ा खटखटा सकता है, यह एक क़ानूनी समाधान है जिससे एक जीवनसाथी दूसरे की शारीरिक उपस्थिति और सहवास की मांग

कर सकता है। बेशक अगर पति-पत्नी में से कोई भी वैवाहिक अधिकारों की बहाली के लिए अदालत की शरण लेता है, तो उसे अपने पार्टनर की शारीरिक उपस्थिति तो बेशक मिल सकती है, मगर जज़्बाती या मानसिक लगाव नहीं।

ऐसी स्थिति को सावधानी से हैंडल करने की कोशिश करें और अपनी आत्मनिर्भरता और शादी को बरक़रार रखते हुए बीच का कोई सुखद रास्ता निकालें।

अगर मेरे पति अपनी नौकरी के सिलसिले में बाहर जाना चाहते हों और मैं नहीं चाहती कि वो जाएं तो? या, अगर मैं उनके साथ न जाना चाहूं तो?
क़ानूनी नज़रिए से, यह स्थिति ऊपर दी गई स्थिति जैसी ही है। क़ानून आपसे साथ रहने की अपेक्षा करता है, लेकिन अगर यह आपसी सहमति से लिया गया फ़ैसला है तो आप अलग-अलग रहना चुन सकते हैं। अगर आप उनके कहीं बाहर जाने के फ़ैसले से सहमत नहीं हैं, तो इसका क़ानूनी समाधान वैवाहिक अधिकारों की बहाली के लिए याचिका दायर करना होगा।

व्यावहारिक रूप से देखें तो यह बहुत कम ही होता है कि कोई अपने पति/पत्नी के ख़िलाफ़ वैवाहिक अधिकारों की बहाली का केस फ़ाइल करे, क्योंकि इसे टैबू माना जाता है। और तैयार रहें, अगर आप कोर्ट जाती हैं तो आपकी शादी टूट भी सकती है। इसलिए, ज़्यादातर लोग क़ानूनी पचड़े में पड़े बिना इस तरह की स्थितियों का हल निकालने की कोशिश करते हैं।

शादी के लिए 'हां' कहने से पहले की जाने वाली बातचीत

अगर मेरे बस में होता तो मैं शादी से पहले अपने पार्टनर के साथ कुछ अहम बातें करना अनिवार्य कर देती। बहुत से लड़के-लड़कियां बस यह सोचकर शादी कर लेते हैं कि यह सब बस रोमांस है, या, इससे भी बुरा, शादी का भव्य आयोजन होगा। नहीं! शादी साथ में एक ज़िंदगी बनाने का, किसी के साथ अपनी ज़िंदगी शेयर करने और साथ मिलकर ज़िंदगी के उतार-चढ़ावों से पार पाने का नाम है।

यहां कुछ सवाल हैं जिन पर शादी करने से पहले आपको बात कर लेनी चाहिए।

1. क्या आपसे अपना सरनेम बदलने की अपेक्षा की जा रही है? बच्चों का सरनेम क्या होगा?
2. क्या आपसे अपने परिवार को छोड़कर अपने पति के परिवार के साथ रहने की अपेक्षा की जा रही है?
3. क्या अपने काम और कैरियर के बारे में फ़ैसले लेने के लिए आप स्वतंत्र होंगी?
4. क्या बच्चों के मामले में आप दोनों के विचार समान हैं?
5. आप दोनों अपने वित्तीय मामलों को कैसे मैनेज करने का सोच रहे हैं? क्या आपके पति आपको अपने वित्तीय मामले ख़ुद संभालने देंगे/क्या आप दोनों दंपती के रूप में संयुक्त रूप से अपने वित्तीय मामलों को संभालेंगे?
6. उपरोक्त पर उसके माता-पिता की क्या राय है (अगर आप संयुक्त परिवार में रहेंगी तो यह मायने रखता है)?
7. आप दोनों की लाइफ़स्टाइल में क्या फ़र्क़ हैं? आप समान धरातल पाने के लिए क्या सोच रहे हैं?
8. महत्वपूर्ण फ़ैसले किस तरह लिए जाएंगे? क्या वो संयुक्त फ़ैसले होंगे, या वो आपसे अपेक्षा करेगा कि आप उससे सहमत हों? इससे आपको एक आइडिया मिल जाएगा कि आपका पार्टनर बराबरी का रिश्ता चाहता है या उसे एक कठपुतली चाहिए जिसे वो अपनी मर्ज़ी से नचा सके।
9. आप दोनों की अविचारणीय शर्तें क्या हैं, यानी ऐसी बातें जो आपके और आपके पार्टनर के लिए डीलब्रेकर हों? उदाहरण के लिए, सिगरेट या शराब पीना। कुछ लोगों के लिए, यह कहां रहने या जीवनसाथी के प्रोफ़ेशन की बात हो सकती है।

गतिविधि समय: अपनी सहेलियों के साथ बैठें और शादी करने से पहले अपने-अपने मंगेतरों से पूछने के लिए सवालों की लिस्ट बनाएं। यह शेयर करना दिलचस्प होगा कि आप लोगों के लिए क्या बातें अहम हैं! इससे भी अहम यह कि अपना लाइफ़ पार्टनर चुनने से पहले पक्का करें कि आप ये बातें करें!

विवाहपूर्व समझौता (प्रीनप)

विवाहपूर्व समझौता या प्रीनप एक ऐसा अनुबंध होता है जिस पर पति-पत्नी दोनों साइन करते हैं, जो शादी, और अलगाव होने की सूरत में धन-संपत्ति आदि के बारे में शर्तें और नियम निर्धारित करता है।

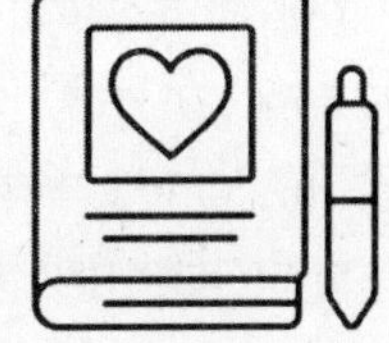

पश्चिम में प्रीनप बहुत आम हैं, और आपने इन्हें फ़िल्मों में देखा होगा या मशहूर हस्तियों के तलाक़ के दौरान इनके बारे में सुना होगा।

क्या भारत में ये वैध हैं? यह अस्पष्ट है; विवाहपूर्व समझौतों पर हमारा क़ानून ख़ामोश है। भारतीय अनुबंध अधिनियम, 1872, जो सभी अनुबंधों का नियमन करता है, कहता है कि आप ऐसा कोई अनुबंध नहीं कर सकते जो सार्वजनिक नीति के विरुद्ध हो। चूंकि विवाह को भारतीय क़ानून में एक पवित्र संबंध माना जाता है, इसलिए कोई भी ऐसा समझौता अमान्य हो सकता है जिसे अलगाव को बढ़ावा देने वाला माना जाए।

मगर, हालात बदल रहे हैं। ऐसे कई मामले हैं जिनमें फ़ैमिली कोर्ट ने पति/पत्नी के मंतव्य को निर्धारित करने के लिए विवाहपूर्व समझौतों को मान्यता दी है। मुंबई में 2013 के एक केस में, एक फ़ैमिली कोर्ट ने फ़ैसला दिया कि हालांकि पति-पत्नी के बीच विवाहपूर्व समझौते को बाध्यकारी नहीं माना जा सकता, मगर इससे कोर्ट को संबंधित पक्षों के मंतव्यों को समझने में मदद मिल सकती है।

तो क्या मैं प्रीनप पर साइन कर सकती हूं?
अगर आप साइन करना चाहती हैं तो कर सकती हैं। आप अपने मंगेतर के साथ 'समझौता ज्ञापन (मेमोरेंडम ऑफ़ अंडरस्टैंडिंग—एमओयू)' पर साइन कर सकती हैं जो आपकी शादी, वित्त, संपत्ति और तलाक़ लेने की सूरत में क्या होगा आदि के बारे में कुछ बुनियादी नियम निर्धारित करेगा। इसके लिए दोनों व्यक्तियों को एक दूसरे के साथ पूरी तरह पारदर्शी होना होगा, मुश्किल मुद्दों पर बात करनी होगी और अहम मामलों पर किसी सहमति पर पहुंचना होगा। प्रीनप के हिस्से के तौर पर आप ऐसी किसी भी चीज़ पर साइन नहीं कर सकतीं जो क़ानून के ख़िलाफ़ हो। मिसाल के लिए, अगर क़ानून कहता है कि व्यभिचार तलाक़ का आधार है, तो आप ऐसे प्रीनप पर साइन नहीं कर सकतीं जो कहता हो कि व्यभिचार के आधार पर पार्टनर तलाक़ नहीं मांग सकता। इसी तरह, अगर आप ऐसे प्रीनप पर साइन करती हैं जिसमें लिखा हो कि आपका जीवनसाथी आपकी संपत्ति का वारिस नहीं होगा, जबकि क़ानूनन जीवनसाथी वारिस हो, तो क़ानून प्रभावी होगा। प्रीनप मुख्य रूप से शादी टूटने की स्थिति में बस संपत्ति और धन के मामलों को सुलझाने के लिए ही कारगर होगा।
नोट: चूंकि क़ानून प्रीनप को लेकर स्पष्ट नहीं है, इसलिए ऐसे समझौते को पति/पत्नी कभी भी कोर्ट में चुनौती दे सकते हैं। टकराव की स्थिति में, क़ानून हमेशा प्रीनप से ऊपर रहेगा।

याद रखें, अगर आपको तनिक भी संदेह हो कि प्रीनप से आप नुकसान में रहेंगी या यह आपके अधिकार छीन लेगा, तो उस पर कभी भी साइन न करें। ऐसी किसी भी चीज़ पर साइन न करें जिसे लेकर आप सहज न हों।
व्यावसायिक सलाह: प्रीनप समझौते को हमेशा कोई वकील ड्राफ़्ट करता है। सुनिश्चित करें कि आपका कोई वकील बारीकी से समझौते को पढ़े और उस पर आपको सलाह दे।

सोचने की बात

मुस्लिम विवाह को एक अनुबंध माना जाता है। पति-पत्नी एक डीड पर साइन करते हैं जिसे निकाहनामा कहा जाता है, जो उनकी शादी की शर्तें तय करता है, जैसे कि पत्नी को मिलने वाला मेहर, वो आधार जिन पर पत्नी तलाक़ मांग सकती है, बहुविवाह पर प्रतिबंध आदि। यह असल में विवाहपूर्व समझौता ही है, अलग शब्दों में लिखा गया, जो भारत में पूरी तरह से क़ानूनी है!

शादी में मिलने वाले उपहार

'अपनी शादी में मुझे जो भी उपहार और ज़ेवर मिले थे, वो मेरे पति/ससुरालवालों के नियंत्रण में हैं।'

यह एक बहुत ही आम समस्या है जिसका भारत की महिलाएं सामना करती हैं। पति के घर जाने के परंपरागत चलन, और नतीजतन आर्थिक स्वतंत्रता की अपेक्षाकृत कमी के कारण महिलाएं अक्सर अपने सारे ज़ेवर और तोहफ़े अपने पति या ससुरालवालों के पास रखवा देती हैं। कभी-कभी ऐसा सद्भावना में किया जाता है, लेकिन ज़्यादातर मामलों में बहू को ऐसा करने के लिए मजबूर किया जाता है।

हालांकि, अगर रिश्ते अच्छे हों तो इसमें कोई बात नहीं है, लेकिन अक्सर ऐसा नहीं होता। हम ऐसे केस देखते हैं जिनमें पति या ससुरालवाले इसका इस्तेमाल महिला को उनके हक़ की संपत्ति से वंचित करने के लिए करते हैं। यह आर्थिक नियंत्रण का साधन है। सोच यह होती है कि अगर महिला के पास अपने ज़ेवर या संपत्ति नहीं होगी, और अगर वो आर्थिक रूप से स्वतंत्र नहीं है, तो वो क्या कर सकती है? ऐसे मामले हमारी कल्पना से कहीं ज़्यादा आम हैं। वास्तव में, अगर किसी शादी में परेशानियां आती हैं तो ज़ेवर नियंत्रण का एक प्रमुख ज़रिया बन जाते हैं।

ऐसी स्थिति में अपनी सुरक्षा के लिए यहां कुछ व्यावसायिक सुझाव दिए जा रहे हैं:

1. शादी के वक़्त, अपने माता-पिता/परिवार के सदस्यों/दोस्तों से आपके नाम पर तोहफ़े देने को कहें, ताकि वो आपकी आर्थिक ढाल बन सकें।
2. कैश (जिसका कोई भी उपयोग कर सकता है) के बजाय अपने परिवार के सदस्यों से कहें कि आपके नाम से चेक दें।
3. अगर वो कोई महंगी वस्तु या ज़ेवर गिफ़्ट करते हैं, तो सुनिश्चित करें कि उन्हें तुरंत किसी बैंक लॉकर में रख दें जो आपके/आपके परिवार के नाम पर हो। अगर आपके पास आपका अपना लॉकर नहीं है, तो उन्हें ऐसे जॉइंट लॉकर में रखें जिसे इस्तेमाल करने का अधिकार आपको हो।
4. शादी के बाद, जल्दी से जल्दी, उन सभी तोहफ़ों की सूची बनाएं जो आपको मिले हैं (कैश, ज़ेवर और दूसरी क़ीमती वस्तुओं के समेत)। पक्का करें कि आप और आपके माता-पिता इस दस्तावेज़ पर तारीख़ और जगह लिखते हुए साइन करें। दो तटस्थ गवाहों से भी साइन करवाएं। अगर हो सके, तो इस दस्तावेज़ पर अपने पति के पक्ष से भी साइन करवाएं ताकि बाद में वो कोई विवाद न करें। इसकी एक प्रति अपने पास और दूसरी अपने माता-पिता के पास रखें।
5. हर चीज़ की फ़ोटो लें। अगर ज़ेवर हैं, तो उन्हें पहनकर फ़ोटो खिंचवाएं, ताकि कोई उन्हें बदल न सके, न ही यह बहाना कर सके कि वो कभी थे ही नहीं।

याद रखें, शादी के वक़्त आपके नाम पर आए सारे तोहफ़े आपका स्त्रीधन हो जाते हैं। उन पर और किसी का नहीं, केवल आपका हक़ है।

स्त्रीधन का मुद्दा अक्सर तलाक़ के मामलों में उठता है, जिनमें पत्नी उन्हें लौटाने की मांग करती है। अदालतें भी अक्सर स्त्रीधन पत्नी को लौटाने

के लिए कहती हैं, जब तक कि किसी वजह से ऐसा करना मुमकिन न हो। उदाहरण के लिए, अगर कोई और चीज़ बनवाने के लिए सोने को पिघला दिया गया हो, या कोई चीज़ खो गई हो (और उसकी पुलिस शिकायत का सबूत हो)। ऐसे मामलों में, अदालत परिवार से कह सकती है कि पत्नी को स्त्रीधन के मूल्य के बराबर मुआवज़ा दे। मगर सबसे अहम यह है कि आपको अपना स्त्रीधन साबित करना होगा, इसलिए यह सुनिश्चित करें कि आप ऊपर दिए गए कामों को करें।

जबरन विवाह

अगर मेरे माता-पिता मुझे शादी करने के लिए मजबूर करें तो?

'मदद करें! मेरे माता-पिता अपनी पसंद के आदमी से शादी करने के लिए मुझे मजबूर कर रहे हैं। वो मुझे घर से नहीं निकलने दे रहे। उन्होंने मेरा फ़ोन भी ले लिया है।' अगर यह पढ़कर आपको हैरानी हो रही है, तो मैं आपको बता दूं कि भारत में ऐसी स्थिति असामान्य नहीं है। माता-पिता अक्सर अपनी बेटियों को उनकी मर्ज़ी के ख़िलाफ़ शादी करने पर मजबूर करते हैं। वेब सीरीज़ *मेड इन हैवेन* की आख़री एपिसोड याद है जिसमें लड़की के राजनीतिक माता-पिता उसे ड्रग देकर एक राजनीतिक गठबंधन के हिस्से के रूप में शादी करने पर मजबूर करते हैं? एकदम फ़िल्मी स्टाइल में, वो वेडिंग प्लानर्स के साथ एक योजना बनाती है और शादी की रात को मंडप से भाग जाती है! रील का पात्र तो यह कर सकता है मगर रियल लाइफ़ में भागना शायद मुमकिन न हो। यहीं पर आपके बचाव में भारतीय क़ानून आता है।

जबरन विवाह से कौन से क़ानून आपको बचाते हैं?

हालांकि भारत में ऐसा कोई एक प्रत्यक्ष क़ानून नहीं है जो जबरन विवाहों पर स्पष्ट रूप से प्रतिबंध लगाता हो, मगर कई भिन्न क़ानूनों के तहत आप इसके ख़िलाफ़ अपने अधिकार तलाश सकती हैं।

संवैधानिक रूप से, भारतीय संविधान के अनुच्छेद 21 के तहत आपको गरिमा के साथ जीने का बुनियादी अधिकार प्राप्त है। इसमें अपना जीवनसाथी चुनने का अधिकार भी शामिल है जिसका निहितार्थ है कि किसी को उसकी मर्ज़ी के बिना शादी करने के लिए मजबूर नहीं किया जा सकता। संरक्षक और प्रतिपाल्य अधिनियम, 1890 की धारा 24 के तहत, आपके संरक्षक के रूप में माता-पिता का क़ानूनी दायित्व आपके स्वास्थ्य और शिक्षा का ध्यान रखना, और आपका पालन-पोषण करना है। इसके अलावा, भारत में किसी भी धार्मिक क़ानून के तहत वैध विवाह का आधार ही यह है कि दोनों पक्ष बिना किसी ज़बरदस्ती के 'स्वतंत्र सहमति' से ऐसा करें। सैद्धांतिक रूप से, ये क़ानूनी प्रावधान मुखरता से यह स्पष्ट करते हैं कि कोई भी, आपके माता-पिता भी, आपको शादी के लिए मजबूर नहीं कर सकते।

ये कुछ और प्रावधान हैं जो आपको सुरक्षा देते हैं:

1. घरेलू हिंसा अधिनियम: यह अधिनियम किसी भी लड़की/महिला को परिवार के ऐसे किसी भी सदस्य की किसी भी तरह की हिंसा (शारीरिक, मानसिक, यौन, आर्थिक) से सुरक्षा देता है जिसके साथ वो एक ही घर में रहती है। अगर आप अपने माता-पिता (और/या दूसरे संबंधियों) के साथ रहती हैं, तो आप अपनी सुरक्षा के लिए इस अधिनियम का प्रयोग कर सकती हैं।

नोट: जबरन शादियों में अक्सर कई तरह की प्रताड़नाएं शामिल होती हैं—लड़की की गतिविधियों पर प्रतिबंध लगाना, उसे घर से न निकलने देना, उसका फ़ोन ले लेना, उसे अपने मित्रों से दूर कर देना और पैसों तक उसकी पहुंच को नियंत्रित करना। कभी-कभी इसमें शारीरिक हिंसा भी जुड़ जाती है। ये सभी काम घरेलू हिंसा अधिनियम के तहत शोषण में आते हैं।

2. भारतीय न्याय संहिता: बीएनएस की धारा 127 (1) किसी व्यक्ति को अनुचित ढंग से बंधक बनाने, यानी उसके आने-जाने की स्वतंत्रता को प्रतिबंधित करने को क़ानूनी अपराध मानती है। धारा 87 ऐसे किसी भी व्यक्ति के लिए इसे अपराध क़रार देती है

जो किसी महिला को जबरन शादी कराने के लिए, या यह जानते हुए अग़वा करता है कि उसकी ज़बरन शादी करा दी जाएगी। अगर आपके माता-पिता या और कोई व्यक्ति आपको घर में या आपके कमरे में बंद करता है तो ये दोनों प्रावधान लागू होंगे।

नोट: अगर आप नाबालिग़ हैं, यानी अठारह वर्ष से कम आयु की हैं, तो जबरन विवाह पर बाल विवाह उन्मूलन अधिनियम, 2006, और भारतीय वयस्कता अधिनियम, 1875 भी लागू होगा।

अगर आपको जबरन विवाह के लिए मजबूर किया जा रहा हो तो आपको क्या करना चाहिए?

1. किसी मध्यस्थ को तलाशने की कोशिश करें: जबरन विवाह बहुत टेढ़ी और संवेदनशील स्थिति है। अगर मुमकिन हो, तो बीच में पड़ने के लिए किसी समझदार वयस्क को तलाशें जिसकी आपके माता-पिता इज़्ज़त करते हों और जिस पर विश्वास करते हों। कभी-कभी किसी तटस्थ तीसरे व्यक्ति के हस्तक्षेप से मुश्किल हालात हल हो सकते हैं।
2. सुरक्षित बच निकलें: अगर कुछ काम न करे और आप अपने माता-पिता का घर छोड़ने का इरादा कर रही हैं, तो सुनिश्चित करें कि आपके जाने के लिए कोई दूसरी सुरक्षित जगह हो। यह किसी मित्र, भरोसेमंद रिश्तेदार या बुज़ुर्ग का घर, या हॉस्टल या होटल जैसी तटस्थ जगह हो सकती है जहां आप सुविधाजनक महसूस करें।
3. आर्थिक बैकअप रखें: कोई दूसरा विकल्प मिलने तक अपना गुज़ारा चलाने और क़ानूनी प्रक्रियाओं के लिए आपको पैसों की ज़रूरत होगी। यह आपके खाते में धन, कैश, ज्वेलरी आदि रूपों में हो सकता है। ऐसी कोई भी ज्वेलरी ले जाने में सावधानी बरतें जो आपकी न हो, क्योंकि यह चोरी मानी जा सकती है और आपके माता-पिता को आपके ख़िलाफ़ आरोप लगाने की वजह दे सकती है।

4. पुलिस में शिकायत दर्ज करें: आप भारतीय न्याय संहिता के तहत पुलिस में शिकायत कर सकती हैं। शिकायत या तो वहां करनी होगी जहां आप अपने माता-पिता के साथ रहती थीं, या आपके नए निवासस्थल पर। जब आप शिकायत दर्ज करेंगी, तो बहुत मुमकिन है कि पुलिस आपके माता-पिता से पूछताछ करने और कोई निपटान करवाने की कोशिश में उन्हें पुलिस थाने बुलवाए। यह आपके ऊपर है कि आप पुलिस थाने में अपने माता-पिता से बात करने जाना चाहेंगी या नहीं।
5. घरेलू हिंसा का केस दर्ज करें: आप अपने माता-पिता के ख़िलाफ़ घरेलू हिंसा का केस भी दर्ज कर सकती हैं। इसके लिए किसी वकील से परामर्श करना बेहतर होगा क्योंकि वो आपको सही प्रोसीजर बताने, मज़बूत शिकायत बनाने और आपकी ओर से कोर्ट में पेश होने में सक्षम होगा। जब और कोई तरीक़ा कारगर न हो तो आप इस विकल्प पर आख़री उपाय के तौर पर विचार कर सकती हैं।

हालांकि काग़ज़ों में आपके पास अनेक क़ानूनी और व्यावहारिक समाधान हैं, मगर माता-पिता के ख़िलाफ़ शिकायत दर्ज करने के दूरगामी नतीजे हो सकते हैं। यह उनके साथ आपके रिश्ते को स्थायी रूप से प्रभावित कर सकता है या उन्हें बदले की भावना से भर सकता है। यक़ीनन यह एक मुश्किल फ़ैसला है और बहुत सोच-विचार के बाद ही इसे लेना चाहिए।

अगर आपका जबरन विवाह हुआ है तो आपको क्या करना चाहिए?

कुछ मामलों में, आप शायद स्थिति से बच न पाएं और आपको शादी करनी पड़ सकती है। कभी-कभी अपनी सुरक्षा के लिए यही बेहतर होता है कि शादी कर लें, और फिर तुरंत बाद इसे निरस्त करवाने के लिए क़दम उठाएं।

निरस्तीकरण शादी को रद्द करवाने, जैसे यह कभी हुई ही न हो, की क़ानूनी प्रक्रिया है। यह तलाक़ से अलग है जिसमें यह माना जाता है कि शादी

हुई थी, मगर उसे ख़त्म किया जा रहा है। जितनी जल्दी हो सके, निरस्तीकरण के लिए आवेदन करें।

अगर आप अपने विवाह को निरस्त करना चाहती हैं, तो सोचने के लिए व्यावहारिक पहलू:

1. जल्दी से जल्दी आवेदन करें। जितनी जल्दी आप निरस्तीकरण मांगेंगी, उतना ही आपका केस मज़बूत होगा। आप जितना इंतज़ार करेंगी, उतना ही आप दूसरे पक्ष को यह साबित करने का मौक़ा दे देंगी कि आपने शादी के लिए सहमति दी थी। शादी के एक साल बाद, आप निरस्तीकरण के लिए आवेदन नहीं कर सकतीं।
2. अपने और अपने जबरन बने पति के बीच शारीरिक संबंध न बनने दें। शारीरिक संबंध बन जाने के बाद निरस्तीकरण पाना मुश्किल (लगभग नामुमकिन) हो जाता है।
3. सुनिश्चित करें कि आपके पैसे, ज़ेवर, शादी के तोहफ़े और अन्य वस्तुएं आपके पास हों। इससे आर्थिक रूप से आत्मनिर्भर होने में आपको मदद मिलेगी। अगर आप सब कुछ अपने जबरन बने पति/ससुरालवालों को सौंप देंगी तो बहुत मुमकिन है कि वो आपकी आर्थिक असहायता का फ़ायदा उठाकर आपको रुकने पर मजबूर कर दें।
4. अगर आपने जबरन विवाह के ख़िलाफ़ पहले ही पुलिस में शिकायत की है या घरेलू हिंसा का केस दर्ज कर दिया है, तो ये दस्तावेज़ यह साबित करने के काम आएंगे कि शादी आपकी मर्ज़ी के बिना हुई थी। साथ ही, अगर हो सके तो अपने पति से अलग रहने की कोशिश करें। इससे आपके केस में मदद मिलेगी।

हालांकि सभी धर्मों में शादी के निरस्तीकरण की अवधारणा समान है, मगर प्रक्रिया भिन्न है। बेहतर होगा कि आप अपने धार्मिक क़ानून की विशिष्ट जानकारी के लिए वकील से परामर्श करें।

अनिवासी भारतीय (एनआरआई) विवाह और विदेशियों से विवाह

तब क्या होगा अगर आप एनआरआई हैं जिसने भारत में शादी की थी? आप पर कौन सा क़ानून लागू होगा?

हे, विश्व-नागरिक! फ़िक्र न करें, हम आपके साथ हैं। क्या आपने भारत में शादी की थी और फिर विदेश गई थीं? या विदेश की अपनी ज़िंदगी से थोड़ा सा टाइम निकालकर भारत आईं, शादी की और वापस चली गईं? आपकी स्थिति जो भी हो, समाधान हमेशा होता है।

अगर आप भारत में शादी करती, और यहीं रजिस्टर करती हैं, तो आपकी शादी भारतीय क़ानूनों से शासित होगी। आपकी शादी की वैधता, अलगाव, तलाक़, बच्चों की कस्टडी, संपत्ति अधिकार और विरासत से जुड़े सभी मामलों पर भारतीय क़ानून लागू होंगे। भारतीय क़ानूनों से हमारा मतलब आपके धर्म के क़ानूनों से है (जैसा कि पहले बताया गया है)। मगर घरेलू हिंसा जैसे मामलों में आपको उस देश का संरक्षण मिलेगा जहां आप रहती हैं।

व्यावसायिक सलाह: अपनी शानो-शौक़त से भरपूर भारतीय शादी करते ही अगली फ़्लाइट पकड़कर चलती न बनें! अपनी शादी को भारत में रजिस्टर करना सुनिश्चित करें (2006 से यह सभी शादियों के लिए अनिवार्य हो गया है)।

अगर आप भारत से बाहर शादी करती हैं तो? डेस्टिनेशन वेडिंग?

विदेशों में डेस्टिनेशन वेडिंग करना बहुत पॉपुलर हो गया है। आप शायद सोचें कि आपकी डेस्टिनेशन वेडिंग का लीगल स्टेटस क्या होगा? अगर आप दोनों भारत में रहने वाले भारतीय नागरिक हैं, तो यह किसी भी दूसरी शादी जैसा ही है। आपको बस उसी तरह से अपनी शादी रजिस्टर करवानी होगी जैसे अपने होमटाउन में शादी करने वाले लोग करवाएंगे। आप उस ज्युरिडिक्शन में इसे रजिस्टर करवा सकती हैं जहां शादी के बाद आप रहेंगी।

अगर आप एनआरआई हैं और आपने उस देश में शादी की है जहां आप रहती हैं तो?

भारतीय प्रवासी दुनिया भर में फैले हुए हैं, और अब हमारी दूसरी-और तीसरी-पीढ़ियां एनआरआई हैं जो विदेशों में ही बस गई हैं और वहीं शादी-ब्याह करती हैं।

अगर आपने किसी और देश के क़ानूनों के अंतर्गत शादी की है, और वहीं अपनी शादी को रजिस्टर करवाया है, तो आपकी शादी को भारत में वैध माना जाएगा। आप अपनी शादी के विदेशी सर्टिफ़िकेट को भारत में सबूत के तौर पर इस्तेमाल कर सकती हैं।

सच्ची कहानी

मेरी एक भारतीय दोस्त सलोनी (नाम परिवर्तित) ने अपने जर्मन बॉयफ्रेंड से शादी की थी। वो दोनों सिंगापुर में रहते हैं और वहीं उन्होंने शादी की, और उसे रजिस्टर करवाया। जब वो भारत आए, तो सलोनी ने अपने सिंगापुरी मैरिज सर्टिफ़िकेट को इस्तेमाल करके अपने पासपोर्ट में अपने पति का नाम जुड़वाया। सिंगापुरी मैरिज सर्टिफ़िकेट पर पासपोर्ट ऑफ़िस ने कोई आपत्ति नहीं की। मेरा अंदाज़ा है कि इसकी वजह यह रही होगी कि सिंगापुर एक जाना-माना देश है। अगर सलोनी का सर्टिफ़िकेट, मिसाल के लिए, उज़्बेकिस्तान का होता, तो कहा नहीं जा सकता कि उसका अनुभव इतना ही झंझट-मुक्त होता।

मैं राय दूंगी कि अपनी शादी को भारत में भी रजिस्टर करवाएं और भारतीय सर्टिफ़िकेट हासिल करें। मैरिज सर्टिफ़िकेट न केवल अपनी शादी का सबूत देने के लिए एक अहम दस्तावेज़ है, बल्कि बैंकों में, और बीमा, प्रॉपर्टी के उत्तराधिकार आदि से जुड़े मामलों में भी उपयोगी रहता है। कुछ मामलों में, भारत में विदेशी मैरिज सर्टिफ़िकेट की प्रामाणिकता और वैधता को साबित करना मुश्किल हो सकता है, ख़ासकर अगर वो कम मशहूर देश का हो।

उदाहरण के लिए, एक रजिस्ट्रार युगांडा या वियतनाम के मैरिज सर्टिफ़िकेट को वैध सबूत मान सकता है, तो दूसरा नहीं। वास्तव में, भारतीय संसद एनआरआईज़ के लिए भारत में अपनी शादियों को रजिस्टर करना अनिवार्य करने पर विचार कर रही है।

भारत में अपनी विदेशी शादी को कैसे रजिस्टर करवाएं?

आप विदेशी विवाह अधिनियम, 1969 के तहत यह कर सकती हैं। आपको भारतीय सर्टिफ़िकेट लेने की याचिका के साथ अपना विदेशी मैरिज सर्टिफ़िकेट मैरिज रजिस्ट्रार के सामने पेश करना होगा। अगर आपका मैरिज सर्टिफ़िकेट इंग्लिश में नहीं है, तो अपनी शादी के वैध सबूत के रूप में उसके मूल देश में उसका अनुवाद करवाएं, और मुहर के साथ हस्ताक्षर करवाएं।

अगर आप किसी विदेशी से शादी करना चाहें तो?

अगर आप किसी विदेशी से (यानी एक ग़ैर भारतीय नागरिक) से शादी करना चाहती हैं और आप भारत की निवासी हैं, तो आपको स्पेशल मैरिज एक्ट, 1954 के तहत शादी करनी होगी। एसएमए के तहत शादी करने की शर्तें हैं:

1. दोनों पार्टनर भारत में विवाहयोग्य उम्र के होने चाहिए, भले ही विदेशी के देश में ज़्यादा या कम आयु निर्धारित हो।
2. दोनों में से किसी भी पार्टनर का जीवित जीवनसाथी नहीं होना चाहिए, यानी दोनों को सिंगल होना चाहिए।
3. दोनों वैध सहमति प्रदान करें और मानसिक रूप से स्वस्थ हों।

इस अधिनियम के तहत शादी करने की प्रक्रिया वही है जैसी कि इस चैप्टर में पहले बताई गई है। इसके अलावा, चूंकि एक पार्टनर विदेशी है, इसलिए आपको निम्नलिखित दस्तावेज़ चाहिए होंगे:

1. दोनों पक्षों का जन्म प्रमाणपत्र (आयु के सबूत के तौर पर)।
2. विदेशी व्यक्ति के पास तीस दिन से ज़्यादा अवधि का वैध भारतीय वीज़ा होना चाहिए।
3. इस आशय का एफ़िडेविट कि दोनों पक्ष सिंगल हैं (शादीशुदा नहीं हैं), जिस पर दोनों पक्षों के हस्ताक्षर हों।
4. दोनों पक्ष आवेदन करने के तीस दिन पहले से भारत में रह रहे हों और अपने रहने का सबूत जमा करें। यह टिकट, होटल बुकिंग या लोकल बिलों के रूप में हो सकता है।
5. विदेशी व्यक्ति के देश के दूतावास/कॉन्सुलेट से अनापत्ति पत्र, जिसमें लिखा हो कि उन्हें भारत में शादी करने पर कोई आपत्ति नहीं है। (यह क़दम यह सुनिश्चित करने के लिए है कि कोई विदेशी भारत में वैवाहिक धोखाधड़ी न करे।)

एनआरआई मैरिज स्कैम से कैसे बचें?

ऐसे कई मामले हुए हैं जिनमें शादी के बाद एनआरआई आदमी अपनी पत्नियों को छोड़ देते हैं। महिला को ऐसी स्थिति में क्या करना चाहिए?

आपको जानकर हैरानी होगी कि एनआरआई स्कैम कितना आम है। एनआरआई बैचलर भारत आते हैं, शादी करते हैं, अपनी पत्नियों से कहते हैं कि वो अपने प्रवासी देश वापस जाकर सारी चीज़ें व्यवस्थित करेंगे और फिर उन्हें बुला लेंगे। अलावा इसके कि वो कभी नहीं बुलाते। वो भारत में अपनी पत्नियों को छोड़ देते हैं और नदारद हो जाते हैं। बाद में पता चलता है कि ये धोखेबाज़ या तो पहले से ही विदेश में शादी किए होते हैं या उनका शादी करने का कोई इरादा ही नहीं था। कभी-कभी, कोई एनआरआई अपनी पत्नी को विदेश ले जाता है और उसे वहां छोड़ देता है या अलग-थलग करके असहाय छोड़ देता है। ज़्यादातर ऐसी धोखाधड़ी दहेज के लिए या घरवालों के दबाव से छुटकारा पाने के लिए होती हैं।

सच्ची कहानी

एक केस में, एनआरआई पति (उसे राजीव मान लेते हैं) अपनी पत्नी (उसका नाम हम प्रिया रख लेते हैं) को अपने साथ यूएस के एक छोटे से शहर ले गया। कुछ ही दिन के भीतर, प्रिया के प्रति राजीव का बर्ताव अजीब सा हो गया। प्रिया को पता लगा कि राजीव की पहले से यूएस में पत्नी और बच्चे हैं। राजीव ने प्रिया का फ़ोन छीन लिया, काम पर जाते हुए वो उसे घर में बंद कर जाता और उसका शारीरिक और मानसिक शोषण करने लगा। राजीव के अनुसार, प्रिया को बस उसके लिए खाना पकाने और सफ़ाई करने का काम करना था। परिवार और परिचितों से दूर, अलग-थलग, बिना पैसे या फ़ोन के प्रिया कुछ महीने ख़ामोशी से कष्ट सहती रही, जब तक कि एक दिन राजीव ग़लती से अपना फ़ोन घर पर नहीं भूल गया। प्रिया ने तुरंत राजीव के दोस्त को फ़ोन किया और उसे सारा हाल बताया। राजीव के दोस्त ने प्रिया के माता-पिता को ख़बर दी जिन्होंने पहली फ़्लाइट से प्रिया को वापस इंडिया बुला लिया। ख़ुशक़िस्मती से, प्रिया का पासपोर्ट उसके पास ही था और वो बचकर निकल पाई।

प्रिया का केस कोई अपवाद नहीं है। हर साल, अनेक मासूम लड़कियां और परिवार एनआरआई मैरिज स्कैम का शिकार बन जाते हैं।

अगर दुल्हन विदेश में है और एनआरआई वेडिंग स्कैम का शिकार है, तो सबसे पहले ये क़दम उठाएं:

1. अपना पासपोर्ट साथ रखें। ऐसी स्थिति में यह सबसे क़ीमती वस्तु है।
2. जल्दी से जल्दी भारत वापस आ जाएं। विदेश में अकेले पड़ जाने के बजाय अपने घर-परिवार के सुकून और सहयोग से कोई कार्रवाई करना आसान होगा।

3. वापस आते समय, अपनी ज़्यादा से ज़्यादा महत्वपूर्ण चीज़ें लेती आएं, ख़ासकर ज्वेलरी और निजी दस्तावेज़। बाद में उन्हें हासिल कर पाना शायद आपके लिए मुमकिन न हो।
4. अगर आपके लिए संभव हो, तो वापस आने से पहले विदेश की स्थानीय पुलिस में शिकायत दर्ज करवा दें। इस शिकायत की एक प्रति अपने पास रखें और अपने साथ भारत लेती आएं। भारत में क़ानूनी प्रक्रियाएं शुरू करते समय यह सबूत के तौर पर काम करेगा।
5. जिस देश में आप हैं, वहां के भारतीय दूतावास/कॉन्सुलेट से संपर्क करें। उनके पास शिकायत दर्ज करें। उनसे अगर आपको कोई भी पावती मिलती है, तो उसकी प्रति साथ रखें।

क़ानूनी विकल्प क्या हैं?

एनआरआई मैरिज स्कैम से महिलाओं को सुरक्षित रखने का कोई निश्चित क़ानून नहीं है और हमें क़ानूनी प्रावधानों में अपने क़ानूनी समाधान तलाशने होंगे। नीचे कुछेक विकल्प दिए गए हैं:

1. पति के ख़िलाफ़ क्रूरता के आधार पर (बीएनएस की धारा 85 एवं 86) पुलिस में शिकायत दर्ज करें। चूंकि वो तो भारत में नहीं होगा, इसलिए अपनी शिकायत में आपको उसके परिवार के सदस्यों (आमतौर पर माता-पिता) को शामिल करना होगा।
2. परित्याग के आधार पर तलाक़ की मांग करें। यह अपने धर्म के अनुसार करना होगा। कोर्ट पति के लिए सम्मन (कोर्ट के सामने व्यक्तिगत रूप से या वकील के ज़रिए पेश होने का आदेश) जारी करेगी। यह भारत में उसके पते पर (जहां उसके माता-पिता रहते हैं) या विदेश में उसके अंतिम ज्ञात पते पर भेजा जा सकता है। जारी हुए सम्मन की प्रति आपको उपलब्ध होगी और आप इसे ईमेल या

व्हाट्सएप के ज़रिए उसे भेज सकती हैं। अगर वो केस के लिए न आए या वकील को भेज दे, तो आप एकपक्षीय आदेश की मांग कर सकती हैं। इसका मतलब है कि दूसरे पक्ष के प्रतिनिधित्व की ग़ैरमौजूदगी में भी फ़ैसला दिया जा सकता है।

3. तलाक़ पेंडिंग होने के दौरान राहत, जैसे मेंटिनेंस, की मांग करें। उस राशि की मांग करें जो आपको अपने गुज़ारे और क़ानूनी लागत को वहन करने के लिए चाहिए हो। आप जिस मानसिक परेशानी से गुज़र रही हैं, उसके लिए मुआवज़े की मांग भी कर सकती हैं। क़िस्तों की बजाय मेंटिनेंस की पूरी राशि एकमुश्त लेना हमेशा बेहतर होता है, क्योंकि भुगतान के लिए, जो ज़्यादातर लोग नहीं करते हैं, दूसरे पक्ष के पीछे भागना मुश्किल होता है। अगर पति कहे कि उसके पास मेंटिनेंस देने के लिए पैसा नहीं है, या वो कोर्ट में न आए, तो आप उसकी संपत्ति को कुर्क करवाने की मांग कर सकती हैं।

4. उसका पासपोर्ट ज़ब्त करने (यानी रद्द करने) की मांग करें। आप स्थानीय पासपोर्ट अथॉरिटी (जिसने आपके पति का पासपोर्ट जारी किया था) में भी उसका पासपोर्ट ज़ब्त करने की अर्ज़ी दे सकती हैं। पासपोर्ट अधिनियम, 1967 पासपोर्ट को ज़ब्त करने की अनुमति देता है अगर:

    i. उस व्यक्ति के ख़िलाफ़ भारत की किसी कोर्ट में आपराधिक प्रक्रिया लंबित हों। इसके लिए आपको बीएनएस की धाराओं 85, 86 में पुलिस शिकायत दर्ज करनी होगी।

    ii. भारत की किसी भी कोर्ट में उस व्यक्ति के ख़िलाफ़ वारंट या पेश होने का सम्मन जारी हुआ हो। इसके लिए, आपको कोर्ट में परित्याग का केस दायर करना होगा, ताकि कोर्ट आपके पति के ख़िलाफ़ सम्मन जारी कर सके।

एनआरआई पति का पासपोर्ट ज़ब्त होने पर क्या होता है?

फिर वो भारत से विदेश यात्रा नहीं कर पाएगा। अगर वो पहले से ही विदेश में है, तो पासपोर्ट रद्द होने के दिन से ही उसके वहां रहने को अवैध माना जाएगा। उसे भारत डिपोर्ट किया जा सकता है।

क़ानूनी समाधानों पर कार्रवाई करने के साथ-साथ ही आप दूसरे उपायों से भी दबाव बना सकती हैं:

1. पति या उसके परिवार के साथ समाज में समान संपर्क-सूत्र तलाशने की कोशिश करें जिन्हें आप इस स्कैम के बारे में सूचित कर सकती हों। वो उस पर और उसके परिवार पर दबाव बनाने में समर्थ होंगे, क्योंकि उनकी साख भी दांव पर लगी होगी।
2. उसके वर्कप्लेस पर किसी से, हो सके तो कंपनी के एचआर से संपर्क करें। आप कंपनी की वेबसाइट पर संपर्क विवरण पा सकती हैं या लिंक्डइन, ट्विटर, इंस्टाग्राम और फ़ेसबुक जैसे सोशल मीडिया प्लेटफ़ॉर्मों पर भी उन्हें तलाश सकती हैं। इस स्कैम के बारे में उन्हें सूचित करें। बहुत सी कंपनियों में अपने कर्मचारियों के किसी अदालती मामले, ख़ासकर आपराधिक मामले में लिप्त होने को लेकर सख़्त नियम हैं। वो उसके ख़िलाफ़ कार्रवाई कर सकते हैं।
3. विदेशों में रहने वाले भारतीयों के अक्सर अपने भारतीय संगठन, या सामुदायिक व्हाट्सएप ग्रुप होते हैं। अगर आप उनसे संपर्क कर सकें, तो इस धोखेबाज़ के ख़िलाफ़ और जानकारी जुटाने में मदद हासिल कर सकती हैं।

एनआरआई मैरिज स्कैम से बचने के लिए सावधानियां

एनआरआई मैरिज स्कैम से बचने के लिए सबसे बड़ी सावधानी बहुत बारीकी से बैकग्राउंड जांच करवाना है, भले ही रिश्ता किसी ज्ञात स्रोत के ज़रिए हुआ हो।

व्यावसायिक सलाह: यहां उन दस्तावेज़ों की चेकलिस्ट दी जा रही है जिन्हें किसी एनआरआई से शादी करने से पहले सत्यापित करना चाहिए।

✓ वीज़ा।

✓ पासपोर्ट।

✓ सोशल सिक्योरिटी नंबर या संबंधित देश का समकक्ष।

✓ पिछले तीन साल के टैक्स रिटर्न।

✓ विदेश के पते का सबूत।

✓ नियोक्ता द्वारा जारी किया गया नौकरी का सबूत।

✓ भारत में उसके और उसके परिवार के पते का सबूत।

✓ आपके परिवारों के समान सामाजिक संपर्क।

✓ विदेश में उसके किसी दोस्त या संपर्क से बात करने की मांग करें।

याद रखें, ये सारे विवरण पूछते हुए ज़रा भी न झिझकें। आपका इरादा दूसरे पक्ष को अपमानित करना नहीं, ख़ुद को सुरक्षित करना है। आख़िरकार, शादी जीवन भर का फ़ैसला है और सूचित फ़ैसला लेना पूरी तरह से आपके अधिकारों के दायरे में है।

नोट: अगर एनआरआई संबंध दहेज का भुगतान मांगता है, ख़ासकर एकमुश्त और अपने बैंक खाते में, तो सतर्क हो जाएं! यह जालसाज़ी हो सकती है! बारीकी से बैकग्राउंड जांच करना सुनिश्चित करें।

दहेज

अगर आपके पति, या उनका परिवार दहेज या तर्कहीन तोहफ़ों की मांग करते हैं, तो आप हतप्रभ हो सकती हैं कि क्या करें।

भारत में 1961 (दहेज निषेध अधिनियम, 1961) से ही दहेज लेने पर प्रतिबंध है। इसे छह दशक हो चुके हैं, मगर यह प्रथा अभी तक ख़त्म नहीं हुई है। ग्रामीण भारत में किए वर्ल्ड बैंक के एक अध्ययन[8] ने पाया कि भारत में 95 प्रतिशत शादियों में दहेज दिया गया था। नेशनल क्राइम रिकॉर्ड्स (एनसीआरबी) के आंकड़े[9] दर्शाते हैं कि दहेज की मांग के कारण रोज़ाना उन्नीस औरतें मारी जाती हैं।

इस काफ़ी गंभीर स्थिति की क़ानूनी तफ़्सील को समझते हैं।

दहेज में क्या आता है?

दहेज निषेध अधिनियम, 1961 के अनुसार, दहेज से तात्पर्य किसी भी तरह के धन, सामान, नक़द, ज्वेलरी या संपत्ति से है जो पति का पक्ष पत्नी के पक्ष से मांगता है। यहां अहम शब्द है 'मांग।' यह मांग पत्नी के पक्ष के किसी भी (स्वयं पत्नी, उसके माता-पिता, संबंधी, संरक्षक) व्यक्ति से कभी भी की जा सकती है। ज़रूरी नहीं है कि यह फ़िल्मों की तरह नाटकीय हो (बारात के विवाहस्थल में प्रवेश करने से या फेरों से ठीक पहले), बल्कि किसी भी समय, यानी शादी से पहले, शादी के दौरान या बाद में की जा सकती है।

'उपहारों' की आड़ में दहेज

अगर शादी के समय *स्वेच्छा* से, दूसरे पक्ष की ओर से *बिना किसी मांग के* दुल्हन या दूल्हे को धन, संपत्ति और अन्य उपहार दिए जाते हैं तो इन्हें दहेज नहीं माना जाता है। एक बार फिर कहूंगी, यहां अहम शब्द 'स्वेच्छा' है। आजकल दहेज को नए-नए मुखौटे पहनाए जा रहे हैं जैसे शादी का पूरा ख़र्च दुल्हन पक्ष से वहन करवाना, उपहारों के लिए बेतुकी मांगें रखना आदि। याद रखें, आपको ऐसा कोई इंतज़ाम करने की ज़रूरत नहीं है जो आपके बजट से बाहर जाता हो। अगर दूल्हे का पक्ष आपसे या आपके परिवार से महंगे इंतज़ाम करने की मांग करता है, तो इसे दहेज की मांग माना जा सकता है। आपको मना करने का पूरा अधिकार है।

दहेज की मांग के विरुद्ध मेरे क्या अधिकार हैं?

केवल दहेज लेना ही नहीं, बल्कि किसी की दहेज मांगने, देने, या देने/लेने में मदद करना भी ग़ैरक़ानूनी है। तो, अगली बार जब आप किसी को दहेज की मांग करते सुनें, तो उन्हें यह ज़रूर बताएं कि यह एक जुर्म है और आप इसमें भागीदार नहीं बनेंगी!

अगर दूल्हा या उसका परिवार दहेज मांगता है, तो आप उनके ख़िलाफ़ पुलिस में शिकायत कर सकती हैं। हो सके, तो ऐसे सबूत (जैसे कि रिकॉर्डिंग, मैसेज) जमा करें, जो आपकी शिकायत में मदद करें। अगर आप शिकायत करेंगी तो हो सकता है संबंध आगे न बढ़ पाए, लेकिन ज़रा सोचें कि आप ऐसे किसी शख़्स से शादी करना भी चाहेंगी जो दहेज मांगता हो? इसके अलावा, शिकायत दर्ज करने से वर पक्ष को सख़्त चेतावनी मिल जाएगी कि उनकी मांगें नाजायज़ हैं, और शायद यह भविष्य में उन्हें रोकने का काम कर पाएगी।

ग़ैरक़ानूनी कामों के लिए किसी की शिकायत करने में शर्मिंदगी की कोई बात नहीं है। आज के दौर में तो दहेज मांगने वालों को शर्मिंदा होना चाहिए!

क्या आपने वेब सीरीज़ *मेड इन हैवेन* की वो एपिसोड देखी है जिसमें एक युवा जोड़ा प्रेम विवाह करता है? दूल्हा (जिसे एक 'विनम्र' आईएएस ऑफ़िसर दिखाया गया है) और उसके माता-पिता सारे मेहमानों के आने के बाद रस्म शुरू होने से ठीक पहले दुल्हन के परिवार से चार करोड़ की मांग करते हैं। मजबूरन, दुल्हन के माता-पिता को तभी के तभी इन मांगों को मानना पड़ता है। जब दुल्हन को पता लगता है, तो वो इस दमदार लाइन के साथ शादी छोड़कर चली जाती है, 'मुझसे शादी करने के लिए मैं किसी को पैसा नहीं दूंगी।' ऐसी दुल्हन बनें—अपनी अहमियत पहचानें!

कौन सा क़ानून दहेज की मांगों/दहेज के लिए प्रताड़ना से महिलाओं की रक्षा करता है?

1. दहेज निषेध अधिनियम, 1961: यह क़ानून किसी के लिए भी दहेज मांगने, लेने या देने को ग़ैरक़ानूनी बनाता है।
2. भारतीय न्याय संहिता की धाराएं 85, 86: ये प्रावधान विवाहित महिलाओं को पति या ससुरालवालों के हाथों गंभीर शारीरिक और मानसिक प्रताड़ना से सुरक्षा देते हैं।
3. भारतीय न्याय संहिता की धारा 80: यह प्रावधान दहेज मृत्युओं से जुड़ा है।

मैं दहेज प्रताड़ना कैसे साबित कर सकती हूं?

अगर आप शादी से पहले या शादी के दौरान (जब तक दहेज दिया नहीं गया है) दहेज की मांग के ख़िलाफ़ कार्रवाई करना चाहती हैं, तो पुलिस में शिकायत करना ही काफ़ी होगा।

लेकिन अगर आपका तलाक़ का मुकदमा चल रहा है और आप चाहती हैं कि वर पक्ष उस सारे दहेज को वापस करे जो उसने बलपूर्वक लिया था, तो आपको सबूत जमा करने होंगे। ये रसीदों, ज्वेलरी के फ़ोटो, दहेज की मांगों के मैसेज या रिकॉर्डिंग, बैंक ट्रांसफ़र का ब्योरा आदि रूपों में हो सकते हैं।

दहेज मृत्यु

दहेज मृत्यु कथित रूप से तब होती है जब शादी के सात वर्ष के अंदर असामान्य परिस्थितियों में, या शारीरिक चोटों से या जलने से महिला की मृत्यु हो जाए। क़ानून ने सात साल इसलिए निर्धारित किए हैं क्योंकि यह मानता है कि इस समयावधि में दहेज की मांगें की जा चुकी होती हैं। ऐसे मामले में, यह माना जाता है कि महिला की मौत दहेज मांगे जाने का नतीजा थी। ऐसी मृत्यु के लिए ज़िम्मेदार किसी भी व्यक्ति को कम से कम सात साल क़ैद की सज़ा हो सकती है जिसे आजीवन कारावास में बदला जा सकता है (भारतीय न्याय संहिता की धारा 80)। साथ ही, यह ग़ैर-जमानती अपराध है।

याद रखने की बातें

1. विवाह आपको अपने पति की संपत्ति पाने का क़ानूनी अधिकार प्रदान करता है। विवाह से उत्पन्न हुए बच्चों के लिए भी अपने माता-पिता दोनों से उत्तराधिकार पाने के अधिकार स्पष्ट रूप से वर्णित हैं।
2. आपके विवाह को अधिशासित करने वाला क़ानून आपके धर्म पर निर्भर करता है। हरेक धर्म की अपनी अलग आवश्यकताएं हैं। मोटे तौर पर, सभी धार्मिक क़ानून केवल स्वस्थ दिमाग़ वाले सहमत वयस्कों के बीच ही विवाह की अनुमति देते हैं।
3. आप अपने धार्मिक क़ानून के मुताबिक़ विवाह की रस्में चुन सकती हैं, या सेक्युलर स्पेशल मैरिज एक्ट के तहत कोर्ट मैरिज कर सकती हैं।
4. ऐसा कोई क़ानून नहीं है जो शादी के बाद आपको अपना सरनेम बदलने या ससुराल में रहने के लिए मजबूर करता हो।
5. दहेज मांगना ग़ैरक़ानूनी है। दबाव बनाकर मांगे गए विवाह के तोहफ़ों को भी दहेज माना जा सकता है। विवाह के अंग के रूप में स्त्री को जो भी उपहार मिलते हैं, उन्हें उसका स्त्रीधन माना जाता है, जिस पर केवल उसका अधिकार होता है।

6

तलाक़: बाहर निकलने का विकल्प

यह चैप्टर तलाक़ और इस मुश्किल दौर से आसानी से, और कम से कम मुमकिन क्षति के साथ निकलने से जुड़े आपके सवालों के जवाब देगा। तलाक़ हमेशा बुरा नहीं होता है। पढ़िए और ख़ुद जानिए।

भूमिका

शादी करते समय तलाक़ की बात कोई नहीं सोचता। आख़िरकार, शादी-ब्याह जीवन भर के संबंध होते हैं। हालांकि अधिकांश लोगों के लिए तो ऐसा ही होता है, लेकिन फिर भी सारी शादियां ऊपर से तय होकर नहीं आती हैं। कुछ सीधे नर्क में बनकर आई मालूम होती हैं!

ख़ुशक़िस्मती से, तलाक़ अब कलंक नहीं रहा है। बहुत से लोग अब ऐसी शादियों से बाहर निकलने का विकल्प चुन रहे हैं जो बस दुखदायी होती हैं। मुझे यक़ीन है आपने भी अपने आसपास ऐसा होते देखा होगा; अचानक ही हम लोगों की जानकारी में कम से कम एक तो ऐसा शख़्स होने ही लगा है जिसने तलाक़ लिया हो। हालांकि अभी भी भारत दुनिया के उन देशों में से है जहां तलाक़ की दर सबसे कम है, मगर यह आंकड़ा यक़ीनन बढ़ रहा है।

जब हम किसी टिपिकल तलाक़ की कल्पना करते हैं, तो दिमाग़ में कड़वाहट से भरा केस, ज़हरबुझे इल्ज़ाम, और बेतहाशा मानसिक और आर्थिक दोहन आता है। लेकिन तलाक़ को हमेशा ही एक भयानक सपना बनने की ज़रूरत तो नहीं है। यह आज़ादी और कहीं ज़्यादा ख़ुशहाल ज़िंदगी का टिकट भी हो सकता है! इसे एक ऐसी शादी से बाहर निकलने के विकल्प की तरह देखें जो अब कारगर नहीं हो रही है।

जिस तरह शादी-विवाह धर्म के अनुसार पर्सनल लॉ से शासित होते हैं, वैसे ही तलाक़ भी वैयक्तिक धार्मिक क़ानूनों के दायरे में आते हैं। मोटे-मोटे तौर पर देखने के लिए यहां एक रूपरेखा प्रस्तुत है:

धर्म	क़ानून
हिंदू (सिख, बौद्ध, जैन समेत)	हिंदू विवाह अधिनियम, 1955
मुस्लिम	मुस्लिम तलाक़ आंशिक रूप से पारंपरिक रीति-रिवाजों और आंशिक रूप से मुस्लिम विवाह विच्छेद अधिनियम, 1939 द्वारा शासित होते हैं।

धर्म	क़ानून
ईसाई	विवाह विच्छेद अधिनियम, 1869
अंतरधार्मिक विवाह	विशेष विवाह अधिनियम, 1954

हिंदू विवाह अधिनियम और विशेष विवाह अधिनियम के तहत आप विवाह के एक साल के अंदर तलाक़ नहीं ले सकतीं। क़ानून चाहता है कि अपने विवाह को ख़त्म करने का फ़ैसला लेने से पहले आप कम से कम उसे एक साल दें। अपवादजन्य परिस्थितियों में, केस-दर-केस, कोर्ट इस अनिवार्यता को रद्द भी कर सकती है।

इसके मद्दे-नज़र, आइए समझते हैं कि आप कैसे इस विकल्प का प्रयोग कर सकती हैं।

आपसी सहमति बनाम विवादित तलाक़

क्या मैं महज़ इसलिए तलाक़ मांग सकती हूं कि मैं अब अपनी शादी में ख़ुश नहीं हूं? और अगर मेरा पार्टनर मुझे तलाक़ देना चाहता हो, मगर मैं न लेना चाहूं तो? अगर हम दोनों ही एक दूसरे को फूटी आंख न सुहा रहे हों, तो हमें किस तरह की तलाक़-प्रक्रिया चुननी चाहिए? आपके सारे सवालों के जवाब यहां इसी चैप्टर में मौजूद हैं!

भारत में तलाक़ लेने के लिए मुख्य रूप से दो विकल्प सामने आते हैं: आपसी सहमति का रास्ता और विवादित तलाक़ का रास्ता।

आपसी सहमति से तलाक़ तब लिया जाता है जब पति-पत्नी दोनों ही शादी को ख़त्म करने के लिए सहमत हों। वो संबंध समाप्त करने की शर्तें, जैसे कि संपत्ति का विभाजन, गुज़ारा-भत्ता और बच्चों की कस्टडी, तय कर सकते हैं और तलाक़ लेने के लिए इन्हें किसी अदालत के सामने रख सकते हैं। इस मामले में, दोनों पक्षों की आपसी इच्छा ही पर्याप्त होती है। किसी और क़ानूनी आधार की ज़रूरत नहीं होती।

दूसरी ओर, विवादित तलाक़ वो होता है जिसमें पति-पत्नी में से कोई एक शादी से बाहर निकलना चाहता है, लेकिन दूसरा ऐसा नहीं चाहता। जो व्यक्ति बाहर निकलना चाहता है, वो केवल क़ानून द्वारा स्वीकृत आधारों पर ही तलाक़ की मांग कर सकता है। दूसरा व्यक्ति मुकदमा लड़ सकता है और अदालत से तलाक़ न देने का अनुरोध कर सकता है। या दोनों पक्ष कोई समझौता कर सकते हैं और संपत्ति के बंटवारे, गुज़ारा-भत्ते और बच्चों की कस्टडी पर विचार करने के बाद अदालत से तलाक़ का निपटान करने का आग्रह कर सकते हैं।

व्यावहारिक रूप से, आपसी सहमति से लिया गया तलाक़ कहीं ज़्यादा जल्दी (एक साल या उससे भी कम में), सहज और कहीं कम टॉक्सिक होता है। विवादित तलाक़ बहुत ज़्यादा बुरे हो सकते हैं जिनमें पति-पत्नी अपने सारे गंदे-संदे झगड़े अदालत में ले आते हैं और इनमें कहीं लंबा समय लग सकता है (दो से पांच साल तक)। मैंने तलाक़ के ऐसे कई केस देखे हैं जिनमें लगाए जाने वाले आरोप-प्रत्यारोपों को देखने की अपेक्षा बस किसी टेलीविज़न ड्रामा में ही की जा सकती है। जैसा कि कहा जाता है, विवाह से उखड़े पति/पत्नी से बुरा दुश्मन कोई नहीं हो सकता क्योंकि वो आपके सबसे गहरे, सबसे बुरे राज़ों को जानते हैं।

व्यावसायिक सलाह: मेरी राय में, आपसी सहमति से लिया गया तलाक़ हमेशा बेहतर रहता है। दोनों ही मामलों में (आपसी सहमति या इसके बिना) अदालती प्रक्रिया और संपत्ति, गुज़ारा-भत्ते और बच्चों की कस्टडी जैसे अहम मुद्दों को निपटाने के लिए किसी वकील की सहायता लेना ज़रूरी होता है। साथ ही, दोनों मामलों में, आपको किसी कोर्ट में जाना होगा। मगर, विवादित तलाक़ में मुकदमा सालों खिंचता है और इससे फ़ायदा बस एक ही व्यक्ति का होता है, और वो होता है आपका वकील! इसके बजाय, सेटलमेंट डीड में अनुकूल शर्तों पर बातचीत करने के लिए अपने वकील की सेवाओं का इस्तेमाल करें और ज़िंदगी में आगे बढ़ें।

विवादित तलाक़

हिंदू विवाह अधिनियम 1955 की धारा 13 में विवादित तलाक़ के लिए आधार दिए गए हैं।[1] चूंकि विवादित तलाक़ इकतरफ़ा होता है, इसलिए इसकी अनुमति केवल क़ानून द्वारा स्वीकृत आधारों पर ही दी जाती है। कुछेक मामूली से अंतरों के साथ अधिकांश धार्मिक क़ानूनों में ये एक जैसे ही हैं:

1. व्यभिचार: अगर शादी में बेवफ़ाई आपके लिए डीलब्रेकर है, तो आप तलाक़ मांग सकती हैं। व्यभिचार का मतलब है शादी के बाहर किसी अन्य व्यक्ति के साथ सेक्स संबंध बनाना।
2. क्रूरता: आपकी सुरक्षा आपके हाथ में है! अगर आपका जीवनसाथी आपके साथ मारपीट करे, शारीरिक या मानसिक यातना दे, तो आपको शादी में टिके रहने की ज़रूरत नहीं है। तलाक़ ले लेना ही बेहतर विकल्प है।
3. परित्याग: अगर आपके जीवनसाथी ने दो साल की अवधि से आपको छोड़ रखा है या वो जानबूझकर आपको नज़रअंदाज़ करता है, तो आपके पास तलाक़ लेने की जायज़ वजह है।
4. धर्मांतरण: चूंकि शादी-ब्याह धर्म से गहराई से जुड़े होते हैं, इसलिए अगर आपका जीवनसाथी किसी और धर्म को अपना लेता है, या संन्यास ले लेता है, तो आप उसे तलाक़ देने का विकल्प चुन सकते हैं।
5. पति/पत्नी लापता हो: अगर आपका पति या पत्नी लापता हो जाए और किसी को—आपको, परिवार को या मित्रों को—सात साल या उससे ज़्यादा समय तक उसकी कोई खोज-ख़बर न मिले तो? आप इस संबंध से मुक्त होने के लिए तलाक़ का सहारा ले सकते हैं। हालांकि यह त्यागने के समान ही लगता है, मगर आमतौर पर त्यागने का आधार तब लागू होता है जब आपका जीवनसाथी सक्रिय

रूप से आपको छोड़ देता है, जबकि यह आधार तब लागू होता है जब व्यक्ति लापता हो जाए, असली क्राइम शो की तरह।

6. मानसिक अस्थिरता: अगर आपका जीवनसाथी किसी गंभीर मानसिक रोग से पीड़ित हो, जैसे कि स्कीत्ज़ोफ्रेनिया, असामान्य आक्रामकता आदि, जिससे उसके साथ रह पाना असंभव हो जाए, तो आप तलाक़ मांग सकते हैं। (ईसाइयों पर लागू होने वाले विवाह-विच्छेद अधिनियम में यह तलाक़ के लिए आधार नहीं माना जाता।)
7. शारीरिक रोग: अगर आपके जीवनसाथी को कोई संक्रामक एसटीडी (यौन रोग) है, तो यह तलाक़ के लिए वैध आधार है।
8. अपूर्ण वैवाहिक संबंध: अगर आपका जीवनसाथी अपनी इच्छा से आपके साथ यौन संबंध बनाने से इंकार करे, तो आप तलाक़ ले सकते हैं। यह आधार विवाह-विच्छेद अधिनियम के तहत केवल ईसाइयों के लिए उपलब्ध है।
9. क़ैद की सज़ा: अगर आपके जीवनसाथी को सात या अधिक वर्षों की सज़ा हो जाती है, तो आप तलाक़ ले सकते हैं। यह आधार केवल विशेष विवाह अधिनियम के तहत रजिस्टर्ड शादियों के लिए ही उपलब्ध है।

नोट: ऊपर दिए गए सारे आधार पति-पत्नी, दोनों के लिए समान रूप से उपलब्ध हैं।

ऊपर दिए गए आधारों के अलावा, अगर पति बलात्कार, अप्राकृतिक, या पशुओं के साथ यौन संबंधों के लिए दोषी पाया जाए, तब भी क़ानून महिलाओं को शादी से बाहर निकलने का विकल्प प्रदान करता है।

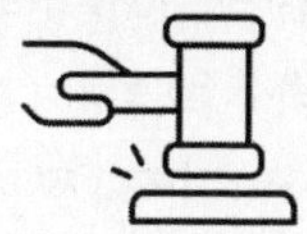

भारतीय अदालतों में क्रूरता का अजीबो-ग़रीब केस

विवादित तलाक़ में क्रूरता सबसे ज़्यादा प्रयोग (और दुरुपयोग) किए जाने वाले कारणों में से एक है। चूंकि क़ानून इसे अस्पष्ट रूप से शारीरिक और मानसिक क्रूरता के रूप में परिभाषित करता है, इसलिए अगर किसी पति या पत्नी को कोई और वैध आधार नहीं मिलता तो वो क्रूरता को ही आधार बना लेते हैं और कहते हैं 'मेरा जीवनसाथी दुष्ट है' (या ऐसा ही कुछ और)। इसके कारण देश भर में दिए गए कुछ बेहद बेतुके और विवेकहीन निर्णय सामने आए हैं। उदाहरण के लिए:

1 मार्च 2024 में, इंदौर की एक पारिवारिक अदालत ने कहा कि चूंकि पत्नी सिंदूर नहीं लगाती, इसलिए इसका अर्थ है कि उसने अपने पति को छोड़ दिया है, क्योंकि सिंदूर लगाना पत्नी का धार्मिक कर्तव्य है।[2]

2 2022 में मद्रास हाई कोर्ट ने बज़ाहिर यह कहकर सुर्ख़ियां बटोरीं कि मंगलसूत्र या थाली उतारना पत्नी द्वारा दी गई सबसे बड़ी मानसिक प्रताड़ना है।[3]

3 2023 में क्रिकेटर शिखर धवन ने मानसिक क्रूरता के आधार पर अपनी पत्नी आयशा से तलाक़ लिया। यहां, उनके अनुसार, क्रूरता यह थी कि आयशा कई साल से ऑस्ट्रेलिया में रह रही थीं, जिसने धवन को लंबी दूरी के विवाह में रहने और अपने बेटे ज़ोरावर से दूर रहने पर विवश कर दिया था।[4]

ऊपर दिए गए उदाहरण तो भारतीय अदालतों में क्रूरता के आधार पर दिन-प्रतिदिन दिए जा रहे फ़ैसलों की झलक भर हैं। बेहतर तो यही है कि इन्हें न तो गंभीरता से लिया जाए और न ही इन पर बहुत गहराई से विचार किया जाए। जैसा मैंने कहा था, केस के अनुसार हर स्थिति का फ़ैसला किया जाता है।

अगर मेरा पति तलाक़ लेना चाहे, और मैं नहीं, तो?

आप पूछ सकती हैं कि जब मैं तलाक़ लेना ही नहीं चाहती तो उसके लिए सहमति क्यों दूं? तो यह तथ्य स्पष्ट है कि अगर आपके जीवनसाथी ने आपको तलाक़ देने का फ़ैसला कर लिया है, तो फिर आपको कोर्ट में घसीटा जाएगा। शादी का अंत तो अनिवार्य ही मालूम देता है। अदालत उसे तलाक़ दे सकती है, और अगर नहीं देती, तो भी क्या आप ऐसे व्यक्ति के साथ विवाह में रहना चाहेंगी जो आपके ख़िलाफ़ कोर्ट में गया हो?

एक मृत रिश्ते में फंसे रहने के बजाय, गुज़ारा-भत्ते और बच्चे की कस्टडी जैसे अहम मुद्दों को हल करने पर ध्यान दें। अपने लिए अनुकूल शर्तों पर बात करने के लिए आपसी सहमति के विकल्प का इस्तेमाल करें।

#मूवीटाइम

जब 'प्यार न होना' तलाक़ के लिए पर्याप्त वजह न हो

क्या आपने बॉलीवुड फ़िल्म *दिल धड़कने दो* देखी है? उस फ़िल्म में प्रियंका चोपड़ा की पात्र, एक सफल बिज़नेस परिवार की बेटी, अपने पति से तलाक़ चाहती है क्योंकि वो उसे प्यार नहीं करती और उनके बीच तालमेल का अभाव है। जब वो अपने माता-पिता और सास को यह ख़बर देती है, तो उनकी प्रतिक्रिया न केवल मज़ेदार होती है, बल्कि उन रवैयों पर भी रोशनी डालती हैं जिनके मुताबिक़ अधिकांश भारतीय परिवार विवाह और तलाक़ को देखते हैं।

उसके पिता पूछते हैं, 'कैसे कंपेटिबिल नहीं है? तुम दोनों यंग हो, सक्सेसफ़ुल हो, पंजाबी हो, स्क्वैश खेलते हो।'

उसकी सास पूछती हैं, 'कंजूस है ये? तुम्हें शॉपिंग नहीं करने देता?'

काश किसी के साथ जीवन बिताने के लिए यही बातें काफ़ी होतीं!

विवादित तलाक़ कैसे होता है?

विवादित तलाक़ की प्रक्रिया को एक काल्पनिक दंपती रोहित एवं शीला के उदाहरण से समझते हैं, जिसमें शीला तलाक़ चाहती है।

1. आधार तलाशना: सबसे पहले तो शीला को ऐसे वैध आधारों को खोजना होगा जिनके तहत वो तलाक़ की अर्ज़ी दे सकती है। क्रूरता सबसे आसान विकल्प है, जब तक कि व्यभिचार जैसी कोई और ज़्यादा मज़बूत वजह न हो।
2. याचिका दायर करना: शीला एक वकील को नियुक्त करती है और फ़ैमिली कोर्ट में तलाक़ की याचिका दायर करती है। यह ऐसी फ़ैमिली कोर्ट हो सकती है जिसके अधिकार क्षेत्र में वो स्थान आता हो जहां शीला और रोहित रहते हैं, या जहां वर्तमान में शीला रह रही है (अगर वो रोहित के साथ नहीं रहती तो), या जहां उन्होंने विवाह किया था।
3. तलाक़ के काग़ज़ात प्रदान करना: जब कोर्ट शीला की याचिका को स्वीकार कर लेती है, तो उसे तलाक़ की अपनी याचिका की एक प्रति रोहित को देनी होगी। आमतौर पर यही हिस्सा आप फ़िल्मों में देखती हैं, जहां एक बेख़बर जीवनसाथी दरवाज़ा खोलता है और तलाक़ के काग़ज़ उसके होश उड़ा देते हैं।
4. याचिका का प्रत्युत्तर देना: रोहित अपने वकील के ज़रिए शीला की याचिका का प्रत्युत्तर दाख़िल करेगा। वो तलाक़ को चुनौती देने या उन आधारों को चुनौती देने का विकल्प चुन सकता है जिन पर

शीला ने तलाक़ की मांग की है, या उसकी प्रस्तावित शर्तों को भी। अपना जवाब दाख़िल करने के साथ-साथ, रोहित तलाक़ के लिए अपने ख़ुद के आधार बताते हुए शीला के ख़िलाफ़ जवाबी-दावा दाख़िल कर सकता है।

5. बहस: कुछेक प्रक्रियागत क़दमों को छोड़ते हुए, हम बहस पर आ जाते हैं। इस तरह रोहित और शीला के बीच एक लंबी खिंचने वाली और कड़वी क़ानूनी लड़ाई शुरू होती है, जिसमें वो कोर्ट में एक दूसरे का 'पर्दाफ़ाश' करते हैं और गुजारा-भत्ते, संपत्ति के बंटवारे और बच्चों की कस्टडी पर लड़ते हैं। दोनों पक्षों के बीच रस्साकशी चलती है, वो आरोप-प्रत्यारोप लगाते हैं और उन्हें साबित करने की अपनी पूरी कोशिश करते हैं, बस सेटलमेंट की शर्तों में अपना पलड़ा भारी रखने के लिए। कुछ दंपती तो अपने जीवनसाथी की जानकारी खंगालने के लिए प्राइवेट डिटेक्टिव तक रखते हैं।
6. तलाक़ का आदेश: आख़िरकार, सालों चली क़ानूनी लड़ाई के बाद अदालत रोहित और शीला को तलाक़ प्रदान करती है, और शर्तें बताती है। अदालत द्वारा आदेश जारी किए जाने के बाद तलाक़ की प्रक्रिया पूरी हो जाती है, जब तक कि किसी एक पक्ष को तलाक़ की शर्तें पसंद न आएं और वो उच्चतर कोर्ट में अपील दायर न करे। अगर अपील दायर की जाती है, तो बहस की पूरी प्रक्रिया फिर से शुरू होती है।

ऊपर दिया गया विवरण तलाक़ के मामले में असल में होने वाली प्रक्रिया का बहुत संक्षिप्त रूप है। बीच में अनेक प्रक्रियागत क़दम होते हैं, मगर फ़िलहाल आपको वो सारी जानकारी जानने की ज़रूरत नहीं है। हमारा विचार बस तलाक़ की प्रक्रिया का एक बुनियादी आइडिया देना भर है।

इसमें कितना समय लगता है?

इसमें दो से पांच, या और ज़्यादा साल भी लग सकते हैं। यह केस की जटिलता पर, और इस पर कि दोनों पक्ष कितनी बुरी तरह से बहस करते हैं, पक्षों द्वारा केस को लंबा खींचने की तिकड़मों और अदालत के कार्यभार पर निर्भर करता है। इसके अलावा पति-पत्नी में से कोई अगर तलाक़ के मूल आदेश के ख़िलाफ़ अपील दायर करता है, तो उस अपील में लगने वाले समय को भी ध्यान में रखना होगा।

इसमें कितना ख़र्च आएगा?

विवादित तलाक़ में बहुत ज़बरदस्त पैसा लगता है, और साथ ही आपकी दिमाग़ी शांति भी। आर्थिक रूप से, आपको न्यूनतम अदालती फ़ीस और वकील की फ़ीस को ध्यान में रखना होगा। चूंकि विवादित तलाक़ लंबे समय तक चलते रहते हैं, तो वकील की फ़ीस बढ़ती जाती है। कोर्ट के अलावा दूसरे ख़र्च भी होते हैं जिनमें रहने-खाने, बच्चों के भरण-पोषण, प्राइवेट डिटेक्टिव का भुगतान आदि शामिल होते हैं।

आपसी सहमति से तलाक़

हालांकि आपसी सहमति से लिए जाने वाले तलाक़ के लिए क़ानून द्वारा स्वीकृत किसी आधार की ज़रूरत नहीं होती, मगर आपको कुछ विशिष्ट आवश्यकताएं पूरी करनी होती हैं।

1. आपसी सहमति से तलाक़ के लिए याचिका दाख़िल करने से पहले पति-पत्नी को एक साल तक अलग-अलग रहना होगा। ईसाइयों के लिए यह अवधि दो साल है। अलग रहने का मतलब यह नहीं है कि उन्हें दो अलग-अलग घरों में रहना होगा, या कि पत्नी को घर छोड़कर अपने माता-पिता के घर वापस जाना होगा। इसका मतलब है कि दंपती 'विवाहित जोड़े' की तरह नहीं रह पा रहे हैं

और वैवाहिक दायित्वों को पूरा करने की उनकी कोई इच्छा नहीं रही है। एक ही घर में अलग-अलग कमरों में रहने को भी अलग रहना माना जाता है।

2. दोनों तलाक़ के लिए सहमत हों। आपसी सहमति से लिए जाने वाले तलाक़ का यह मूलभूत उसूल है।

आपसी सहमति से तलाक़ की प्रक्रिया क्या है?

आपसी सहमति से तलाक़ की याचिका दाख़िल करने की प्रक्रिया को क़दम-दर-क़दम समझने के लिए एक बार फिर हम रोहित और शीला का ही उदाहरण लेते हैं।

1. बातचीत: रोहित और शीला (या उनके वकील और परिवार के सदस्य) तलाक़ की सारी शर्तों और नियमों, जैसे मेंटिनेंस, बच्चों की कस्टडी, संपत्ति के बंटवारे पर बात करेंगे। (यह इस चैप्टर में बाद में दिए गए 'मुश्किल बातचीत' सेक्शन के आधार पर भी की जा सकती है।)
2. संयुक्त याचिका ड्राफ़्ट करना: नियमों और शर्तों को अंतिम रूप देने के बाद रोहित और शीला वकील से तलाक़ के लिए एक संयुक्त याचिका तैयार करवाते हैं। व्यावहारिक युवती होने के कारण शीला यह पक्का करने के लिए याचिका को ध्यान से पढ़ती है कि उसमें वो सब शर्तें लिखी तो गई हैं जिनके लिए उसने सहमति दी है।
3. संयुक्त याचिका दाख़िल करना: रोहित और शीला एक साथ एक फ़ैमिली कोर्ट में (दोनों के द्वारा साइन की गई) तलाक़ याचिका दाख़िल करते हैं, जिसमें कहा गया है कि दोनों आपसी तालमेल नहीं बना पाए हैं और एक साल से अलग रह रहे हैं। इसे उस कोर्ट में दाख़िल किया जा सकता है जहां वो वर्तमान में रह रहे हैं, या जहां शीला रह रही है, या जहां उन्होंने विवाह किया था।

4. पहला प्रस्ताव: पहली सुनवाई के लिए रोहित और शीला दोनों को अपने वकीलों (या संयुक्त वकील) के साथ कोर्ट में मौजूद रहना होगा। कोर्ट सारे दस्तावेज़ों और याचिका का सत्यापन करेगा, और दोनों पक्षों से पुष्टि करेगा कि वो दोनों तलाक़ के लिए सहमत हैं। उन्हें शपथ लेकर संयुक्त बयान पर भी हस्ताक्षर करने हो सकते हैं। फिर पहला आदेश पारित किया जाता है और उन्हें यह देखने के लिए छह महीने का समय दिया जाता है कि उनका इरादा बदलता है या नहीं।

व्यावसायिक सलाह: ज़्यादातर दंपती कोर्ट से छह महीने की प्रतीक्षा अवधि को निरस्त करने का अनुरोध करते हैं। आपको अदालत को स्पष्ट बताना होता है कि पुनर्मेल की कोई गुंजाइश नहीं है। ज़्यादातर कोर्ट प्रतीक्षा अवधि को समाप्त कर देते हैं।

5. दूसरा प्रस्ताव: छह महीने बाद, और पहली सुनवाई के अठारह महीने के अंदर रोहित और शीला को यह पुष्टि करने के लिए कि वो अभी भी तलाक़ चाहते हैं, दूसरी सुनवाई के लिए एक और याचिका देनी होगी। शपथ लेकर यह संयुक्त बयान दर्ज करने के लिए दोनों को फिर से अदालत के सामने पेश होना होगा कि उन्होंने अपना इरादा नहीं बदला है।
6. अंतिम निर्णय: अगर कोर्ट संतुष्ट हो जाता है कि दोनों पक्ष आपसी सहमति से और वास्तव में तलाक़ चाहते हैं, और गुज़ारा-भत्ते, बच्चों की कस्टडी, संपत्ति आदि से जुड़े सारे मसलों का निपटान कर लिया गया है, तो फिर विवाह को निरस्त करते हुए अंतिम निर्णय पारित कर दिया जाता है। कोर्ट दूसरे निवेदन के बाद भी यह आदेश जारी कर सकता है, या अगर कोई स्पष्टीकरण चाहिए हो तो अतिरिक्त सुनवाई के लिए कह सकता है। इन सुनवाइयों में वकील पेश हो सकते हैं, रोहित और शीला को मौजूद रहने की ज़रूरत नहीं है।

अंतिम आदेश—तलाक़ का आदेश—तलाक़ के सबूत के रूप में काम करता है। यह आदेश आपकी वैवाहिक स्थिति में बदलाव को दिखाने और दूसरा विवाह करने के लिए भी महत्वपूर्ण है।

व्यावसायिक सलाह: अपना ख़ुद का वकील करें। मैंने देखा है जब आपसी सहमति से तलाक़ की बात आती है तो अनेक महिलाएं इस क़दम को छोड़ देती हैं। अक्सर पति का परिवार ही किसी वकील को नियुक्त करता है और ड्राफ़्ट तैयार करवाता है। पत्नी बस दस्तख़त कर देती है। कभी-कभी, इससे आप घाटे में रह सकती हैं—फिर चाहे बात गुज़ारा-भत्ते की हो, या मेंटिनेंस, बच्चों की कस्टडी या फिर संपत्ति के बंटवारे आदि की हो। अगर आपका अपना वकील होगा, तो आप अपनी मांगों को रखने की बेहतर स्थिति में होंगी और सुनिश्चित कर पाएंगी कि उन्हें तलाक़ की याचिका में शामिल किया जाए।

इसमें कितना समय लगता है?

आपके केस और संबंधित फ़ैमिली कोर्ट के कार्यभार को देखते हुए इसमें छह से अठारह महीने तक लग सकते हैं। अगर कूलिंग-ऑफ़ अवधि को छोड़ दिया जाता है, तो कुछ ही महीनों में तलाक़ मिल सकता है।

इसमें कितना ख़र्च आता है?

चूंकि आपसी सहमति से लिए जाने वाले तलाक़ में न्यूनतम सुनवाई होती हैं, इसलिए आपको बस वकीलों की बेसिक फ़ीस और कोर्ट की फ़ीस ही चुकानी होगी। यह प्रक्रिया अपने आप में महंगी नहीं है। अंतिम चैप्टर में आपको वकीलों की फ़ीस का आइडिया मिल सकता है।

मुस्लिम विवाह में तलाक़

भारत में मुस्लिमों में विवाह की तरह ही तलाक़ भी अनेक रीति-रिवाजों और नियमों से नियंत्रित होता है। पहले, रीति-रिवाजों के मुताबिक़, मुस्लिम

महिलाओं को तलाक़ लेने में पहल करने का अधिकार नहीं था। उनके लिए तलाक़ पाने का एकमात्र रास्ता यही था कि पति की भी रज़ामंदी हो। इसने मुस्लिम महिलाओं को असहाय और असुरक्षित बना दिया था।

1939 में मुस्लिम विवाह-विच्छेद अधिनियम (डीएमएमए) लाए जाने के बाद ही मुस्लिम औरतों को कुछ ख़ास आधारों पर तलाक़ मांगने का अधिकार प्राप्त हुआ। आख़िरकार, किसी को भी एक ख़राब शादी में नहीं रहना चाहिए।

तलाक़ लेने के आधारों को देखने से पहले हम प्रचलित तलाक़ (यानी रीति-रिवाजों के अनुसार) और डीएमएमए के तहत प्राप्त तलाक़ के बीच अंतर को समझ लेते हैं। मुख्यत: प्रचलित क़ानून के तहत तलाक़ लेने के लिए आपको कोर्ट नहीं जाना पड़ता। मज़हबी प्रमुख बिना किसी क़ानूनी हस्तक्षेप के विवाह को रद्द कर सकते हैं। मगर, डीएमएमए के तहत तलाक़ लेने के लिए, किसी भी अन्य तलाक़ की तरह, कोर्ट की स्वीकृति लेनी होगी।

साथ ही, ऐसा कोई संहिताबद्ध क़ानून नहीं है जिसके तहत तलाक़ के लिए मुस्लिम पुरुष का कोर्ट जाना आवश्यक हो। वो सहजता से प्रचलित क़ानून के ज़रिए तलाक़ ले सकता है। मुस्लिम औरतों के लिए चूंकि प्रचलित क़ानून के तहत विकल्प सीमित हैं, इसलिए अगर वो डीएमएमए के तहत तलाक़ लेना चाहती हैं तो उन्हें कोर्ट जाना पड़ेगा।

एक मुस्लिम पत्नी कब तलाक़ मांग सकती है?

अब, भारत में मुस्लिम औरतों के पास प्रचलित प्रथाओं के साथ ही डीएमएमए के तहत भी तलाक़ लेने का हक़ है। डीएमएमए की धारा 2 के अनुसार, एक मुस्लिम औरत निम्नलिखित में से किसी भी वजह से तलाक़ मांग सकती है:

1. क्रूरता: डीएमएमए के तहत, निम्नलिखित कृत्य क्रूरता के रूप में वर्गीकृत किए गए हैं:
   i. अगर पति आदतन आप पर हमला करता है, या बार-बार शारीरिक या मानसिक रूप से आपको प्रताड़ित करता है।

ii. अगर पति अपनी पत्नी की संपत्ति को बेच देता है, और उसे उसका इस्तेमाल करने से रोकता है। तो अगर आपका पति *आपकी* संपत्ति के साथ छेड़छाड़ कर रहा हो, तो वो क़तई स्वीकार्य नहीं है।

iii. अगर पति 'बदनाम औरतों' के साथ संबंध रखता है या अनैतिक जीवन जीता है।

iv. अगर पति पत्नी के धार्मिक कामों में बाधा डालता है।

v. अगर पति एक से ज़्यादा विवाह करता है और आपके साथ समान व्यवहार करने में नाकाम रहता है! (बुनियादी रूप से, क़ानून पतियों से कहता है कि अगर वो सभी पत्नियों के साथ समान व्यवहार करें, तो एक से अधिक शादी कर सकते हैं।)

2. भरण-पोषण न करना: अगर आपका पति दो साल तक आपके भरण-पोषण (आर्थिक सहायता) को नज़रअंदाज़ करे या उसमें नाकाम रहे, तो आपके पास तलाक़ मांगने का हक़ है।

3. वैवाहिक दायित्वों को पूरा करने में नाकामी: अगर आपका पति तीन साल या उससे ज़्यादा समय तक आपके प्रति अपने वैवाहिक दायित्वों को पूरा करने में नाकाम रहता है, तो आप तलाक़ मांग सकती हैं। क़ानून वैवाहिक दायित्वों को परिभाषित नहीं करता है, मगर आमतौर पर उनसे तात्पर्य सहवास, विवाह संबंधों की पूर्ति या तयशुदा मेहर देना माना जाता है।

4. नपुसंकता: अगर विवाह के समय आपका पति नपुंसक है, और ऐसा ही रहता है, तो यह तलाक़ लेने का जायज़ आधार है।

5. परित्याग: स्वस्थ जीवनसाथी स्वस्थ रिश्ते बनाते हैं। अगर आपका पति दो या अधिक सालों से मानसिक रूप से अस्थिर है, और कुष्ठ रोग या किसी संक्रामक रोग से पीड़ित है, तो अपनी सुरक्षा और हित के लिए आपके पास तलाक़ लेने का अधिकार है।

नोट: अन्य धार्मिक क़ानूनों के विपरीत डीएमएमए व्यभिचार को तलाक़ के आधार के रूप में शामिल नहीं करता है, क्योंकि मुस्लिम आदमियों को चार पत्नियां रखने का अधिकार है। मगर, यह 'बदनाम औरतों' के साथ संबंध बनाने को तलाक़ का आधार मानता है!

प्रचलित क़ानून पर आएं, तो मुस्लिम महिलाओं के पास तलाक़ लेने के निम्नलिखित विकल्प मौजूद हैं:

1. तलाक़-ए-तफ़्वीज़ (टीईटी): टीईटी तलाक़ तब लिया जाता है जब पति पत्नी को तलाक़ मांगने की अनुमति देता है। कोई मुस्लिम महिला उसी स्थिति में टीईटी तलाक़ मांग सकती है जब उसका पति उसे यह हक़ दे।

   इसे इस तरह देखिए। आप और आपके पति एक कार (आपकी शादी) के संयुक्त मालिक हैं। आमतौर पर, केवल पति के पास ही इसकी (तलाक़ लेने की) चाबी रखने और चलाने का अधिकार है। आप उसे केवल तब चला सकती हैं जब पति आपको डुप्लीकेट चाबी दे और कहे, 'अगर तुम्हें कभी ज़रूरत हो, तो मैं तुम्हें ये कार चलाने (तलाक़ मांगने) की इजाज़त देता हूं।'

   व्यावसायिक सलाह: स्मार्ट लड़कियों को हमेशा अपने निकाहनामे में टीईटी को, और साथ ही उन आधारों को भी शामिल करवाना चाहिए जिन पर वो टीईटी लेने की हक़दार हो।

2. ख़ुला: ख़ुला के तहत, एक मुस्लिम महिला अपनी वजह बताकर इकतरफ़ा तलाक़ ले सकती है। इस सूरत में उसे या तो मेहर वापस करके, या और किसी तरह के वित्तीय निपटान के ज़रिए अपने पति को भुगतान करना होता है। यह उसके ऐसा कहने जैसा है, 'मुझे जाने दो। मैं तुम्हें वो पैसा वापस कर रही हूं जो शादी के दौरान तुमने मुझे दिया था।'

   दिलचस्प रूप से, भारतीय टेनिस स्टार सानिया मिर्ज़ा और पाकिस्तानी क्रिकेटर शोएब मलिक का तलाक़ कथित रूप से ख़ुला के ज़रिए हुआ था।[5]

सोचने की बात

चूंकि ख़ुला की उत्पत्ति रीति-रिवाजों से हुई है, इसके लिए पति की सहमति के बारे में दो विचारधाराएं हैं। कुछ लोग मानते हैं कि तलाक़ लेने के लिए ख़ुला महिलाओं का पूर्ण अधिकार है। अन्य लोग मानते हैं कि पति को तलाक़ के अनुरोध को अंतिम रूप से मान लेना चाहिए।

जुलाई 2024 तक, यह सवाल सुप्रीम कोर्ट में पेंडिंग रहा है। दिलचस्प ढंग से, केरल हाई कोर्ट ने हाल ही में माना है कि ख़ुला मांगने का अधिकार पति की इच्छा के अधीन नहीं होना चाहिए।[6] सुप्रीम कोर्ट को अभी इस केस पर फ़ैसना देना बाक़ी है, इसलिए हाई कोर्ट का निर्णय केवल केरल की मुस्लिम महिलाओं पर लागू होता है, शेष भारत की मुस्लिम महिलाओं पर नहीं।

3. लिआन: अगर आपका पति आप पर व्यभिचार का आरोप लगाए, तो आपको चुपचाप इसे मान क्यों लेना चाहिए? लिआन आपको यह हक़ देता है कि इस झूठे आरोप के लिए आप अपने पति पर मुकदमा करें। इससे न केवल आप ख़ुद को बेदाग़ साबित कर सकती हैं, बल्कि आपको इन आधारों पर तलाक़ मांगने का हक़ भी मिलेगा। आख़िरकार, कोई भी रिश्ता इतना अहम नहीं होता कि उसके लिए आप अपने मान-सम्मान को क़ुर्बान कर दें! इस तरह का तलाक़ केवल व्यभिचार के आरोपों तक ही सीमित होता है, अन्य किसी कारण के लिए नहीं।

मुस्लिम पति कब अपनी पत्नी को तलाक़ दे सकता है?

प्रचलित मुस्लिम क़ानून के तहत, आपका पति कई तरीक़ों से जब चाहे आपको तलाक़ देने का फ़ैसला कर सकता है। उसे न तो कोर्ट में जाने की ज़रूरत है, और न ही कुछ साबित करने की।

आमतौर पर इस्तेमाल किए जाने वाले तरीक़ों को नीचे बताया गया है:

1. तलाक़-ए-अहसन: तलाक़ के इस तरीक़े में पति एक बार तलाक़ कहता है। फिर उसे अपनी पत्नी के तीन मासिक-चक्र तक इंतज़ार करना होता है, जिसके दौरान दंपती को यौन संबंधों से दूर रहना होगा। अगर इस प्रतीक्षा काल में पति अपना इरादा बदल देता है, तो तलाक़ रद्द हो जाता है। अगर नहीं, तो इस प्रतीक्षा काल के बाद तलाक़ हो जाता है। ये पॉज़ बटन दबाने और यह देखने का इंतज़ार करने की तरह है कि हालात बेहतर होते हैं या नहीं।
2. तलाक़-ए-हसन: तलाक़ का यह तरीक़ा पहले तरीक़े जैसा ही है, अलावा इसके कि एक बार 'तलाक़' कहने और तीन महीने इंतज़ार करने के बजाय पति इसे तीन बार कहता है, मतलब, तीन महीने तक हर महीने में एक बार। तीसरे महीने के बाद तलाक़ अंतिम रूप से हो जाता है, बशर्ते कि वो अपना इरादा बदलकर इसे रद्द न कर दे।
3. इला: आपका पति आपसे सेक्शुअल रिश्ता न बनाने की क़सम खाता है। अगर आप चार महीने तक सेक्शुअल गतिविधि से दूर रहते हैं तो शादी रद्द हो जाती है। लेकिन अगर वो इन चार महीनों के दौरान सहवास शुरू कर देता है, तो शादी बरक़रार रहती है।

नोट: ऊपर दिए गए तलाक़ के इन तरीक़ों में पति और पत्नी का सेक्शुअल संबंधों से दूरी रखना अहम है। अगर सेक्शुअल रिश्ता फिर से क़ायम हो जाता है, तो तलाक़ की प्रक्रिया रद्द हो जाती है।

मुस्लिम महिलाओं और पुरुषों के लिए तलाक़ के आधारों में ज़बरदस्त अंतर को देखें। अक्सर, मुस्लिम पुरुषों को तलाक़ की प्रक्रिया शुरू करने के लिए कोई वजह देने की ज़रूरत भी नहीं होती। उन्हें बस यह कहना और तीन महीने इंतज़ार करना होता है! पुरुष कहता है, मगर होता वही है जो क़ानून चाहता है!

तीन तलाक़: इंस्टेंट संतुष्टि के दौर में इंस्टेंट तलाक़

तीन तलाक़ या तलाक़-ए-बिद्दत इंस्टेंट तलाक़ का एक रूप था जिसमें पति एक साथ तीन बार 'तलाक़' कहता और शादी ख़त्म हो जाती थी। इसमें तीन महीने की कोई प्रतीक्षा अवधि नहीं होती थी। बहुत प्यार और नज़ाकत के साथ मुश्किलों से बनाए ताश के एक महल की कल्पना करें, जिसे अचानक हवा के एक झोंके ने ढहा दिया हो। यह बात है इंस्टेंट संतुष्टि को एक बिल्कुल ही अलग स्तर पर ले जाने की!

और तो और, पति जैसे चाहता था—बोलकर, लिखकर, फ़ोन, एसएमएस, ईमेल या सोशल मीडिया के ज़रिए—'तलाक़, तलाक़, तलाक़' कह सकता था। ज़रा सोचिए कि आप अपना फ़ेसबुक या इंस्टाग्राम अकाउंट खोलें और पता लगे कि आपके पति ने आपको तलाक़ दे दिया है! अजीब सा लगता है ना? इससे भी अजीब बात यह है कि भारत में तीन तलाक़ 2017 तक भी तलाक़ लेने का जायज़ तरीक़ा रहा था, जब सुप्रीम कोर्ट ने *शायरा बानो बनाम भारत सरकार* के अभूतपूर्व केस की सुनवाई के दौरान इसे अवैध घोषित किया था।

इसी के बाद संसद ने मुस्लिम महिला (विवाह अधिकार संरक्षण) अधिनियम 2019 पारित किया जिसे आम भाषा में 'तीन तलाक़ अधिनियम' के तौर पर जाना जाता है ताकि यह पूरी तरह से स्पष्ट हो जाए कि तीन तलाक़ स्वीकार्य नहीं है!

मुस्लिमों में आपसी सहमति से तलाक़

मुस्लिमों के लिए आपसी सहमति से तलाक़ के लिए कोई संहिताबद्ध क़ानून नहीं है। इसके बजाय, प्रथागत क़ानून के तहत, उनके लिए मुबर्रत है, जो आपसी सहमति से तलाक़ लेने का एक रूप है जिसमें पति-पत्नी दोनों तलाक़ के लिए सहमत होते हैं और शर्तें तय करते हैं। कुछ लोग कहते हैं कि मुबर्रत ख़ुला का ही एक रूप है जिसमें दूसरा पक्ष तलाक़ के अनुरोध को स्वीकार करता है। मगर, ख़ुला के एक हिस्से के तौर पर पत्नी को मेहर लौटाना होता

है। मुबर्रत के तहत, पैसा चुकाने की कोई शर्त नहीं होती। आपसी सहमति से प्रस्ताव स्वीकार किए जाने और इद्दत की अनिवार्य अवधि (आमतौर पर तीन महीने) पूरी करने के बाद तलाक़ मुक़म्मल माना जाता है।

अगर मैं अपनी शादी से बाहर निकलना चाहूं?

जब हैरान-परेशान, ज़्यादातर घरेलू हिंसा की शिकार, महिलाओं की बर्दाश्त से बाहर हो जाता है, तो उनका विवाह-संबंध को तजकर चले जाना असामान्य नहीं है।

मेरी एक दोस्त निर्मला (नाम परिवर्तित) का पति उसके साथ बहुत बुरा बर्ताव करता था, और उनके तलाक़ की प्रक्रिया जारी थी। एक दिन, जब उसके सब्र का बांध टूट गया, तो उसने दिल्ली से फ़्लाइट बुक की और एक छोटा सा बैग लेकर हैदराबाद वापस चली आई। वो अपने सारे कपड़े, ज्वेलरी वग़ैरह दिल्ली में अपने पति के घर ही छोड़ आई थी, क्योंकि ज़ाहिर है जब हम हद से ज़्यादा परेशान हो जाते हैं तो इन चीज़ों के बारे में नहीं सोच पाते। तलाक़ प्रक्रिया के दौरान वो अपनी चीज़ें वापस पाना चाहती थी। मगर केवल अपना सामान लेने के लिए दिल्ली वापस जाना उसके लिए मुश्किल था। साथ ही, वो अपने पति के परिवारवालों से संपर्क नहीं करना चाहती थी, और न ही यह चाहती थी कि जब वो अपना सामान पैक कर रही हो तो वो आसपास मंडराते रहें। इस सबसे बढ़कर, उसके पति के परिवार ने उसकी वार्डरोब की जो तस्वीरें भेजी थीं, उनमें आधी चीज़ें नदारद थीं। यह जानने का उसके पास कोई तरीक़ा नहीं था कि उसके बाक़ी सामान का क्या हुआ।

यह एक बहुत ही आम दृश्य है। जैसे-जैसे समय गुज़रता है, अपना सामान वापस ले पाना उतना ही मुश्किल हो जाता है।

व्यावसायिक सलाह: जैसे एक भावी मां डिलीवरी की डेट के नज़दीक आने पर अपना अस्पताल का बैग तैयार करती है, उसी तरह अगर आपको लगता है कि देर-सवेर आपको घर छोड़ना पड़ेगा तो एक बैग में सारी ज़रूरी चीज़ें रख लें। ऐसी ही कुछ चीज़ें हैं:

1. अपने सारे डॉक्युमेंट्स ले लें (पासपोर्ट, आधार कार्ड, शैक्षिक और व्यावसायिक सर्टिफ़िकेट, ड्राइविंग लाइसेंस, विवाह प्रमाणपत्र, आदि)।
2. अपनी सारी ज़्वेलरी, कैश और दूसरी क़ीमती चीज़ें ले लें।
3. अपना ज़्यादा से ज़्यादा सामान ले जाएं।
4. जो चीज़ें आप नहीं ले जा सकती हों, उन्हें एक सूटकेस या अल्मारी में पैक करके ताला लगा दें। आप नहीं चाहेंगी कि आपकी ग़ैरमौजूदगी में कोई उनके साथ छेड़छाड़ करे।

मुश्किल बातचीत: तलाक़ लेने की स्थिति में महत्वपूर्ण बातचीत

भावनात्मक तनाव के अलावा, तलाक़ में सेटलमेंट की कुछ अहम शर्तें जुड़ी होती है। इनमें संपत्ति का बंटवारा, मेंटिनेंस और गुज़ारा-भत्ता, पूर्ण और अंतिम निपटान, बच्चों की कस्टडी और बच्चों की देखभाल आदि शामिल होते हैं।

संपत्ति का बटवारा

संपत्ति का बंटवारा करना चुनौती भरा और भावनात्मक रूप से तनावपूर्ण प्रक्रिया हो सकती है।

आपके पास दो तरह की संपत्ति होती है: अचल संपत्ति (रियल एस्टेट एवं प्रॉपर्टी) और चल संपत्ति (ज्वेलरी, कैश और दूसरी मूल्यवान वस्तुएं)।

तलाक़ के दौरान दोनों ही तरह की संपत्तियों का बंटवारा किया जाता है। यह कैसे होता है? किसे कितना मिलता है? किन तथ्यों को ध्यान में रखा जाता है? आप ख़ुद इन सब सवालों के जवाब दे पाएंगी। बस पढ़ना जारी रखें!

1. **अचल संपत्ति**

   अचल संपत्ति को बेक्ड पाइ की तरह मानें। आपको यह फ़ैसला करना होगा कि किस पार्टनर को कितना शेयर मिलेगा। जैसे पाइ

अलग-अलग तरह की होती हैं—एपल पाइ, बनाना पाइ, चैरी पाइ—वैसे ही संपत्ति भी कई तरह की होती हैं। आपके हक़ में कितना शेयर आएगा, यह फ़्लेवर पर निर्भर करता है।

i. **पैतृक पाइ (उर्फ़ पैतृक संपत्ति):** यह पाइ पति की पिछली पीढ़ियों (माता-पिता, दादा-दादी) द्वारा बनाई गई होती है। उदाहरण के लिए, संयुक्त परिवार का मकान।

इस पाइ में आप हिस्सा पाने की हक़दार नहीं हैं, जब तक कि पति को उसका हिस्सा न दे दिया गया हो।

ii. **स्वनिर्मित पाइ (उर्फ़ स्व-अर्जित संपत्ति):** यह वो पाइ है जिसे पति ने ख़ुद बनाया है, यानी जिस संपत्ति को उसने ख़ुद और अपने नाम पर हासिल किया है। यह अलग कहानी है कि, परदे के पीछे रहकर, आपने सामग्री ख़रीदी, और उसे बनाने वग़ैरह में उसकी मदद की। अगर वो केवल अपने नाम पर प्रॉपर्टी को रजिस्टर करता है, तो इसे *उसकी* स्व-अर्जित प्रॉपर्टी माना जाता है।

आप इस पाइ में हिस्सा पाने के लिए दावा कर सकती हैं, लेकिन आपका हिस्सा आपकी आमदनी, दूसरी प्रॉपर्टी आदि कारकों पर निर्भर करेगा। लेकिन आपके बच्चों का अपने पिता के वारिस के रूप में इस पाइ पर प्रत्यक्ष दावा होगा।

iii. **दंपती की पाइ (उर्फ़ दंपती की संयुक्त प्रॉपर्टी):** यह वो पाइ है जिसे आप दोनों ने मिलकर बनाया है, यानी पति-पत्नी दोनों के नाम पर रजिस्टर्ड प्रॉपर्टी। इसमें वो घर भी शामिल हो सकता है जिसमें आप साथ रहते हैं।

इस पाइ में आप आसानी से 50 प्रतिशत हिस्से की दावेदारी कर सकती हैं, ख़ासकर अगर आपने किसी भी तरह का कोई योगदान दिया है। आपके बच्चों का भी माता-पिता दोनों के उत्तराधिकारी के रूप में इस पाइ पर दावा होगा।

#मूवी टाइम

फिर से *दिल धड़कने दो* पर वापस चलते हैं। इस फ़िल्म में अनिल कपूर का पात्र एक बिज़नेसमैन है और उसकी पत्नी (शेफ़ाली शाह का पात्र) एक होममेकर है। पैसों के ऊपर हुई एक बहस में वो कहता है, 'तुम्हारे पास पैसे इसलिए हैं क्योंकि मैंने कमाए हैं।'

इस पर पत्नी कहती है, 'और तुम्हें सपोर्ट मैंने किया है।'

यह एक आम नज़ारा है। एक होममेकर मकान को घर बनाती है, वो उसे चलाती है, उसकी देखभाल करती है और परिवार का ध्यान रखती है। किसी को आपसे यह मत कहने दीजिए कि आपका पाइ में हिस्सा केवल इसलिए नहीं है कि आप आर्थिक योगदान नहीं करती हैं।

व्यावसायिक सलाह: शादीशुदा जोड़ों के साथ अक्सर ऐसा होता है कि जब वो मिलकर एक घर ख़रीदते हैं तो पति की आमदनी में से ऋण की क़िस्तें भरी जाती हैं और पत्नी की आमदनी से रोज़मर्रा के ख़र्चे पूरे किए जाते हैं। नतीजतन, काग़ज़ों पर ऐसा दिखता है जैसे कि पति ने घर ख़रीदा हो, जबकि सच तो यह है कि दोनों पार्टनरों ने अपने-अपने तरीक़े से इसमें योगदान किया है।

यह बात अपने हक़ का हिस्सा पाने में आड़े आ सकती है। इसलिए, हमेशा यह सुनिश्चित करें कि क़िस्तें भरने में आपकी आमदनी का भी इस्तेमाल हो और प्रॉपर्टी दोनों के नाम पर रजिस्टर्ड हो।

2. **चल संपत्ति**

   चल संपत्ति के मामले में एक सीधे-सादे नियम का पालन करें: अगर वो आपकी है, तो आपकी है! अगर नहीं है, तो नहीं है। इसका मतलब है कि कोई भी ज्वेलरी, कैश आदि जो आपने अर्जित किया

है, ख़ुद ख़रीदा है, या उपहारस्वरूप पाया है (भले ही वो पति के परिवार से मिला हो), वो आपका है। यही बात आपके पति पर लागू होती है। जो उसका है, वो उसका है।

गुज़ारा-भत्ता (एलिमनी) एवं भरण-पोषण (मेंटिनेंस)

हालांकि गुज़ारा-भत्ते और भरण-पोषण शब्दों का प्रयोग अक्सर एक दूसरे के स्थान पर किया जाता है, मगर क़ानून की दृष्टि से इनमें थोड़ा सा अंतर है। आमतौर पर, भरण-पोषण वो सहायता राशि है जो कोई पति या पत्नी दूसरे व्यक्ति को तब देता है जब दंपती शादीशुदा होते हैं और जब तलाक़ की प्रक्रिया चल रही होती है। गुज़ारा-भत्ता तलाक़ के बाद दी गई सहायता राशि होती है।

गुज़ारा-भत्ते और भरण-पोषण के पीछे विचार यह है कि अगर पति-पत्नी में से कोई तलाक लेने से पहले या बाद में अपना गुज़ारा चलाने में सक्षम नहीं है, तो दूसरे व्यक्ति को उसे यह सहायता देनी होगी। यह अवधारणा उस सदियों पुरानी परंपरा से निकली है जिसमें औरतों से घर की देखभाल करने की अपेक्षा की जाती थी और पति कमाता था। औरतों के पास अपना गुज़ारा चलाने के लिए कोई आर्थिक साधन नहीं होता था। इसलिए गुज़ारा-भत्ता और भरण-पोषण की ज़रूरत महसूस हुई।

तो, यह किसे मिलता है? अगर आप आपसी सहमति से तलाक़ लेने का विकल्प चुनते हैं, तो आप आमने-सामने बैठकर बात कर सकते हैं कि किसे भरण-पोषण और गुज़ारा-भत्ता मिलेगा, और कितना। विवादित तलाक़ के मामले में अगर कोर्ट आपके हक़ में फ़ैसला सुनाती है, तो इसका फ़ैसला इस आधार पर किया जाता है कि कौन ज़्यादा कमाता है, किसे ज़्यादा भरण-पोषण चाहिए और कौन आत्मनिर्भर है।

यहां मैंने भरण-पोषण और गुज़ारा-भत्ते को एक ही रूप में प्रयोग किया है।

सोचने की बात

यह एक मिथक है कि हमेशा पत्नी को ही गुज़ारा-भत्ता मिलता है। आजकल कोर्ट पति-पत्नी में से उस व्यक्ति को गुज़ारा-भत्ता प्रदान करती हैं जिसे उसकी ज़्यादा ज़रूरत होती है।

उदाहरण के लिए, अगर पत्नी होममेकर है और आर्थिक रूप से पति पर निर्भर है, तो कोर्ट उसे गुज़ारा-भत्ता दिलवाएगी। अगर पति-पत्नी दोनों लगभग समान राशि अर्जित कर रहे हैं, तो हो सकता है कि कोर्ट दोनों में से किसी को भी गुज़ारा-भत्ता न दे।

हमेशा याद रखें, गुज़ारा-भत्ता बहुत ही व्यक्तिगत मामला है और इसका फ़ैसला केस-दर-केस किया जाता है और उस कोर्ट पर निर्भर करता है जहां इसकी सुनवाई हो रही हो।

पति को गुज़ारा-भत्ता देने का आदेश

हाल ही में 2024 में, बॉम्बे हाई कोर्ट के सामने आए तलाक़ के एक मामले में अदालत ने एक औरत को अपने पूर्व पति को दस हज़ार रुपए की मासिक भरण-पोषण राशि देने का आदेश दिया था जो बेरोज़गार था और अपनी बीमारियों के कारण कमाने में असमर्थ था।

यहां यह नोट करना दिलचस्प होगा कि जिस जज, जस्टिस शर्मिला देशमुख, ने यह आदेश दिया था, वो वही जज थीं जिन्होंने एक दूसरे केस में पति को घरेलू हिंसा के लिए पत्नी को तीन करोड़ रुपए का मुआवज़ा देने को कहा था। घरेलू हिंसा के केस में जो भी उन पर पूर्वाग्रह का आरोप लगाता होगा, उसके पास इस मामले में शायद कोई जवाब नहीं होगा![7]

भरण-पोषण या मेंटिनेंस माहाना, सावधिक (मसलन, तिमाही), या एकमुश्त दिया जा सकता है। यह फ़ैसला अक्सर दोनों पक्षों को करना होता

है। आप अपनी ज़रूरत कोर्ट को बता सकती हैं। आपसी सहमति से तलाक़ लेने के मामले में इसे सेटलमेंट समझौते में लिखवाएं।

मेंटिनेंस काग़ज़ों पर अच्छा लगता है, और बैंक में उससे भी बेहतर दिखता है। मगर व्यावहारिक बात की जाए तो गुज़ारा-भत्ता अक्सर देर में मिलता है या बिना मिले रह जाता है। अगर आपका पूर्व-पति तयशुदा मेंटिनेंस नहीं दे रहा है, या उसे देने में देर कर रहा है, तो समय से भुगतान करने का आदेश लेने के लिए आपको फिर से कोर्ट का दरवाज़ा खटखटाना होगा। इसका मतलब है फिर से समय और पैसे की बर्बादी, और यह कौन करना चाहता है!

व्यावसायिक सलाह: माहाना मेंटिनेंस लेने के बजाय आप एकमुश्त गुज़ारा-भत्ता या एलिमनी मांगें। एकमुश्त राशि का मतलब है कि छोटे-छोटे माहाना भुगतानों की जगह आपको पूरी राशि कुछ ही अवधि में एक साथ या कुछ क़िस्तों में मिल जाएगी। इस तरह, आपको एक साथ सारा पैसा मिल जाएगा, यह एक अच्छी-ख़ासी बड़ी राशि होगी जिसे आप इन्वेस्ट/प्रयोग कर सकती हैं और आपको मेंटिनेंस पाने के लिए अपने पूर्व-पति के पीछे दौड़ते नहीं रहना होगा। कम सरदर्दी रहेगी, है ना?

पूर्ण और अंतिम निपटान (फ़ुल एंड फ़ाइनल सेटलमेंट)

संपत्ति और मेंटिनेंस की ये सारी बातें हमें उस टॉपिक पर लाती हैं जिसे हम पूर्ण और अंतिम सेटलमेंट या एफ़एनएफ़ कहेंगे।

क्या आप किसी कर्मचारी के नौकरी छोड़ने पर उसे मिलने वाले फ़ुल एंड फ़ाइनल सेटलमेंट से परिचित हैं? कंपनी कर्मचारी की तन्ख़ाह, किसी भी पेंडिंग एरियर, प्रॉविडेंट फ़ंड भुगतान आदि को एक साथ जोड़कर सब कुछ उस कर्मचारी को सौंप देती है। यह उस कर्मचारी के साथ कंपनी का रिश्ता ख़त्म होने का सूचक है।

तलाक़ में भी एफ़एनएफ़ ऐसा ही होता है। एक दूसरे के ऊपर जो बक़ाया होता है, उसे पति-पत्नी दोनों तय करते हैं, पेपर पर दर्ज करते हैं, ट्रांसफ़र करते हैं और शादी के चैप्टर को बंद कर देते हैं।

अपने एफ़एनएफ़ को एक ख़ाली मटके की तरह मानें जिसे आपको अपने तलाक़ के हिस्से से भरना होता है। उसमें एक थैला डालेंगे जिसमें अचल संपत्ति का आपका हिस्सा होगा। फिर अगले बैग में आपके ज़ेवर, कैश और दूसरी बेशक़ीमती चीज़ें जाएंगी। अंत में, आप अपनी एलिमनी डालेंगी।

ये तीनों थैले एक ही मटके को भरते हैं। इसलिए थैलों का आकार एक दूसरे के आकार के अनुसार बढ़ेगा या घटेगा। इस मटके के लिए अपनी परिस्थितियों के मुताबिक़ हर दंपती के अपने अलग तरीक़े और संयोजन होंगे। उदाहरण के लिए, अगर आपको वो घर रखना है जिसमें आप रहती हैं, तो आपको कम एलिमनी मिलेगी। अगर घर आपके पति के पास रहता है, तो आदर्श रूप में आपको मकान की क़ीमत का 50 फ़ीसदी, और कुछ और हिस्सा मिलना चाहिए।

याद रखें, संपत्ति और सामान के बंटवारे का उद्देश्य पति-पत्नी दोनों को उनके हक़ का हिस्सा देना है। मेंटिनेंस का उद्देश्य यह पक्का करना है कि अगर दोनों में से कोई एक व्यक्ति आर्थिक रूप से निर्भर है, तो उसका ध्यान रखा जाए। हर थैले का आकार उसके उद्देश्य और इस पर निर्भर करना चाहिए कि आपको क्या चाहिए।

व्यावसायिक सलाह: मैंने आपसी सहमति से लिए जाने वाले अनेक तलाक़ों को कोर्ट में अटकते और विवादित तलाक़ में बदलते देखा है क्योंकि पति-पत्नी निपटान की शर्तों पर एकमत नहीं हो पाते। उदाहरण के लिए, शीला को सेटलमेंट में 25 लाख रुपये मिलने की उम्मीद है, मगर रोहित बस 15 लाख देने पर राज़ी है।

क्या इसके लिए शीला को कोर्ट में जाना चाहिए? नहीं! अगर शीला कोर्ट में जाती है, तो वो तलाक़ के मामलों की भारी भीड़ में गुम हो जाएगी। अगर कोर्ट तीन साल बाद 25 लाख रुपये दिलवा देती है, तो भी शीला को ख़ुद से पूछना होगा कि तीन साल बाद उन अतिरिक्त दस लाख रुपयों की क्या अहमियत होगी? इससे भी अहम यह कि क्या यह तनाव बढ़ाने के लायक़ है?

अगर शीला प्रैक्टिकल होगी, तो वो अपने वकील से नेगोशिएट करवाएगी। अगर उसका वकील 20 लाख रुपये में निपटान करवा पाता है,

तो भी यह शीला की जीत है! वो अपना अनमोल समय बचा लेगी। और अगर केस कोर्ट में खिंचता, तो उसे बक़ाया पांच लाख का अधिकांश हिस्सा वकीलों को देना पड़ता।

संभलकर!

अपने पार्टनर को जायज़ एफ़एनएफ़ देने से बचने के लिए आमतौर पर कुछ गंदी तिकड़में भिड़ाई जाती हैं। उनमें शामिल हैं:

1. संपत्ति को परिवार के दूसरे सदस्यों के नाम ट्रांसफ़र कर देना।
2. वास्तविक से कम आय बताना।
3. फ़ंड को दूसरे खातों में डाल देना।
4. दावा करना कि संपत्तियों पर मालिकाना हक़ ख़ानदानी बिज़नेस का है।

कस्टडी और मुलाक़ात का अधिकार

'एक बच्चा हो जाए, फिर सब ठीक हो जाएगा।' यह **सबसे बुरी** सलाह है जो कोई किसी झगड़े में रत दंपती को दे सकता है और बच्चा पैदा करने की सबसे बुरी वजह भी! अगर दंपती तलाक़ की दिशा में जा रहे हैं, तो बच्चा पैदा करना न केवल आपको अपने उस जीवनसाथी के साथ बांध देगा जिसे आप तलाक़ देना चाहते हैं, बल्कि यह एक बच्चे को भी एक नाख़ुश परिवार में ले आता है!

तलाक़ की सूरत में बच्चों का क्या होता है, आप पूछ सकती हैं? बच्चे के अठारह साल का होने तक के लिए कोर्ट उसकी कस्टडी माता-पिता में से किसी एक को दे सकती है। आमतौर पर, बच्चे के कम से कम पांच साल का होने तक मां को। जब बच्चे अठारह साल के हो जाते हैं, तो वो वोट देने, कार चलाने और माता-पिता में से उसे चुनने के लिए आज़ाद हो जाते हैं जिसके साथ वो रहना चाहते हैं।

क्या कस्टडी हमेशा मां को ही मिलती है? नहीं। कस्टडी देते समय, कोर्ट केवल एक चीज़ की ही परवाह करती है और वो है बच्चा। माता-पिता के अहं मायने नहीं रखते। कोर्ट ख़ासतौर से दो चीज़ें देखती है:

1. बच्चे का कल्याण: यह सुनिश्चित करता है कि बच्चा ऐसे माता/पिता के साथ रहे जो उसका बेहतर ध्यान रखने में सक्षम हो। इसका इस बात से कोई लेना-देना नहीं है कि माता-पिता में से कौन ज़्यादा कमाता है। इसका मतलब है कि उनमें से कौन बच्चे के बड़े होने के लिए एक सुरक्षित और सहज माहौल दे सकता है।
2. बच्चे की मर्ज़ी: अगर कोर्ट को महसूस होता है कि बच्चा इतना बड़ा है कि वो ख़ुद यह फ़ैसला कर सकता है कि उसे माता-पिता में से किसके साथ रहना है, तो कोर्ट इस पर विचार कर सकती है। ज़ाहिर है यह बड़े बच्चों, जैसे टीनएजर्स, पर लागू होता है।

अगर कोर्ट मानती है कि माता-पिता दोनों में से कोई भी बच्चे की परवरिश करने के लायक़ नहीं हैं, तो वो किसी और को बच्चे की कस्टडी दे सकती है, जैसे दादा-दादी/नाना-नानी, या किसी चाचा, मामा, बुआ, मौसी आदि को। मगर ऐसा बहुत कम ही होता है।

अगर अदालत में तलाक़ का मुकदमा चल रहा है, तो बहुत मुमकिन है कि माता-पिता दोनों कस्टडी के लिए लड़ें। तब कोर्ट उनके लिए फ़ैसला लेगी। अगर आपसी सहमति से तलाक़ हो रहा है, तो पति-पत्नी आपस में ही फ़ैसला कर लेते हैं और कोर्ट बहुत कम ही हस्तक्षेप करती है।

अगर माता-पिता के बस में होता तो वो बच्चे को बांट लेते! आख़िर, कोई भी अपने बच्चे को खोना नहीं चाहता। शुक्र है कि बच्चा कोई ऐसी चीज़ नहीं होता जिसे आधा-आधा बांटा जा सके!

अगर माता-पिता में से किसी एक को बच्चे की पूरी कस्टडी मिल जाती है, तो दूसरे का क्या? यहां पर मुलाक़ात का अधिकार आता है! दूसरे के पास हमेशा यह अधिकार होता है कि बच्चा उससे मिलने आए और उसके साथ रहे, या वो बच्चे के निवासस्थान पर उससे मिलने जा सके। उदाहरण

के लिए, अगर स्कूल के सत्र के दौरान बच्चे की कस्टडी मां के पास है, तो छुट्टियों में बच्चा पिता के साथ रह सकता है। अगर संबंध अच्छे नहीं हैं, तो पिता को बस मां के घर पर ही बच्चे से मिलने की अनुमति दी जा सकती है।

मुलाक़ात किस तरह होगी, यह पूरी तरह पूर्व-पति-पत्नी के बीच संबंधों, उनके आपसी विश्वास, और, सबसे अहम, बच्चे के कल्याण पर निर्भर करता है। एक बार फिर कहूंगी, यह बहुत ही व्यक्तिपरक मसला है और हर मामले की अपनी विशिष्ट परिस्थितियों पर निर्भर करता है।

बदला लेने के लिए बच्चे का इस्तेमाल न करें

मैंने तलाक़ के ऐसे कई मामले देखे हैं जिनमें बच्चे की कस्टडी को लेकर माता-पिता इस हद तक विवेकहीन हो जाते हैं कि दूसरे व्यक्ति को मिलने से पूरी तरह वंचित कर देते हैं।

याद रखें, बच्चे की कस्टडी आपका बदला लेने का ज़रिया नहीं है। अपने पूर्व पति से आपकी अपनी (उचित) नाराज़गियां हो सकती है। लेकिन अगर वो आपकी 'हेट-लिस्ट' में सबसे पहला इंसान है, तो भी वो आपके बच्चे का पिता है। ज़रूरी नहीं है कि बुरा पति बुरा पिता हो। मुलाक़ात के अधिकार को लेकर तर्कहीन न बनें। इसके बजाय, सेटलमेंट की शर्तों के ज़रिए बच्चे की भलाई को लेकर अपनी चिंताओं को हल करें।

बेशक, ऐसे मामले भी होते हैं जहां पति बच्चों से हाथ धो लेते हैं। ऐसे मामले में, यह सुनिश्चित करें कि आपका पूर्व-जीवनसाथी बच्चे की परवरिश के दायित्व में हाथ बंटाए। आप को-पेरेंटिंग सिस्टम बना सकती हैं जिसमें माता-पिता दोनों बच्चे के लालन-पालन में योगदान देते हैं, भले ही कस्टडी किसी एक के पास रहे। या सुनिश्चित करें कि पति बच्चे की परवरिश के साथ ही, बच्चे की देखरेख के लिए एक सपोर्ट सिस्टम (जैसे आया आदि रखना) बनाने के लिए भुगतान करे।

कुत्ते हेनरी की कस्टडी के लिए घमासान

सांसद महुआ मोइत्रा और उनके पूर्व-प्रेमी वकील जय अनंत देहाद्राय का अपने कुत्ते हेनरी की कस्टडी को लेकर बहुत बुरा झगड़ा हुआ, जो खुली जंग बन गया था।

इस केस ने पालतू जानवरों के मुद्दे को भी उजागर किया। जब पालतू जानवरों के मालिक अलग होते हैं तो क्या होता है? जिनके पास भी पालतू जानवर होते हैं, वो यह जानते हैं कि वो परिवार का ही एक हिस्सा हो जाते हैं और कोई उनकी कस्टडी खोना नहीं चाहता। भारत में पालतू जानवरों की कस्टडी के लिए उस तरह से कोई क़ानून नहीं हैं, जैसे कि बच्चों के लिए हैं। कस्टडी के लिए निपटान की शर्तें तय करने का काम दंपती पर छोड़ दिया जाता है। अगर वो यह नहीं कर पाते हैं, तो केस-दर-केस कोर्ट उनके लिए फ़ैसला लेती है। यह कहना सही होगा कि बच्चों की कस्टडी के विपरीत, जहां बच्चे का कल्याण सबसे पहला लक्ष्य होता है, पालतू जानवरों की कस्टडी मोल-तोल और सौदेबाज़ी करने के हुनर पर ज़्यादा निर्भर करती है। उदाहरण के लिए, 'अगर तुम ये मांगें छोड़ दोगे/दोगी, तो मैं तुम्हें पेट दे दूंगी/दूंगा।'[8]

बच्चों के ख़र्च उठाना

बच्चों की कस्टडी पाना तो बस पहला क़दम है। उनके आत्मनिर्भर होने तक उनके खर्च उठाना एक बिल्कुल ही अलग मसला है। स्कूल की फ़ीस के अलावा भी बच्चों की बेतहाशा ज़रूरतें होती हैं। तलाक़ के समय ही एक सिस्टम स्थापित करना बहुत ज़रूरी है, ताकि यह पक्का हो सके कि आपके बच्चे की वित्तीय ज़रूरतों का ध्यान रख लिया गया है।

आपसी सहमति से लिए तलाक़ में माता-पिता आपस में बातचीत करके कोई सिस्टम बना सकते हैं और उसे कोर्ट को बता सकते हैं। विवादित तलाक़ में दोनों पक्षों की दलीलों के आधार पर कोर्ट तय करेगी।

तो आपको किन ख़र्चों पर विचार करना चाहिए? यहां मोटे-मोटे वर्गीकरण के कुछ उदाहरण दिए जा रहे हैं, जिनके तहत बच्चों के ख़र्च आते हैं। अपने जीवन-स्तर के आधार पर आप बच्चे पर होने वाले कुल ख़र्चों का एक रफ़ अनुमान लगा सकती हैं।

1. खाना, कपड़े और आवास जैसे बुनियादी ख़र्च।
2. कॉलेज या उच्च शिक्षा तक के ख़र्च।
3. स्वास्थ्य और मेडिकल ख़र्च।
4. मनोरंजन और अतिरिक्त गतिविधियां, जैसे हॉबी, क्लब, टूर, आदि।
5. विशेष ज़रूरतें। उदाहरण के लिए, अगर बच्चे को थेरेपी या काउंसलिंग की ज़रूरत हो।
6. अधिकांश भारतीय माता-पिता ही अपने बच्चों की शादी का ख़र्च उठाते हैं, तो आपको इसे भी ध्यान में रखना चाहिए।
7. बच्चे की ज़िंदगी में सामान्यता और हंसी-ख़ुशी का भाव बनाए रखने के लिए बर्थडे पार्टियों, उपहारों और छुट्टियों से जुड़े ख़र्च भी ज़रूरी हैं।
8. मेडिकल इमर्जेंसी जैसे अनदेखे ख़र्च भी हो सकते हैं, जिनमें माता-पिता दोनों का योगदान ज़रूरी हो।

तलाक़ लेने वाले माता-पिता के लिए यह ज़रूरी है कि इन ख़र्चों को बांटने के लिए एक साथ बैठकर या क़ानूनी माध्यमों के ज़रिए एक सही और विस्तृत योजना बनाएं। लक्ष्य यह सुनिश्चित करना होना चाहिए कि बच्चे की आवश्यकताएं पूरी हों और कि उसे समुचित देखभाल और सहायता मिले।

अपने बच्चे की वित्तीय ज़रूरतों को पूरा करने के लिए आपको एक ऐसी प्रक्रिया स्थापित करनी होगी जो एक तरह से ऑटोपायलट मोड पर काम करे। अपने पूर्व-जीवनसाथी से पैसे की मांग किए बिना ही आपके बच्चे की ज़रूरतों को पूरा किया जा सके। इसे सुनिश्चित करने के लिए सावधिक भुगतानों की जगह एकमुश्त राशि का विकल्प चुनें।

ये कुछ तरीक़े हैं जिनसे आप अपने बच्चे की मेंटिनेंस का सिस्टम बना सकती हैं:

1. एक ट्रस्ट फ़ंड बनाएं: ट्रस्ट को एक तिजोरी की तरह देखें। आप और आपके पूर्व-जीवनसाथी ('ट्रस्ट-निर्माता') अपने बच्चे ('लाभार्थी') के लिए इसे खज़ाने (जैसे पैसे या संपत्ति) से भरते हैं। आप एक निरपेक्ष भरोसेमंद मित्र ('ट्रस्टी') से उसका ध्यान रखने को कहते हैं। आपके मित्र का काम यह सुनिश्चित करना है कि ख़ज़ाने का इस्तेमाल बच्चे के लाभ के लिए हो। इसे किस तरह इस्तेमाल किया जाना है, इससे संबंधित नियमों को एक विशेष दस्तावेज़ में लिखा जाता है।

   आपके बच्चे के दीर्घकालिक ख़र्चों, जैसे उच्च शिक्षा और शादी, के लिए ट्रस्ट फ़ंड सबसे सही रहता है।
2. निवेश: एक और झंझट-मुक्त रास्ता है अपने बच्चे के नाम से निवेश करना। नाबालिग़ बच्चे के लिए माता-पिता में से कोई भी नॉमिनी और ऑपरेटर हो सकता है। इन निवेशों से मिलने वाला ब्याज और परिपक्वता राशि आपके बच्चे के सामयिक ख़र्चों का भुगतान कर सकती है।
3. बैंक में जमा राशि: दिन-प्रतिदिन के और नियमित ख़र्चों के लिए पहुंच के अंदर धन रहना बेहतरीन विकल्प होता है। आप इस राशि को माता/पिता के निर्दिष्ट खाते में रख सकते हैं जिसके पास बच्चे की कस्टडी है, या माता-पिता दोनों के द्वारा संचालित जॉइंट खाते में। अगर आप आर्थिक रूप से निर्भर हैं और आपका पूर्व-जीवनसाथी एकमुश्त पैसा अलग करने में असमर्थ है, तो आप ऐसा कोई सिस्टम बना सकती हैं जिसमें हर महीने एक निश्चित राशि उसके खाते से स्वत: कटकर बच्चे के ख़र्च वाले खाते में जमा हो जाए।

ऊपर दिए गए उदाहरणों से, आप चुन सकती हैं कि आपके लिए कौन सा सिस्टम सबसे ठीक रहेगा। लेकिन याद रखें, इस जाल में मत फंसिएगा

कि 'तयशुदा एक लाख रुपये में से मैं तुम्हें 25000 अभी, और बाक़ी 75000 छह महीने में दे दूंगा।' बक़ाया पैसा लगभग कभी भी समय पर नहीं मिलता है। आप न केवल समय, बल्कि मानसिक शांति भी गंवा देंगी।

व्यावसायिक सलाह: अपने एफ़एनएफ़ सेटलमेंट और बच्चे की देखरेख के ख़र्चों को साथ में न जोड़ें। इन दोनों को जोड़ने पर लगता ऐसा है कि महिलाओं को बहुत कुछ मिल गया, लेकिन अक्सर वो घाटे में रह जाती हैं। जबकि, वास्तव में, सेटलमेंट का ज़्यादातर हिस्सा बच्चों के भरण-पोषण में लग जाता है और उनके अपने पास मुश्किल से ही कुछ बचता है। ख़ासकर तब यह और भी ज़रूरी हो जाता है जब पत्नी आर्थिक रूप से पति पर निर्भर हो।

इसीलिए बच्चों की कस्टडी से पहले इस किताब में एफ़एनएफ़ सेक्शन रखा गया है।

तलाक़ में आप ख़ुद को कैसे सुरक्षित रखें?

हम यह सोचकर शादी करते हैं कि यह स्थायी संबंध है। कभी-कभी ऐसा नहीं होता। यह सीटबेल्ट न लगाने की वजह से एक्सीडेंट हो जाने जैसा ही है। शादी की कार में ख़ुद को सुरक्षित रखने के लिए आप ये कर सकती हैं:

1. क़र्ज़ की क़िस्तें: अगर आपने अपने घर के लिए क़र्ज़ लिया है तो उसे चुकाने के लिए दोनों योगदान करें (बशर्ते कि पत्नी भी कामकाजी हो)। अक्सर, होता यह है कि पत्नी घर के रोज़मर्रा के ख़र्च चलाती है जबकि पति घर की क़िस्तें भरता है। दोनों के संबंधों में जब दरार पड़ती है, तो पत्नी नुकसान में रह जाती है। घर पर उसका कोई हक़ नहीं रहता, और वो असहाय हो जाती है। इसलिए, दोनों पार्टनरों को घर के ऋण और दैनिक ख़र्चों में योगदान करना चाहिए।

    अगर आप कमाती नहीं हैं तो भी आप यह सुनिश्चित करें कि प्रॉपर्टी के काग़जों में सह-स्वामी के रूप में आपका नाम जोड़ा जाए। या आप अपने नाम पर किसी और रूप में, जैसे म्युचुअल फ़ंड निवेश या फ़िक्स्ड

डिपॉज़िट, वित्तीय सुरक्षा ले सकती हैं। एक होममेकर के रूप में, आप घर बनाने में अपने समय और कोशिशों का योगदान देती हैं, इसलिए इस ख़्याल को अपने दिमाग़ से निकाल दें कि आप वित्तीय सुरक्षा की हक़दार नहीं हैं।

मैंने ऐसे कई पति देखे हैं जो अपनी ख़रीदी हर प्रॉपर्टी में अपनी पत्नी का नाम जुड़वाते हैं, भले ही उन्होंने इसकी ख़रीद में आर्थिक योगदान न दिया हो। इससे पता चलता है कि वो साथ-साथ ज़िंदगी बनाने में पत्नी के योगदान को कितनी अहमियत देते हैं। ऐसे पति तो सच में सहेजकर रखने लायक़ हैं।

2. बच्चे: अपने बच्चों के नाम निवेश, या ट्रस्ट फ़ंड के ज़रिए उनके वर्तमान और भविष्य को सुरक्षित करें। कल को अगर हालात बिगड़ते हैं और बच्चे की ज़िम्मेदारी आप लेती हैं, तो ये निवेश पक्का करेंगे कि उसके पिता के सहयोग के बिना आपको जूझना नहीं पड़ेगा।
3. पारदर्शिता: बिज़नेस और धन-संपत्ति के मामलों में पूरी पारदर्शिता की मांग करें। अक्सर, हम देखते हैं कि पत्नी को अपने पति के बैंक खातों, बीमे, मेडिकल पॉलिसी, बिज़नेस खातों आदि के बारे में कुछ पता नहीं होता। आपको दिन-प्रतिदिन के बिज़नेस से जुड़ने की ज़रूरत नहीं है, मगर यह पता होना चाहिए कि आपके पति/परिवार के सदस्य अपने निजी इस्तेमाल के लिए कितना पैसा निकाल रहे हैं। इसे जानने के सबसे आसान तरीक़ों में से एक है इंकम टैक्स रिटर्न।

   जीवनसाथियों के रूप में आपको इस संबंध में पारदर्शिता रखनी चाहिए।

अगर आप तलाक़-प्रक्रिया से गुज़र रही हैं, मगर आपको इन बातों की कोई जानकारी नहीं थी, तो?

1. अपने सभी दस्तावेज़, ज़ेवर, सामान और क़ीमती वस्तुएं अपने पास रखें। इस तरह आपको अपनी चीज़ें हासिल करने की कोशिश से अपनी लड़ाई शुरू नहीं करनी होगी।

सच्ची कहानी

मेरी दोस्त आकृति ने अपने पति से तलाक़ ले लिया था जिसे उसने शादी से पहले छह साल तक डेट किया था। जैसा कि आम रिवाज है, उसने भी अपने ज़ेवर सहेजकर रखने के लिए अपनी सास को सौंप दिए थे। जब वो तलाक़ ले रहे थे, तो आकृति ने अपनी सास से अपने ज़ेवर मांगे। मगर अपनी सास के पास रखवाए दो महंगे हारों में से आकृति को केवल एक ही वापस मिला, और उसे बताया गया कि दूसरा 'खो गया।' सारी प्रक्रिया से आकृति इतना थक गई थी कि उसने उसे छोड़ दिया। उसमें और लड़ने की ताक़त नहीं रही थी। मुद्दा यह है कि अगर इतना महंगा ज़ेवर वाक़ई खो गया था, तो उसकी सास पुलिस में शिकायत दर्ज करवातीं या पहले ही उन्होंने इस ओर उसका ध्यान खींचा होता।

2. अपने पति के इंकम टैक्स रिटर्न और बैंक खातों को देखने की कोशिश करें। अगर आपको वो समझ में न आते हों, तो किसी की मदद लें। इससे आपको कोर्ट में ऐसे दावों का विरोध करने में मदद मिलेगी कि 'मैं इतना ग़रीब हूं कि मैं मेंटिनेंस नहीं दे सकता।' मज़े की बात है कि जब तलाक़ का मामला आता है तो पति रातोंरात दिवालिया हो जाते हैं।
3. अपने आसपास हो रहे प्रॉपर्टी के किसी भी लेनदेन, या बैंक से भारी राशि के ट्रांसफ़र पर नज़र रखें। बहुत से पति अपनी सारी प्रॉपर्टी और संपत्तियां अपने माता-पिता और भाई-बहनों के नाम ट्रांसफ़र करने की जुगत भिड़ाते हैं, ताकि वो कोर्ट में दिखा सकें कि मेंटिनेंस देने के लिए उनके पास कुछ नहीं है।
4. जब आप घरेलू हिंसा या तलाक़ का मुकदमा दायर करती हैं, तो अपने पति के नाम पर मौजूद किसी भी वैयक्तिक संपत्ति के ट्रांसफ़र को तुरंत फ्रीज़ करवाने की मांग करें। आप एक निश्चित सीमा के बाहर होने वाले बैंक के लेनदेन को भी फ्रीज़ करवा सकती हैं, ताकि यह सुनिश्चित हो सके कि पति रातोंरात अपना बैंक खाता ख़ाली न कर दे।

किसी भी दस्तावेज़ पर साइन करने में सतर्कता बरतें। उसे किसी वकील, या वित्तीय सलाहकार, जो भी आवश्यक हो, को दिखाएं। ख़ुद देखने की कोशिश करके और ज़्यादा नुक़्सान उठाने की तुलना में अपने हितों की सुरक्षा के लिए व्यवसायिक लोगों को भुगतान करना बेहतर होगा।

तलाक़, पृथक्करण और अमान्यीकरण में अंतर

ज़रा ठहरें, क्या ये तीनों एक ही नहीं हैं? आम भाषा में ये हो सकते हैं। क़ानूनी भाषा में ऐसा नहीं है।

1. तलाक़: यह एक क़ानूनी प्रक्रिया है जो वैध विवाह को औपचारिक रूप से समाप्त कर देता है। यह मानता है कि एक वैध विवाह हुआ था, मगर अदालती आदेश से वो समाप्त हो गया है।
2. पृथक्करण (सेपरेशन): यह एक औपचारिक प्रबंध है जिसमें एक विवाहित जोड़ा अलग-अलग रहने, मगर क़ानूनन विवाहित बने रहने का फ़ैसला करता है। तलाक़ के विपरीत, क़ानूनी पृथक्करण शादी को समाप्त नहीं करता। पृथक्करण के आधार, और प्रक्रिया तलाक़ जैसी ही हैं। इसमें भी संपत्ति के बंटवारे, कस्टडी और मेंटिनेंस आदि जैसे मुद्दों के निपटान के लिए कोर्ट से पृथक्करण आदेश लेना शामिल होता है।
3. अमान्यीकरण (एनलमेंट): यह विवाह को शून्य या अवैध, मानो यह कभी हुआ ही नहीं था, घोषित करने का क़ानूनी आदेश है। यह क़ानूनी नज़रिए से विवाह को बुनियादी तौर पर मिटा देता है। तलाक़ और पृथक्करण की तुलना में अमान्यीकरण अपेक्षाकृत

बहुत कम होते हैं। इसकी मांग अक्सर तब की जाती है जब शादी में कोई बुनियादी दोष हो।

तो आपके लिए कौन सा विकल्प ठीक है? यह आपकी विशिष्ट स्थिति पर निर्भर करता है।

अगर आप तलाक़ लेना चुनती हैं, तो आप औपचारिक रूप से अपनी शादी को समाप्त कर देती हैं और अपने पति के साथ सभी क़ानूनी बंधन तोड़ देती हैं। अगर आप उस चैप्टर को समाप्त करके पीछे छोड़ देना और ज़िंदगी में आगे बढ़ना चाहती हों, तो तलाक़ लें।

अगर आप और आपके पति फिर से एक होने पर विचार कर रहे हों, मगर कुछ समय अलग रहकर अपने रिश्ते को सुधारना चाहते हों, या जब निजी या धार्मिक कारणों से पृथक्करण का कोई विकल्प न हो, तो आप पृथक्करण या सेपरेशन का विकल्प चुन सकती हैं। पृथक्करण आमतौर पर लंबे समय से विवाहित दंपतियों द्वारा तब चुना जाता है जब वो अलग-अलग अपनी ज़िंदगियां जीना चाहते हैं मगर उन्हें किसी नए रिश्ते में बंधने की ज़रूरत नहीं होती। क़ानूनन शादीशुदा रहने से उन्हें कोई फ़र्क़ नहीं पड़ता। बच्चों वाले दंपती कभी-कभी क़ानूनी सुविधा के लिए तलाक़ की जगह पृथक्करण का विकल्प चुनते हैं।

अगर आपकी विशिष्ट परिस्थिति के लिए क़ानून अनुमति दे और अगर आपकी शादी को एक साल या उससे कम हुआ हो, तभी आप शादी को अमान्य घोषित करवा सकती हैं।

1. अमान्यीकरण के लिए सबसे अहम कारक यह है कि क्या क़ानून के नज़रिए से आपकी शादी को 'अमान्य' या 'अमान्य करणीय' माना जा सकता है। यह इस तरह होता है:
    a. अमान्य: अगर पति-पत्नी में से कोई पहले से विवाहित है (मुस्लिम क़ानून के तहत यह आदमियों पर लागू नहीं होता

है), या अगर पति-पत्नी वर्जित रिश्ते (यानी बहुत क़रीबी रिश्तेदार) के दायरे में आते हों।

b. अमान्य करणीय: इसमें पति/पत्नी की नपुसंकता के कारण वैवाहिक संबंधों का पूर्ण न होना आता है। अगर संबंध बन चुका है तो अमान्य करणीय के बारे में पता लगने के बाद यौन संबंध नहीं बनाने चाहिए।

c. विवाह के समय पत्नी किसी अन्य व्यक्ति से गर्भवती हो।

d. जबरन या धोखे से शादी के लिए सहमति ली गई हो।

2. दूसरा अहम कारक है समय। आप शादी के पहले साल के अंदर, या तभी अमान्यीकरण ले सकते हैं जब यह पता लगते ही आप अलग रहने लगते हैं कि शादी अमान्य/अमान्य करणीय है।

याद रखें, शादी की तरह ही तलाक़ और इसके भाई-बंधु (पृथक्करण और अमान्यीकरण) भी विशिष्ट धार्मिक क़ानूनों द्वारा शासित होते हैं।

भारत में तलाक़ का परिदृश्य

अख़बारों की रिपोर्टों[9] के अनुसार भारत अकेला ऐसा देश है जहां ज़्यादातर तलाक़ की पहल आदमी करते हैं। दूसरे देशों में, ऐसा महिलाएं करती हैं। ऐसे देश के लिए जहां घरेलू हिंसा और वैवाहिक बलात्कार की उच्च दर रिकॉर्ड की जाती है, क्या यह विडंबना भरा नहीं है? इससे हमें पता चलता है कि हम एक ऐसे समाज में रहते हैं जहां महिलाएं एक बुरी शादी से बाहर निकलने की जगह उसमें कष्ट पाती रहती हैं।

इसकी सबसे बड़ी दो वजहें हैं सामाजिक दबाव और पारिवारिक समर्थन का अभाव। लेकिन, मेरी राय में, सबसे बड़ी वजह तो आर्थिक आत्मनिर्भरता का अभाव है। जब कोई महिला स्वतंत्र और आत्मनिर्भर होती है, तो वो अपने परिवार समेत, सारी दुनिया से मोर्चा ले सकती है। लेकिन अगर वो

आर्थिक और भावनात्मक रूप से निर्भर है, तो वो कुछ भी बर्दाश्त करने के लिए मजबूर होगी। इसीलिए, इस किताब में आगे, मैंने महिलाओं के लिए आर्थिक स्वतंत्रता और संपत्ति के मामलों से जुड़े अपने अधिकारों को जानने की ज़रूरत पर बल दिया है।

#मूवी टाइम

फिर से हम *दिल धड़कने दो* पर, और उस सीन पर वापस आते हैं जहां प्रियंका चोपड़ा की पात्र अपने माता-पिता से कहती है कि वो तलाक़ लेना चाहती है। उनकी प्रतिक्रिया इस बात की क्रूर याद दिलाती है कि परिवार किस तरह अपनी बेटियों का साथ देने में नाकाम रहते हैं।

उसके माता-पिता कहते हैं: 'हमारे मेहमान क्या कहेंगे? इस फ़ैमिली में न कभी डाइवोर्स हुआ है, न होगा।'

बात को और बिगाड़ते हुए वो आगे कहते हैं, 'यह मत समझना कि तुम हमारे पास वापस आ जाओगी। अब वो तुम्हारा घर नहीं है।'

अब क्योंकि प्रियंका चोपड़ा की पात्र एक कामयाब बिज़नेसवुमन है जिसकी अपनी आमदनी है, इसलिए वो अपने परिवार का साथ मिले बग़ैर भी डाइवोर्स लेना चुन सकती है।

इस चैप्टर को एक पॉज़िटिव नोट के साथ ख़त्म करते हुए मैं आपको झारखंड के उस पिता के बारे में बताती हूं जिसने अपनी बेटी की घर वापसी पर बारात निकाली थी जिसे कथित रूप से ससुरालवाले यातनाएं दे रहे थे और उसने तलाक़ के लिए मुकदमा कर दिया था।[10]

अपनी फ़ेसबुक पोस्ट में पिता ने लिखा: 'जब आप धूमधाम से अपनी बेटी की शादी करते हैं, और अगर पति और परिवार ग़लत निकलें, या ग़लत हरकतें करें, तो आपको पूरे मान-सम्मान के साथ अपनी बेटी को घर वापस ले आना चाहिए क्योंकि बेटियां अनमोल होती हैं।'

मैं सौ फ़ीसदी सहमत हूं! बारात का वीडियो, जो सोशल मीडिया पर वायरल हुआ था, परिवारों को इस बात की मार्मिक याद दिलाता है कि ख़ुशहाल पड़ोसी से ज़्यादा अहम बेटी का ख़ुशहाल होना है!

याद रखने की बातें

1. शादी की ही तरह, तलाक़ भी धार्मिक क़ानूनों से शासित होता है और इस पर निर्भर करता है कि आपने किस क़ानून के तहत शादी की है। हर धर्म में भिन्न नियम हैं, जिनके आधार पर आप तलाक़ मांग सकती हैं।
2. तलाक़ विवादित या आपसी सहमति से हो सकता है।
3. आजकल आपसी सहमति से तलाक़ लेने को ज़्यादा वरीयता दी जा रही है, क्योंकि ये ज़्यादा जल्दी, अड़चन-मुक्त और कम विषाक्त होता है।
4. बच्चों की कस्टडी सामान्यतया मां को दी जाती है, क्योंकि उसे प्राकृतिक अभिभावक माना जाता है। मगर कोर्ट हमेशा बच्चे के कल्याण को प्राथमिकता देते हैं।
5. मेंटिनेंस और एलिमनी इस आधार पर दिए जाते हैं कि पति-पत्नी में से किसे इसकी ज़्यादा ज़रूरत है। अगर दोनों ही कमाऊ हैं और आर्थिक रूप से स्वतंत्र हैं, तो कोर्ट मेंटिनेंस नहीं भी दे सकता। अगर महिला आर्थिक रूप से अपने पति पर निर्भर है, तो कोर्ट पति को उसे मेंटिनेंस देने के लिए कह सकता है।

पुनर्विवाह

पुनर्विवाह तब होता है जब कोई, जिसकी पहले शादी हो चुकी हो मगर अब वो सिंगल हो (जीवनसाथी की मृत्यु या तलाक़ के कारण), फिर से शादी करे। तलाक़ और पुनर्विवाह धीरे-धीरे हमारे समाज में स्वीकृति पा रहे हैं, ख़ासकर शहरी भारत में। अध्ययन दर्शाते हैं कि फिर से शादी करने वालों में पुरुषों का प्रतिशत स्त्रियों से दोगुना है।[11] स्पष्ट है, हमारे पितृसत्तात्मक समाज में स्त्रियों की अपेक्षा पुरुषों के लिए कहीं अधिक स्वीकृति प्रतीत होती है! इस फ़र्क़ की एक और वजह यह हो सकती है कि अधिकांश औरतें बच्चों के लालन-पालन की ज़िम्मेदारी ले लेती हैं, इससे ऐसा जीवनसाथी ढूंढना मुश्किल हो जाता है जो उनके बच्चों को स्वीकार करे, पुरुषों के मामले में भी यही होता है।

लेकिन पहली बात पहले, क्या भारत में पुनर्विवाह की अनुमति है? हां, बिल्कुल है! किसी भी धर्म में ऐसा कोई क़ानून नहीं है जो पुनर्विवाह पर रोक लगाता हो।

पुनर्विवाह के लिए प्रतीक्षा अवधि क्या है?

1. तलाक: तलाक़ की सूरत में दोनों ही पक्ष प्रतीक्षा अवधि के बाद फिर से शादी कर सकते हैं जो इस तरह है:
   i. विवादित तलाक़ के लिए: जब तलाक़ के आदेश के ख़िलाफ़ अपील दायर करने (यानी चुनौती देने) का समय पूरा हो जाए। यह आमतौर पर तीन महीने का होता है। अगर कोई अपील दायर नहीं की जाती है, तो आप दोबारा शादी करने के लिए आज़ाद हैं। अगर अपील दायर कर दी जाती है, तो पति-पत्नी दोनों को तब तक इंतज़ार करना होगा जब तक कि कोर्ट अपील को ख़ारिज नहीं कर देता (यानी इसे वैध नहीं मानता) या उस पर फ़ैसला नहीं सुनाता।
   ii. आपसी सहमति से तलाक़: इसमें कोई प्रतीक्षा अवधि नहीं होती। दोनों पक्ष जब चाहें दूसरी शादी कर सकते हैं।

2. मृत्यु: पति/पत्नी की मृत्यु हो जाने की स्थिति में क़ानून कोई प्रतीक्षा अवधि निर्धारित नहीं करता है। अकेला बचा व्यक्ति क़ानूनन किसी भी समय दूसरी शादी कर सकता है। विधवाओं के लिए अपनी ज़िंदगी को फिर से पाने में एक अनदेखी बाधा खड़ी करके इस समय समाज ही एक मज़बूत प्रभाव बनकर खड़ा हो जाता है!

ऊपर बताई गई प्रतीक्षा अवधि कमोबेश सब पर समान रूप से लागू होती है, अलावा मुस्लिमों के।

मुस्लिमों के लिए प्रतीक्षा अवधि

चूंकि ज़्यादातर मुस्लिम धार्मिक क़ानून रिवायतों पर आधारित हैं, इसलिए यह थोड़ा सा भिन्न है। इसके अलावा, मुस्लिम रीति-रिवाजों के तहत पुरुषों और महिलाओं के लिए प्रतीक्षा अवधि भिन्न है (दूसरे धर्मों के विपरीत जहां यह दोनों व्यक्तियों के लिए समान होती है)।

महिलाओं के लिए प्रतीक्षा अवधि को इद्दत कहा जाता है। यह परिस्थिति पर निर्भर करता है:

1. पति की मृत्यु होने की स्थिति में महिला को मृत्यु के दिन से चार महीने और दस दिन इंतज़ार करना चाहिए।
2. तलाक़ की सूरत में महिला को तलाक़ की तारीख़ से तीन महीने तक इंतज़ार करना होगा।

पुरुषों के लिए (अनुमान लगाने के लिए कोई पुरस्कार नहीं मिलने वाला!) कोई प्रतीक्षा अवधि नहीं होती।

सोचने की बात

आपको नहीं लगता कि यह बहुत ही ग़लत बात है कि पुरुषों के लिए कोई प्रतीक्षा अवधि नहीं होती? ऐसा इसलिए है कि मुस्लिम पुरुषों को तलाक़ लेने के लिए कोर्ट नहीं जाना होता। वो अपनी धार्मिक परंपरा के अनुसार तलाक़ दे सकते हैं, इसलिए, दूसरे धर्मों की तरह 'अपील करने के समय' जैसा कोई सवाल नहीं होता। शायद अब वक़्त है कि क़ानून को बदला जाए?

मैं पुनर्विवाह कैसे कर कर सकती हूं?

पुनर्विवाह की प्रक्रिया वही है जो पहली बार शादी करने की है। अगर आप विधि-विधान से शादी कर रही हैं, तो पति-पत्नी दोनों पर लागू धार्मिक क़ानून के तहत शादी करनी होगी। अगर आप अंतरधार्मिक या कोर्ट मैरिज कर रही हैं, तो यह स्पेशल मैरिज एक्ट के तहत होगी।

आपको अपने पुनर्विवाह को रजिस्टर करना होगा। रजिस्ट्रेशन की प्रक्रिया भी वही है। एकमात्र फ़र्क़ यह है कि आपको डॉक्युमेंट्स की सूची में अपने तलाक़ के आदेश, या अपने जीवनसाथी का मृत्यु प्रमाणपत्र भी जमा करना होगा।

क्या दूसरी शादी का असर आपके संपत्ति या कस्टडी के अधिकार पर पड़ता है?

अच्छी ख़बर यह है कि दूसरी शादी आपके अधिकारों पर कोई प्रभाव नहीं डालती। एक बार जब तलाक़ हो गया, तो अपने पति और उसके परिवार के

साथ आपके सारे क़ानूनी बंधन ख़त्म हो जाते हैं। तलाक़ के बाद अपने पति की प्रॉपर्टी पर आपका कोई अधिकार नहीं रहता। यह बदलाव आपके तलाक़ के बाद आता है, इसलिए दूसरी शादी का इससे कोई लेना-देना नहीं है।

पुनर्विवाह का बच्चे की कस्टडी के आपके अधिकार पर भी कोई असर नहीं पड़ता। एकमात्र स्थिति जिसमें इस पर असर पड़ सकता है वह होगी कि आपका पूर्व-पति यह कहते हुए कोर्ट में नई अपील दायर करे कि आपकी नई शादी बच्चे के कल्याण को प्रभावित कर रही है। ऐसे मामले में, कोर्ट परिस्थितियों की जांच करेगा। अगर अदालत संतुष्ट है कि बच्चे पर इसका नकारात्मक प्रभाव नहीं पड़ रहा है, तो वो कस्टडी बदलकर बच्चे की ज़िंदगी में उथल-पुथल नहीं मचाएगा।

दिमाग़ी कसरत

तलाक़ की दुविधाएं: पहेली

1. त वि दि वा
2. ह स ति म
3. ता क्रू र
4. रा गु ज़ा त्ता भ
5. डी क स्ट

सहायता:

1. तलाक़ का प्रकार जिसमें दोनों पक्ष अहम मुद्दों पर सहमत नहीं होते।
2. तलाक़ का प्रकार जिसमें दोनों पक्ष सभी शर्तों पर सहमत होते हैं।
3. तलाक़ का आधार जिसमें सख़्त बर्ताव जुड़ा होता है।
4. तलाक़ के बाद पूर्व-जीवनसाथी को दी जाने वाली आर्थिक मदद।
5. बच्चे की देखरेख करने और उससे जुड़े फ़ैसले लेने का क़ानूनी अधिकार।

उत्तर:

1. विवादित 2. सहमति 3. क्रूरता 4. गुज़ारा भत्ता 5. कस्टडी

7

लिव-इन रिलेशनशिप: गठबंधन करें या नहीं?

इस चैप्टर में, हम यह जानेंगे कि आपकी लिव-इन रिलेशिनशिप क़ानूनन कैसे कारगर हो सकती है, कैसे आप स्मार्ट बनें और अपना बचाव करें, और क़ानून आपको क्या अधिकार देता है।

भूमिका

मुझे यक़ीन है आपने यह कहावत तो सुनी होगी 'बरतने पर ही लोगों की सीरत पता लगती है।' डेटिंग के दौरान बेहतरीन बर्ताव करना आसान है, लेकिन साथ रहने पर आप कब तक मुलम्मा चढ़ाए रख सकते हैं? कुछ ही दिन में बेड पर गीला तौलिया फेंकने की हसरत फूट ही पड़ती है! तो, क्यों न पानी में उतरने से पहले उसकी थाह ले ली जाए?

आज के नौजवान इस अवधारणा को समझ रहे हैं और बहुत से शादी से पहले साथ रहने, या लिव-इन रिलेशनशिप को ही स्थायी संबंध के रूप में अपनाना पसंद कर रहे हैं। साधारण भाषा में, लिव-इन रिलेशनशिप वयस्कों के बीच आपसी सहमति से बनाया गया संबंध है, जो शादी के समान है मगर इसमें औपचारिक रीति-रिवाज या रस्में शामिल नहीं होतीं। वास्तव में, 140,000 मिलेनियल युवाओं पर किए एक सर्वे[1] में 80 प्रतिशत ने लिव-इन रिश्तों का समर्थन किया था।

तो क्या लिव-इन रिलेशनशिप विवाह संस्था का स्वीकार्य विकल्प है? क्या ये वैध हैं? क्या आप अपनी इच्छा से इसे शुरू या ख़त्म कर सकते हैं? अगर आप विपरीत लिंग के किसी दोस्त के साथ रह रही हैं (फ़्लैटमेट की तरह, किसी रोमांटिक रिश्ते के बग़ैर) तो? क्या इसे लिव-इन रिलेशनशिप माना जाएगा?

कहानी फ़िल्मी है

2019 की बॉलीवुड फ़िल्म *लुका छुपी* में, जो लिव-इन रिलेशनशिप के मुद्दे पर बनी थी, लड़के-लड़की को प्यार हो जाता है। जब लड़का प्रपोज़ करता है तो लड़की फ़ैसला करती है कि वो पहले साथ रहकर देखना चाहती है। वो एक फ़्लैट किराए पर लेते हैं और बीस दिन एक शादीशुदा जोड़े की तरह रहते हैं। वो अपने मकानमालिक से झूठ बोलते हैं और शादी के नक़ली फ़ोटो तक लगा लेते हैं।

हालांकि फ़िल्म में तो यह मज़ेदार लगता है, मगर देखते हैं कि उनके रिश्ते का क़ानूनी स्टेटस क्या होगा।

इसकी वैधता को देखने से पहले, आपके लिए एक मज़ेदार क्विज़ है। नीचे दिए गए कथनों का सही या ग़लत में जवाब दें:

1. लिव-इन रिलेशनशिप ग़ैरक़ानूनी हैं।
2. साथ रहने का मतलब लिव-इन रिलेशनशिप में होना है।
3. शादी से पहले अस्थायी प्रयोग के तौर पर तो लिव-इन रिलेशनशिप ठीक है, लेकिन यह स्थायी रिश्ता नहीं हो सकता।
4. लिव-इन रिलेशनशिप से जन्मे बच्चे नाजायज़ होते हैं।
5. लिव-इन जोड़े की एक दूसरे के प्रति कोई ज़िम्मेदारी नहीं होती।

आपने इनमें से कितने सवालों के जवाब में सही कहा? सच तो यह है कि ये सभी कथन ग़लत हैं! ये मिथक हैं, जिन्हें हम दूर करने वाले हैं।

यह चैप्टर भारत में लिव-इन रिलेशनशिप की वैधता और स्थिति के बारे में आपके सवालों के जवाब देगा, और इसका भी कि अगर आप इस रिश्ते में हैं तो किस तरह अपने अधिकारों को सुरक्षित कर सकती हैं।

सबसे पहली बात। क्या यह वैध है?

जवाब है हां और नहीं। यह वैध है, लेकिन जैसा कि क़ानून में सब चीज़ों के साथ होता है, इसका जवाब कभी भी सीधा सरल 'हां' या 'नहीं' नहीं हो सकता। शर्तें हमेशा लागू होती हैं!

भारत में अभी तक लिव-इन रिलेशनशिप के बारे में कोई क़ानून नहीं है। हैरानी हुई? होनी भी चाहिए, यह देखते हुए कि हम 2020 के दशक में जी रहे हैं! लेकिन सुप्रीम कोर्ट हमारे बचाव में आया है और उसने अपने फ़ैसलों के रूप में लिव-इन रिलेशनशिप को लेकर एक 'क़ानून' बनाया है। 2010 में कोर्ट ने लिव-इन रिलेशनशिप को (*एस. ख़ुशबू बनाम कन्नियाम्मल* केस में) क़ानूनी क़रार दिया। तब से ही क़ानून मानता है कि वयस्क लोगों के शादी करके या बिना शादी किए साथ रहने पर कोई प्रतिबंध नहीं होगा। सॉरी, नाक-घुसाऊ पड़ोसियों, आप अपनी 'नैतिकता' थोपने की कोशिश कर सकते

हैं, मगर क़ानूनी फ़ैसला स्पष्ट है! केवल इसलिए कि आप इसे नैतिक रूप से ग़लत मानते हैं, यह क़ानूनन ग़लत नहीं हो जाता!

क्या मकानमालिक लिव-इन जोड़े को किराएदार के तौर पर मना कर सकते हैं?

कई मकानमालिक ऐसे जोड़ों को अपना घर किराए पर देने से मना कर देते हैं जो लिव-इन रिलेशनशिप में होते हैं। हाउसिंग सोसाइटियों में भी ऐसे नियम होते हैं जो मकानमालिकों के अविवाहित जोड़ों या बैचलर्स को किराए पर मकान देने पर रोक लगाते हैं।

क्या यह वैध है? टेक्नीकली देखें तो नहीं है। लिव-इन रिलेशनशिप को सुप्रीम कोर्ट ने वैध और चयन के अधिकार के रूप में मान्यता दी है। इसलिए संबंधों के स्टेटस के आधार पर किसी को लिव-इन जोड़ों को किराए पर मकान देने से मना नहीं करना चाहिए।

ऊपर दर्शाई गई स्थिति में आपका क़ानूनी अधिकार क्या है?

अगर आप ऐसी किराएदार हैं जिसे आपके रिश्ते के स्टेटस के आधार पर आवास देने से इंकार किया गया है, तो आप भेदभाव के आधार पर मकानमालिक के ख़िलाफ़ मुकदमा कर सकती हैं।

अगर आप मकानमालिक हैं और आपका हाउसिंग कॉम्प्लेक्स आपको किसी लिव-इन जोड़े को अपना मकान किराए पर देने से रोकता है, तो आप इसे कोर्ट में चुनौती दे सकती हैं।

मगर मैं क़ानूनी राह पर जाने की सिफ़ारिश नहीं करूंगी, जब तक कि आपको अपने मक़सद पर पुख़्ता यक़ीन न हो और आप इस पर अपना समय और पैसा ख़र्च करने को तैयार न हों। अगर आप ऐसा कामकाजी जोड़ा हैं जिसे रहने की जगह तलाशने में परेशानी पेश आ रही है, तो सोच-समझकर अपनी लड़ाई चुनें, क्योंकि हमारी अदालती प्रक्रिया बहुत थकाऊ, धीमी और

जटिल है। आपको इंसाफ़ मिल भी सकता है और नहीं भी मिल सकता, और पक्का इसमें बहुत देर लगेगी।

दुखद ज़मीनी हक़ीक़त यह है कि क़ानूनी बदलाव हमेशा सामाजिक बदलावों में तब्दील नहीं होते हैं। हमारे समाज के यह स्वीकार करने से पहले हमें अभी एक लंबा रास्ता तय करना है कि लिव-इन रिलेशनशिप निजी चयन है, कि इसमें कुछ भी नाजायज़ या अनैतिक नहीं है। तब तक, शायद बॉलीवुड फ़िल्म *लुका छुपी* से कोई तरकीब चुराई जा सकती है?

वैध लिव-इन रिलेशनशिप के लिए मापदंड

इसके लिए केवल दो आवश्यकताएं हैं कि दोनों पार्टनरों की उम्र विवाहयोग्य हो (यानी, वो बालिग़ हों) और वो अविवाहित हों।

मैं जानती हूं कि यह अविश्वसनीय सा लगता है! तो पेंच क्या है?

पेंच यह है कि हालांकि आप साथ रह सकते हैं, लेकिन अगर आप पार्टनरों के तौर पर क़ानूनी अधिकार चाहते हैं, तो आपका रिश्ता 'पर्याप्त रूप से अधिकृत' होना चाहिए। इसे क़ानून की निगाह में 'विवाह के समान उपयुक्त' माना जाए।

लेकिन हर लिव-इन रिलेशनशिप को विवाह की तरह नहीं माना जा सकता। विवाह की तरह माने जाने के लिए सुप्रीम कोर्ट ने लिव-इन रिलेशनशिप के लिए कुछ ख़ास मापदंड निर्धारित किए हैं।[2]

आप अपने लिव-इन रिलेशनशिप को किस तरह 'पर्याप्त रूप से अधिकृत' बना सकती हैं?

1. अधिकृत रूप से लिव-इन पार्टनरों की तरह रहें: अगर आप छिपकर साथ रहते हैं और सिंगल होने का दिखावा करते हैं तो आपका रिश्ता अवैध तो नहीं होगा, मगर इसे विवाह की तरह नहीं माना जाएगा।

2. पर्याप्त रूप से लंबे समय तक साथ रहें: अवधि को स्पष्ट नहीं किया गया है और यह हर मामले के अनुरूप भिन्न हो सकता है। मगर, यह माना जा सकता है कि कुछ हफ़्ते पर्याप्त नहीं हो सकते।
3. एक घर में साथ रहें: लिव-इन रिलेशनशिप का सार ही यह है!
4. साझा करें: जोड़े को किसी विवाहित दंपती की तरह एक दूसरे को सपोर्ट करने के लिए अपने संसाधनों और वित्तीय प्रबंधों को पूल करना चाहिए।
5. संबंध बनाएं, मगर भावनाओं के साथ: जोड़े के बीच सेक्शुअल संबंध होने चाहिए, लेकिन केवल शारीरिक सुख के लिए नहीं बल्कि एक शादीशुदा जोड़े की तरह अंतरंगता और भावात्मक संबंध के लिए भी।
6. घर के सुख भोगें: जोड़े को मिलकर घर चलाना चाहिए और घरेलू कामों का प्रबंध करना चाहिए, शायद कुछ ऐसे 'तुम बर्तन धोओ; मैं टीवी देखूंगी।'
7. बच्चे पैदा करें और ज़िम्मेदारी बांटें: यह जोड़े की गंभीरता का मज़बूत संकेत है, लेकिन अनिवार्य आवश्यकता नहीं है। साथ ही, बात बस बच्चे पैदा करने की नहीं, बल्कि उनकी परवरिश की भी है। जैसा कि बॉलीवुड फ़िल्म *पा* में विद्या बालन की पात्र कहती है, 'केवल इसलिए तुम बाप नहीं बन जाते कि तुमने मुझे अपना स्पर्म दिया है।'
8. जोड़े का लक्ष्य: इस रिश्ते को विवाह की तरह केवल तभी माना जा सकता है जब पार्टनरों का *लक्ष्य* इसे लंबे समय तक चलाना हो।

संक्षेप में, पार्टनरों को किसी विवाहित दंपती की तरह ही रहना चाहिए। एकमात्र फ़र्क़ धार्मिक रस्मों या शादी का रजिस्ट्रेशन करने की कमी है।

यह क्यों अहम है? जब तक आपके लिव-इन रिलेशनशिप को विवाह की तरह नहीं माना जाता, आप उन 'अधिकारों' के हक़दार नहीं होंगे जो एक विवाहित व्यक्ति के पास होते हैं।

याद रखें, ऊपर दिए गए बिंदु कोर्ट द्वारा जारी की गई गाइडलाइंस हैं, जो भावी फ़ैसलों में भूमिका निभाएंगी। मगर ये अटल क़ानून नहीं हैं।

लिव-इन रिलेशनशिप में मेरे क्या अधिकार होंगे?

चूंकि भारत में लिव-इन रिलेशनशिप के लिए कोई क़ानून नहीं है, इसलिए ऐसे रिश्तों में महिलाओं के अधिकारों को अधिनियमों और सुप्रीम कोर्ट के निर्णयों के आधार पर निकाला गया है। इसे विस्तार से समझते हैं:

1. घरेलू हिंसा के ख़िलाफ़ अधिकार: महिला पार्टनर को घरेलू हिंसा अधिनियम (जिसे चैप्टर 3 में विस्तार से बताया गया है) के तहत शारीरिक, भावनात्मक, सेक्शुअल और आर्थिक शोषण से संरक्षित किया गया है। इस स्थिति में लागू होने वाले क़ानून घरेलू हिंसा अधिनियम और बीएनएस की धाराएं 85, 86 होंगी।

   मगर, सुप्रीम कोर्ट के एक निर्णय (*इंदिरा शर्मा बनाम वी.के. वी शर्मा*) के मुताबिक़, अगर आप किसी विवाहित पुरुष के साथ लिव-इन रिलेशनशिप में हैं, और आप जानती हैं कि वो विवाहित है, तो घरेलू हिंसा के ख़िलाफ़ आपके अधिकारों की कोई गारंटी नहीं है।
2. मेंटिनेंस का अधिकार: अगर आप अपने पार्टनर पर आश्रित हैं और आपकी कोई आय नहीं है (या पर्याप्त आय नहीं है) तो आप उससे मेंटिनेंस, यानी वित्तीय सहायता, की मांग कर सकती हैं। ऐसा घरेलू हिंसा अधिनियम और बीएनएस की धाराओं 85, 86 के ज़रिए मुमकिन है।
3. साझा घर का अधिकार: अपने संयुक्त घर में रहने का आपका बराबरी का अधिकार है। आपका पार्टनर अपनी झोंक या सनक के

आधार पर आपको उसे छोड़ने के लिए नहीं कह सकता। इस केस में लागू क़ानून घरेलू हिंसा अधिनियम है।

लिव-इन रिलेशनशिप में संपत्ति के मेरे क्या अधिकार हैं?

लिव-इन रिलेशनशिप में संपत्ति के अधिकार अस्पष्ट हैं, क्योंकि इसके लिए कोई संहिताबद्ध क़ानून नहीं है। हमारे पास केवल कुछ अदालती फ़ैसले हैं, और वो भी केस-विशिष्ट हैं। मगर, इन फ़ैसलों से हम नीचे दिए गए अनुमान निकाल सकते हैं:

1. लिव-इन पार्टनर अगर दीर्घकालिक रिश्ते में हैं जिसे विवाह के समान माना जा सकता है, तो वो एक दूसरे से विरासत पा सकते हैं।
2. लिव-इन रिलेशनशिप से जन्मे बच्चे विरासत में अपने माता-पिता की संपत्ति पा सकते हैं। मगर यह स्पष्ट नहीं है कि वो परिवार के अन्य सदस्यों (जैसे, दादा-दादी/नाना-नानी, मामा-चाचा, बुआ-मौसी आदि) की संपत्ति में उत्तराधिकार पा सकते हैं या नहीं।

ऊपर दिए गए अनुमान संहिताबद्ध क़ानून नहीं, बस व्याख्याएं हैं। आप इनसे कुछ सुकून हासिल कर सकती हैं, लेकिन यह कोई गारंटी नहीं है। मैं सलाह दूंगी कि आप अपने पार्टनर, या बच्चों के पक्ष में वसीयत या उपहार विलेख (गिफ़्ट डीड) निष्पादित कर दें ताकि वो अपनी विरासत को गंवा न दें।

मेरे पास लिव-इन रिलेशनशिप से बाहर निकलने के क्या विकल्प हैं?

माना जाता है कि बॉलीवुड जोड़ियां रणबीर कपूर-कैटरीना कैफ़ और बिपाशा बसु-जॉन अब्राहम कई साल तक लिव-इन रिलेशनशिप में रहे थे। जब उनके रिश्ते ख़त्म हुए, तो आपको क्या लगता है क्या हुआ होगा?

शादी के विपरीत, जहां तलाक़ के रूप में बाहर निकलने की एक स्पष्ट प्रक्रिया है, लिव-इन रिलेशनशिप में ऐसा कोई क़ानून नहीं है। इसका मतलब

है कि जोड़ा जो चाहे कर सकता है, चाहे फिर एक पार्टनर अचानक रिश्ते से निकलने का फ़ैसला क्यों न कर ले। लिव-इन रिलेशनशिप में रहने का यही फ़ायदा और नुकसान है। हालांकि यही लचीलापन कुछ जोड़ों को इस अरेंजमेंट की ओर खींचता है, लेकिन यह उस व्यक्ति के लिए अनुचित भी हो सकता है जो अधिक सुरक्षा चाहता है।

ब्रेक-अप की स्थिति में आप ख़ुद को कैसे बचा सकती हैं?

बदक़िस्मती से, अगर लिव-इन रिलेशनशिप ख़त्म होती है तो क़ानून किसी भी पार्टनर को कोई सुरक्षा या संरक्षण प्रदान नहीं करता है। सुरक्षा की यह कमी महिलाओं को सबसे ज़्यादा प्रभावित करती है, क्योंकि महिला पार्टनर आमतौर पर पुरुष पार्टनर पर अधिक निर्भर होती है। अगर पुरुष रिश्ते से बाहर निकलने का फ़ैसला करता है, तो वो अधर में लटकी रह जाती है।

इसीलिए आपको इस बारे में स्मार्ट बनना होगा और अपनी सुरक्षा करनी होगी। आपकी सहायता के लिए एक गाइड दी जा रही है।

लिव-इन रिलेशनशिप में स्मार्ट महिलाओं के लिए आत्म-सुरक्षा गाइड

1. जानें कि आप किस स्थिति को स्वीकार कर रही हैं: आप जानती हैं कि लिव-इन रिलेशनशिप लचीली होती हैं और इनमें किसी तरह की क़ानूनी सुरक्षा निहित नहीं होती। अगर इस तरह का अरेंजमेंट आपके लिए कारगर है, तभी इसमें क़दम रखें। अगर आपको अधिक सुरक्षा चाहिए, तो आपके लिए शादी करना कहीं बेहतर होगा। आप वो रास्ता चुनें जिसमें *आप* सहज महसूस करें।
2. ख़ुद को आर्थिक रूप से सुरक्षित करें: अगर आप कामकाजी हैं, तो अपनी आय को इस तरह व्यवस्थित करें कि आप आत्मनिर्भर और

सुरक्षित रहें। अगर आप आर्थिक रूप से अपने लिव-इन पार्टनर पर निर्भर हैं, तो सुनिश्चित करें कि वो आपको किसी तरह की सुरक्षा प्रदान करे। यह आपके नाम पर बैंक में पैसे जमा करने, फ़िक्स्ड डिपॉज़िट/म्यूचुअल फ़ंड, ज्वेलरी, कैश या प्रॉपर्टी के रूप में हो सकता है। भगवान न करे, अगर आप ख़ुद को कभी ऐसी स्थिति में पाएं जिसमें आपका रिश्ता चल न पा रहा हो, तो आप अपना ख़र्च तो उठा सकेंगी।

3. प्रॉपर्टी एवं दूसरे लाभ: अगर आप दीर्घकालिक रिश्ते में हैं (शादी के समान), तो आपको यह सुनिश्चित करना चाहिए कि आप दोनों एक दूसरे की संपत्ति के वारिस हों। ऐसा आप एक दूसरे के नाम वसीयत लिखकर कर सकते हैं। आप सभी बैंकिंग और निवेश संबंधी काग़ज़ात में एक दूसरे को लाभार्थी बनाकर भी ऐसा कर सकते हैं। अगर पॉलिसी अनुमति देती हो तो अपने जीवन बीमा में भी एक दूसरे का नाम शामिल करें।
4. पॉवर ऑफ़ अटॉर्नी: आपके मौजूद न होने या अक्षम होने की सूरत में एक जनरल पॉवर ऑफ़ अटॉर्नी दूसरे व्यक्ति (अटॉर्नी) को आपकी ओर से काम करने का अधिकार देती है। आप और आपके पार्टनर एक दूसरे के पक्ष में जीपीए बना सकते हैं। इससे अपने पार्टनर की अनुपस्थिति में आपको उसकी वित्तीय संपत्ति की देखरेख करने और उस पर कार्रवाई करने का अधिकार मिल जाएगा।
5. सुनिश्चित करें कि आपका पार्टनर पहले से शादीशुदा न हो! उसकी बैकग्राउंड की जांच करें, ज़रूरी हो तो कोई प्राइवेट डिटेक्टिव रखें! आपने देखा होगा कि शादीशुदा आदमी के साथ रिलेशनशिप में रहने वाली महिलाओं के साथ कोर्ट कैसे पेश आता है। वो उसे कोई अधिकार नहीं देता!

याद रखें, ऊपर दिए गए सारे टिप्स दोनों पार्टनरों को एक दूसरे पर अधिकार प्रदान करेंगे। और हम सब जानते हैं कि ज़्यादा शक्तियों के साथ ज़्यादा ज़िम्मेदारियां भी जुड़ी होती हैं। इसलिए, किसी ऐसे व्यक्ति के साथ ही लिव-इन रिलेशनशिप में दाख़िल हों, जिस पर आपको पूरा भरोसा हो।

व्यावसायिक सलाह: अगर आपके रिश्ते में कुछ बदलता है, या आप अनिश्चित हो जाती हैं, तो अपने क़ानूनी दस्तावेज़ों में कभी भी सुधार कर सकती हैं या उन्हें रद्द कर सकती हैं। आपको इसका ख़र्च तो उठाना पड़ेगा, मगर यह ख़र्च झेलना एक ग़ैरभरोसेमंद पार्टनर को अपना फ़ायदा उठाने देने से बेहतर होगा।

लिव-इन रिलेशनशिप से जन्मे बच्चों का भविष्य?

बच्चे अपनी मर्ज़ी से पैदा नहीं होते हैं; उनके माता-पिता उन्हें इस दुनिया में लाने का फ़ैसला करते हैं। इसलिए क़ानून हमेशा यह सुनिश्चित करता है कि, चाहे जो भी हो, अपनी परिस्थितियों के कारण बच्चे कभी मुश्किलें न झेलें। सुप्रीम कोर्ट ने यह एकदम स्पष्ट कर दिया है कि लिव-इन रिलेशनशिप से जन्मे बच्चों को जायज़ माना जाएगा और वो उन सब अधिकारों के हक़दार होंगे जो विवाह से उत्पन्न बच्चों को मिलते हैं।

लिव-इन रिलेशनशिप से जन्मे बच्चों के अधिकार

1. माता-पिता की जायज़, बायोलॉजिकल संतान की तरह बर्ताव किए जाने का अधिकार।
2. माता-पिता के वैध उत्तराधिकारी के तौर पर उनकी संपत्ति में वारिसाना हक़।
3. कोपार्सनर (सहदायिक/हमवारिस) के रूप में संयुक्त परिवार की संपत्ति में हिस्सा पाने का अधिकार (हिंदुओं के मामले में अधिक जानकारी पाने के लिए *'धन दा मामला'* शीर्षक के चैप्टर को देखें)।

4. माता-पिता से देखभाल और संरक्षण पाने का अधिकार। हर बच्चे को यह अधिकार प्राप्त है, जो कि संरक्षण और प्रतिपाल्य अधिनियम के तहत आता है।
5. उन्हें विवाहित माता-पिता से जन्मी संतान के समान व्यवहार पाने का अधिकार है।

अगर मेरा लिव-इन पार्टनर पहले से शादीशुदा है तो?

सुप्रीम कोर्ट ने एक बहुत ही विवादास्पद निर्णय में (*इंदिरा शर्मा बनाम वी.के. वी. शर्मा*) कहा है कि अगर किसी महिला को अपने लिव-इन पार्टनर के शादीशुदा होने के बारे में जानकारी है, तो लिव-इन में उसे लगभग कोई अधिकार हासिल नहीं होंगे, घरेलू हिंसा अधिनियम के तहत सुरक्षा तक नहीं। मेंटिनेंस और संपत्ति के अधिकार तो आकाश-कुसुम हैं।

सच्ची कहानी

विजय (नाम परिवर्तित) की अपनी पत्नी विनीता (नाम परिवर्तित) से दो बेटियां हैं। विजय का एक दूसरी महिला रेनी (नाम परिवर्तित) के साथ अफ़ेयर हो जाता है। अंततः विजय और रेनी लिव-इन रिलेशनशिप में रहने लगते हैं और उनका एक बेटा हो जाता है।

रेनी को विजय की शादी के बारे में पता था, लेकिन वो विजय के प्यार में पागल थी और उसे इससे कोई फ़र्क़ नहीं पड़ता था। वो शादीशुदा जोड़े की तरह रहते थे और सब अच्छा चल रहा था। एक दिन, जब उनका बेटा पांच साल का था, तब विजय को अहसास हुआ कि उसका अपनी बीवी और बेटियों के प्रति भी फ़र्ज़ है। विजय अचानक रेनी के साथ अपना रिश्ता ख़त्म करके चल दिया। और तो और, उसने उसे उस घर से बाहर निकाल देने की भी धमकी दी जिसमें वो रहते थे।

रातोंरात रेनी लगभग बेघर और सिंगल मां हो गई। रेनी क्या कर सकती है?

अगर विजय और रेनी एक वैध लिव-इन रिलेशनशिप में होते, यानी जिसमें विजय शादीशुदा नहीं होता, तो रेनी को उस घर में रहने का अधिकार होता जिसमें वो और विजय रहते थे, साथ ही मेंटिनेंस पाने का अधिकार भी होता। मगर विजय की वैवाहिक स्थिति के चलते उनके रिश्ते को क़ानून की नज़र में वैध नहीं माना जाएगा। ऐसे केस में रेनी को इस चैप्टर में पहले दी गई स्मार्ट महिलाओं की गाइड में दिए गए क़दमों का पालन करना चाहिए।

अहम नुक़्ता यह है कि किसी शादीशुदा आदमी के साथ लिव-इन रिलेशनशिप में न पड़ें। नैतिक कारणों से नहीं, बल्कि क़ानूनी कारणों से। अगर आप ऐसा कर रही हैं, तो यह पक्का करें कि आप ख़ुद को भरपूर सुरक्षित कर लें, भले ही आपको बेइंतहा प्यार हो। अगर आपको उसके विवाहित होने की जानकारी नहीं थी, और आपको धोखे में रखा गया था, तो यह फ़ैसला आप पर लागू नहीं होगा। उस स्थिति में आप अपने अधिकारों की मांग कर सकती हैं।

सोचने की बात

क्या यह मायने रखना चाहिए कि महिला को अपने लिव-इन पार्टनर की शादी के बारे में पता होना चाहिए, ख़ासकर जब सवाल यह हो कि वो अपने अधिकार पाने की हक़दार है या नहीं?

लिव-इन रिलेशनशिप में क्या आपका धर्म मायने रखता है?

हुआ कुछ यूं कि सुप्रीम कोर्ट के सभी बड़े फ़ैसले, जिन्होंने लिव-इन रिलेशनशिप के बारे में गाइडलाइन और क़ानून निर्धारित किए हैं, दो हिंदुओं के लिव-इन रिलेशनशिप पर दिए गए थे। लेकिन, याद है न, पर्सनल क़ानून आपके धर्म पर आधारित होते हैं? इसलिए, यह अस्पष्ट है कि ये क़ानून मुसलमानों, ईसाइयों या अन्य धर्मों के लोगों पर भी लागू होंगे।

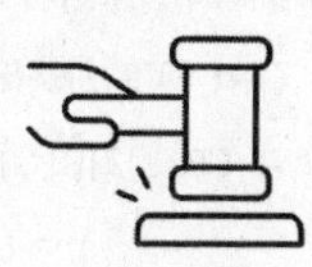

इलाहाबाद हाई कोर्ट ने अंतरधार्मिक जोड़े की अपनी लिव-इन रिलेशनशिप को सुरक्षा देने की याचिका को अस्वीकार किया[3]

लिव-इन रिलेशनशिप में रह रहे एक युवा, अंतरधार्मिक जोड़े ने कोर्ट से मांग की थी कि उन्हें उनके परिवारों से पुलिस सुरक्षा प्रदान की जाए जिन्हें उनके रिश्ते पर आपत्ति थी। इलाहाबाद हाई कोर्ट ने उनके रिश्ते को गंभीरता से लेने से इंकार कर दिया और उन्हें सुरक्षा प्रदान नहीं की। कोर्ट ने कहा कि हम इस जोड़े से यह अपेक्षा नहीं कर सकते कि दो महीने की अवधि में, बाईस साल की कम उम्र में, उन्होंने ऐसे अस्थायी संबंध पर गंभीरता से सोचा होगा। कोर्ट ने जोड़े से कहा कि वो शादी करके अपनी गंभीरता साबित करे। तब तक, वो कोई कार्रवाई नहीं करेगा।

हालांकि यह मामला अंतरधार्मिक लिव-इन जोड़े के बारे में था, मगर फ़ैसले से ऐसा लगता है कि यहां अंतरधार्मिक पहलू पर ध्यान नहीं दिया गया था। बल्कि, सारा फ़ोकस जोड़े की आयु पर था।

आप इस फ़ैसले के बारे में क्या सोचती हैं? क्या आपको लगता है कि वो जोड़ा इतना कम उम्र था कि अपने रिश्ते को गंभीरता से नहीं ले सकता था? या आपको लगता है कि उम्र और अवधि मायने नहीं रखती? अगर उन्हें पता है, तो उन्हें पता है।

भले ही क़ानून ऐसा दर्शाता है कि वो लिव-इन रिलेशनशिप को स्वीकृति देता है, मगर अभी बहुत कुछ किया जाना शेष है। इसमें बहुत सी कमियां और अस्पष्टताएं हैं। इसलिए, हालांकि लिव-इन रिलेशनशिप को विवाह की तरह ही स्वीकार किया जाता है, मगर उन्हें उसी स्तर का नहीं माना जाता, ख़ासकर जब बात क़ानूनी अधिकारों की आती है।

अगर लिव-इन में रहना आपकी चाह है, तो शौक़ से रहें। अपने फ़ैसले के लिए किसी को ख़ुद को जज न करने दें, लेकिन इसी के साथ, यह फ़ैसला लेने पर किसी को अपना फ़ायदा भी न उठाने दें। इस बारे में स्मार्ट बनें और अपना बचाव करें।

ध्यान रखने की बातें

1. लिव-इन रिलेशनशिप तभी वैध होती है जब दोनों वयस्क विवाहयोग्य उम्र के हों और कोई भी विवाहित न हो।
2. लिव-इन रिलेशनशिप में अपने अधिकार हासिल करने के लिए आपको कुछ ख़ास मापदंड पूरे करने होंगे ताकि यह विवाह के समान माना जाए। हरेक लिव-इन रिलेशनशिप को विवाह जैसे रिश्ते के बराबर नहीं माना जा सकता।
3. लिव-इन रिलेशनशिप से जन्मे बच्चे वैध होते हैं और उनके पास क़ानूनी अधिकार होते हैं।
4. जायज़ लिव-इन रिलेशनशिप में रहने वाली महिलाओं के पास घरेलू हिंसा के ख़िलाफ़ अधिकार होते हैं, और वो मेंटिनेंस और साझा घर की मांग कर सकती हैं।
5. अगर क़ानून आपको सुरक्षा नहीं देता है, **तो अपनी सुरक्षा ख़ुद करें।**

8

धन दा मामला: पछताने से बेहतर है प्लान करें

यह चैप्टर संपत्ति में आपके उत्तराधिकार को समझने में, और यह जानने में भी आपकी मदद करेगा कि किन तरीक़ों से आप उसे हासिल कर सकती हैं, और कैसे अपनी संपत्ति के उत्तराधिकार की योजना बना सकती हैं।

भूमिका

क्या आप जानती हैं कि ज़्यादातर महिलाएं नाख़ुशगवार विवाहों में क्यों बनी रहती हैं? इसकी मुख्य वजह हैं सामाजिक दबाव और आर्थिक स्वतंत्रता का अभाव। जहां आदमियों से अपेक्षा की जाती है कि वो अपने धन का प्रबंधन करना सीखें, वहीं औरतों से उम्मीद की जाती है कि वो कोई ऐसा आदमी ढूंढें जो धन का प्रबंध कर सकता हो! नतीजतन, वो पैसे के मामलों में अपने पिताओं, पतियों या भाइयों (बुनियादी रूप से परिवार के पुरुष सदस्य) पर निर्भर हो जाती हैं।

#मूवी टाइम

फ़िल्म *इंग्लिश विंग्लिश* में श्रीदेवी की किरदार शशि एक उद्यमी है जो घर के बने लड्डू और दूसरी मिठाइयां बेचती है। उसके पास उसकी अपनी बचत है जिससे वो अमेरिका में इंग्लिश भाषा की क्लासों की फ़ीस देती है। इन क्लासों के ज़रिए वो अपनी पहचान बना पाती है, और सबसे अहम अपने पति और बेटी की इज़्ज़त हासिल करती है। अगर शशि के पास बचत नहीं होती और उसे अपने पति से पैसे मांगने पड़ते, तो शायद वो इन क्लासों के लिए मना कर देता और वो अपनी ज़िंदगी बदल देने वाले मौक़े को हासिल करने से चूक जाती!

शशि से हम यह सीख सकते हैं कि चाहे आप होममेकर हों, उद्यमी हों, नौकरीपेशा हों, पारिवारिक बिज़नेस में काम करती हों या चांद पर उतरने के लिए अंतरिक्षयान बना रही हों, आपको किसी न किसी रूप में आर्थिक स्वतंत्रता पाने की कोशिश करनी चाहिए।

महिलाओं के लिए आर्थिक स्वतंत्रता क्यों ज़रूरी है?

संक्षिप्त सा जवाब है, यह पक्का करने के लिए कि आप अपनी ज़िंदगी के फ़ैसले ले सकें। आर्थिक स्वतंत्रता के साथ आती है भावनात्मक स्वतंत्रता।

जब आप अपने पैसों का प्रबंधन करने लगती हैं, तो आपके अंदर अपने फ़ैसले ख़ुद लेने का, स्वतंत्र रूप से सोचने का, और सबसे अहम, खुलकर जीने का आत्मविश्वास आता है।

आप सोच रही होंगी कि मैं आपके अपने पैसे के प्रबंधन की अहमियत की बातें क्यों कर रही हूं? क्योंकि पिंक लीगल में आने वाले मामलों में मैंने एक स्पष्ट ट्रेंड देखा है। जब महिला आर्थिक रूप से स्वतंत्र होती है, तो वो एक नाख़ुशगवार या अपमानजनक विवाह से बाहर निकलने में सक्षम होती है। जब वो स्वतंत्र नहीं होती तो अपने क़ानूनी अधिकार जानने के बाद भी ख़ामोशी से कष्ट झेलती रहती है। ज़्यादातर मामलों में, अगर वो अपने पति को छोड़ देती है, तो उसके पास जाने को कोई जगह नहीं होती। हमेशा वो अपने माता-पिता के घर नहीं लौट सकती। वो अपने दिन-प्रतिदिन की ज़रूरतें कैसे पूरी करेगी? वो अपने बच्चों की परवरिश कैसे करेगी? बेघर और पैसे-पैसे को मोहताज होने और सिर पर छत होने के बीच उसके पास दूसरे विकल्प को चुनने के अलावा और कोई रास्ता नहीं होता।

कोई भी इस आशंका के साथ आंख नहीं खोलता है कि मुश्किलें आन पड़ेंगी या कि उसकी मृत्यु हो जाएगी। मगर फिर भी हम बीमा लेने जैसे क़दम उठाते हैं। आर्थिक स्वतंत्रता को भी अपना बीमा ही मानें। यह न केवल आपको एक मज़बूत और आत्मनिर्भर व्यक्ति बनाएगी, बल्कि मुश्किल वक़्त आने पर आपका सहारा भी बनेगी।

एक होममेकर आर्थिक रूप से आत्मनिर्भर कैसे बन सकती है?

अगर आपके परिवार के सदस्य आपकी ज़रूरतों को पूरा करते हैं, तो ज़रूरत होने पर उनसे पैसे मांगने की जगह (जैसे कॉफ़ी के लिए 200 रुपये या शॉपिंग के लिए 1000 रुपये) एक मासिक अलाउंस तय कर लें जो आपको हर महीने के शुरू में मिल जाए, वेतन की तरह। यह राशि पूरे महीने के लिए आपकी होगी। आप तय करेंगी कि इसे कैसे इस्तेमाल करें और सुनिश्चित करें कि यह पूरे महीने चल जाए! शशि की दुनिया में, वो इसे अमेरिका में इंग्लिश

की क्लासों पर ख़र्च करने, अपने लिए कॉफ़ी ख़रीदने या अपने बिज़नेस में लगाने में इस्तेमाल करती है।

इस पर आप कह सकती हैं कि ज़रूरत होने पर आप अपने पति या माता-पिता से पैसे मांग सकती हैं। हां, बेशक आप मांग सकती हैं, मगर किसी न किसी वक़्त तो आपको ख़ुद पैसों का प्रबंध करना सीखना होगा। आपको किस चीज़ पर ख़र्च करना है, कितना बचाना है, कहां निवेश करना है आदि बातों के बारे में अपने फ़ैसले लेना सीखना ही होगा।

हम अक्सर देखते हैं कि जब आर्थिक फ़ैसले लेने की बात आती है तो महिलाएं पीछे हट जाती हैं। वो इन्हें घर के पुरुषों पर छोड़ देती हैं। याद रखें, जैसे औरतों को जन्म से ही खाना बनाना नहीं आता है, वैसे ही आर्थिक मामलों में आदमी भी पैदायशी उस्ताद नहीं होते हैं। ये कौशल सीखे जाते हैं। अगर हम पहला क़दम नहीं उठाएंगे, तो कभी नहीं सीख पाएंगे।

गतिविधि: अपने परिवार के साथ बैठें और उनसे ये अहम सवाल पूछें:

1. हम घर के ख़र्च कैसे चलाते हैं?
2. हमारे पास क्या संपत्तियां हैं और उनकी क्या क़ीमत है?
3. हमारे ऊपर कितना क़र्ज़ है?
4. प्रॉपर्टी, शेयरों और सोने में हमारा निवेश कितना है?
5. अगले पांच साल के लिए हमारी वित्तीय योजनाएं क्या हैं?

ये सवाल पूछने के बाद आप धीरे-धीरे फ़ैसले लेने की प्रक्रिया में ज़्यादा भागीदारी करने की ओर बढ़ें। पढ़ें, जानें, विशेषज्ञों से बात करें! इंटरनेट पर बहुत सारी मुफ़्त जानकारी मौजूद है। उसका भरपूर इस्तेमाल करें!

विरासत: विरासत में संपत्ति पाएं, ख़ामोशी नहीं

विरासत वो है जो आप किसी से उनकी मृत्यु के बाद पाती हैं। उदाहरण के लिए, वो संपत्ति जो दादा-दादी या माता-पिता पीछे छोड़ जाते हैं। बुनियादी रूप

से, यह ऐसी चीज़ है जो आपको बस जन्म लेने और प्यार किए जाने के लिए मिलती है। अगर कोई अपने जीते जी आपको संपत्ति देना चाहे, तो वो इसे 'उपहार' के रूप में दे सकते हैं। इसे विरासत नहीं कहा जाएगा।

स्त्रियां अक्सर विरासत के मामलों से अनजान होती हैं। और उनकी भी क्या ग़लती है? क़ानून ख़ुद भी उलझा हुआ है और, सबसे अहम बात, स्त्रियों को शायद ही कभी परिवार में होने वाली संपत्ति और पैसों से जुड़ी बातचीतों में शामिल किया जाता है।

मगर अब ऐसा नहीं है! अगर आप यह चैप्टर पढ़ रही हैं, तो इसका मतलब है कि आपने विरासत के अपने अधिकारों के बारे में जानने की ओर पहला क़दम उठा लिया है। बधाई हो!

आपके विरासत के अधिकारों की गहराई में जाने से पहले झटपट एक बात याद दिला दूं। शादी और तलाक़ के अधिकारों की तरह संपत्ति के अधिकार भी पर्सनल लॉ के तहत आते हैं। इसका मतलब है कि विशिष्ट बातें आपके धर्म पर आधारित होती हैं। हम कुछ ऐसी बुनियादी बातों को समझने से शुरू करते हैं जो सब पर लागू होती हैं।

मैं किस तरह की संपत्ति विरासत में पा सकती हूं?

संपत्ति को चल या अचल, पैतृक या स्व-अर्जित जैसे आधारों पर विभिन्न प्रकारों में बांटा जा सकता है। चलिए, इसे थोड़ा और विस्तार में समझते हैं:

1. संपत्ति की प्रकृति
   i. चल: जैसा कि नाम से ही पता चल रहा है कि यह ऐसी कोई भी चीज़ हो सकती है जिसे एक जगह से दूसरी जगह पर रखा जा सकता है (ज़ेवर, वाहन, कैश, मूल्यवान वस्तुएं, फ़र्नीचर, इलेक्ट्रॉनिक उपकरण)।
   ii. अचल: यह किसी भी रूप में रियल एस्टेट होती है (भूमि, स्वतंत्र घर, अपार्टमेंट, ऑफ़िस)।

2. आप संपत्ति कैसे हासिल करती हैं
   i. पैतृक: यह वो संपत्ति है जो आपको आपके पूर्वजों से मिलती है। उदाहरण के लिए, परिवार का वो घर जिसमें आप रहती हैं या गांव की ज़मीन जो आपके दादा-दादी की थी। बुनियादी रूप से, इसमें ऐसी कोई भी प्रॉपर्टी शामिल होती है जिसे हासिल करने के लिए आपको कोई कोशिश न करनी पड़ी हो।
   ii. स्व-अर्जित: यह वो प्रॉपर्टी है जो आप ख़ुद, अपने प्रयासों से ख़रीदती हैं। चूंकि इस प्रॉपर्टी को आपने ख़ुद हासिल किया है, इसलिए यह विरासत में मिली चीज़ नहीं होती।

हालांकि आप पैतृक संपत्ति विरासत में पा सकती हैं, मगर विरासत में किससे पा सकती हैं और कितना पा सकती हैं, यह आपके धर्म, जेंडर और उस व्यक्ति के साथ आपके रिश्ते पर निर्भर करता है। इसे इस चैप्टर में आगे विस्तार से बताया गया है।

स्त्रीधन: विशिष्ट संपत्ति

सीधे-सरल शब्दों में, स्त्रीधन स्त्री की संपत्ति होती है। स्त्रीधन की अवधारणा हिंदू लॉ के अंतर्गत आती है जो इस पर बल देती है कि स्त्री की कोई भी संपत्ति उसकी और केवल उसकी होती है। यह किसी भी रूप में चल-अचल संपत्ति हो सकती है, जैसे:

1. अपने जीवनकाल में आपको प्राप्त किसी भी क़िस्म के उपहार।
2. किसी से विरासत में पाई कोई भी संपत्ति।
3. स्व-अर्जित संपत्ति, जिसे आपने अपने प्रयत्नों से ख़रीदा हो।

बुनियादी रूप से, जो कुछ भी एक महिला के पास होता है, वह स्त्रीधन में आता है। उस पर केवल उसका अधिकार होता है; वही उसकी एकमात्र स्वामिनी है जो फ़ैसला लेती है कि उसका क्या करना है। उदाहरण के लिए, महिलाओं को अपने विवाह पर महंगे उपहार मिलते हैं। बहुत से मामलों

में, ससुराल के लोग नई दुल्हनों पर दबाव डालते हैं कि वो इन उपहारों को उनके या अपने पति के पास रखवा दें। क़ानूनन, वो ऐसा नहीं कर सकते। अगर वो ऐसा करते भी हैं, तो वो दुल्हन की भलाई को ध्यान में रखते हुए इन्हें सहेज सकते हैं। यह उसकी संपत्ति है।

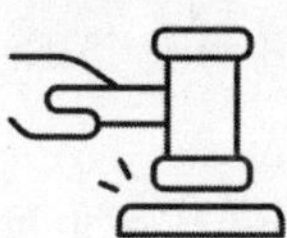

सुप्रीम कोर्ट का कहना है, पत्नी के स्त्रीधन पर पति का कोई नियंत्रण नहीं होता

हालिया 2024 के एक केस[1] में, सुप्रीम कोर्ट ने एक आदमी को अपनी पत्नी की मर्ज़ी के बिना उसके सोने के ज़ेवर इस्तेमाल करने के लिए उसे 25 लाख रुपये देने का आदेश दिया था। ये वो ज़ेवर थे जो पत्नी को उनके विवाह के दौरान भेंट के रूप में मिले थे। अपने विवाह की पहली ही रात को पति ने पत्नी से ज़ेवर लेकर सुरक्षित रखने के लिए अपनी मां को दे दिए। बाद में, अपने वित्तीय दायित्व पूरे करने के लिए उसने इनका इस्तेमाल कर लिया।

सुप्रीम कोर्ट ने फ़ैसला दिया कि पत्नी के स्त्रीधन पर पति का कोई नियंत्रण नहीं है। अगर वित्तीय संकट के दौरान वो उसे इस्तेमाल करता है, तो उसे वापस करना उसका नैतिक दायित्व है।

स्त्रीधन की अवधारणा का मूल पुराने रीति-रिवाज में है, जब स्त्रियों को संपत्ति में कोई अधिकार प्राप्त नहीं थे और वित्तीय सुरक्षा के रूप में उन्हें उपहार (जैसे सोना, कैश, अपने नाम पर ज़मीन) मिलती थी। स्त्रीधन पर क़ानून ने यह सुनिश्चित किया कि इस संपत्ति को उससे कोई नहीं छीन सकता।

आप विरासत में संपत्ति कैसे पा सकती हैं?

दो तरीक़ों से आप संपत्ति को विरासत में पा सकती हैं:

1. वसीयत: वसीयत वो क़ानूनी दस्तावेज़ है जिसके द्वारा कोई व्यक्ति यह निर्णय ले सकता है कि वो अपनी मृत्यु के बाद अपनी (चल-अचल) संपत्ति किस तरह हस्तांतरित करना चाहता है। वो यह तय कर सकता

है कि वो अपनी संपत्ति किसे और कितनी देना चाहता है। अगर कोई अपनी वसीयत में आपके नाम संपत्ति कर जाता है, तो आप इस संपत्ति को विरासत में पा सकती हैं। इसे वसीयत द्वारा प्राप्त विरासत कहते हैं। कोई भी व्यक्ति, चाहे वो परिवार का हो या अन्य, इस तरीक़े से आपके लिए संपत्ति छोड़ सकता है। उन्होंने अपनी वसीयत में जो भी आपके नाम छोड़ा है, वो आपको मिलेगा। इस पर हम बाद में और गहराई से बात करेंगे।

2. उत्तराधिकार: अगर कोई व्यक्ति वसीयत किए बिना दुनिया से चला जाता है, तो उसकी संपत्ति पर्सनल, धार्मिक क़ानूनों के अनुसार वितरित होती है। संपत्ति आमतौर पर वैध उत्तराधिकारियों (वो लोग जो उत्तराधिकार में संपत्ति पाने के अधिकारी होते हैं) को मिलती है।

   उत्तराधिकार क़ानून हर धर्म में अलग हैं, इसीलिए हम उन्हें धर्मों के आधार पर देखेंगे।

शुरू करने से पहले, यह याद दिला दूं कि किसी की संपत्ति का उत्तराधिकार (या विरासत) उसकी मृत्यु के बाद ही लागू होता है। इसलिए हम किसी के अपनी वसीयत किए बिना गुज़र जाने के बाद आपके उत्तराधिकार को समझेंगे। यह भी ध्यान रखें कि उत्तराधिकार एक बहुत ही जटिल प्रक्रिया है। हर व्यक्ति के उत्तराधिकार उसके जेंडर, धर्म और उस व्यक्ति के साथ संबंध पर निर्भर करते हैं जिसके वो उत्तराधिकारी हैं। अपने विशिष्ट अधिकारों को जानने के लिए आपको किसी विशेषज्ञ से परामर्श करना चाहिए। यह सेक्शन बस बुनियादी बातों को समझने के लिए एक अच्छा शुरुआती बिंदु है।

एक हिंदू स्त्री के रूप में मेरे उत्तराधिकार क्या हैं?

एक हिंदू स्त्री के रूप में उत्तराधिकार के माध्यम से आपको दो तरह की विरासत मिलती है:

1. नज़दीकी पारिवारिक सदस्यों से: एक हिंदू स्त्री के रूप में आपको परिवार के इन सदस्यों से विरासत में संपत्ति मिल सकती है:
    1. पिता
    2. माता
    3. पति
    4. पुत्र
    5. अविवाहित पुत्री

कैसे? आपको इन रिश्तों का प्रथम श्रेणी का उत्तराधिकारी माना जाता है। उत्तराधिकार में वरीयता का क्रम निर्धारित करने के लिए हिंदू उत्तराधिकारियों को प्रथम श्रेणी, द्वितीय श्रेणी, तृतीय श्रेणी आदि में विभाजित किया जाता है। प्रथम श्रेणी के उत्तराधिकारी किसी प्लेन के बिज़नेस क्लास के यात्रियों जैसे होते हैं; उनके प्लेन से उतरने के बाद ही बाक़ी यात्री उतर पाते हैं। अगर प्रथम श्रेणी का कोई उत्तराधिकारी नहीं होता, तो संपत्ति द्वितीय श्रेणी के उत्तराधिकारियों को मिलती है। अगर द्वितीय श्रेणी का भी कोई वारिस नहीं होता, तो तृतीय श्रेणी के उत्तराधिकारियों पर विचार किया जाता है। आमतौर पर, सब लोगों का प्रथम श्रेणी का कम से कम एक उत्तराधिकारी तो होता ही है, इसीलिए द्वितीय और तृतीय श्रेणी के लोग शायद ही कभी पिक्चर में आ पाते हैं।

मगर, आप निम्न में से किसी के प्रथम श्रेणी के वारिस के रूप में उत्तराधिकार नहीं पा सकतीं:

1. शादीशुदा बेटी
2. भाई-बहन

सीधे-सरल शब्दों में, एक बेटी के रूप में आप माता-पिता दोनों से, विधवा के तौर पर पति से, मां के रूप में बेटे और बेटी से (जब तक बेटी की शादी न हो) विरासत में संपत्ति पा सकती हैं। अपनी बेटी की शादी होने के बाद आप उसकी संपत्ति में विरासत नहीं पा सकतीं क्योंकि तब आप उसकी प्रथम श्रेणी की उत्तराधिकारी नहीं रह जातीं। शादी होने के बाद स्त्री

के क़ानूनी वारिस बदल जाते हैं (इस विषय में विस्तार से बाद में)। आप बहन के रूप में अपने भाई-बहनों से उत्तराधिकार में संपत्ति नहीं पा सकतीं जब तक कि वो अपनी वसीयत में आपके नाम कुछ नहीं छोड़ जाते (विस्तार से बाद में)।

सोचने की बात

आपको नहीं लगता कि यह घोर पितृसत्तात्मक बात है कि लड़की की शादी होने के बाद उसके अपने माता-पिता उसके वैध उत्तराधिकारी नहीं माने जाते हैं? हम कब इस 'बेटी तो आख़िर पराया धन होती है' की मानसिकता से आज़ाद हो पाएंगे?

उत्तराधिकार में आपका कितना हिस्सा होगा?

प्रथम श्रेणी के उत्तराधिकारियों के तौर पर आप समान हिस्सा पाएंगी। इसे इस तरह समझें। प्रॉपर्टी को बांटने की बजाय आप एक केक काट रही हैं। क़ानून सारे प्रथम श्रेणी के उत्तराधिकारियों को एकत्र करेगा और सबके लिए केक को एक समान हिस्सों में बांटेगा। अगर प्रथम श्रेणी के तीन उत्तराधिकारी हैं, तो हरेक को एक/तिहाई हिस्सा मिलेगा; अगर चार हैं, तो सबको चौथाई हिस्सा मिलेगा।

2. **संयुक्त परिवार की (पैतृक) संपत्ति में उत्तराधिकार:** पारंपरिक रूप से भारतीय परिवार संयुक्त परिवारों में रहते हैं जहां सारे सदस्य एक कॉमन पारिवारिक घर में रहते हैं। चलिए, इस संदर्भ में इस्तेमाल होने वाले कुछ सामान्य शब्दों को जानते हैं:

   क. एचयूएफ़: संयुक्त परिवार को हिंदू अनडिवाइडेड फ़ैमिली, या एचयूएफ़ कहा जाता है।

   ख. कर्ता: परिवार के मुखिया (आमतौर पर पिता या दादा) को कर्ता कहा जाता है।

ग. कोपार्सनर: परिवार के मुखिया से लेकर तीन पीढ़ियों तक उस परिवार में जन्म लेने वाले सब लोग कोपार्सनर होते हैं। इनमें कर्ता के बेटे, बेटियां, पोते-पोतियां और परपोते-पोतियां शामिल होते हैं। उदाहरण के लिए, गोपी का एक बेटा और एक बेटी है। उसके बेटे की शादी हो गई है और उसके दो बच्चे हैं। गोपी का बेटा, बेटी और पोता-पोती सब कोपार्सनर हैं।

आप कोपार्सनर के रूप में संयुक्त परिवार की संपत्ति (पैतृक संपत्ति) में उत्तराधिकार पाएंगी। 2005 से पहले तक केवल लड़कों को ही कोपार्सनर माना जाता था और संयुक्त परिवार की संपत्ति में उनकी ही हिस्सेदारी थी। मगर 2005 में क़ानून में संशोधन किया गया था। अब, बेटियों को भी कोपार्सनर माना जाता है और पैतृक संपत्तियों में उनकी बराबर की हिस्सेदारी है।

नोट: बेटी के बच्चे कोपार्सनर नहीं होंगे क्योंकि उन्हें उसके पति के परिवार का अंग माना जाता है (क़ानून इस पर ख़ामोश है, लेकिन इसी निहितार्थ की ओर सबका रुझान रहता है)।

संयुक्त परिवार की संपत्ति को विरासत में पाने का नियम बहुत सीधा-सरल है। बंटवारे के समय परिवार की संयुक्त प्रॉपर्टी में सारे कोपार्सनरों का बराबरी का हिस्सा होता है। प्रॉपर्टी को ऐसे केक की तरह मानें जो सारे कोपार्सनरों का है। जब वो इस केक को काटने (यानी प्रॉपर्टी का बटवारा) करने का निर्णय लेते हैं, तो सभी कोपार्सनरों के लिए उसे समान टुकड़ों में काटा जाएगा।

मैं एक उदाहरण के माध्यम से इसे समझाती हूं। गोपी एक एचयूएफ़ में अपनी पत्नी, बेटी, बेटे, बहू और उनके दो बच्चों के साथ रहते हैं। गोपी परिवार के कर्ता हैं।

गोपी के एचयूएफ़ में कोपार्सनर कौन-कौन है? जन्म के संबंध के कारण उनका बेटा और बेटी कोपार्सनर हो जाते हैं। जन्म से गोपी के संबंधी होने

के नाते बेटे के बच्चे (पोता-पोती के रूप में) कोपार्सनर होते हैं। उनकी पत्नी और बहू को कोपार्सनर नहीं माना जाएगा क्योंकि वो विवाह के ज़रिए परिवार से जुड़ी हैं, और इस परिवार में जन्मी नहीं हैं। उनकी पत्नी ऊपर दिए गए सेक्शन में बताए गए 'नज़दीकी पारिवारिक सदस्य' के रूप में उत्तराधिकार पाएंगी। उनकी बहू को उनकी संपत्ति में सीधे तौर पर हिस्सा नहीं मिलेगा।

जब वो केक काटने का फ़ैसला करेंगे (यानी संपत्ति का बंटवारा करने का), तो इनमें से हरेक को कितना हिस्सा मिलेगा? केक को समान पांच हिस्सों में काटा जाएगा—एक गोपी का, एक बेटे का, एक बेटी का और एक-एक पोते-पोती का। हरेक को संपत्ति का 1/5वां हिस्सा मिलेगा।

नोट: इस सेक्शन में और पिछले सेक्शन ('नज़दीकी पारिवारिक सदस्य' के रूप में उत्तराधिकार) में भ्रमित न हों। यह सेक्शन केवल तभी लागू होता है जब संयुक्त संपत्ति वाला हिंदू अविभाजित परिवार हो। अगर गोपी के पास संयुक्त संपत्ति के साथ ही अलग से ज़मीन है, तो वो उनके प्रथम श्रेणी के उत्तराधिकारियों (पत्नी, बेटे, बेटी) को मिलेगी।

संयुक्त पारिवारिक संपत्ति में मैं अपना हिस्सा कैसे मांगूं?

कोपार्सनर के रूप में, आपको किसी भी समय पारिवारिक संपत्ति में अपना हिस्सा मांगने का हक़ है। आपको किसी के द्वारा इसके बंटवारे की इच्छा करने या कि कर्ता की मृत्यु तक इंतज़ार करने की ज़रूरत नहीं है। इसे ऐसे सोचें कि आप बर्थडे बॉय या गर्ल द्वारा केक काटने और उसे बांटने का इंतज़ार करने के बजाय पहले ही अपने हिस्से का केक ले लेना चाहते हैं।

जब कोई बंटवारे के लिए कहता है तो परिवार या तो जल्दी केक काटने और उसे बांटने का फ़ैसला कर सकता है या आपको अपने केक के टुकड़े के बराबर पैसा दे सकता है। दोनों ही तरह से लेन-देन को एक क़ानूनी अनुबंध के माध्यम से दर्ज किया जाएगा जिसे विभाजन-पत्र (पार्टीशन डीड) कहते हैं और आपको अपने हिस्सा मिल जाएगा।

अगर मेरी शादी हो जाती है तो मेरे संपत्ति के अधिकार का क्या होगा?

1. बेटी (माता-पिता की प्रथम श्रेणी की उत्तराधिकारी) के रूप में आपके विरासत के अधिकार में कोई बदलाव नहीं होगा।
2. संयुक्त परिवार के सदस्य (कोपार्सनर) के रूप में आपके विरासत के अधिकार में कोई बदलाव नहीं होगा।
3. अपने पिता और बच्चों से (पुनः, उनके प्रथम श्रेणी के उत्तराधिकारी के रूप में) आपको विरासत के अतिरिक्त अधिकार प्राप्त होंगे।

लेकिन याद रहे, उत्तराधिकार में आपकी संपत्ति *किस तरह* जाएगी, यह बदल जाएगा। आपके माता-पिता अब आपके उत्तराधिकारी नहीं रहेंगे। आपकी संपत्ति आपके पति और बच्चों को जाएगी।

अगर मेरा तलाक़ हो जाता है तो मेरे संपत्ति के अधिकारों का क्या होगा?

1. एक बेटी के रूप में अपने माता-पिता की संपत्ति में आपके विरासत के अधिकार अपरिवर्तित रहेंगे।
2. कोपार्सनर के रूप में अपने संयुक्त परिवार में विरासत के अधिकार अपरिवर्तित रहेंगे।
3. तलाक़ होने के वक़्त तक अपने पति की संपत्ति में आपका अधिकार होगा, उसके बाद नहीं।
4. मां के रूप में अपने बच्चों की संपत्ति में विरासत के अधिकारों पर कोई प्रभाव नहीं पड़ेगा।

तलाक़ होने की स्थिति में, पति आपका प्रथम श्रेणी का उत्तराधिकारी नहीं रहेगा। बस आपके बच्चे रहेंगे।

अगर मैं विधवा हो जाती हूं तो मेरे संपत्ति के अधिकारों का क्या होगा?

आपके संपत्ति के किसी अधिकार पर कोई असर नहीं पड़ेगा।

याद रखने की बातें

1. एक हिंदू स्त्री प्रथम श्रेणी की उत्तराधिकारी (स्व-अर्जित संपत्ति के लिए) और कोपार्सनर (संयुक्त परिवार की संपत्ति के लिए) दोनों के रूप में विरासत पा सकती है। पुरुषों पर भी यही लागू होता है।
2. बेटी और बेटे के विरासत के अधिकार समान होते हैं।
3. विवाह का अपने जन्मदाता परिवार से विरासत पाने के आपके अधिकारों पर कोई असर नहीं पड़ता!

   आज बेटी, हमेशा बेटी!

एक मुस्लिम महिला के रूप में विरासत के मेरे क्या अधिकार हैं?

मुस्लिम महिला के रूप में उत्तराधिकार के माध्यम से आपके विरासत पाने के अधिकार मुस्लिम पर्सनल लॉ (शरीयत) ऐप्लिकेशन एक्ट 1937 के तहत आते हैं जो बुनियादी रूप से कहता है कि उत्तराधिकार परंपराओं के अनुरूप होगा।

मोटे तौर पर, मुस्लिम लॉ में उत्तराधिकारियों को तीन समूहों में बांटा गया है:

1. भागीदार
2. बक़ाया वारिस
3. दूर के संबंधी

भागीदार प्रथम श्रेणी के उत्तराधिकारियों की तरह होते हैं। ये उन लोगों का पहला दायरा होते हैं जिनके बीच संपत्ति का बंटवारा होता है। भागीदारों के बाद, अतिरिक्त संपत्ति (सरप्लस) बक़ाया वारिसों को जाती है। दूर के संबंधियों को तभी संपत्ति में विरासत मिलती है जब भागीदार और बक़ाया वारिस दोनों ही न हों।

मैं इस विस्तार में नहीं जाऊंगी कि कौन भागीदार है और कौन बक़ाया वारिस, क्योंकि यह बहुत पेचीदा हो सकता है। आपके लिए यह जानना अहम है कि एक मुस्लिम महिला होने के नाते आपको किसकी संपत्ति में वारिसाना हक़ मिल सकता है।

दो ख़ास नियम याद रखने होंगे:

1. स्त्रियों को हमेशा पुरुषों का आधा हिस्सा मिलता है। उदाहरण के लिए, अगर भाई को संपत्ति में एक तिहाई हिस्सा मिलता है, तो बहन को 1/6वां हिस्सा मिलेगा।
2. रीति-रिवाज और विरासत इस आधार पर भिन्न हो सकते हैं कि आप शिया हैं या सुन्नी। हालांकि मोटे तौर पर दोनों एक समान हैं, मगर कुछेक बारीक फ़र्क़ हैं (जिनमें हम नहीं पड़ेंगे)।

आप किससे विरासत पा सकती हैं?

एक मुस्लिम महिला के रूप में आप निम्न सदस्यों से विरासत पा सकती हैं:

- पति
- पुत्र
- पुत्री
- मां
- पिता
- भाई-बहन

आप इन सभी की जायज़ उत्तराधिकारी हैं। सरल शब्दों में कहें तो आप एक विधवा के रूप में, एक मां के रूप में अपने बेटा-बेटी दोनों से, बेटी के रूप में अपने माता-पिता दोनों से, और एक बहन के रूप में अपने भाई-बहनों से (जो हिंदू औरतों के मामले में नहीं है)।

आपको विरासत में कितना मिल सकता है?

यह इस पर निर्भर करता है कि आप किस रिश्ते से विरासत पा रही हैं, दूसरे उत्तराधिकारी कौन हैं और क्या आप भागीदारों में आती हैं या बक़ाया वारिसों में (यह देखते हुए कि दूसरे उत्तरजीवी कौन हैं, आप भागीदारों की श्रेणी में पहुंच सकती हैं या बक़ाया वारिसों में शामिल हो सकती हैं)।

अगर संपत्ति केक है तो एक विधवा, मां, बेटी और बहन के रूप में आपका हिस्सा तयशुदा है। मगर, आपके हिस्से का आकार इस पर निर्भर

करता है कि केक पर और कितने लोगों का दावा है। हिंदू क़ानून के विपरीत, संपत्ति को सभी वारिसों में समान रूप से नहीं बांटा जाता। हर वारिस का पहले से निर्धारित हिस्सा होता है जो उसके जेंडर, मृतक के साथ संबंध और अन्य जीवित लोगों पर निर्भर करता है।

मैं व्यापक परिवर्तनों और संयोजनों में नहीं जाऊंगी, लेकिन आपको क्या जानना चाहिए, इसका एक बुनियादी आइडिया दे रही हूं:

1. पति से: अगर आपके पति की मृत्यु हो जाती है, तो बच्चों के न होने पर आपको उनकी संपत्ति का एक चौथाई हिस्सा मिलेगा। लेकिन अगर बच्चे हैं, तो आपको बस 1/8वां हिस्सा मिलेगा।
2. माता-पिता से: अगर आप अकेली संतान हैं, तो आपको अपने माता-पिता की संपत्ति का आधा हिस्सा मिलेगा। अगर आपकी एक या दो बहनें हैं, तो सभी बहनों को कुल मिलाकर संपत्ति में दो तिहाई हिस्सा मिलेगा। अगर आपका एक भाई है, तो सभी बहनों को भाई के हिस्से का आधा मिलेगा। उदाहरण के लिए अगर आप एक भाई और दो बहनें हैं, तो भाई को आधा और बहनों को चौथाई-चौथाई हिस्सा मिलेगा।
3. बच्चों से: यदि आपके बेटे या बेटी के बच्चे या भाई-बहन हैं तो मां के तौर पर आपको उनकी संपत्ति में एक निश्चित 1/6वां हिस्सा मिलेगा। अगर आपके बेटे या बेटी के बच्चे या भाई-बहन नहीं हैं तो आपको उनकी संपत्ति में एक तिहाई हिस्सा मिलेगा।

नोट: सुन्नी और शिया मुसलमानों में ये नियम भिन्न हो सकते हैं, इसलिए अपने वारिसाना हक़ों के बारे में पूरी जानकारी लेने के लिए किसी विशेषज्ञ से परामर्श लें।

समझने की अहम बात यह है कि किसी भी सूरत में आपको पूरी संपत्ति नहीं मिलेगी। और शायद ही कभी आपको आधी संपत्ति भी मिल पाती है। मुस्लिम महिला के रूप में, संपत्ति में आपका हिस्सा बहुत सीमित है, और

इसलिए आपको यह सुनिश्चित करना होगा कि आप दूसरे तरीक़ों से ख़ुद को सुरक्षित करें, जैसे कि वसीयत, ट्रस्ट या उपहार के ज़रिए।

एक ईसाई महिला के रूप में विरासत के मेरे क्या अधिकार हैं?

अगर आप भारतीय ईसाई महिला हैं, तो आपके उत्तराधिकार भारतीय उत्तराधिकार अधिनियम (आईएसए), 1925 से अधिशासित होते हैं।

आप उत्तराधिकार के माध्यम से किनसे संपत्ति पा सकती हैं?

आपको निम्न लोगों से उत्तराधिकार में संपत्ति पाने का अधिकार है:

1. पति
2. माता-पिता
3. बच्चे (बेटा, बेटी)—अगर आपके पति जीवित नहीं हैं तो
4. संबंधी (यानी भाई-बहन, दादा-दादी, माता-पिता के भाई-बहन)

आपको कितना शेयर मिलेगा?

आईएसए के केस में, आपको मिलने वाला शेयर दूसरे उत्तराधिकारियों की मौजूदगी पर निर्भर करता है। हिंदू लॉ के विपरीत, जहां केक को सभी उत्तराधिकारियों में समान रूप से बांटा जाता है, आईएसए के तहत आपके हिस्से का साइज़ इस पर निर्भर करेगा कि और कौन खाने वाला है।

1. **अपने पति से:** एक विधवा के तौर पर, अगर आपके बच्चे हैं तो, आपको अपने पति की संपत्ति का एक तिहाई शेयर मिलेगा। शेष दो तिहाई बच्चों को मिलेगा (भले ही वो इकलौता हो)। अगर आपके बच्चे नहीं हैं तो आपको आधी संपत्ति मिलेगी, और बाक़ी आधी अन्य रिश्तेदारों को मिलेगी। अगर आपके बच्चे नहीं है और कोई रिश्तेदार भी नहीं हैं, तभी आपको पूरी संपत्ति मिलेगी।
2. **अपने माता-पिता से:** अगर माता-पिता में से कोई एक जीवित है, तो आपको और आपके बहन-भाइयों को संयुक्त रूप से संपत्ति का

दो तिहाई शेयर मिलेगा (एक तिहाई जीवित माता/पिता को मिलेगा)। दो तिहाई शेयर को आप सभी बहन-भाइयों में समान रूप से बांटा जाएगा।

3. **अपने बच्चों से:** मां के रूप में, आपको अपने बच्चों की संपत्ति में उत्तराधिकार तभी मिलेगा जब आपके पति (यानी उनके पिता) जीवित न हों। अगर वो जीवित हैं, तो बच्चों की संपत्ति में माता-पिता का शेयर उन्हें मिलेगा। मगर इस शेयर का आकार अन्य रिश्तेदारों की मौजूदगी पर निर्भर करता है। सरल शब्दों में कहा जाए तो, अगर आपके पति जीवित हैं, तो आपको केक में कोई हिस्सा नहीं मिलेगा। अगर पति जीवित नहीं हैं, तो केक में हिस्सा मिलेगा, लेकिन उसका आकार काटे जाने वाले दूसरे हिस्सों के आधार पर बदल जाएगा।

आप अन्य संबंधियों जैसे अपने भाई-बहन, दादा-दादी आदि से भी संपत्ति में उत्तराधिकार पा सकती हैं। लेकिन, चूंकि आपको मिलने वाला शेयर पेचीदा परिवर्तनों और संयोजनों पर आधारित होगा (जीवित उत्तराधिकारियों के आधार पर), इसलिए हम विस्तार में नहीं जाएंगे।

याद रखें, ईसाई क़ानून के तहत भी बेटी को बेटों के समान ही उत्तराधिकार प्राप्त हैं।

सोचने की बात

हिंदू लॉ के तहत मां अपने बच्चों की संपत्ति विरासत में पा सकती है। उसकी अनुपस्थिति में ही पिता को उत्तराधिकार मिलता है। जबकि, ईसाई क़ानून में उत्तराधिकार पर पहला अधिकार पिता का है। केवल उसके न होने पर ही मां को शेयर मिलता है। क्या यह अजीब बात नहीं है कि बस धर्म के आधार पर आपके अपने माता-पिता की अहमियत कैसे बदल जाती है, जबकि हम सब एक ही देश के नागरिक हैं!

विशेष विवाह अधिनियम के तहत मेरे उत्तराधिकार क्या हैं?

पहले, चैप्टर 5 में हमने जाना था कि विशेष विवाह अधिनियम के तहत विवाह कैसे होते हैं।

1. आपका अंतरधार्मिक विवाह है, यानी, पति-पत्नी अलग-अलग धर्मों को मानते हैं, जिसके कारण वो अपने धार्मिक नियमों के तहत विवाह नहीं कर सकते हैं।
2. आपने कोर्ट मैरिज की है, यानी आपने रस्मो-रिवाज को छोड़कर साधारण रजिस्टर्ड मैरिज करना चुना है।

इन मामलों में, आपके विरासत के अधिकारों और उत्तराधिकारों का क्या होता है?

1. अंतरधार्मिक विवाह: विशेष विवाह अधिनियम के तहत जब विभिन्न धर्मों के दो लोग विवाह करते हैं तब भारतीय उत्तराधिकार अधिनियम (न कि उनके व्यक्तिगत धार्मिक क़ानून) तय करता है कि वो उत्तराधिकार में संपत्ति कैसे पाएंगे और किसे दे सकते हैं।

   आप किससे और कितनी संपत्ति विरासत में पा सकती हैं, यह जानने के लिए ईसाइयों के लिए उत्तराधिकार सेक्शन को देखें जो भारतीय उत्तराधिकार अधिनियम से अधिशासित भी है।
2. हिंदू कोर्ट मैरिज: जब दोनों पक्ष हिंदू हों (सिख, जैन और बौद्ध समेत) और वो विशेष विवाह अधिनियम के तरह विवाह करते हैं, तो उनके उत्तराधिकार हिंदू उत्तराधिकार अधिनियम से अधिशासित होंगे। इसलिए, भले ही आपने कोर्ट मैरिज करना चुना हो, मगर आपके उत्तराधिकारों पर कोई प्रभाव नहीं पड़ेगा।

   अपने अधिकारों को विस्तार से समझने के लिए, हिंदुओं के लिए संपत्ति अधिकार सेक्शन को देखें।
3. मुस्लिम, ईसाई और पारसी विवाह: जब मुस्लिम, ईसाई और पारसी विशेष विवाह अधिनियम के तहत विवाह करते हैं, चाहे अपने समुदाय में या समुदाय के बाहर, तो भारतीय उत्तराधिकार

अधिनियम उनके विरासत के अधिकारों और उत्तराधिकारों को शासित करता है।

अधिक जानकारी के लिए, ईसाई विरासत और उत्तराधिकार सेक्शन को देखें।

जज़्बाती हथकंडे?

अपने संपत्ति के अधिकारों को जानना एक बात है, ताकि आपको जानकारी हो कि आपको अपने परिवार से उत्तराधिकार में कितना हिस्सा मिलना चाहिए, मगर अपने भाई-बहनों के सामने खड़े होकर बराबरी का हिस्सा मांगना बिल्कुल ही अलग बात है। ज़्यादातर परिवारों में हमने देखा है कि भाई संपत्ति में अपनी बहनों को हिस्सा देने से कतराते हैं। और बहनें, भाइयों के साथ रिश्ते बनाए रखने की ख़ातिर, संपत्ति में अपना हिस्सा छोड़ देती हैं।

इसे इस तरह से सोचें। रिश्ते बनाए रखने की ज़िम्मेदारी उससे जुड़े दोनों पक्षों की होती है। अपनी बहन से प्यार करने वाला भाई चाहेगा कि बहन को वित्तीय सुरक्षा और संपत्ति में जायज़ अधिकार प्राप्त हो। तो, अगली बार जब आप किसी महिला को संपत्ति में अपने अधिकारों को छोड़ने के लिए भावात्मक दांवपेच का शिकार होते देखें, तो उससे ख़ुद से यह सवाल पूछने को कहें।

याद रखने की बातें

1. आप किसी ऐसे व्यक्ति से, जिसका निधन हो गया हो, वसीयत, या वसीयत न होने पर उत्तराधिकार के ज़रिए संपत्ति प्राप्त कर सकती हैं। उत्तराधिकार क़ानूनों के मुताबिक़ संपत्ति पूर्व-निर्धारित उत्तराधिकारियों को दी जाती है।
2. उत्तराधिकार के ज़रिए संपत्ति पाने के आपके अधिकार धर्म और जेंडर पर निर्भर करते हैं, और धार्मिक व्यक्तिगत क़ानूनों द्वारा अधिशासित होते हैं।
3. एक हिंदू स्त्री के रूप में आप अपने माता-पिता, पुत्र, अविवाहित बेटी और पति से उनके प्रथम श्रेणी के उत्तराधिकारी के रूप में संपत्ति पा सकती हैं। आप अपनी विवाहित बेटी या भाई-बहन की संपत्ति उत्तराधिकार में नहीं पा सकतीं।
4. मुस्लिम महिला के रूप में आप अपने माता-पिता, बच्चों, पति और भाई-बहनों से संपत्ति का उत्तराधिकार पा सकती हैं।
5. एक ईसाई महिला के रूप में आप अपने माता-पिता, पति और बच्चों से संपत्ति विरासत में पा सकती हैं। मगर अपने बच्चों की संपत्ति आप तभी पा सकेंगी जब आपके पति जीवित न हों।

उत्तराधिकार की योजना

एक स्मार्ट महिला को विरासत के अपने अधिकारों की ही नहीं, बल्कि उत्तराधिकार की प्लानिंग की भी जानकारी होनी चाहिए, यानी वो अपनी संपत्ति कैसे और किसे सौंपना चाहेगी।

तीन तरीक़े हैं जिनसे आप अपने जीवित न रहने पर अपनी संपत्ति आगे सौंप सकती हैं।

1. वसीयत: आप अपनी वसीयत बना सकती हैं जिसमें साफ़-साफ़ लिखा हो कि आपकी क्या संपत्ति है और किसे कितनी दी जानी है। वसीयत बनाने की प्रक्रिया के बारे में आगे बताऊंगी।

2. ट्रस्ट: ट्रस्ट एक क़ानूनी निकाय है जिसे आप अपनी पसंद के व्यक्ति को अपनी संपत्ति सौंपने के लिए बना सकती हैं। वसीयत के विपरीत, जो कि एक दस्तावेज़ होता है, ट्रस्ट एक क़ानूनी निकाय होता है जिसे ट्रस्टी चलाते हैं। इसके बारे में भी बाद में विस्तार से बताया जाएगा।
3. उत्तराधिकार: अगर आपने न वसीयत बनाई है न ट्रस्ट, तो आपकी संपत्ति आपके धार्मिक नियमों के मुताबिक़ उत्तराधिकार के माध्यम से आपके वैध वारिसों को मिलेगी।

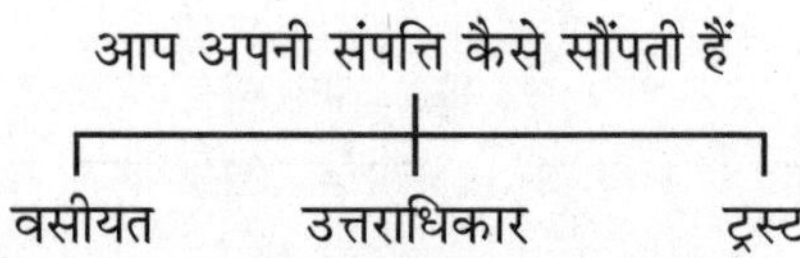

पिछले सेक्शन में, हमने जाना था कि आप किसकी उत्तराधिकारी होती हैं, यानी आपको किससे विरासत हासिल होती है। अब हम यह जानेंगे कि आपके वारिस कौन हैं, यानी आपसे विरासत किसे हासिल होगी। आपके वारिस और उन्हें कितना हिस्सा मिलेगा, यह आपके धर्म, उनके जेंडर और आपके साथ उनके रिश्ते पर निर्भर करता है।

एक हिंदू स्त्री के रूप में मेरी संपत्ति किसे मिलेगी?

2018 में अभिनेत्री श्रीदेवी की अचानक मृत्यु हो गई। उनके पीछे परिवार में उनके पति बोनी कपूर, और दो बेटियां जाह्नवी और ख़ुशी कपूर रह गए थे। ज़ाहिर है, अपने जीवनकाल में श्रीदेवी ने अच्छी-ख़ासी संपत्ति अर्जित की थी। यक़ीनन उन्होंने कोई उत्तराधिकार प्लान बनाया होगा, लेकिन यह देखते हुए कि कम उम्र में अचानक ही उनकी मृत्यु हो गई थी, अगर उन्होंने कोई योजना नहीं बनाई हुई थी, तो क्या हुआ होगा? उनकी संपत्ति का अधिकारी कौन होगा? आप ख़ुद ही इसका जवाब दे पा रही होंगी!

उत्तराधिकार के लिए एक किसी हिंदू स्त्री का वारिस होना इस बात पर निर्भर करता है कि वो विवाहित है या अविवाहित। ऐसा इसलिए है क्योंकि

हमारे पितृसत्तात्मक समाज में शादी होने के साथ ही एक स्त्री पति के परिवार की सदस्य बन जाती है, अपने जन्मदाता परिवार की नहीं रहती।

एक हिंदू स्त्री के वारिस हैं:

- प्रथम श्रेणी: पति, बेटे, बेटियां
- द्वितीय श्रेणी: पति के उत्तराधिकारी यानी कि ससुराल पक्ष के लोग (सास, और उनके न होने पर ससुर)
- तृतीय श्रेणी: उसके अपने माता-पिता

क्या आपने ध्यान दिया? एक हिंदू स्त्री के लिए उसके अपने माता-पिता तीसरे दर्जे का उत्तराधिकारी रह जाते हैं? यहां एक दोस्ताना सी याद दिलाना ज़रूरी है। प्रथम श्रेणी के उत्तराधिकारी बिज़नेस क्लास के यात्रियों की तरह होते हैं, उन्हें सब कुछ पहले मिलता है। अगर प्रथम श्रेणी का कोई उत्तराधिकारी नहीं है, केवल तभी द्वितीय और तृतीय श्रेणी के उत्तराधिकारी पिक्चर में आते हैं।

इसका मतलब है कि अगर एक स्त्री शादीशुदा है, तो उसकी संपत्ति पर उसकी अपनी मां के मुक़ाबले उसकी सास (द्वितीय श्रेणी की उत्तराधिकारी होने के नाते) का अधिकार पहले होगा। यह अजीब बात है ना? एक हिंदू पुरुष के लिए उसकी अपनी मां, पत्नी और बच्चे प्रथम श्रेणी के उत्तराधिकारी होते हैं, जबकि उसके पिता द्वितीय श्रेणी में रह जाते हैं।

नोट: उत्तराधिकार के क़ानून बेहद जटिल, और परिवर्तनों एवं संयोजनों से भरे हुए हैं। मैंने ऊपर जो बताया है, वो आपको बुनियादी नियमों की एक ठोस जानकारी देगा। मगर, मैं आपको सलाह दूंगी कि अपनी विशिष्ट स्थिति को समझने के लिए किसी वकील से परामर्श करें।

अब जब हम मोटे तौर पर जान गए हैं कि एक हिंदू स्त्री के उत्तराधिकारी कौन होंगे, तो वापस श्रीदेवी के उदाहरण पर चलते हैं। सैद्धांतिक रूप से, श्रीदेवी की संपत्ति किसे मिलेगी? उन्होंने अपने पीछे प्रथम श्रेणी के तीन उत्तराधिकारी छोड़े थे—एक पति और दो बेटियां। चूंकि वो शादीशुदा थीं, इसलिए उनका जन्मदाता परिवार पिक्चर में नहीं आएगा। उत्तराधिकार योजना

के अभाव में श्रीदेवी की प्रॉपर्टी को उनके प्रथम श्रेणी के उत्तराधिकारियों, यानी बोनी कपूर, जाह्नवी कपूर और ख़ुशी कपूर के बीच बराबर-बराबर बांटा जाएगा।

मगर, अभिनेत्री सुष्मिता सेन का केस लें जिन्होंने बिना विवाह किए दो बेटियों को गोद लिया है। उनके मामले में हालांकि कोई पति नहीं है, मगर बच्चे हैं। यहां उनकी बेटियां प्रथम श्रेणी की उत्तराधिकारी होंगी। इस मामले में बेटियों (प्रथम श्रेणी की उत्तराधिकारी) के कारण सेन के माता-पिता (द्वितीय श्रेणी के उत्तराधिकारी) पिक्चर में नहीं आएंगे।

मैं अपने माता-पिता के लिए संपत्ति कैसे छोड़कर जाऊं?

अगर आप स्मार्ट हैं, तो आपको यह समझना होगा कि शादी होने के बाद आपके माता-पिता आपके जायज़ उत्तराधिकारी नहीं हैं। मगर मुझे यक़ीन है कि ख़ुद को कुछ हो जाने की स्थिति में आप उनके लिए एक हिस्सा छोड़ना चाहेंगी। आपको क्या करना चाहिए? इसकी वसीयत करें! एक वसीयत बनाएं और उसमें साफ़-साफ़ बताएं कि आप किसे और क्या देना चाहती हैं। आपके पति इस वसीयत का विरोध नहीं कर सकते, क्योंकि हर व्यक्ति को अपनी वसीयत बनाने का अधिकार है।

एक मुस्लिम स्त्री के रूप में मेरी संपत्ति किसे जाएगी?

एक मुस्लिम स्त्री (या पुरुष) के रूप में आप वसीयत के ज़रिए अपनी संपत्ति का केवल एक तिहाई हिस्सा दे सकते हैं। बाक़ी वारिसाना हक़ के ज़रिए पूर्व निर्धारित हिस्सों के मुताबिक़ आपके जायज़ वारिसों को जाएगा।

देखते हैं आपकी संपत्ति किसे जाएगी:

- पति
- पुत्र
- पुत्री
- मां

- पिता
- भाई-बहन—अगर आपके जीवित बच्चे या पिता नहीं हैं।

ऊपर दर्ज सभी लोग आपके जायज़ वारिस होंगे। केक में उनका हिस्सा गारंटीशुदा है। मगर, जैसा कि ऊपर बताया गया है, सबके केक के टुकड़े का आकार इस पर निर्भर करेगा कि और कौन खा रहा है और उनका आपके साथ बायोलॉजिकल रिश्ता क्या है।

संक्षेप में समझते हैं कि किसे कितना मिलेगा:

1. आपके पति: अगर आपके बच्चे नहीं हैं, तो आपके पति को आपकी आधी संपत्ति मिलेगी। बच्चे होने पर उनका हिस्सा एक चौथाई रह जाएगा।

   क्या आपने ध्यान दिया? अगर आप इसे 'आप किससे विरासत पा सकती हैं' सेक्शन के बाद पढ़ रही हैं, तो आपने ध्यान दिया होगा कि जहां पत्नी को अपने पति की संपत्ति में बस एक चौथाई या 1/8वां हिस्सा (बच्चों के होने या न होने की स्थिति में) विरासत में मिलता है, वहीं पति को पत्नी की संपत्ति का आधा या चौथाई हिस्सा मिलता है। पति को पत्नी से दोगुना मिलता है। मुस्लिम विरासत नियम कहता है कि औरतों को मर्दों से आधा हिस्सा मिलेगा।
2. आपके बच्चे: आप अपनी संपत्ति अपने बेटे-बेटी दोनों को दे सकती हैं। बेटे और बेटी का हिस्सा इस पर निर्भर करेगा कि भाई-बहनों की कुल संख्या कितनी है और कितने भाई और कितनी बहनें हैं। यह ध्यान में रखें कि आपके बेटे को आपकी बेटी से दोगुना हिस्सा मिलेगा।
3. आपके माता-पिता: अगर आपके अपने बच्चे या भाई-बहन हैं, तो आपके माता-पिता दोनों को अलग-अलग आपकी संपत्ति में फ़िक्स्ड 1/6वां हिस्सा मिलेगा। अगर भाई-बहन या बच्चे नहीं हैं, तो माता-पिता दोनों को अलग-अलग एक तिहाई हिस्सा तक मिल सकता है।

4. आपके भाई-बहन: अगर आपके बच्चे नहीं हैं या पिता जीवित नहीं हैं, तभी आपके भाई-बहनों को आपकी संपत्ति विरासत में मिलेगी।

नोट: हिंदू और ईसाई क़ानूनों के विपरीत, जिनमें एक शादीशुदा स्त्री के प्रमुख उत्तराधिकारी उसके पति और बच्चे होते हैं, और केवल उनकी ग़ैरमौजूदगी में ही उसके माता-पिता को हिस्सा मिलता है, मुस्लिम क़ानून के तहत आपकी शादी का आपके माता-पिता के वारिसाना अधिकारों पर कोई प्रभाव नहीं पड़ता। आपकी वैवाहिक स्थिति चाहे जो हो, आपके रक्त-संबंधियों को आपकी संपत्ति में हिस्सा मिलेगा।

अपनी संपत्ति के वितरण को समझना आपके लिए यह आकलन करने का एक अच्छा तरीक़ा है कि क्या आपके वारिस और उनकी हिस्सेदारी आपकी अपनी इच्छाओं के अनुरूप है। दूसरे धर्मों के विपरीत, आप वसीयत लिखकर जिसे चाहें उसे अपनी सारी संपत्ति नहीं दे सकतीं।

अगर आप अपनी संपत्ति के हस्तांतरण को नियंत्रित करना चाहें तो क्या कर सकती हैं? मान लीजिए, उदाहरण के लिए, आप अपनी बेटी और बेटे को समान शेयर देना चाहती हैं। आप वसीयत के ज़रिए अपनी एक तिहाई संपत्ति के लिए यह कर सकती हैं। इसके अलावा, आप अपनी बेटी के लिए उपहार (जिसे हिबा कहा जाता है) भी छोड़ सकती हैं। इस पर कोई सीमा नहीं है कि आप अपनी संपत्ति का कितना हिस्सा उपहार में दे सकती हैं, क्योंकि उपहार व्यक्ति के जीते-जी दिया जाता है (वसीयत के विपरीत जो मृत्यु के बाद प्रभावी होती है)।

नोट: अगर आप तोहफ़े के रूप में अपनी संपत्ति देती हैं, तो उसे वापस नहीं ले सकतीं। इसलिए ध्यान से सोच-विचार करने के बाद एक हिस्सा अपने लिए रोककर ही उसे दें। आख़िर आप अपने नाम पर कुछ भी रखे बिना दुनिया से नहीं जाना चाहेंगी!

सच्ची कहानी

कन्नूर यूनिवर्सिटी में लॉ विभाग की विभागाध्यक्ष डॉ. शीना शकूर ने 8 मार्च 2023 को, अंतरराष्ट्रीय महिला दिवस पर, अपने पति से 'पुनर्विवाह' किया। उन्होंने स्पेशल मैरिज एक्ट के तहत अपने विवाह को फिर से रजिस्टर करवाया था। उन्होंने ऐसा क्यों किया?[2]

उन्होंने ऐसा इसलिए किया क्योंकि डॉ. शीना और उनके पति, जो कि दोनों मुस्लिम हैं, मुस्लिम विरासत क़ानून के द्वारा अधिशासित थे जो आपको अपनी पूरी संपत्ति की वसीयत करने और यह चुनने की आज़ादी नहीं देता कि आप किसे अपनी संपत्ति देना चाहते हैं। डॉ. शीना और उनके पति वसीयत के ज़रिए अपनी पसंद के वारिस के लिए अपनी संपत्ति छोड़ना चाहते थे। स्पेशल मैरिज एक्ट के तहत अपनी शादी को रजिस्टर करने से वो मुस्लिम विरासत क़ानून की जगह भारतीय उत्तराधिकार अधिनियम के दायरे में आ गए जो उन्हें वसीयत बनाने की आज़ादी देता है।

एक ईसाई स्त्री के रूप में मेरी संपत्ति किसके पास जाएगी?

जैसा कि ऊपर बताया गया है, वसीयत या ट्रस्ट बनाकर आप यह तय कर सकती हैं कि आपकी संपत्ति किसे जाएगी। लेकिन अगर कोई ईसाई महिला इन दोनों को बनाए बिना गुज़र जाती है तो उसकी संपत्ति किसे जाएगी? वो भारतीय उत्तराधिकार अधिनियम के तहत उसके जायज़ उत्तराधिकारियों को जाएगी।

एक ईसाई स्त्री के जायज़ उत्तराधिकारियों में शामिल हैं:

1. पति और बच्चे: वो आपके पहले उत्तराधिकारी हैं। उनमें से प्रत्येक का हिस्सा इस पर निर्भर करता है कि कौन जीवित है।

2. आपके माता-पिता: अगर आपके बाद आपके पति या बच्चे जीवित नहीं हैं, तो आपके माता-पिता को आपकी संपत्ति में हिस्सा मिलेगा।
3. आपके भाई-बहन: उन्हें केवल तभी आपकी संपत्ति में हिस्सा मिलेगा जब आपके पति, बच्चे या माता-पिता जीवित न हों।

मैं इस विस्तार में नहीं जाऊंगी कि इन रिश्तेदारों को कितना-कितना हिस्सा मिल सकता है, क्योंकि यह जीवित लोगों की संख्या पर निर्भर करेगा।

नोट: हिंदू क़ानून की तरह आपके पहले उत्तराधिकारी आपके पति और बच्चे होंगे। इसलिए, शादी हो जाने के बाद आपके माता-पिता और भाई-बहन उत्तराधिकारियों के रूप में आपकी प्राथमिकता सूची में नहीं रहेंगे और वो आपसे विरासत में संपत्ति नहीं पा सकते।

यह सुनिश्चित करने के लिए कि आपकी संपत्ति आपकी इच्छा के मुताबिक़ वितरित की जाए, मैं इसकी पुरज़ोर सिफ़ारिश करूंगी कि आप वसीयत बनाएं। वसीयत के बिना, भारतीय उत्तराधिकार अधिनियम के डिफ़ॉल्ट नियम लागू होंगे, जो हो सकता है आपकी व्यक्तिगत इच्छाओं के अनुरूप न हों।

याद रखने की बातें

1. अगर आप वसीयत बनाए बिना ही इस दुनिया से चली जाती हैं, तो आपकी सारी संपत्ति क़ानून द्वारा पहले से निर्धारित उत्तराधिकार के माध्यम से आपके जायज़ वारिसों को मिलेगी।
2. अगर आप अपनी संपत्ति को उससे भिन्न तरीक़े से बांटना चाहती हैं जैसा उत्तराधिकार क़ानूनों में कहा गया है, तो आपको वसीयत बनानी होगी।
3. आपके जायज़ उत्तराधिकारी, और संपत्ति में उन्हें मिलने वाला हिस्सा आपके धार्मिक क़ानूनों, उनके जेंडर और आपके साथ उनके रिश्ते पर निर्भर करता है।
4. हिंदू या ईसाई स्त्री के रूप में आपके पति और बच्चे आपके मुख्य उत्तराधिकारी हैं। आपके माता-पिता को आपकी संपत्ति तभी मिल सकती है जब आपके पति या बच्चे न हों।
5. एक मुस्लिम स्त्री के रूप में आपके पति, बच्चे और माता-पिता आपके प्राथमिक उत्तराधिकारी हैं। आपकी संपत्ति में आपके माता-पिता के उत्तराधिकार पर आपकी वैवाहिक स्थिति का कोई प्रभाव नहीं पड़ता।

वसीयत के बारे में सब कुछ

अपनी ज़मीन-जायदाद के बंटवारे को अपने हाथ में लेने का सबसे अच्छा तरीक़ा है अपनी वसीयत बनाना। जैसा कि ऊपर बताया गया है, वसीयत में यह लिखा जाता है कि जब आप इस दुनिया में नहीं रहेंगी तो आपकी ज़मीन-जायदाद का क्या होगा। वसीयत इस पर आपको पूरा नियंत्रण देती है कि आप अपनी संपत्ति किसे देना चाहती हैं।

वसीयत के ज़रिए क्या दिया जा सकता है?

कोई भी संपत्ति (चल, अचल, स्व-अर्जित या पुश्तैनी) जिस पर आपका मालिकाना हक़ हो। ज़ाहिर है, आप ऐसी कोई संपत्ति तो नहीं दे सकतीं जो आपकी नहीं है!

वसीयत के ज़रिए आप अपनी संपत्ति किसे दे सकती हैं?

आप किसी के भी नाम अपनी संपत्ति छोड़ सकती हैं! ज़रूरी नहीं है कि वो आपके निकट संबंधी ही हों। काफ़ी कुछ इस कविता की तरह:

बा बा ब्लैक शीप, क्या है कोई वसीयत तुम्हारी?
यस, सर; यस सर; है वो तीन झोले भरी!
एक मेरी मां के, एक है पत्नी के नाम,
और एक गली की एक बच्ची के नाम!

आप अपनी कितनी संपत्ति दे सकती हैं?

मुस्लिम क़ानून के अलावा सभी धार्मिक क़ानूनों के तहत आप वसीयत के ज़रिए अपनी पूरी संपत्ति अपने वारिसों-ग़ैर वारिसों समेत किसी को भी दे सकती हैं। इस पर कोई क़ानूनी रोक नहीं है।

मुस्लिम क़ानून के तहत दफ़्न के ख़र्चों और सारे क़र्ज़ चुकाने के बाद बची अपनी संपत्ति को आप वितरित कर सकती हैं। इसके केवल एक तिहाई हिस्से को ही आप वसीयत के ज़रिए दे सकती हैं। शेष दो तिहाई हिस्सा उत्तराधिकार क़ानून के अनुसार आपके जायज़ वारिसों को मिलेगा। एक तिहाई संपत्ति के मामले में अगर आप उसे किसी जायज़ वारिस को देना चाहती हैं, तो इसके लिए आपको दूसरे वारिसों की सहमति चाहिए होगी। अगर आप इस एक तिहाई हिस्से को किसी अजनबी को देना चाहती हैं, तो इसके लिए आपको अपने वारिसों की सहमति की कोई ज़रूरत नहीं होगी। ऐसा शायद यह सुनिश्चित करने के लिए है कि कोई भी किसी जायज़ वारिस को उसके वारिसाना हक़ से वंचित न कर सके।

नोट: शिया और सुन्नियों के लिए नियमों में थोड़ा सा अंतर है—अगर आप वसीयत बनाना चाहती हैं तो अपनी विशिष्ट स्थिति के बारे में पता करने के लिए किसी विशेषज्ञ से मशवरा करना बेहतर रहेगा।

वसीयत बनाने के आसान चरण

सरल शब्दों में कहें तो अपनी सारी संपत्तियों (चल-अचल) की एक सूची बनाएं, तय करें कि आपके लाभार्थी कौन होंगे और अपनी संपत्ति को बांटें। अपनी वसीयत को रजिस्टर करने से पहले निष्पादक के रूप में किसी व्यक्ति को चुनें (यह सुनिश्चित करने के लिए कि वसीयत का पालन हो)।

इसे और स्पष्ट करने के लिए एक चार्ट दिया जा रहा है।

संपत्तियों को समेकित करें	अपनी सारी, चल-अचल, संपत्ति का आकलन करें
लाभार्थियों की सूची बनाएं	अपने सभी लाभार्थियों की सूची बनाएं
बांटें	अपनी संपत्ति का बंटवारा करें
निष्पादक चुनें	जो आपकी वसीयत का निष्पादन करेगा
वसीयत का विलेख	अपनी वसीयत लिखें और रजिस्टर करें

वसीयत के लिए क़ानूनी आवश्यकताएं

1. लिखित: लिखित वसीयत अनिवार्य नहीं है। यह मौखिक भी हो सकती है। उदाहरण के लिए, अपनी मृत्युशैय्या पर पड़ा कोई व्यक्ति घोषणा कर सकता है कि उसकी संपत्ति अमुक-अमुक को मिले। मगर, मेरी सलाह यही है कि आप पहले से योजना बनाएं और कुछ भी अपने अंतिम समय के लिए न छोड़ें। साथ ही अपनी वसीयत लिखने की भी कोशिश करें। इसे हाथ से लिखा जा सकता है या टाइप किया जा सकता है। आप ख़ुद लिख सकती हैं या अपनी ओर से किसी क़रीबी, जैसे परिवार के किसी सदस्य से (आपकी दादी-नानी अपनी ओर से अपने बच्चों से लिखने को कह सकती हैं), या वकील से लिखवा सकती हैं।

2. हस्ताक्षरित: लिखित वसीयत पर वसीयतकर्ता के हस्ताक्षर होने चाहिए। अगर कोई हस्ताक्षर न कर सके, तो उस पर अंगूठा लगा सकता है।
3. रजिस्टर्ड: रजिस्ट्रेशन अनिवार्य नहीं है, लेकिन अगर आपने वसीयत लिखी है और आपको डर है कि आपका कोई उत्तराधिकारी उसे चुनौती दे सकता है, या कोई उत्तराधिकारी दूसरों के साथ अन्याय कर सकता है, तो आपको इसे रजिस्टर करवा लेना चाहिए।

   आप अपनी लिखित वसीयत को संपत्ति रजिस्ट्रार के यहां रजिस्टर करवा सकती हैं (यह वही जगह है जहां आप अपनी संपत्ति संबंधी काग़ज़ात की रजिस्ट्री करवाने जाती हैं)। इसके लिए आपको एक फ़ीस देनी होगी (आपको स्टैंप ड्यूटी और रजिस्ट्रेशन शुल्क देना होगा), जो कि हर राज्य में अलग-अलग होता है। गूगल पर सर्च करके आपको राशि का पता चल जाएगा।
4. गवाह: किन्हीं भी दो लोगों से गवाहों के तौर पर वसीयत पर हस्ताक्षर करवाएं। इससे इसे वैधता प्राप्त होगी।
5. प्रमाणित प्रतियां: आप अपनी वसीयत की प्रतियां बनाकर उन्हें नोटोराइज़ और प्रमाणित करवा सकती हैं। इससे अगर मूल दस्तावेज़ के साथ कुछ हो भी जाता है, तो प्रतियों को मूल के समान ही माना जाएगा।
6. अगर हो सके तो किसी वकील से अपनी वसीयत बनवाएं: मेरे ऐसा कहने की वजह यह है कि वकीलों को पता होता है कि आपकी सारी संपत्तियों का विवरण किस तरह जोड़ना है, किस तरह मसौदे को आकार देना है और कैसे यह सुनिश्चित करना है कि वसीयत सभी वैध आवश्यकताओं को पूरा करती है।

वसीयत लिखने के कुछ टिप्स

1. जहां तक हो सके, इसे स्पष्ट और सरल रखें। यह पढ़ने और निष्पादित करने में आसान होनी चाहिए।

2. इसे गवाहों की मौजूदगी में बनाएं, ताकि बाद में कोई सवाल न उठाया जाए।
3. आप नहीं चाहेंगी कि आपके बच्चे या नाती-पोते वसीयत पर लड़ें या उसे चुनौती दें। इसलिए अगर आपके कई वारिस हैं, तो अपनी वसीयत को लिखें और रजिस्टर करवा दें।
4. अंत में, यह *आपकी* वसीयत है जिसका मतलब है कि यह आपकी मर्ज़ी के मुताबिक़ होनी चाहिए। आप अपनी संपत्ति केवल उन लोगों के लिए ही छोड़ें जिन्हें आप यह देना चाहती हैं।

#मूवी टाइम

वसीयत! हाय कैसी मुसीबत!

हल्के-फुल्के तौर पर, मुझे यक़ीन है कि आपको बॉलीवुड की कई फ़िल्में याद आ रही होंगी जिनमें पिता बेटे को वसीयत से बेदख़ल करने की धमकी देता है। अपनी विरासत का बचाए रखने के लिए बेटा किसी भी हद तक जाने के लिए तैयार है, यहां तक कि अपने पिता की हत्या करने के लिए भी!

2006 की बॉलीवुड थ्रिलर-कॉमेडी *36 चाइना टाउन* में मल्टीमिलियनेयर बिज़नेसवुमन सोनिया चैंग की उसके तथाकथित वफ़ादार हाउसकीपर्स हत्या कर देते हैं। क्यों? बस वसीयत की वजह से! सोनिया समझ गई थी कि हाउसकीपर्स घोटालेबाज़ हैं और वो अपने वकील से कहती है कि उनके नाम उसकी वसीयत में से हटा दे। हाउसकीपर्स को पता लग जाता है और इससे पहले कि वो वसीयत में कोई बदलाव करती, वो उसकी हत्या कर देते हैं!

आपको अपनी वसीयत कब बनानी चाहिए?

महिलाओं के लिए अपनी वसीयत की प्लानिंग शुरू करने के लिए पचास का दशक सही समय है। इस समय तक उनकी चल-अचल संपत्ति जमा

हो चुकी होती है और उनके दिमाग़ में यह भी स्पष्ट हो चुका होता है कि वो अपनी संपत्ति किसे सौंपना चाहती हैं। मगर, जीवन की अनिश्चितता को देखते हुए आप कभी भी वसीयत लिखकर (रजिस्ट्री करवाए बिना) अपने लॉकर में सहेज सकती हैं।

मेरी बस एक संतान है। क्या तब भी मुझे वसीयत छोड़नी चाहिए?
जी! मैं वसीयत बनाने की अहमियत पर बल दूंगी। अगर आपकी बस एक ही संतान है, तो ज़ाहिर है आपकी संपत्ति के बंटवारे को लेकर भाई-बहनों में कोई खींचातानी नहीं होगी। मगर, वसीयत न होने पर आपके जाने के बाद आपकी संतान को बस यह साबित करने के लिए काग़ज़ों के पहाड़ तले दबा दिया जाएगा कि वो आपकी इकलौती वारिस है और इसलिए आपकी संपत्ति पर उसका अधिकार है।

सच्ची कहानी

मेरी एक दोस्त पल्लवी (नाम परिवर्तित) इकलौती संतान है। कोविड महामारी के दौरान अचानक उसके माता-पिता दोनों चल बसे। उसके माता-पिता ने वसीयत नहीं की थी और उनकी मृत्यु अचानक हो गई थी। साथ ही, शायद उनके दिमाग़ में यह रहा होगा कि उनकी एक ही संतान है, इसलिए उन्हें वसीयत की ज़रूरत नहीं है।

पल्लवी के माता-पिता एक घर छोड़ गए थे जिसमें वो तीनों अपने पालतू कुत्ते टफ़ी के साथ रहते थे। अकेली रह गई पल्लवी को अकेले घर संभालना मुश्किल मालूम दिया। वो उसे बेचकर किसी छोटे, ज़्यादा सुगम घर में शिफ़्ट करना चाहती थी। वसीयत न होने के कारण घर को अपने नाम पर ट्रांसफ़र करवाने और उसे बेच पाने में सक्षम होने में पल्लवी को लगभग दो साल लग गए।

व्यावसायिक सलाह: हमेशा अपनी वसीयत बनाएं और उसे तैयार रखें, भले ही आप एकदम स्वस्थ हों। यह इस बात का संकेत नहीं है कि आपका अंत निकट है। यह बस आपकी आगे की प्लानिंग है और अपने बच्चों को सुरक्षित रखना है। वैकल्पिक तौर पर, आप अपनी संतान के नाम पर पॉवर ऑफ़ अटॉर्नी भी बनवा सकती हैं, ताकि अगर वो पल्लवी की स्थिति में फंसें तो पॉवर ऑफ़ अटॉर्नी का इस्तेमाल कर सकें।

याद रखने की बातें

1. वसीयत आपको यह तय करने का मौक़ा देती है कि आप अपनी संपत्ति किस-किसको देना चाहती हैं और उन्हें कितना हिस्सा देना चाहती हैं।
2. हालांकि वसीयत मौखिक या लिखित हो सकती है, मगर सलाह यही है कि यह लिखित और रजिस्टर्ड हो।
3. अगर आप अपने उत्तराधिकारियों के बारे में अपना इरादा बदलना चाहें, या आपकी संपत्तियों की स्थिति में कोई बदलाव हो तो आप अपनी वसीयत को अपडेट कर सकती हैं।
4. अपने पास मौजूद हर तरह की वस्तुओं, रियल एस्टेट से लेकर सोने और कलाकृतियों या साड़ियों के संग्रह तक को बांटने के लिए आप वसीयत बना सकती हैं।
5. वसीयत बनाना आपके उत्तराधिकारियों को ढेर सारी काग़ज़ी कार्रवाई से बचा देता है जो कि विपरीत स्थिति में आपकी संपत्ति में अपना हिस्सा पाने के लिए उन्हें करनी होगी। इसलिए, हमेशा वसीयत बनाने का परामर्श दिया जाता है, भले ही आपकी एक ही संतान हो।

मैं ट्रस्ट फ़ंड कैसे बनाऊं?

ट्रस्ट फ़ंड एक क़ानूनी निकाय है जिसका गठन आप न केवल अपनी संपत्ति को आगे सौंपने के लिए बल्कि यह भी सुनिश्चित करने के लिए कर सकती हैं कि उसका ठीक से रखरखाव हो और वो सुरक्षित रहे।

ट्रस्ट को किसी ख़ज़ाने की तरह मानें।

कल्पना करें कि आपके पास सोने के सिक्कों और अनमोल रत्नों से भरा एक बेशक़ीमती ख़ज़ाना है। ज़ाहिर है, आप यह सुनिश्चित करना चाहेंगी कि जब आप न रहें तो यह ख़ज़ाना सही हाथों में जाए और आपके परिवार के काम आए। इसके लिए आप एक ट्रस्ट बनाती हैं।

अब हम देखेंगे कि इसमें शामिल अहम लोग कौन होते हैं:

1. व्यवस्थापक: यह वो व्यक्ति है जो ट्रस्ट बनाता है। इस मामले में, यह आप होंगी।
2. ट्रस्टी: आप किसी ज़िम्मेदार व्यक्ति या संस्था को, जैसे परिवार का कोई भरोसेमंद सदस्य या वित्तीय संस्था, चुनते हैं जो आपके ख़ज़ाने को सुरक्षित रखे और देखे कि उसे आपके निर्देशों के अनुसार चलाया जाए। इन संरक्षकों को ट्रस्टी कहा जाता है।
3. लाभार्थी: ये वो ख़ुशक़िस्मत हैं जो इस ख़ज़ाने की दौलत का आनंद उठाते हैं। उदाहरण के लिए, अगर आप अपने बच्चों के लिए कोई ट्रस्ट छोड़ती हैं, तो वो लाभार्थी होंगे।
4. ट्रस्ट की संपत्ति: यह वो सोना और ज़वाहरात होंगे जो आपने ख़ज़ाने में रखे हैं। दूसरे शब्दों में, यह वो संपत्ति है जो सुरक्षित रखने और लाभार्थियों को सौंपने के लिए आप ट्रस्ट को सौंपती हैं।
5. ट्रस्ट डीड: ट्रस्टी ट्रस्ट की संपत्ति का किस तरह प्रबंधन करें, इसके लिए आप कुछ निश्चित नियम और निर्देश बनाती हैं। उदाहरण के लिए, आप ट्रस्टी को निर्देश दे सकती हैं कि ट्रस्ट की संपत्ति आपके बच्चों को सौंपे जाने तक वो ट्रस्ट से उनकी शिक्षा या मेडिकल ख़र्चों का भुगतान करे।

6. अवधि: आप फ़ैसला करेंगी कि ट्रस्ट कब तक रहेगा। यह आपके बच्चों के एक ख़ास उम्र पर पहुंचने तक अस्थायी हो सकता है या स्थायी भी हो सकता है। जब तक ट्रस्ट की संपत्ति लाभार्थियों को ट्रांसफ़र नहीं की जाती, ट्रस्टी परिवार की सभी भावी पीढ़ियों के लाभ के लिए इसका प्रबंधन करते हैं।

इस तरह व्यवस्थापक के रूप में आप सुनिश्चित करती हैं कि आपकी ग़ैरमौजूदगी में भी आपकी संपत्ति आपके परिवार के सहारे और सुरक्षा का स्रोत बनी रहे।

असल ज़िंदगी में अनेक उद्देश्यों से ट्रस्ट फ़ंड की स्थापना की जा सकती है, जैसे कि संपत्ति के संरक्षण, असेट्स के प्रबंधन या प्रियजनों की ज़रूरतों को पूरा करने के लिए। ट्रस्ट आपकी इच्छा के मुताबिक़ आपकी चल-अचल संपत्ति के वितरण और संरक्षण का सुव्यवस्थित और क़ानूनन बाध्यकारी तरीक़ा पेश करते हैं, काफ़ी कुछ हमारे काल्पनिक ख़ज़ाने की तरह।

ट्रस्ट बनाने के क्या चरण हैं?

ट्रस्ट की संपत्ति को निर्धारित और हस्तांतरित करें

- चल (जैसे पैसा)
- अचल (जैसे रियल एस्टेट)

ट्रस्ट के लक्ष्य + लाभार्थियों में वितरण

उदाहरण के लिए:

- सतत (संपत्ति का उपभोग करें मगर स्वामित्व/निपटान न करें)
- समयबद्ध (एक निश्चित उम्र आने पर संपत्ति ट्रांसफ़र कर दी जाए)
- सशर्त (संपत्ति का निश्चित उद्देश्य के लिए प्रयोग किया जाए)

ट्रस्ट डीड

- ट्रस्ट के प्रबंधन के नियम

ट्रस्ट डीड को रजिस्टर करें

- वसीयत के विपरीत इसे रजिस्टर करना अनिवार्य है

बुनियादी रूप से, सबसे पहले ट्रस्ट संपत्ति (चल-अचल वस्तुओं समेत) का निर्धारण और हस्तांतरण करें, फिर ट्रस्ट फंड के लक्ष्य और उसके लाभार्थी तय करें, और एक ट्रस्ट डीड बनाएं। वसीयत के विपरीत, इसे रजिस्टर करवाना होगा।

एक उदाहरण देखें। राजश्री परिवार एक बड़ा संयुक्त ख़ानदान है। उनके पास अपने पैतृक गांव में बहुत सारी ज़मीन-जायदाद है। पहली पीढ़ी यह सुनिश्चित करना चाहती है कि यह ज़मीन एक धरोहर के रूप में परिवार में ही बनी रहे और भावी पीढ़ियां जल्दी पैसा पाने की ख़ातिर उसे बेचें नहीं। राजश्री परिवार एक पारिवारिक ट्रस्ट बना सकता है, इस ज़मीन को ट्रस्ट की संपत्ति के रूप में उसमें जोड़ सकता है, परिवार के भरोसेमंद सदस्यों (या अन्य लोगों) को इस ट्रस्ट को चलाने के लिए नियुक्त कर सकता है और फिर एक डीड तैयार कर सकता है जो निर्धारित करेगी कि ट्रस्ट की ज़मीन का इस्तेमाल किसलिए किया जा सकता है। डीड लाभार्थियों (भावी पीढ़ियों) द्वारा ज़मीन को बेचने पर प्रतिबंध लगा सकती है ताकि यह सुनिश्चित हो जाए कि वो हमेशा परिवार में ही रहेगी। इस तरह लाभार्थी प्रॉपर्टी का उपभोग तो कर सकते हैं, मगर उसके मालिक नहीं बन सकते (और इस तरह उसे बेच नहीं सकते)।

बात को हल्का-फुल्का अंदाज़ देने के लिए मैं अमिताभ बच्चन की *दीवार* फ़िल्म के इस मशहूर डायलॉग को ज़रा सा ट्विस्ट दिए बिना नहीं रह पा रही हूं।

वसीयत या ट्रस्ट?

वसीयत का उद्देश्य अपनी पसंद के उत्तराधिकारियों को अपनी संपत्ति सौंप देना है। एक बार उन्हें संपत्ति सौंप दिए जाने के बाद वो उसका जो करना चाहें, कर सकते हैं।

ट्रस्ट का प्रमुख उद्देश्य संपत्ति का *प्रबंधन* करना है। आप सुनिश्चित करना चाहती हैं कि संपत्ति का इस्तेमाल बुद्धिमानी से और आपके प्रियजनों (लाभार्थियों) के भले के लिए हो। यह आप पर है कि आप उन्हें स्वामी के रूप में संपत्ति सौंपना चाहेंगी, या चाहेंगी कि स्वामी बने बिना वो उसका उपभोग करें।

अगर आप बस अपनी संपत्ति उन्हें सौंप देना चाहती हैं, तो आपको वसीयत बनानी चाहिए। लेकिन अगर आप एक विरासत बनाना चाहती हैं, तो आपको ट्रस्ट स्थापित करना चाहिए।

याद रखने की बातें

1. ट्रस्ट एक धरोहर बनाने और आपके जाने के बाद भी आपके प्रियजनों के कल्याण को सुनिश्चित करने में आपकी मदद करता है।
2. ट्रस्ट एक ख़ज़ाने की तरह है जिसमें आप अपनी चल-अचल संपत्ति रखती हैं। ट्रस्ट डीड के आधार पर ट्रस्टी इसका प्रबंधन करते हैं।
3. ट्रस्ट अपनी संपत्तियों के प्रबंधन और ये नियम बनाने में आपकी मदद करता है कि उनका उपयोग किस तरह किया जाए। जबकि वसीयत में आप अपनी संपत्ति अपने लाभार्थियों को सौंप देती हैं। वो लोग इन संपत्तियों का क्या करते हैं, इस पर आपका कोई नियंत्रण नहीं होता।

उपहार (गिफ़्ट): एक और विकल्प

अब तक, हमने विस्तार में वसीयत, ट्रस्ट और उत्तराधिकार पर चर्चा की है, और ये सभी किसी के गुज़र जाने के बाद तस्वीर में आते हैं। लेकिन अगर आप अपने ज़ीते-जी अपनी संपत्ति अपने प्रियजनों को सौंपना चाहें तो?

आप ऐसा 'उपहार' के रूप में कर सकती हैं, किसी व्यक्ति से बदले में कुछ भी चाहे बिना उसे संपत्ति का हस्तांतरण।

तो, लोग कब संपत्ति को उपहार में देते हैं?

यह अनेक कारणों से किया जाता है जिनमें परिवार के भीतर संपत्तियों का वितरण, टैक्स प्लानिंग, या यह भी सुनिश्चित करना है कि माता-पिता के जीवित रहते हुए ही बेटियों को उनसे अपना उचित हिस्सा मिल जाए।

उपहार देने की प्रक्रिया इस प्रकार है:

1. उस प्रॉपर्टी को निश्चित करें जिसे आप उपहार में देना चाहते हैं और उसे किसे देना चाहते हैं।
2. उपहार विलेख (गिफ़्ट डीड) बनाएं, यानी एक लिखित क़ानूनी दस्तावेज़ जिस पर उपहार और उससे जुड़े सारे विवरण दर्ज हों, जैसे कि दाता, प्राप्तकर्ता, उपहार और उपहार के साथ जुड़ी और कोई शर्त।
3. संपत्ति रजिस्ट्रार के पास अपने उपहार विलेख को रजिस्टर करवाएं (यह वही जगह है जहां आप अपने न्यायिक क्षेत्र में संपत्ति के किसी भी दस्तावेज़ को रजिस्टर करवाने जाती हैं)।
4. सुनिश्चित करें कि संपत्ति प्राप्तकर्ता के नाम पर ट्रांसफ़र हो गई है और संपत्ति के रिकॉर्ड अपडेटेड हैं।

नोट: वैध होने के लिए, अचल संपत्ति के हर उपहार को लिखित में होना और रजिस्टर करवाना अनिवार्य है। चल संपत्ति के मामले में आप बस उपहार दे सकती हैं; यह लिखित में होना ज़रूरी नहीं है।

दिमाग़ी कसरत!

शब्द-खोज: उत्तराधिकार की परख

नीचे दिए गए शब्दों को खोजें और उन पर घेरा बनाएं

1. स्त्रीधन, 2. विरासत, 3. वसीयत, 4. भागीदार, 5. संपत्ति

वा	स्त्री	ध	न	का	सं
ना	त	भी	सत	वि	प
सीय	बा	सी	पा	रा	त्ति
ना	नं	सं	इ	स	पु
या	व	सी	य	त	वा
भा	गी	दा	र	का	उ

9

प्रजनन अधिकार: आपका शरीर, आपका चुनाव

इस चैप्टर में, हम विभिन्न क़िस्मों के प्रजनन अधिकारों को देखेंगे, जैसे कि गोद लेना, गर्भपात और सरोगेसी।

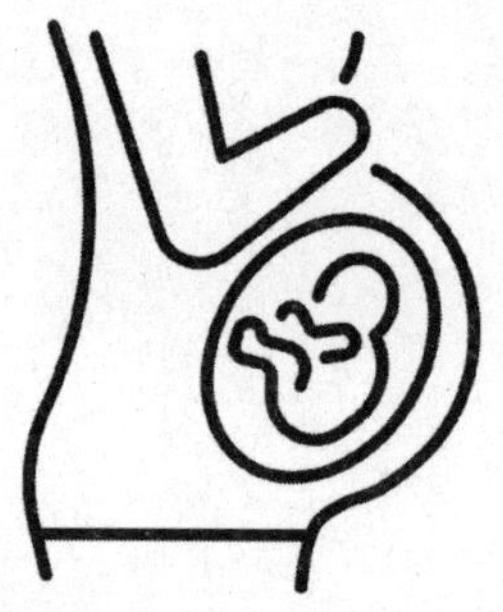

गर्भपात

असुरक्षित गर्भपात भारत में मातृ-मृत्यु का तीसरा सबसे प्रमुख कारण है। अध्ययनों के अनुसार, भारत में होने वाले लगभग 67 प्रतिशत गर्भपात असुरक्षित हैं, जिनके कारण रोज़ाना लगभग आठ मौतें होती हैं, ऐसा यूनाइटेड नेशन्स पॉपुलेशन फ़ंड रिपोर्ट कहती है।[1] यह देखते हुए कि भारत में गर्भपात के काफ़ी ठीकठाक क़ानून हैं, ये आंकड़े न केवल चौंकाने वाले हैं बल्कि बेहद परेशान करने वाले भी हैं।

लेकिन, ज़रा रुकें, क्या भारतीय क़ानून गर्भपात की इजाज़त नहीं देता? जी हां, देता है! यूएस के विपरीत, जिसने एक संवैधानिक अधिकार के रूप में गर्भपात के अधिकार को वापस ले लिया है, भारत गर्भपात तक पहुंच को ज़्यादा आसान और सुरक्षित बनाने की ओर बढ़ रहा है, जैसा कि होना भी चाहिए।

मेडिकल टर्मिनेशन ऑफ़ प्रेग्नेंसी एक्ट, 1971 (गर्भ का चिकित्सीय समापन अधिनियम, 1971) कुछ ख़ास हालात में गर्भ को समाप्त करने की अनुमति देता था। मगर इसमें विवाहित और अविवाहित महिलाओं के लिए अलग-अलग नियम थे। 2021 में, संसद ने मेडिकल टर्मिनेशन ऑफ़ प्रेग्नेंसी एक्ट, 2021 (नया एमटीपी एक्ट) पास किया, जिसने पुराने क़ानून में अहम बदलाव किए। नए क़ानून ने न केवल गर्भपात के लिए समय-सीमा को बढ़ा दिया है, बल्कि यह विवाहित और अविवाहित महिलाओं के साथ समान व्यवहार करता है (जो कि एक बड़ी जीत है!)।

मेरे गर्भपात के अधिकार क्या हैं?

2021 के संशोधन तक, केवल विवाहित महिलाओं को ही किसी गर्भनिरोधक की विफलता को उद्धृत करते हुए 'बिना किसी सवाल के' गर्भपात करवाने की इजाज़त थी। अविवाहित स्त्रियां इन आधारों पर गर्भपात करवाने की इजाज़त मांग सकती थीं कि गर्भावस्था/प्रसव से स्त्री के जीवन, या स्त्री के मानसिक या शारीरिक स्वास्थ्य के लिए गंभीर संकट पैदा हो जाएगा।

अधिकांश अविवाहित स्त्रियों को आघात या मानसिक स्वास्थ्य के आधार पर गर्भपात की अनुमति मांगनी होती थी। इसके अलावा, बस बीस हफ़्ते की गर्भावस्था तक ही गर्भपात करवाया जा सकता था, इसके बाद नहीं, जब तक कि मां के जीवन को ख़तरा न हो।

2021 से, गर्भावस्था की सीमा को बढ़ाकर चौबीस हफ़्ते कर दिया गया है और अविवाहित स्त्रियों को भी गर्भनिरोधक की विफलता के कारण गर्भपात करवाने का अधिकार प्रदान कर दिया गया है। 2022 में *एक्स बनाम प्रमुख सचिव, स्वास्थ्य एवं परिवार कल्याण विभाग* के मुकदमे में सुप्रीम कोर्ट ने अविवाहित महिलाओं के अधिकारों पर फिर से बल दिया था।[2] कोर्ट को उद्धृत करते हुए: 'अनुच्छेद 21 के तहत प्रजनन स्वायत्तता, गरिमा और निजता के अधिकार किसी विवाहित महिला के समान ही एक अविवाहित महिला को संतान पैदा करने या न करने का अधिकार देते हैं।' नीचे दी गई तालिका में मैंने संक्षेप में गर्भ-अवधि के अनुसार गर्भपात के आधार और आवश्यक मेडिकल अनुमति दी है (याद रखें: विवाहित और अविवाहित महिलाओं पर एक समान नियम लागू होते हैं):

गर्भ-अवधि	गर्भपात के आधार	आवश्यक अनुमति
20 सप्ताह तक	कुछ नहीं पूछा जाएगा। गर्भनिरोध की विफलता पर्याप्त कारण होगा।	आपको एक डॉक्टर की अनुमति चाहिए होगी।
20 से 24 सप्ताह	अगर आप सात अनुमत कैटेगरी में आती हैं (सूची नीचे दी गई है)।	आपको दो डॉक्टरों की अनुमति लेनी होगी।
24 सप्ताह के बाद	केवल तभी जब भ्रूण में गंभीर दोष हों और गर्भवती स्त्री गर्भपात के लिए शारीरिक रूप से फ़िट हो।	आपको राज्यस्तरीय मेडिकल बोर्ड की अनुमति लेनी होगी।

बीस से चौबीस सप्ताहों के बीच गर्भ-समाप्ति — अनुमत कैटेगरी:
बीस सप्ताह की अवधि पूरी होने के बाद और चौबीस हफ़्ते पूरे होने से पहले आप बस इन सात अनुमत कैटेगरी के तहत ही अपनी प्रेग्नेंसी को ख़त्म कर सकती हैं:

1. यौन हमला: अगर प्रेग्नेंसी यौन हमले या बलात्कार के परिणास्वरूप है। इसमें वैवाहिक बलात्कार भी शामिल है, जिसे सुप्रीम कोर्ट ने उपरोक्त *एक्स बनाम प्रमुख सचिव* (2022) की सुनवाई के दौरान जोड़ा था।
2. नाबालिग़: नाबालिग़ (यानी 18 साल से कम आयु की) लड़कियां बिना किसी पूछताछ के चौबीस हफ़्ते तक प्रेग्नेंसी को ख़त्म करवा सकती हैं।
3. रिश्ते की स्थिति में बदलाव: अगर प्रेग्नेंसी के दौरान प्रेग्नेंट महिला की वैवाहिक स्थिति बदल जाती है, यानी उसका तलाक़ हो जाता है या वो विधवा हो जाती है। सुप्रीम कोर्ट ने विस्तार करके इसे लिव-इन रिलेशनशिप के टूटने पर भी लागू किया है (*एक्स बनाम प्रमुख सचिव*)।
4. भ्रूण में समस्याएं: अगर जन्म के बाद भ्रूण के जीवित रहने की संभावना न हो, या वो गंभीर शारीरिक या मानसिक दोषों के साथ जन्म लेने वाला हो।
5. शारीरिक अक्षमता: अगर प्रेग्नेंट महिला में ऐसी शारीरिक अक्षमताएं हैं जिनसे उसके लिए प्रेग्नेंसी को क़ायम रखना या बच्चे की परवरिश करना मुश्किल हो।
6. मानसिक अक्षमता: अगर प्रेग्नेंट महिला मानसिक रूप से बीमार हो (मंदबुद्धि होने समेत), जो उसे प्रेग्नेंसी को जारी रखने या बच्चे की परवरिश करने के लिए मानसिक रूप से अक्षम बनाता हो।
7. असाधारण परिस्थितियां: अगर किसी संकट या आपातकालीन स्थिति (जैसे युद्ध या भूकंप) के दौरान प्रेग्नेंसी हुई हो।

नोटः सुप्रीम कोर्ट ने वैवाहिक बलात्कार को भी अनुमत कैटेगरी में शामिल किया है। क़ानून की दृष्टि से यह एक बहुत बड़ा क़दम है क्योंकि इससे यह माना गया है कि वैवाहिक बलात्कार होते हैं और कि एक शादीशुदा स्त्री को केवल इसलिए बलात्कार के कारण ठहरे गर्भ को जन्म देने के लिए मजबूर नहीं किया जाना चाहिए कि वो शादीशुदा है।

चौबीस सप्ताह बाद गर्भावस्था की समाप्ति कैसे हो सकती है?

चौबीस सप्ताह के बाद गर्भावस्था केवल तभी समाप्त की जा सकती है जब गर्भ में गंभीर दोष हों, जैसे कि वो जीवित न रहे या गंभीर रूप से मानसिक या शारीरिक तौर पर विकलांग हो। इसके लिए आपको राज्यस्तरीय मेडिकल बोर्ड को याचिका देनी होगी। काग़ज़ी कार्रवाई में आपके डॉक्टर आपकी मदद करेंगे। अगर बोर्ड इंकार कर देता है तो आपको संबंधित उच्च न्यायालय में रिट पिटीशन दाख़िल करनी होगी, और कोर्ट से कहना होगा कि मेडिकल बोर्ड को गर्भ-समाप्ति की अनुमति देने का निर्देश दे।

ऐसे कई केस हुए हैं जिनमें गर्भ-समाप्ति के लिए कोर्ट का दरवाज़ा खटखटाया गया है। कोर्ट आमतौर पर इसे डॉक्टरों की राय पर छोड़ देती है और उनकी सिफ़ारिश के आधार पर ही केस का फ़ैसला होता है। यहां महत्वपूर्ण है तेज़ी और चुस्ती से कार्रवाई करना, क्योंकि प्रेग्नेंसी में एक-एक दिन की देरी अहम होती है। अपने केस में मदद करने के लिए आपको किसी कुशल वकील को रखना चाहिए।

सोचने की बात

अप्रैल 2024 में, फ्रांस अबॉर्शन को एक संवैधानिक अधिकार बनाने वाला दुनिया का पहला और अकेला देश बना था। इसमें अंतर क्या है? क़ानूनी अधिकार सामान्य क़ानूनों से मिलते हैं जिन्हें संसद आसानी से संशोधित कर सकती है। दूसरी ओर, संवैधानिक अधिकार संविधान द्वारा संरक्षित होते हैं और उन्हें

आसानी से संशोधित नहीं किया जा सकता। 2022 में यूएस की सुप्रीम कोर्ट द्वारा रद्द किए जाने तक अबॉर्शन यूएस में संवैधानिक अधिकार हुआ करता था। भारत में अबॉर्शन क़ानूनी अधिकार है।

आपको यह सोचकर कैसा लगता है कि सत्ता में बैठे पुरुष (जैसे जज और क़ानून-निर्माता) महिलाएं के शरीर के बारे में फ़ैसला लेते हैं?

क्या गर्भावस्था समाप्त करने के लिए मुझे अपने पार्टनर या परिवार की अनुमति चाहिए होगी?

सीधा सा जवाब है, नहीं। डॉक्टर के अलावा आपको और किसी की अनुमति नहीं चाहिए। न अपने पति की। न अपने माता-पिता की। न अपने ससुरालवालों की। और यक़ीनन अपने पड़ोसी की चाची की कज़िन की बेटी की राय की तो हर्गिज़ ज़रूरत नहीं है! क़ानून यह समझता है कि प्रेग्नेंसी को समाप्त करना एक बहुत ही व्यक्तिगत फ़ैसला है और चूंकि केवल गर्भवती महिला को ही भ्रूण को धारण करना है, इसलिए यह फ़ैसला केवल उसका होना चाहिए। सारे मुहल्ले को इसमें शामिल करने की कोई ज़रूरत नहीं है।

डॉक्टर या अस्पताल भी पति या परिवार की अनुमति, अतिरिक्त काग़ज़ी कार्रवाई, या पुलिस या कोर्ट की अनुमति की आवश्यकता जैसी क़ानून से परे कोई शर्तें नहीं थोप सकते।

क्या अबॉर्शन के मामले में मेरे पास गोपनीयता का अधिकार है?

पूरे प्रोसीजर के लिए आपके पास पूर्ण गोपनीयता का अधिकार है। सामाजिक कलंक के डर के बिना महिलाओं को सुरक्षित अबॉर्शन की सुविधा मुहैया कराने के लिए क़ानून यह अनिवार्य करता है कि अबॉर्शन के हर प्रोसीजर को पूरी तरह गोपनीय रखा जाएगा। आइए, पढ़ते हैं कि क़ानून क्या कहता है। एमटीपी अमेंडमेंट एक्ट 2021 के सेक्शन

5ए (1) के अनुसार, 'कोई भी पंजीकृत चिकित्सक ऐसी किसी महिला का नाम या अन्य विवरण उजागर नहीं करेगा जिसकी गर्भावस्था इस क़ानून के तहत समाप्त की गई हो, अलावा ऐसे किसी व्यक्ति के जिसे उस वक़्त लागू किसी क़ानून के द्वारा अधिकृत किया गया हो।'

इसका मतलब है कि डॉक्टर और अस्पताल/क्लिनिक को प्रेग्नेंट महिला का विवरण गोपनीय रखना होगा। उन्हें तो अस्पताल के रिकॉर्ड का हिस्सा भी नहीं बनना चाहिए।

जब आप अबॉर्शन करवाना चाहती हैं, तो असल में क्या होता है?

मैंने एक प्रतिष्ठित अस्पताल में कार्यरत एक सीनियर गायनेकोलॉजिस्ट से बात की और उन्होंने यह बताया:

1. आपको अस्पताल में उसी तरह रजिस्ट्रेशन करवाना होगा, जैसे बाक़ी सारे मरीज़ करवाते हैं। आपको उस समय अपना नाम और विवरण देना होगा (रजिस्टर करते समय आपको अपने आने के कारण का उल्लेख करने की ज़रूरत नहीं है)।
2. डॉक्टर भ्रूण के गर्भकाल का पता लगाने के लिए एक स्कैन करेंगी।
3. इसके बाद डॉक्टर यह जानने के लिए मरीज़ के साथ बैठती हैं कि वो अपनी प्रेग्नेंसी क्यों ख़त्म करना चाहती है। उदाहरण के लिए, गर्भनिरोधक की विफलता, मेडिकल कारण, बलात्कार की शिकार आदि। अगर आपके अबॉर्शन करवाने का कारण महज़ यह है कि आपको बच्चा नहीं चाहिए, तो वो कारण के तौर पर गर्भनिरोध की विफलता दर्ज करेंगी। यह साबित करने की कोई ज़रूरत नहीं है कि असल में ऐसा हुआ था या नहीं।
4. डॉक्टर यह पुष्टि करने के लिए महिला को काउंसिल कर सकती हैं कि वो वाक़ई गर्भ-समाप्ति करवाना चाहती है। अगर वो वाक़ई चाहती है तो डॉक्टर एक 'फ़ॉर्म सी' भरती हैं, जिस पर महिला की सहमति ली जाती

है और प्रोसीजर का सारा विवरण बताया जाता है (जैसे डॉक्टर की राय, अनुशंसित प्रोसीजर और गर्भपात का कारण)। महिला को, और साथ में एक साक्षी (परिवार का सदस्य होना ज़रूरी नहीं है) को इस फ़ॉर्म पर साइन करना होगा। यह एकमात्र डॉक्युमेंट है जिस पर महिला का नाम लिखा जाता है। फिर इस फ़ॉर्म को एक बंद लिफ़ाफ़े में रखना होता है।

5. इसके बाद, मेडिकल प्रोसीजर के अनुसार डॉक्टर गर्भ गिराती हैं। अगर यह गोलियों के माध्यम से किया जाता है तो महिला को प्रेस्क्रिप्शन दे दिया जाता है। अगर प्रोसीजर के लिए महिला को अस्पताल में भरती होने की ज़रूरत होती है, तो रजिस्टर में उसका नाम कहीं नहीं लिखा जाता। नाम के स्थान पर वो एक नंबर लिखते हैं (जैसे अस्पताल का रजिस्ट्रेशन नंबर)।
6. महीने के अंत में, अस्पताल को रिकॉर्ड के लिए सारे फ़ॉर्म-सी डिस्ट्रिक्ट मेडिकल हेल्थ ऑफ़िसर को भेजने होते हैं।

नोट: रजिस्ट्रेशन के लिए वो आपका आधार कार्ड लेते हैं। मगर आधार कार्ड को भी एक बंद लिफ़ाफ़े में रखा जाता है जिस तक केवल आपकी डॉक्टर की पहुंच होती है। आधार नंबर कहीं नहीं दिया जाता और आपके रिकॉर्ड में गर्भपात का प्रोसीजर दर्ज नहीं होता।

मोटे तौर पर, डॉक्टर यही प्रोसीजर अपनाती हैं जो कि क़ानूनन अनिवार्य है। अगर आपकी डॉक्टर आपका अबॉर्शन करने से मना करे, तो आप डॉक्टर बदल लें और किसी अन्य के पास जाएं। यहां विश्वसनीय गायनेकोलॉजिस्ट्स की लोगों से जुटाई गई एक लिस्ट दी जा रही है, जिसे ट्विटर (अब एक्स) यूज़र अंबा आज़ाद ने शुरू किया था।[3]

अगर आपकी डॉक्टर गोपनीयता बनाए रखने से इंकार करें, तो आप अस्पताल में और मेडिकल काउंसिल ऑफ़ इंडिया में भी शिकायत दर्ज कर सकती हैं।

व्यावसायिक सलाह: मेडिकल डॉक्टर तलाशें, मॉरल पुलिस नहीं!

सुप्रीम कोर्ट ने स्पष्ट रूप से कहा है कि डॉक्टरों (यानी रजिस्टर्ड मेडिकल प्रेक्टीशनर) को प्रेग्नेंट महिला के चुनाव का सम्मान करना चाहिए और क़ानून से इतर किसी शर्त के बिना गर्भपात की सेवा प्रदान करनी चाहिए। डॉक्टर का 'अनुमोदन' केवल मेडिकल आधार पर होना चाहिए, यह आकलन करने के लिए कि गर्भ-समाप्ति मेडिकली सुरक्षित है या नहीं। वो महिला पर किसी तरह की नैतिक राय नहीं थोप सकते।

एकमात्र अपवाद तब आता है जब डॉक्टरों को किसी 'क़ानून द्वारा अधिकृत व्यक्ति' जैसे कि पुलिस को विवरण देना होता है। यौन हमले या बलात्कार के नतीजे में होने वाली प्रेग्नेंसी के मामलों में डॉक्टरों को हमले/बलात्कार के ख़िलाफ़ पुलिस रिपोर्ट दर्ज करनी चाहिए क्योंकि यह दंडनीय कृत्य है। ऐसे मामलों में उन्हें प्रेग्नेंसी का विवरण पुलिस को देना पड़ सकता है।

क्या नाबालिग़ों के लिए कोई विशेष प्रावधान हैं?

अगर कोई नाबालिग़ (अठारह साल से कम आयु की) लड़की प्रेग्नेंट हो जाती है, तो क़ानून यह मान लेता है कि प्रेग्नेंसी बलात्कार के कारण हुई है। ऐसा इसलिए कि भारत में सेक्स के लिए सहमति की आयु अठारह वर्ष है। अठारह साल से कम उम्र की नाबालिग़ लड़की से, उसकी सहमति के साथ भी, किए गए सेक्स को क़ानूनन बलात्कार माना जाता है।

इसलिए जब कोई नाबालिग़ प्रेग्नेंसी ख़त्म करवाने किसी डॉक्टर के पास जाती है, तो पुलिस को इसकी सूचना देना डॉक्टर का दायित्व है। इस अनिवार्यता के कारण अक्सर नाबालिग़ या उनके माता-पिता प्रेग्नेंसी ख़त्म करवाने के लिए औपचारिक, क़ानूनी रास्ता इख़्तियार करने से घबराते हैं।

मगर, सुप्रीम कोर्ट ने *एक्स बनाम प्रमुख सचिव* केस में स्पष्ट किया है कि नाबालिग़ और उसके अभिभावक डॉक्टर से निवेदन कर सकते हैं कि वो पुलिस को दी जाने वाली अपनी रिपोर्ट में लड़की की पहचान और अन्य

निजी जानकारी उजागर न करें।[4] अगर आपकी डॉक्टर को इसकी जानकारी नहीं है, तो उन्हें इस फ़ैसले का पैराग्राफ़ 81 दिखाएं।

बेटी बचाओ, बेटी पढ़ाओ

प्री-कंसेप्शन एंड प्री-नैटल (गर्भधारण-पूर्व एवं प्रसव-पूर्व) डायग्नॉस्टिक टेक्नीक्स (लिंग-चयन प्रतिषेध अधिनियम) एक्ट, 1994 के अनुसार भ्रूण का लिंग उजागर करने की अनुमति नहीं है। यह क़ानून सुनिश्चित करता है कि हमारे देश में कन्या भ्रूण को जन्म लेने का अवसर मिले, कि उनके लिंग के कारण उनका जीवन गर्भ में ही समाप्त न कर दिया जाए।

निष्कर्ष

मैं आपको एक युगांतरकारी केस (सुचिता श्रीवास्तव बनाम चंडीगढ़ प्रशासन, 2009) में सुप्रीम कोर्ट की टिप्पणी के साथ छोड़ती हूं, जिसमें कोर्ट ने कहा था कि प्रजनन चुनाव व्यक्तिगत स्वतंत्रता का हिस्सा है: 'एक स्त्री का प्रजनन चुनाव करने का अधिकार भी "व्यक्तिगत स्वतंत्रता" का एक आयाम है जैसा कि भारत के संविधान के अनुच्छेद 21 के तहत समझा जाता है।'

प्रेग्नेंसी महज़ गर्भधारण करने के महीनों, या जन्म देने की प्रक्रिया भर नहीं है; यह एक नए इंसान को इस दुनिया में लाना है। एक इंसान जो सबसे पहले तो देखभाल पाने, प्यार किए जाने और वांछित महसूस किए जाने का हक़दार है। एक जीवन को गढ़ना और मातृत्व को अपनाना उन लोगों के लिए ख़ूबसूरत सफ़र हो सकता है जो यह चाहते हैं, लेकिन अगर यह अनचाहा हो तो किसी को भी इसमें जबरन नहीं धकेलना चाहिए। इसलिए, क़ानून हर प्रेग्नेंट महिला को प्रेग्नेंसी जारी रखने या उसे समाप्त करने का विकल्प प्रदान करता है। यह ऐसा विकल्प है जिसे प्रेग्नेंट महिला को सोच-समझकर और बिना किसी प्रभाव या दबाव में आए चुनना चाहिए।

याद रखने की बातें

1. संशोधित एमटीपी अधिनियम, 2021 के अनुसार विवाहित और अविवाहित महिलाओं के लिए गर्भपात के अधिकार समान हैं।
2. आप गर्भावस्था के बीस हफ़्ते के अंदर किसी भी वजह से बस एक डॉक्टर के अनुमोदन से प्रेग्नेंसी ख़त्म करवा सकती हैं। बीस से चौबीस हफ़्ते के बीच, सात अनुमत आधारों में से किसी आधार पर और दो डॉक्टरों के अनुमोदन से प्रेग्नेंसी ख़त्म करवाई जा सकती है।
3. प्रेग्नेंसी ख़त्म करवाने के लिए बस गर्भवती महिला की (और किसी की नहीं) सहमति आवश्यक होती है।
4. आपको पूरी गर्भपात प्रक्रिया के लिए पूर्ण गोपनीयता बरतने का अधिकार प्राप्त है।
5. नाबालिग़ों के मामले में चौबीस हफ़्ते तक प्रेग्नेंसी को समाप्त किया जा सकता है, बिना कोई सवाल पूछे। मगर, डॉक्टरों को 'क़ानूनन बलात्कार' (भले ही बलात्कार न हुआ हो) के तहत पुलिस रिपोर्ट दर्ज करनी होगी।

एडॉप्शन (दत्तक ग्रहण)

जब कोई व्यक्ति किसी दूसरे व्यक्ति के बच्चे को अपनाकर उसे अपनी संतान की तरह पाले तो वो एडॉप्शन (दत्तक ग्रहण) या गोद लेना होता है। भारतीय क़ानून के तहत जब आप क़ानूनन किसी बच्चे को गोद लेते हैं, तो उसे आपकी बायोलॉजिकल संतान की तरह माना जाता है। क़ानून गोद ली गई और बायोलॉजिकल संतानों में फ़र्क़ नहीं करता।

सन् 2000 में अभिनेत्री सुष्मिता सेन सुर्ख़ियों में आई थीं जब उन्होंने पच्चीस वर्षीय सिंगल मां के रूप में एक बेटी को गोद लेने का फ़ैसला लिया था। एक इंटरव्यू में सेन ने बताया था कि उन्होंने इक्कीस साल की उम्र में

गोद लेने की प्रक्रिया शुरू की थी, और कस्टडी पाने में उन्हें लगभग चार साल लग गए थे। और यही नहीं, जब कोर्ट में उनकी अंतिम सुनवाई होनी थी, तब उन्होंने योजना बना ली थी कि अगर कोर्ट ने उन्हें गोद लेने का अधिकार नहीं दिया तो वो बच्ची को लेकर भाग जाएंगी। हताशाजनक लगता है न?

भारत में गोद लेने की प्रक्रिया कैसे होती है? कौन गोद लेने के लिए योग्य है? क्या आप ऐसे किसी भी बच्चे को गोद ले सकती हैं जो आपको सबसे प्यारा लगता हो? इस चैप्टर में आपको अपने सारे सवालों के जवाब मिलेंगे।

भारत में किन क़ानूनों के तहत आप गोद ले सकती हैं?

हमेशा की तरह, हमारे पास सबके लिए एक समान क़ानून नहीं है। भारत में दो क़ानून हैं जिनके तहत आप गोद ले सकती हैं—हिंदू एडॉप्शन्स एंड मेंटिनेंस एक्ट, 1956 (एचएएमए; हिंदू दत्तक ग्रहण एवं भरण पोषण अधिनियम, 1956), और जुवेनाइल जस्टिस एक्ट, 2015 (जेजेए; किशोर न्याय अधिनियम, 2015)। आप पर जो क़ानून लागू होगा, वो निर्भर करता है, ज़रा अंदाज़ा लगाइए, आपके धर्म पर!

पहले हमारे यहां केवल एचएएमए था जो कि, जैसा कि इसके नाम से ही स्पष्ट है, धर्म विशिष्ट क़ानून है। इसके अनुसार, केवल हिंदू ही बच्चा गोद ले सकते थे। ग़ैर-हिंदुओं को बस संरक्षक और प्रतिपाल्य अधिनियम, 1890 के तहत बच्चों का संरक्षण प्राप्त करने की अनुमति थी। आप पूछ सकती हैं कि यह भेदभाव क्यों? हमारे ज़्यादातर पुराने क़ानून अंग्रेज़ों ने हमारे धर्मों की अपनी समझ और अपने हितों को ध्यान में रखते हुए बनाए थे। इससे ग़ैर-हिंदुओं द्वारा गोद लेने के क़ानून में एक ख़ालीपन छूट गया। 2015 में, संसद ने ग़ैर-हिंदुओं के लिए एडॉप्शन को सुलभ बनाने के लिए किशोर न्याय अधिनियम में संशोधन किया। तब से, हर धर्म के लोग अपनी संतान के तौर पर बच्चों को गोद ले सकते हैं।

एडॉप्शन और संरक्षकता (गार्जियनशिप) में क्या अंतर है?

इसे एक उदाहरण से समझते हैं। मान लीजिए, आप अपने घर के बाग़ में एक नया पौधा लगाना चाहती हैं। आप नर्सरी जाकर एक पौधा ला सकती हैं। या अपने किसी दोस्त से पौधा लेकर अपने बाग़ में लगा सकती हैं। दोनों ही मामलों में, पौधा आपका हो जाता है। आप ज़िंदगी भर उसे रख सकती हैं, उसे खाद-पानी देकर बड़ा होने में उसकी सहायता कर सकती हैं। यह एडॉप्शन है।

दूसरे परिदृश्य में, मान लीजिए आपकी कोई दोस्त विदेश में शिफ़्ट हो रही है और वो वापस आ भी सकती है और नहीं भी आ सकती। अपने लौटने तक वो देखभाल करने के लिए अपना पौधा आपको सौंपती है। आप अपने पौधे की तरह उसकी देखरेख करती हैं, उसे खाद-पानी देती हैं। अपनी दोस्त की वापसी तक आप उसकी केयरटेकर हैं, मगर आप उसकी 'मां' नहीं बनतीं। यह संरक्षकता (गार्जियनशिप) है।

एडॉप्शन में बच्चा आपका बायोलॉजिकल बच्चा बन जाता है। आप उसके साथ आजीवन एक नियमित माता/पिता-संतान का संबंध शेयर करेंगी। संरक्षकता में बच्चा आपका प्रतिपालित (वार्ड) है, यानी वो जिसकी देखभाल और रक्षा के लिए आप क़ानूनन ज़िम्मेदार हैं। लेकिन यह उसे आपकी संतान नहीं बनाता। वो आपकी विरासत नहीं पा सकते, न ही उन्हें आपके परिवार का सदस्य माना जाएगा। इसके अलावा, जब बच्चा इक्कीस साल का होता है, तो संरक्षक-प्रतिपालित का संबंध समाप्त हो जाता है; उस बच्चे के साथ आपको कोई क़ानूनी रिश्ता नहीं रह जाता।

आप संरक्षकता के गिर्द काम कर सकती हैं और उपहार देकर या वसीयत बनाकर बच्चे को अपनी संपत्ति पर वारिसाना हक़ दे सकती हैं। मगर, उपहार या वसीयत न होने पर क़ानूनन बच्चा उत्तराधिकार नहीं पाएगा।

ख़ुशक़िस्मती से, अब हमारे पास जुवेनाइल जस्टिस एक्ट है। हमें अब एक सदी पुराने संरक्षक और प्रतिपाल्य अधिनियम की ज़रूरत नहीं है!

जेजेए एक धर्मनिरपेक्ष क़ानून है जो सभी धर्मों के लोगों को (हिंदुओं समेत) सभी धर्मों के बच्चों को गोद लेने की अनुमति देता है। एचएएमए केवल हिंदू दत्तक माता-पिता को (बौद्ध, सिख, जैन समेत) हिंदू बच्चों को ही गोद लेने की अनुमति देता है।

अगर आप हिंदू हैं: तो आप एचएएमए या जेजेए के तहत गोद ले सकती हैं।
अगर आप ग़ैर-हिंदू हैं: तो आप केवल जेजेए के तहत गोद ले सकती हैं।

भारतीय क़ानून के तहत किसे गोद लेने की अनुमति है?

कोई भी व्यक्ति बच्चा गोद ले सकता है चाहे उसका धर्म, जेंडर या वैवाहिक स्थिति जो भी हो। मगर कुछ प्रतिबंध और आवश्यकताएं हैं जिन्हें गोद लेने वाले माता/पिता को पूरा करना होगा। गोद लेने वाले माता/पिता को अठारह वर्ष से अधिक आयु का होना चाहिए और उन्हें बच्चे को गोद लेने और उसे अच्छी परवरिश देने के लिए शारीरिक, मानसिक और आर्थिक रूप से सक्षम होना चाहिए।

हालांकि ऊपर दिए गए ये दोनों बिंदु बुनियादी बातें हैं जिन्हें आपको पूरा करना होगा, मगर एडॉप्शन की प्रक्रिया, साथ ही आप किसे और कितने बच्चों को गोद ले सकती हैं, यह आपके जेंडर और वैवाहिक स्थिति पर निर्भर करता है।

1. क्या एक विवाहित जोड़ा बच्चा एडॉप्ट कर सकता है?

   जी हां, बिल्कुल! विवाहित जोड़े के लिए एचएएमए और जेजेए के तहत निम्न अनिवार्यताएं हैं:

   एचएएमए:

   i. अगर आपके पास पहले से एक संतान है, तो आप उसी सेक्स का बच्चा गोद नहीं ले सकते। यानी अगर आपकी एक बेटी है तो आप दूसरी बेटी को गोद नहीं ले सकते। आपको

बेटा गोद लेना होगा। जेजेए के तहत ऐसी कोई बाध्यता नहीं है।

जेजेए:

i. कम से कम दो साल से सुदृढ़ शादी में हों।

ii. बच्चे और माता-पिता की आयु में कम से कम पच्चीस साल का अंतर होना चाहिए।

iii. पहले से तीन या उससे अधिक बच्चे नहीं होने चाहिए (बायोलॉजिकल या गोद लिए हुए)। हॉलीवुड एक्टर्स ब्रेड पिट और एंजेलिना जोली ने दुनिया भर से छह बच्चों को गोद लिया है। कहने की ज़रूरत नहीं है कि अगर वो भारत में होते, तो उन्हें तीन पर रुकना पड़ता।

जीवनसाथी की सहमति: एचएएमए और जेजेए दोनों के ही तहत एक शादीशुदा व्यक्ति अपने पति/पत्नी की सहमति के बिना बच्चा गोद नहीं ले सकता। इसका मतलब है कि आपके पार्टनर को एडॉप्शन के लिए सहमत होना होगा। अगर दंपती अलग हो गए हैं (लेकिन तलाक़शुदा नहीं हैं) और दोनों में से कोई एक बच्चा गोद लेना चाहे, तो यह बाधा बन सकता है।

नोट: फ़िलहाल चूंकि भारतीय क़ानून समान-लिंग के विवाहों को क़ानूनी मान्यता नहीं देता है, इसलिए एक शादीशुदा जोड़े को विषमलिंगी (स्त्री-पुरुष) माना जाता है।

सच्ची कहानी

कभी-कभी विवाहेतर संबंध से जन्मे बच्चों को 'वैध बनाने' के लिए भी उन्हें गोद लिया जाता है। मैं आपको अपनी कलीग ईशा (नाम परिवर्तित) का क़िस्सा सुनाती हूं।

हमारे पास ईशा, उनके माता-पिता और उनका भाई है। ईशा के पिता का विवाहेतर संबंध था जिससे उनकी एक बेटी थी, दीया

(नाम परिवर्तित)। ईशा के पिता चाहते थे कि दीया को भी उनकी बायोलॉजिकल बेटी (क़ानून की निगाह में) माना जाए, ताकि वो उनकी संपत्ति में उत्तराधिकारी बन सके। उन्होंने एचएएमए के तहत उसे औपचारिक रूप से गोद लेने का फ़ैसला किया।

चूंकि वो शादीशुदा थे, तो तब तक एडॉप्शन की कार्रवाई नहीं कर सकते थे जब तक कि ईशा की मां, यानी उनकी पत्नी की सहमति नहीं होती। उन्होंने ईशा की मां को सहमति देने के लिए राज़ी कर लिया (राज़ी किया या ज़बरदस्ती की, हम नहीं जानते)। आज, दीया को भी उनकी बायोलॉजिकल बेटी माना जाता है और उसके पास ईशा और उसके भाई के समान ही अधिकार हैं।

आपको यह जानकर हैरानी होगी कि भारत में यह बहुत आम बात है! मैंने ऐसे कई मामलों के बारे में सुना है जिनमें पति का अफ़ेयर रहा था और वो उस अफ़ेयर से जन्मे बच्चों को क़ानूनी अधिकार देने के लिए उन्हें गोद ले लेता है।

2. क्या कोई सिंगल व्यक्ति (तलाक़शुदा/विधवा/विधुर समेत) बच्चा गोद ले सकता है?

   जी हां, बिल्कुल! यहां कुछ अनिवार्यताएं दी जा रही हैं जिन्हें एचएएमए और जेजेए के तहत पूरा करना होता है:

   एचएएमए:

   i. अगर आप विपरीत जेंडर के बच्चे को गोद ले रहे हैं, तो माता/पिता और बच्चे की आयु में कम से कम इक्कीस साल का अंतर होना चाहिए।

   जेजेए:

   i. सिंगल महिला किसी भी जेंडर के बच्चे को गोद ले सकती है।
   ii. सिंगल पुरुष बेटी को गोद नहीं ले सकता। वो केवल बेटे को ही गोद ले सकता है।

हालांकि क़ानून कहता है कि कोई भी सिंगल व्यक्ति, सिंगल स्त्रियों समेत, एडॉप्ट करने के लिए उपयुक्त है, मगर ज़मीनी हक़ीक़त यह है कि एजेंसियां और संस्थान जेंडर और वैवाहिक स्थिति के आधार पर अभी भी भेदभाव करते हैं। जब सुष्मिता सेन बेटी को गोद लेना चाहती थीं, तो उन्हें जज को यह विश्वास दिलाने में भारी मुश्किल हुई थी कि वो युवा, सिंगल महिला होने के बावजूद एक अच्छी मां बनने में सक्षम हैं।[5]

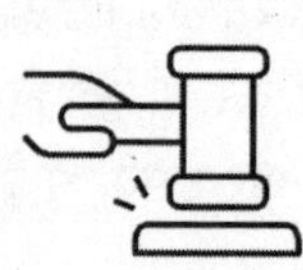

'अगर आप सिंगल, कामकाजी महिला हैं, तो आप बच्चे को कैसे पालेंगी?'[6]

अप्रैल 2023 में, महाराष्ट्र की एक ज़िला अदालत ने एक सैंतालीस साल की तलाक़शुदा महिला की एडॉप्शन याचिका को ख़ारिज कर दिया जो अपनी बहन के बच्चे को गोद लेना चाहती थी। कोर्ट की वजह थी: 'कामकाजी महिला होने के नाते... वो बच्चे पर निजी ध्यान नहीं दे पाएंगी!'

यह इस तथ्य के बावजूद है कि क़ानून सिंगल महिलाओं को गोद लेने की इजाज़त देता है। यह कहीं भी नहीं कहता कि उसे घर पर रहने वाली मां होना चाहिए। यह जजमेंट जज की मानसिकता को दर्शाता है, जो किसी और ही युग में अटकी मालूम देती है!

बाद में, बॉम्बे हाई कोर्ट ने ज़िला अदालत के आदेश को पलट दिया और महिला को गोद लेने की इजाज़त दी। ध्यान देने की बात यह है कि इस मामले में जज, जस्टिस गौरी गौडसे, ख़ुद एक कामकाजी महिला थीं जिसने शायद उन्हें याचिकाकर्ता महिला के प्रति ज़्यादा सहानुभूतिपूर्ण बना दिया होगा।

3. क्या समलिंगी जोड़ा बच्चा एडॉप्ट कर सकता है?

एचएएमए में समलिंगी जोड़े द्वारा एडॉप्शन का प्रावधान नहीं है। और जेजेए किसी दंपती को केवल तभी एडॉप्शन की इजाज़त

देता है जब वो दो या अधिक सालों से स्थिर विवाह में हों। चूंकि समलिंगी विवाह को भारत में क़ानूनी मान्यता प्राप्त नहीं है, इसलिए संबद्धता के आधार पर समलिंगी जोड़े को एडॉप्शन की इजाज़त नहीं है।

4. क्या लिव-इन रिलेशनशिप में युगल बच्चा एडॉप्ट कर सकता है? यहां भी ऊपर वाला तर्क लागू होता है। एचएएमए में लिव-इन रिलेशनशिप का प्रावधान नहीं है और जेजेए दो साल की सुस्थिर शादी की मांग करता है। हालांकि कोर्ट ने माना है कि स्थिर, लंबी अवधि की लिव-इन रिलेशनशिप को विवाह के समान माना जाएगा, मगर कोर्ट इस सिद्धांत को एडॉप्शन पर लागू करती हैं या नहीं, यह केस-दर-केस निर्भर करता है।

व्यावसायिक सलाह: अगर समलिंगी या लिव-इन रिलेशनशिप में रहने वाला जोड़ा किसी बच्चे को गोद लेना चाहता है, तो उन्हें क़ानून के दायरे में रहकर काम करना होगा। दोनों में से किसी एक पार्टनर को सिंगल व्यक्ति के तौर पर बच्चे को गोद लेना होगा। दूसरा पार्टनर बच्चे का गार्जियन बन सकता है। दोनों पार्टनर अपनी संतान की तरह ही बच्चे की परवरिश कर सकते हैं, लेकिन दोनों के साथ बच्चे का क़ानूनी रिश्ता भिन्न होगा।

आप कहां से एडॉप्ट कर सकती हैं?

क्या एडॉप्शन किसी पौधों की नर्सरी में जाने और सबसे ख़ूबसूरत गुलाबों वाले पौधे को चुनने जैसा है? या कोई क़ानूनी बाध्यताएं हैं कि आप किसे और कैसे एडॉप्ट कर सकती हैं?

सबसे पहले, हमें यह समझना होगा कि सारे एडॉप्शन अनाथालयों से नहीं होते हैं। गोद लिए जाने वाले सारे बच्चे अनाथ नहीं होते हैं। चकरा गईं?

वास्तव में यह बहुत सीधी-सादी सी बात है। एडॉप्शन एक बच्चे को अपना बनाने की प्रक्रिया है। इसका यह मतलब नहीं है कि बच्चे को अनाथ ही होना होगा।

मुख्य रूप से तीन स्रोतों से कोई व्यक्ति बच्चे को एडॉप्ट कर सकता है:

1. रिश्तेदारों के बच्चों को गोद लेना: बड़े भारतीय परिवारों में यह एक आम चलन है कि अगर किसी दंपती के अपने बच्चे नहीं हो पाते तो उनकी कोई रिश्तेदार उस दंपती की ओर से गर्भधारण करती है और बच्चे को एडॉप्शन के लिए उस दंपती को सौंप देती है।

हालांकि यह सरोगेसी जैसा लगता है, मगर इसमें एक अंतर है। सरोगेसी में, हम माता-पिता के डिंब या शुक्राणु (या दोनों) का प्रयोग करते हैं और गर्भवती महिला बस वाहिका बनती है। यहां, बच्चा रिश्तेदारों की बायोलॉजिकल संतान है जिसे वो एडॉप्शन के लिए देने पर सहमत होते हैं।

फ़िल्में और हक़ीक़त

1995 में, इक्कीस वर्ष की आयु में अभिनेत्री रवीना टंडन ने अपनी कज़िन की बेटियों, पूजा और छाया, को गोद लिया था। एक इंटरव्यू में रवीना टंडन ने बताया था कि माता-पिता दोनों के देहांत के बाद उनकी कज़िन की बच्चियों को वो ज़िंदगी नहीं मिल पा रही थी जिसकी वो हक़दार थीं, इसलिए उन्होंने उन्हें गोद लेने और एक बेहतर ज़िंदगी देने का फ़ैसला किया।[7]

2. सौतेले माता-पिता द्वारा एडॉप्शन: कभी-कभी कोई सौतेले माता/पिता अपने पार्टनर की पिछली शादी से हुए बच्चे को एडॉप्ट कर सकते हैं।

   उदाहरण के लिए, करीना कपूर से शादी करने से पहले सैफ़ अली ख़ान के दो बच्चे थे, सारा और इब्राहीम। हालांकि करीना को उनकी सौतेली मां माना जाता है, मगर उनका उन दोनों के साथ कोई क़ानूनी रिश्ता नहीं है। अगर सारा और इब्राहीम के अठारह साल का होने से पहले करीना ने क़ानूनन उन्हें गोद लेने का फ़ैसला

किया होता, तो उन्हें क़ानूनन करीना की संतान माना जाता, और तब उन्हें अपनी जन्मदात्री मां अमृता सिंह की संतान नहीं माना जाता।

3. अनाथालय से गोद लेना: फ़िल्मों में देख-देखकर गोद लेने के इसी तरीक़े को हम सबसे ज़्यादा जानते हैं। अनाथालय से बच्चे को गोद लेने के लिए आपको कारा (सेंट्रल एडॉप्शन रिसोर्स अथॉरिटी) के ज़रिए जाना होगा। ज़्यादा जानकारी के लिए, देखें https://cara.wcd.gov.in

दोनों (एचएएमए और जेजेए) क़ानूनों के तहत, आप ऊपर दिए गए किसी भी तरीक़े से बच्चे को गोद ले सकती हैं।

क्या आप उस बच्चे को चुन सकती हैं जिसे गोद लेना चाहती हैं?

अगर आप एचएएमए के तहत या परिवार के भीतर से ही गोद ले रही हैं, तो बच्चे का चुनाव पहले ही हो चुका है।

अगर आप किसी अनाथालय से गोद ले रही हैं, तो आपको तीन बच्चे दिए जाएंगे जिनमें से आपको चुनना होगा। आप ऐसी कोई वरीयता नहीं दे सकतीं कि 'मैं तीन लड़कों या तीन लड़कियों के लिए विकल्प चाहती हूं।' आपके जेंडर, वैवाहिक स्थिति, उम्र, बच्चे की उम्र आदि आधारों पर बच्चों से आपका मैच मिलाया जाएगा।

बच्चे की और अपनी उम्र के संदर्भ में भी आपको क़ानूनी आवश्यकताओं को पूरा करना होगा। एचएएमए के अनुसार आप किसी बच्चे को पंद्रह साल का होने से पहले तक ही गोद ले सकती हैं।

जेजेए के तहत, आप बच्चों के अठारह साल का होने तक उन्हें गोद ले सकती हैं। माता/पिता और गोद लिए जाने वाले बच्चे की उम्रों में कम से कम पच्चीस साल का अंतराल होना चाहिए। आप जिस बच्चे को गोद लेने के लिए योग्य हैं, उसकी आयु माता-पिता की कुल आयु पर निर्भर करती है। विस्तृत जानकारी आप कारा की वेबसाइट पर पा सकती हैं।

एडॉप्शन की क्या प्रक्रिया है?

यहां हम एडॉप्शन की स्टेप-बाय-स्टेप प्रोसेस को नहीं देखेंगे क्योंकि वो बेहद लंबी प्रक्रिया है और नियम बदलते रहते हैं। एडॉप्शन की नवीनतम प्रक्रिया के बारे में जानने की सबसे सही जगह कारा की वेबसाइट (https://cara.wcd.gov.in) है।

मगर आपको थोड़ा सा आइडिया देने के लिए यहां इस प्रक्रिया का संक्षिप्त ब्योरा दिया जा रहा है।

1. एचएएमए
   - i. गोद लेने का समारोह: गोद लेने का समारोह आयोजित करें जिसमें बच्चे का आदान-प्रदान हो। गोद लेने वाले माता-पिता एडॉप्शन की प्रक्रिया को पूरा करने के लिए पूजा जैसे धार्मिक आयोजन भी कर सकते हैं।
   - ii. एडॉप्शन डीड: मजिस्ट्रेट से एडॉप्शन डीड प्रमाणित करवाएं। इस डीड में माता-पिता और बच्चे के बारे में बुनियादी जानकारी के साथ ही यह बयान निहित होता है कि एचएएमए के तहत बच्चे की कस्टडी बायोलॉजिकल माता-पिता से गोद लेने वाले माता-पिता को ट्रांसफ़र की जा रही है। डीड पर गोद लेने वाले माता-पिता, दोनों, के साथ ही दो गवाहों के दस्तख़त होने चाहिए।
2. जेजेए
   - i. प्रतीक्षा सूची: कारा में पंजीकरण करवाएं और एडॉप्शन के लिए प्रतीक्षा सूची में अपना नाम दर्ज करवाएं।
   - ii. मूल्यांकन: गोद लेने के लिए आपकी पात्रता का आकलन करने के लिए एक गृह-अध्ययन किया जाता है।
   - iii. बच्चे का चयन: अगर आपकी याचिका स्वीकार कर ली जाती है, तो आपको तीन बच्चों के बारे में बताया जाएगा। आपको उनमें से एक को चुनना होगा। अगर आप किसी को नहीं चुनेंगी तो प्रतीक्षा सूची में सबसे नीचे पहुंच जाएंगी।

iv. अनुकूलता जांच: आपकी अनुकूलता जांचने के लिए चुने हुए बच्चे को आपकी फ़ॉस्टर केयर में रखा जाएगा। अगर सब ठीक रहता है तो आप बच्चे को स्थायी रूप से गोद ले सकती हैं।

v. एडॉप्शन आदेश: कोर्ट को एडॉप्शन को प्रमाणित करते हुए आपके पक्ष में एडॉप्शन आदेश पारित करना होगा।

vi. मॉनीटरिंग: एडॉप्शन के बाद कारा यह सुनिश्चित करने के लिए दो साल तक आपके साथ फ़ॉलो अप करेगा कि बच्चे की ठीक से देखरेख की जा रही है।

आपको किस क़ानून के तहत गोद लेना चाहिए?

अगर आप ग़ैर-हिंदू हैं, तब तो आपके सामने और कोई विकल्प ही नहीं है; आपको जेजेए का रास्ता ही अपनाना होगा। अगर आप हिंदू हैं तो आप जेजेए या एचएएमए में से कोई भी चुन सकती हैं। जैसा आपने ध्यान दिया होगा, एचएएमए के तहत प्रक्रिया छोटी और ज़्यादा तेज़ है, जिसमें कारा का बहुत कम दख़ल होता है। जेजेए के तहत एडॉप्शन बहुत लंबी और समय लेने वाली प्रक्रिया होती है। इसलिए अगर आपके पास विकल्प है, तो एचएएमए के तहत गोद लेना बेहतर होगा।

नोट: कुछ अंतरराष्ट्रीय देश एचएएमए के तहत एडॉप्शन को जायज़ नहीं मानते हैं। अगर आप किसी पॉइंट पर विदेश में बसना चाहते हैं तो यह आपके लिए मुश्किल खड़ी कर सकता है। ऐसी स्थिति में, अपनी विशिष्ट स्थिति के बारे में किसी वकील से परामर्श लें और फ़ैसला करें कि आपको किस क़ानून के तहत गोद लेना चाहिए।

व्यावसायिक सलाह: अगर आप (किसी अनाथालय से) गोद लेने का विचार कर रही हैं, तो जल्द से जल्द कारा में रजिस्ट्रेशन करवाएं। प्रक्रिया शुरू करने के लिए अंत तक, दूसरे सभी प्रजनन विकल्पों के ख़त्म होने तक इंतज़ार न करें। जेजेए के तहत एडॉप्शन में आराम से दो से तीन साल लग सकते हैं। अगर आप अपने सारे विकल्प ख़त्म होने तक इंतज़ार करेंगी, तो अनमोल

समय गंवा देंगी। बाद में एडॉप्शन के बारे में अगर आपका इरादा बदले, तो आप प्रक्रिया से बाहर निकलना चुन सकती हैं। लेकिन, अगर आप बाद में फ़ैसला करेंगी कि आप बच्चा गोद लेना चाहती हैं, तो आपको बच्चे को घर ला पाने के लिए और दो-एक साल इंतज़ार करना होगा।

एचएएमए और जेजेए के तहत एडॉप्शन के बीच अंतरों को रेखांकित करते हुए हम इसे समाप्त करेंगे।

एचएएमए	जेजेए
इस क़ानून के तहत केवल हिंदू (सिख, बौद्ध और जैन समेत) ही गोद ले सकते हैं।	इस क़ानून के तहत कोई भी गोद ले सकता है। धर्म मायने नहीं रखता।
केवल हिंदू बच्चे को ही गोद ले सकते हैं।	किसी भी धर्म के बच्चे को गोद ले सकते हैं।
पंद्रह साल तक के बच्चे को ही गोद ले सकते हैं।	अठारह साल तक के बच्चे को गोद ले सकते हैं।
अगर आपके पास पहले से एक बच्चा है, तो आप उसी लिंग का बच्चा गोद नहीं ले सकतीं। मतलब, अगर आपके पास एक बेटी है, तो आप लड़की को गोद नहीं ले सकतीं। आपको बेटे को ही गोद लेना होगा।	बच्चे के लिंग के आधार पर कोई प्रतिबंध नहीं है।
आप कितने बच्चे गोद ले सकती हैं, इस पर कोई प्रतिबंध नहीं है।	अगर आपके पहले से तीन बच्चे हैं, तो आप बच्चा गोद नहीं ले सकतीं।
शादीशुदा दंपती पर गोद लेने की पात्रता के लिए कोई प्रतिबंध नहीं हैं।	अगर शादीशुदा हैं तो गोद लेने के योग्य होने के लिए आपकी कम से कम दो साल की स्थिर शादी होनी चाहिए।

एचएएमए	जेजेए
अगर सिंगल हैं तो आप विपरीत जेंडर के बच्चे को गोद नहीं ले सकते, जब तक कि बच्चे और आपकी उम्र में इक्कीस साल का अंतराल न हो।	बच्चे की उम्र गोद लेने वाले माता-पिता की कुल आयु पर निर्भर करती है। एक सिंगल महिला किसी भी जेंडर के बच्चे को गोद ले सकती है। सिंगल पुरुष केवल लड़कों को ही गोद ले सकते हैं।
अगर आप गोद लेने के लिए उपयुक्त हैं तो कारा की न्यूनतम भूमिका रहती है।	कारा एडॉप्शन प्रक्रिया के हर पक्ष को नियंत्रित करता है।
कम प्रोसीजर के साथ तेज़ प्रक्रिया	अनेक चरणों के साथ कहीं ज़्यादा लंबी प्रक्रिया

याद रखने की बातें

1. भारत में एडॉप्शन दो क़ानूनों द्वारा नियंत्रित होते हैं, हिंदुओं के लिए हिंदू एडॉप्शन्स एंड मेंटिनेंस एक्ट, 1956 (एचएएमए; हिंदू दत्तक ग्रहण एवं भरण पोषण अधिनियम, 1956), और हिंदुओं समेत सभी धर्मों के लिए जुवेनाइल जस्टिस एक्ट, 2015 (जेजेए; किशोर न्याय अधिनियम, 2015)।
2. जब आप एक बच्चे को गोद लेती हैं, तो गोद लेने की तारीख़ से ही उसे आपकी बायोलॉजिकल संतान की तरह माना जाता है। गोद लिए हुए बच्चे के भी वही अधिकार होते हैं जो बायोलॉजिकल बच्चे के होते हैं।
3. एडॉप्शन केवल अनाथालयों से ही नहीं, बल्कि रिश्तेदारी में या सौतले बच्चों का भी होता है।
4. क़ानून विवाहित जोड़ों और एकल व्यक्तियों को (विशिष्ट नियमों के आधार पर) बच्चे गोद लेने की अनुमति देता है। मगर, समलिंगी जोड़ों और लिव-इन पार्टनरों के गोद लेने के अधिकारों पर कोई स्पष्ट क़ानून नहीं है।
5. एचएएमए के तहत एडॉप्शन बिना ज़्यादा क़ानूनी प्रक्रिया के काफ़ी सरलता से और झटपट हो जाता है। इसकी तुलना में, जेजेए के तहत एडॉप्शन कारा (सेंट्रल एडॉप्शन रिसोर्स अथॉरिटी) के ज़रिए होगा और इसमें लंबा प्रतीक्षा समय और ज़्यादा काग़ज़ी कार्रवाई शामिल होती है।

दिमाग़ी कसरत!

दिल के सरपरस्त

एडॉप्शन से जुड़े शब्दों के लिए नीचे दी गई पहेलियों को सुलझाएं।

1. बहुत भरोसे से नियुक्त किया है मुझे,
   रक्षा के लिए उनकी जिन्हें है मुझ पर यक़ीन।
   क़ानूनी भाषा में, मेरा रोल है पक्का,
   नाबालिग़ों या उनके लिए जिन्हें चाहिए सहारा।
   बोलो, कौन हूं मैं?
2. उनसे पाया नहीं जन्म, मगर चुनी गई हूं दिल से,
   अपने संबंधियों में से, है एक नई शुरुआत।
   ख़ून हमें बांधता नहीं, मगर प्यार है बेहिसाब,
   नई आग़ोश में, पाया अपना संसार।
   बोलो, कौन हूं मैं?
3. अनेकों हैं यहां, मगर हूं मैं तन्हा,
   न घर का बंधन, है बस एक मददगार हाथ।
   बच्चे जुड़ते हैं, नन्हे दिल चाहें प्यार-दुलार,
   एक घर जहां बसा हो बस प्यार ही प्यार।
   बोलो, कौन हूं मैं?
4. हिंदू क़ानून में पाऊं मैं अपना स्थान,
   क़ानूनी काम, प्राचीन गरिमा के साथ।
   मैं पक्की करूं देखभाल और अधिकार सुनिश्चित,
   परिवार के बंधनों में, उजागर हो मेरी क़िस्मत।
   बोलो, कौन हूं मैं?

उत्तर:

1. संरक्षकता, 2. दत्तक-ग्रहण (एडॉप्शन), 3. अनाथालय, 4. हिंदू दत्तक ग्रहण एवं भरण पोषण अधिनियम

सरोगेसी

अभिनेत्री सुष्मिता सेन ने एक बार कहा था कि बच्चे दिल से मिलते हैं, गर्भ से नहीं। अनेक माता-पिता के लिए यह सच्चाई है, जो सरोगेसी के ज़रिए संतान पाने का विकल्प चुनते हैं। यह एक सहायता-प्राप्त प्रजनन का तरीक़ा है जिसमें एक महिला (सरोगेट) किसी अन्य व्यक्ति या जोड़े (इच्छुक माता-पिता) के लिए गर्भ धारण करती है और शिशु को जन्म देती है।

मेडिकल प्रोसीजर के आधार पर सरोगेसी दो तरह की हो सकती है:

1. पारंपरिक: इसमें गर्भधारण के लिए सरोगेट के अपने डिंब का प्रयोग किया जाता है, अक्सर कृत्रिम गर्भाधान के ज़रिए। इसलिए, सरोगेट आनुवंशिक रूप से बच्चे से संबद्ध होती है।
2. गर्भधारिका: इच्छुक माता-पिता के डिंब और शुक्राणु का प्रयोग करके एक भ्रूण को सरोगेट के गर्भ में प्रत्यारोपित कर दिया जाता है। इस केस में, सरोगेट आनुवंशिक रूप से शिशु से संबद्ध नहीं होती।

#मूवी टाइम

2001 की बॉलीवुड फ़िल्म *चोरी चोरी चुपके चुपके* सरोगेसी के गिर्द ही चलती है। गर्भपात होने के बाद राज (सलमान ख़ान) और प्रिया (रानी मुखर्जी) को प्रेग्नेंट होने में कुछ समस्याएं आती हैं। आख़िरकार, वो एक सरोगेट की मदद लेने का फ़ैसला करते हैं। अब आती है चुलबुली और आज़ाद-ख्याल मधुबाला (प्रीटि ज़िंटा) जो राज और प्रिया के बच्चे को पैदा करने के लिए राज़ी हो जाती है।

हालांकि मधुबाला को राज से प्यार हो जाने और बच्चा सौंपने से इंकार करने के साथ फ़िल्म ने एक नाटकीय मोड़ ले लिया था, मगर यह फ़िल्म हमारे समाज को सरोगेसी से रूबरू करवाने वाली शुरुआती फ़िल्मों में से एक थी।

एक लंबे समय तक, भारत में सरोगेसी को लेकर कोई क़ानून नहीं था। यह न जायज़ थी, न नाजायज़। इससे भारत ग़रीब महिलाओं की क़ीमत पर सरोगेसी के सस्ते विकल्प तलाशने वाले विभिन्न देशों के दंपतियों के लिए कमर्शियल केंद्र बन गया था। इसलिए 2021 में संसद ने सरोगेसी (विनियमन) अधिनियम, 2021 पास किया जो अब भारत में सरोगेसी को नियंत्रित करता है।

सरोगेसी (विनियमन) अधिनियम के तहत सरोगेसी के लिए क्या नियम हैं?

1. कमर्शियल नहीं केवल परोपकारी सरोगेसी होगी। भारत में कमर्शियल सरोगेसी पर प्रतिबंध है, यानी आप अपनी सरोगेट बनने के लिए किसी औरत को 'किराए' पर नहीं ले सकतीं। आप सरोगेट या उसके आश्रितों को किसी तरह का भुगतान, पुरस्कार, आर्थिक लाभ, या फ़ीस नहीं दे सकतीं। आप बस उसके मेडिकल ख़र्च, बीमा और यात्रा, कपड़ों, दवाइयों आदि जैसे अन्य ख़र्च ही उठा सकती हैं।
2. एनआरआई और विदेशी दंपती भारत में सरोगेट नहीं ले सकते। ऐसा यह सुनिश्चित करने के लिए किया गया है कि भारत 'बेबी-शॉपिंग' का अड्डा न बन जाए। यह बच्चे के कल्याण के प्रति सरोकार से भी जुड़ा है। एक बार बच्चा भारत से बाहर चला जाए, तो हमारे अधिकारियों के लिए उसके कल्याण पर नज़र रखना मुश्किल हो जाता है।
3. केवल गर्भधारक सरोगेसी की ही इजाज़त है। इच्छुक माता-पिता सरोगेट के डिंब का प्रयोग नहीं कर सकते। उन्हें अपने ही डिंब का प्रयोग करना होगा, लेकिन ज़रूरी हो तो वो स्पर्म डोनर का उपयोग कर सकते हैं। हालांकि यह प्रावधान बच्चे के बायोलॉजिकल मातृत्व संबंधी जटिलताओं से बचने के लिए है, मगर इससे उन महिलाओं के लिए सरोगेसी के ज़रिए संतान पाना मुश्किल हो जाता है जिन्हें कोई मेडिकल समस्या है।

4. सरोगेसी केवल रजिस्टर्ड क्लिनिकों के माध्यम से ही हो सकती है, जिन्हें क़ानूनी दिशानिर्देशों का पालन करना होगा और सरोगेसी प्रोसीजर करने के लिए एक लाइसेंस लेना होगा। अगर वो कोई भी अनुचित काम करते हैं, तो उनका लाइसेंस वापस लिया जा सकता है।

तो क्या इसका मतलब यह है कि भारत में कोई भी व्यक्ति/जोड़ा, जो अपने डिंब का प्रयोग करे और सरोगेट को भुगतान न करे, सरोगेसी के ज़रिए संतान पा सकता है? बदक़िस्मती से, नहीं। सरोगेसी (विनियमन) अधिनियम सरोगेसी का विकल्प चुनने के लिए केवल कुछ ही कैटेगरी के लोगों को अनुमति देता है।

सरोगेसी का विकल्प कौन चुन सकता है?

उन लोगों की सूची बहुत ही छोटी सी है जिन्हें सरोगेसी चुनने की अनुमति है। इसमें वो विवाहित दंपती शामिल हैं जो गर्भधारण नहीं कर सकते, या सिंगल महिलाएं जो पैंतीस से पैंतालीस साल के बीच की हैं और तलाक़शुदा या विधवा हैं।

चूंकि क़ानून केवल उपरोक्त दो कैटेगरी को ही इजाज़त देता है, तो जो सरोगेसी का विकल्प नहीं चुन सकते, उनकी सूची ज़्यादा बड़ी है!

1. ऐसे शादीशुदा दंपती जो गर्भधारण कर सकते हैं मगर प्रजनन के वैकल्पिक तरीक़े के रूप में सरोगेसी को चुनना चाहते हैं।
2. ऐसी सिंगल महिला जो न तो तलाक़शुदा है और न ही विधवा, और न ही वो पैंतीस से पैंतालीस साल की उम्र के दायरे में आती है।
3. लिव-इन जोड़े: क़ानून 'विवाहित दंपती' शब्द का प्रयोग करता है। यह कोर्ट पर निर्भर करता है कि वो लिव-इन जोड़ों को विवाहित दंपती की कैटेगरी में शामिल करती है या नहीं।
4. सिंगल पुरुष।
5. समलिंगी जोड़े।

सोचने की बात

क्या आपको लगता है कि ऊपर दी गईं कैटेगरी को बाहर करके क़ानून न्याय करता है? आपके ख़्याल से इस नीति के पीछे क्या तर्क (अगर कोई है तो) हो सकता है?

उदाहरण के लिए, अगर कोई पच्चीस साल की महिला सरोगेट संतान उत्पन्न करना चाहे तो? और अगर कोई सिंगल महिला बिना शादी किए सरोगेसी के ज़रिए संतान पाना चाहती है तो? एक मज़बूत लिव-इन रिश्ते में मौजूद जोड़ा सरोगेसी का विकल्प क्यों नहीं चुन सकता, जबकि सुप्रीम कोर्ट लंबी अवधि के लिव-इन रिश्तों को शादी के समान ही मान्यता देता है?

स्पष्ट रूप से, सरोगेसी (विनियमन) अधिनियम में अभी बहुत कमियां हैं। हालांकि इस क़ानून का उद्‌देश्य महिलाओं का शोषण रोकना था, मगर यह अनेक कैटेगरी के लोगों को प्रजनन विकल्प के अधिकार से वंचित करता है, जिनमें से अनेक बिना किसी न्यायसंगत कारण के हैं।

सरोगेसी चुनने के लिए एक दंपती को किन क़ानूनी दस्तावेज़ों की ज़रूरत होगी?

1. संबंधित डिस्ट्रिक्ट मेडिकल बोर्ड से पात्रता प्रमाणपत्र: यह हासिल करने के लिए उन्हें नीचे दिए गए मानदंडों को पूरा करना होगा:
   - i. क़ानूनन विवाहित होना चाहिए।
   - ii. महिलाओं को तेईस से पचास साल और पुरुषों को छब्बीस से पचास साल के आयुवर्ग में होना चाहिए।
   - iii. कोई संतान न हो, चाहे बायोलॉजिकल, गोद ली हुई या सरोगेसी के माध्यम से जन्मी, जब तक कि बच्चे को कोई जानलेवा बीमारी न हो या वो मानसिक या शारीरिक रूप से विकलांग न हो।

2. इंफ़र्टिलिटी प्रमाणपत्र: संबंधित डिस्ट्रिक्ट मेडिकल बोर्ड को प्रमाणित करना होगा कि दंपती इंफ़र्टाइल हैं, यानी वो स्वाभाविक रूप से गर्भधारण करने में असमर्थ हैं।
3. कस्टडी आदेश: संबंधित मजिस्ट्रेट कोर्ट को एक आदेश पारित करना होगा कि दंपती बच्चे की कस्टडी लेगा।
4. बीमा पॉलिसी: दंपती को सरोगेट महिला के लिए बीमा पॉलिसी लेनी होगी जो डिलीवरी के बाद छत्तीस महीने तक प्रसवोपरांत जटिलताओं को कवर करे, और एक एफ़िडेविट साइन करके इसकी गारंटी देनी होगी।

एक सिंगल महिला को सरोगेसी का विकल्प चुनने के लिए किन क़ानूनी दस्तावेज़ों की ज़रूरत होगी?

1. डिस्ट्रिक्ट मेडिकल बोर्ड से पात्रता का प्रमाणपत्र:
   इसे प्राप्त करने के लिए उसे नीचे दी गई अर्हताएं पूरी करनी होंगी:
   i. तलाक़शुदा या विधवा हो।
   ii. पैंतीस से पैंतालीस वर्ष के आयुवर्ग में हो।
   iii. कोई संतान न हो, चाहे बायोलॉजिकल, गोद ली हुई या सरोगेसी के माध्यम से जन्मी, जब तक कि बच्चे को कोई जानलेवा बीमारी न हो या वो मानसिक या शारीरिक रूप से विकलांग न हो।
2. इंफ़र्टिलिटी प्रमाणपत्र: संबंधित डिस्ट्रिक्ट मेडिकल बोर्ड को प्रमाणित करना होगा कि वो इंफ़र्टाइल है।
3. कस्टडी आदेश: संबंधित मजिस्ट्रेट कोर्ट को एक आदेश पारित करना होगा कि वो बच्चे की कस्टडी लेगी।
4. बीमा पॉलिसी: उसे सरोगेट महिला के लिए बीमा पॉलिसी लेनी होगी जो डिलीवरी के बाद छत्तीस महीने तक बच्चे को जन्म देने के बाद होने वाली समस्याओं को कवर करे, और एक एफ़िडेविट साइन करके इसकी गारंटी देनी होगी।

दस्तावेज़ों की चेकलिस्ट

✓ विवाह प्रमाणपत्र (दंपती के लिए)
✓ तलाक़ होने का अदालती आदेश (तलाक़शुदा महिला के लिए)
✓ पति की मृत्यु का प्रमाणपत्र (विधवा के लिए)
✓ आयु का सबूत, जैसे कि आधार कार्ड

नोट: ऊपर दी गई लिस्ट बस सांकेतिक है। स्थानीय प्रक्रियाओं के आधार पर हर न्यायिक क्षेत्र के अनुसार यह लिस्ट भिन्न हो सकती है। इस दिशा में आपकी गायनेकोलॉजिस्ट आपकी मदद कर सकती हैं।

सरोगेट कौन बन सकती है?

एक सरोगेट को नीचे दिए कथनों को पूरा करना होगा:

1. ऐसी महिला जो पहले से विवाहित है।
2. जिसकी अपनी एक संतान है।
3. सरोगेट बनने के लिए सहमत हो।
4. सरोगेसी को निभाने के लिए मेडिकली फ़िट हो।

इसका मतलब है कि अब कोई सिंगल या अविवाहित महिला सरोगेट नहीं बन सकती (जैसा कि *चोरी चोरी चुपके चुपके* में था।)

जब नया क़ानून बना था, तब शुरू में इस बात को लेकर भ्रम था कि क्या सरोगेट महिला को इच्छुक दंपती या महिला का रक्त-संबंधी होना चाहिए। बाद में, केंद्रीय स्वास्थ्य मंत्रालय ने स्पष्ट किया कि उसे उनका संबंधी होना ज़रूरी नहीं है, जो कि आकांक्षी माता-पिता के लिए एक बहुत बड़ी राहत थी जिन्हें वर्ना अपनी किसी महिला रिश्तेदार को अपनी सरोगेट बनने के लिए मनाना पड़ता!

अब, या तो आप ख़ुद ही अपने लिए कोई सरोगेट ढूंढ सकती हैं या सरोगेसी क्लिनिक से मदद ले सकती हैं। ज़्यादातर लोग बाद का विकल्प

चुनते हैं क्योंकि सरोगेट बनने के लिए ख़ुद किसी महिला को तलाशना बहुत मुश्किल होता है।

सरोगेट महिला के क्या अधिकार होते हैं?

तो अब हम जानते हैं कि केवल संतान वाली विवाहित महिला ही सरोगेट बन सकती है। साथ ही, एक स्त्री अपने जीवन में बस एक बार ही सरोगेट बन सकती है। इसके अलावा, उसे इसके लिए पैसा नहीं मिल सकता। यह सब इच्छुक मां (-पिता) के लिए सरोगेट द्वारा किए गए बहुत बड़े त्याग जैसा लगता है। क़ानून के तहत उसके पास क्या अधिकार और सुरक्षाएं हैं?

1. सरोगेसी केवल उसकी वैध सम्मति से ही हो सकती है।
2. सरोगेट पर सरोगेसी के केवल तीन प्रयास करने की ही अनुमति है।
3. डॉक्टर को एक बार में बस एक भ्रूण को ही प्रत्यारोपित करना होगा, जब तक कि यह कोई अपवादस्वरूप मामला न हो।
4. अपने गर्भ में भ्रूण को प्रत्यारोपित किए जाने तक सरोगेट महिला अपना इरादा बदल सकती है।
5. कोई भी सरोगेट को गर्भपात के लिए मजबूर नहीं कर सकता।
6. इच्छुक मां (-पिता) को सरोगेट के लिए स्वास्थ्य बीमा लेना होगा।
7. इच्छुक मां (-पिता) बच्चे को त्याग नहीं सकते, न ही सरोगेट के गर्भधारण करने के बाद अपना इरादा बदल सकते हैं। उन्हें बच्चे की कस्टडी लेनी ही होगी।

सोचने की बात

अजीब बात है, एक ऐसे क़ानून में जो सरोगेट महिलाओं की सुरक्षा के लिए बनाए जाने का दावा करता है, उनके अधिकारों के बारे में अलग से कोई सेक्शन नहीं है। ऊपर दिए गए अधिकारों को अधिनियम की दूसरी धाराओं से निकाला गया है।

आपको लगता है कि सरोगेट महिला की सुरक्षा के लिए ये अधिकार काफ़ी हैं? उसकी सेहत का ध्यान रखने, आरामदेह रहन-सहन को सुनिश्चित करने और स्वस्थ जीवनशैली हासिल करने के प्रावधानों का क्या? ये सब तो नदारद हैं!

सरोगेसी प्रक्रिया शुरू होने के बाद लागू होने वाले क़ानूनी नियम

तो आपको सरोगेट मिल गई। बहुत ख़ूब! भ्रूण (आपके डिंब और शुक्राणु का विलयन) को उसके गर्भ में स्थापित कर दिया गया है। प्रेग्नेंसी कामयाब है। अब?

क़ानून ने कुछ ख़ास नियम निर्धारित किए हैं जिन्हें आपको मानना होगा:

1. प्रेग्नेंसी के दौरान या शिशु जन्म के बाद आप अपना इरादा नहीं बदल सकतीं।
2. कई शिशुओं के जन्म लेने की स्थिति में, जैसे कि जुड़वां या तिड़वां, आप क़ानूनन सभी बच्चों के माता-पिता होंगे। आप केवल एक बच्चे को चुनकर बाक़ी को अस्वीकार नहीं कर सकतीं।
3. अबॉर्शन के अनुमत क़ानूनों के अलावा प्रेग्नेंसी को समाप्त नहीं किया जा सकता। इसके अलावा, ऐसा केवल सरोगेट की सहमति से ही किया जा सकता है।
4. आप बच्चे के सेक्स निर्धारण के लिए नहीं कह सकतीं।

ये सभी बातें उस अनुबंध में भी होती हैं जिसे आप अपनी सरोगेसी क्लिनिक के साथ साइन करती हैं।

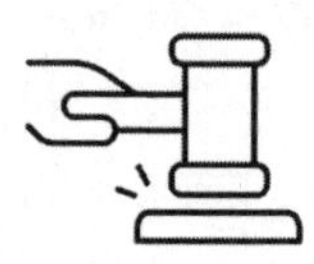

बेबी मंजी: एक परित्यक्त सरोगेट शिशु का अजीबो-ग़रीब मामला

2008 के इस विचित्र केस में एक जापानी सरोगेट शिशु भारत में अनाथ रह गई थी, जब तक कि सुप्रीम कोर्ट ने बीच में पड़कर शिशु को उसके पिता के पास नहीं पहुंचवाया। एक जापानी दंपती ने भारत में सरोगेसी का विकल्प चुना था। (सरोगेट की) प्रेग्नेंसी के दौरान उनका तलाक़ हो गया। मां ने शिशु की कस्टडी लेने से इंकार कर दिया और पिता को भारत आने का वीज़ा नहीं मिल पाया।

बहुत लंबे समय तक, बेबी मंजी भारत में किसी क़ानूनी स्टेटस, नागरिकता या माता-पिता के बिना रही! अंततः सुप्रीम कोर्ट को हस्तक्षेप करना और भारत स्थित जापानी दूतावास को निर्देश देना पड़ा कि शिशु की जापान यात्रा का प्रबंध करे। जब आख़िरकार बेबी मंजी जापान गई, तो इसने भारत में न केवल सुर्ख़ियां बटोरीं बल्कि इससे भारत में विदेशी दंपतियों द्वारा सरोगेसी प्रक्रिया अपनाने का मुद्दा भी सामने आया जिस पर अब सरोगेसी (विनियमन) अधिनियम 2021 के तहत प्रतिबंध लगा दिया गया है।

सरोगेसी से उत्पन्न बच्चे का क्या स्टेटस होता है?

एक सरोगेट बच्चे को आपके बायोलॉजिकल बच्चे जैसा ही माना जाता है। भले ही बच्चे ने किसी सरोगेट के गर्भ से जन्म लिया हो, मगर क़ानूनन बच्चे का उसके साथ कोई संबंध नहीं होता। सरोगेट बच्चों को अपने माता-पिता से वही अधिकार मिलते हैं जो बायोलॉजिकल बच्चों को मिलते हैं।

व्यावहारिक तौर पर, शिशु का जन्म होने के साथ ही उसे इच्छुक माता-पिता को सौंप दिया जाता है। सरोगेट बच्चे को दूध नहीं पिलाती।

सरोगेसी क्लिनिक के अनुबंधों को समझना

तो आपने इसे आज़माने का फ़ैसला कर लिया है। आपने सही सरोगेसी क्लिनिक तलाश लिया है। और फिर आपको पता लगता है कि आप काग़ज़ी कार्रवाई में ग़ोते लगा रही हैं। सारे सरोगेसी क्लिनिक इच्छुक माता-पिता से ढेरों क़ानूनी अनुबंधों पर साइन करवाते हैं। जैसा कि अधिकांश क़ानूनी मामलों के साथ होता है, ये अनुबंध लंबे और जटिल होते हैं, और अधिकांश इच्छुक माता-पिता बिना पढ़े ही उन पर साइन कर देते हैं। उन्हें भी दोष नहीं दिया जा सकता; अधिकांश अनुबंध साइन करने वालों को अंधेरे में रखने के लिए ही बनाए जाते हैं।

हालांकि अधिकांश अनुबंध सरोगेसी प्रोसीजर और क़ानूनी प्रक्रियाओं के बारे में होंगे, मगर नीचे लिखे प्रावधानों के बारे में सावधान रहें।

1. छिपी लागतें: भारत में सरोगेसी तेज़ी से फलता-फूलता बिज़नेस बन गया है, जिसमें क्लिनिक आकांक्षी माता-पिता को मूंडने की कोशिश करते हैं। क्लिनिक से फ़ीस में शामिल और बाहरी सभी लागतों को साफ़-साफ़ बताने के लिए कहें। उदाहरण के लिए, वो सरोगेट महिला के हर मेडिकल प्रोसीजर, स्कैन या डॉक्टर की विज़िट के लिए अतिरिक्त पैसे वसूल सकते हैं। आपको यह भी सुनिश्चित करना होगा कि क्लिनिक सरोगेट महिला के स्वास्थ्य के लिए वास्तव में वो सभी प्रोसीजर कर रहा है जो उसे करने चाहिए।
2. मुआवज़ा प्रावधान: सावधान रहें! मैंने सरोगेसी के ऐसे अनुबंध देखे हैं जिनमें क्लिनिक सरोगेसी को लेकर किसी भी थर्ड-पार्टी के दावे के लिए इच्छुक माता-पिता को ज़िम्मेदार ठहराते हैं। इसका मतलब है कि अगर कोई थर्ड-पार्टी क्लिनिक पर कोई दावा करती है (मान लीजिए, प्रक्रियागत उल्लंघनों के लिए) तो ऐसे दावों का निपटान इच्छुक माता-पिता को करना होगा।

   मुआवज़े के सिलसिले में आपको इस सीधे-सादे नियम पर चलना चाहिए कि उनकी ग़लती है तो वो निपटें, और आपकी

ग़लती से आप निपटेंगी। इसका मतलब है कि आप किसी दावे का मुआवज़ा केवल तभी देंगी जब ग़लती आपकी ओर से हुई हो (उदाहरण के लिए, आपके दस्तावेज़ों में कोई समस्या हो)। उनकी ग़लती (उदाहरण के लिए, उन्होंने समय पर अपना लाइसेंस रिन्यु नहीं करवाया) की वजह से किए गए दावे का मुआवज़ा आप नहीं भरेंगी।

ऐसा कहने वाली मुआवज़े की पूरी ज़िम्मेदारी पर साइन न करें कि जो भी हो (चाहे ग़लती किसी की भी हो), उसका मुआवज़ा आप देंगी।

3. गोपनीयता: सुनिश्चित करें कि आपकी सरोगेसी क्लिनिक आपकी पहचान और विवरण गोपनीय रखने के साथ ही पूरी प्रक्रिया की गोपनीयता बरतने के लिए ज़िम्मेदार हो। ऐसा केवल यह सुनिश्चित करने के लिए ही नहीं है कि आपकी इतनी व्यक्तिगत बात आम चर्चा का विषय न बने, बल्कि यह भी पक्का करने के लिए है कि आगे चलकर सरोगेट और आपके बच्चे के बीच कोई संपर्क न रहे।

सरोगेसी क्लिनिक को चुनने के लिए चेकलिस्ट

सरोगेसी क्लिनिक चुनते समय ध्यान रखें कि वो निम्न बिंदुओं को पूरा करती हो:

1. क्लिनिक के लिए सर्टिफ़िकेट: क्लिनिक के पास उसे सरोगेसी प्रोसीजर के लिए अधिकृत करने वाला रजिस्ट्रेशन सर्टिफ़िकेट होना चाहिए। इसे प्रमुखता से लगाया गया हो।
2. सरोगेट के लिए सर्टिफ़िकेट: क्लिनिक की तरह ही सरोगेट के पास भी उसे सरोगेसी के लिए अधिकृत करने वाला क़ानूनी प्रमाणपत्र होना चाहिए।
3. मेडिकल योग्यताएं: क्लिनिक को निम्नलिखित मेडिकल अनिवार्यताएं पूरी करनी होंगी:

i. वहां कम से कम एक गायनेकोलॉजिस्ट, एनेस्थेटिस्ट, भ्रूणविज्ञानी और काउंसलर होना चाहिए।
ii. गायनेकोलॉजिस्ट के पास गायनेकोलॉजी और ऑब्स्टेट्रिक्स (प्रसूति विज्ञान) में पोस्ट-ग्रेजुएट डिग्री और वैकल्पिक प्रजनन प्रक्रियाओं का अनुभव होना चाहिए।

4. नैतिक सरोगेसी प्रैक्टिस: बहुत से क्लिनिक सरोगेसी प्रोसीजर की फ़ीस के रूप में आकांक्षी माता-पिता को निचोड़ लेते हैं। इस फ़ीस में से, सरोगेट महिला को तो शायद कौड़ियों के दाम भी नहीं मिलते। यह सुनिश्चित करें कि आप क्लिनिक से स्पष्ट और सही सवाल पूछें कि वो सरोगेट की देखभाल कैसे करेगा। आख़िरकार, आप भी चाहेंगी कि जो महिला आपके शिशु को इस दुनिया में लाने वाली है, उसके साथ शिशु के समान ही देखरेख और स्नेह भरा बर्ताव हो, है न?

सरोगेसी से जुड़े क़ानून और नियम लगातार विकसित हो रहे हैं। जब भी कोई नए, अनपेक्षित मुद्दे सामने आते हैं, तो सरकार स्पष्टीकरण जारी करती है या कोई संशोधन करती है। इसलिए सरोगेसी की राह पर आगे बढ़ने से पहले, प्लीज़ क़ानून की नवीनतम स्थिति पता कर लें।

अब इसे समाप्त करते हैं

मैं आपको सोचने के लिए कुछ देकर जाना चाहती हूं। 2021 की बॉलीवुड फ़िल्म *मिमी* में, जो कि सरोगेसी के बारे में थी, एक छोटे शहर की भारतीय लड़की 20 लाख रुपये के लिए एक अमेरिकी दंपती के लिए कमर्शियल सरोगेट बनने का फ़ैसला करती है। वो अभिनेत्री बनने का अपना सपना पूरा करने के लिए ऐसा करने को तैयार हो जाती है।

एक सरोगेट महिला प्रेग्नेंसी और शिशु को जन्म देने के लिए बेतहाशा शारीरिक, भावात्मक और मानसिक तनाव से गुज़रती है, बस शिशु को किसी और को सौंप देने के लिए। हालांकि ग़रीब-वंचित महिलाओं के शोषण को

रोकने के लिए भारत में कमर्शियल सरोगेसी पर प्रतिबंध है, मगर ज़मीनी हक़ीक़त यही है कि सरोगेट बनने वाली ज़्यादातर महिलाएं ग़रीब पृष्ठभूमि की होती हैं। वो आजीविका कमाने और अपने परिवार की मदद करने के लिए सरोगेसी करती हैं। मगर, वर्तमान क़ानून उनसे यह फ़्री में करने की अपेक्षा करता है—कोई मुआवज़ा नहीं, बस मेडिकल ख़र्च पर। हम किसी महिला से यह उम्मीद क्यों करते हैं कि वो ऐसे किन्हीं माता-पिता के लिए मुफ़्त में डिलीवरी की पीड़ा झेले, जिन्हें वो जानती भी नहीं? क्या यह शोषण का ही एक और रूप नहीं है?

शायद अब समय है कि क़ानून कमर्शियल सरोगेसी पर बैन पर फिर से विचार करे। बेशक, फ़ीस के तौर पर 20 लाख रुपये बस बॉलीवुड फ़िल्मों में ही अच्छे सुनाई देते हैं, मगर अपने श्रम और क़ुर्बानी के लिए सरोगेट को जायज़ भुगतान मिलना कैसा रहेगा? इस पर सोचें।

याद रखने की बातें

1. भारत में केवल परोपकारी सरोगेसी की अनुमति है। कमर्शियल सरोगेसी पर प्रतिबंध है।
2. सरोगेसी का विकल्प बस ऐसे विषमलिंगी विवाहित दंपती, जो गर्भधारण नहीं कर सकते, और तलाक़शुदा या विधवा पैंतीस से पैंतालीस के आयु वर्ग की सिंगल महिलाएं ही चुन सकते हैं।
3. एक महिला अपनी ज़िंदगी में बस एक बार ही किसी के लिए सरोगेट बन सकती है। यह ज़रूरी है कि वो शादीशुदा हो और उसकी अपनी एक संतान हो।
4. सरोगेसी से उत्पन्न बच्चे को बायोलॉजिकल बच्चे के समान ही माना जाता है और उसके अधिकार बायोलॉजिकल बच्चे के समान ही होते हैं।
5. सरोगेट महिला का बच्चे पर कोई अधिकार नहीं होता, और उनके बीच कोई क़ानूनी जुड़ाव नहीं होता।

दिमाग़ी कसरत!

सरोगेसी के शोले: मेल मिलाएं

क. कमर्शियल	1. एक महिला जो इच्छुक माता-पिता के लिए गर्भ धारण करती है।
ख. परोपकारी	2. गर्भाधान में, या गर्भावस्था पूरी करने में अक्षमता।
ग. इन्फ़र्टिलिटी	3. सरोगेसी व्यवस्था से जुड़ी अंतरराष्ट्रीय क़ानूनी पेचीदगियों का उल्लेखनीय लीगल मामला।
घ. सरोगेट	4. सरोगेसी व्यवस्था जिसमें वित्तीय भुगतान शामिल होता है।
च. बेबी मंजी	5. सरोगेसी जिसमें सरोगेट बिना भुगतान स्वेच्छा से सेवा देती है।

उत्तर:

क-4; ख-5; ग-2; घ-1; च-3

10

क़ानूनी समाधान: इंसाफ़ के दरवाज़े पर दस्तक

यह चैप्टर यह समझने में आपकी मदद करेगा कि पुलिस शिकायत कैसे दर्ज करें, कोर्ट में कामकाज कैसे होता है, और ज़मानत एवं गिरफ़्तारी की सूरत में आपके क्या अधिकार हैं।

भूमिका

पहले क्या आया था? मुर्ग़ी या अंडा? यह अनसुलझी पहेलियों में से एक है। लेकिन चलिए, इस पहेली को पलट देते हैं। अपने क़ानूनी हक़ों के लिए खड़े होने पर पहले क्या आता है? अदालती केस दायर करना या पुलिस में शिकायत दर्ज करवाना, या दोनों? स्पष्ट जवाब यह है।

> अगर यह दंडनीय कृत्य है, तो पहले पुलिस के पास जाएं। अगर सिविल या दीवानी विवाद है, तो आप पहले कोर्ट जा सकती हैं।

दंडनीय कृत्य समाज के ख़िलाफ़ अपराध होता है। ऐसा कोई भी काम जो समाज की सुरक्षा को जोखिम में डाले अपराध है, भले ही वो किसी एक व्यक्ति के साथ किया जाए। उदाहरण के लिए, हत्या, चोरी, यौन अपराध, बलात्कार, पति और ससुराल पक्ष की निर्ममता, और कुछ क़िस्म की साइबरबुलिंग आदि। अपराध के लिए समाधान है अपराधी को क़ैद और/या जुर्माने से दंडित किया जाना। किसी अपराध पर मुकदमा सरकार चलाती है।

सिविल या दीवानी विवाद दो या अधिक पक्षों के बीच होने वाला आपसी विवाद है जो क़ानून का उल्लंघन करता है। यह समाज की सुरक्षा को जोखिम में नहीं डालता। उदाहरण के लिए, अनुबंध तोड़ना, तलाक़, संपत्ति विवाद, मकानमालिक-किराएदार विवाद आदि। दीवानी विवाद में समाधान पीड़ित पक्ष को मुआवज़ा देना है। दीवानी विवाद का मुकदमा पीड़ित पक्ष करता है।

पुलिस में शिकायत

इस किताब में हमने जो टॉपिक उठाए हैं, उनमें से अधिकांश दंडनीय कृत्यों से संबंधित हैं। इसलिए, जुर्म के ख़िलाफ़ कार्रवाई करने के बारे में पूरी जानकारी होना आपके लिए अहम है।

ख़ाली जगह भरें: जब बात अपराध की हो, तो सब शुरू होता है—— ।

एक सपने से? कॉफ़ी से? ना, सही जवाब है पीसी (प्रियंका चोपड़ा नहीं, बल्कि पुलिस कंप्लेंट या पुलिस में शिकायत से)।

पुलिस में शिकायत क्या होती है?

पुलिस में शिकायत किसी भी अपराध का प्रत्यक्ष ब्योरा है, जो आम आदमी की भाषा में बताता है कि क्या हुआ था। यह घटना के तथ्यों का विवरण है। याद है, जब आप छोटी थीं और कोई बच्चा आपका लंच बॉक्स खा लेता था या आपकी पेंसिल चुरा लेता था? आप टीचर के पास जाकर शिकायत करती थीं: 'टीचर, टीचर, लंच करने से पहले मैं बाथरूम गई थी। मेरा लंच बॉक्स टेबल पर रखा था। लंच में मैं रोटी और पनीर की सब्ज़ी लाई थी। जब मैं वापस आई, तब तक फ़लां-फ़लां ने मेरा लंच खा लिया था।'

पुलिस शिकायत भी इसी तरह का विवरण होती है, अलावा इसके कि यह लंच बॉक्स के लिए नहीं, किसी अपराध के लिए की जाती है।

पुलिस शिकायत और एफ़आईआर में क्या अंतर है?

पुलिस शिकायत में तथ्यों और घटना का विवरण होता है जो शिकायतकर्ता पुलिस को देता है। एफ़आईआर (फ़र्स्ट इंफ़ॉर्मेशन रिपोर्ट/प्रथम सूचना रिपोर्ट) आपके शिकायत दर्ज करने के बाद घटना के बारे में पुलिस द्वारा दर्ज की गई पहली रिपोर्ट होती है। संक्षेप में, पुलिस शिकायत वो है जो आप पुलिस में दर्ज करती हैं। एफ़आईआर वो रिपोर्ट है जो आपके शिकायत दर्ज करने के बाद पुलिस बनाती है।

हत्या, बलात्कार, और अपहरण जैसे गंभीर अपराधों के लिए पुलिस आपके शिकायत दर्ज करते ही तुरंत एफ़आईआर रजिस्टर कर लेगी। कम गंभीर अपराधों में पुलिस पहले बैकग्राउंड की जांच करेगी और फिर एफ़आईआर रजिस्टर करेगी।

पुलिस शिकायतों का 'कहां, कब, कौन, कैसे'

अब जब हम जान गए हैं कि पुलिस में शिकायत करना क्या होता है, तो इसे विस्तार से देखते हैं।

1. पुलिस में शिकायत कहां दर्ज करें?

   i. पुलिस स्टेशन पर

      पुलिस में शिकायत आपको उस न्यायिक क्षेत्र (ज्युरिडिक्शन) में दर्ज करवानी चाहिए जहां अपराध हुआ है। उदाहरण के लिए, अगर घटना नई दिल्ली के कनॉट प्लेस पर होती है, तो आपको कनॉट प्लेस थाने जाना होगा। साधारण सी ऑनलाइन सर्च से आप पता लगा सकती हैं कि संबंधित अपराध किस पुलिस थाने के ज्युरिडिक्शन में आएगा।

   ii. ऑनलाइन

      आजकल मेट्रो नगरों के अनेक पुलिस थाने आपको ईमेल, व्हाट्सएप, या उनकी अपनी एप के ज़रिए ऑनलाइन शिकायत दर्ज करने की छूट देते हैं। आप आसान सी ऑनलाइन खोज करके पता लगा सकती हैं कि आपके शहर में यह सुविधा मौजूद है या नहीं। उदाहरण के लिए, दिल्ली पुलिस की हिम्मत एप है और हैदराबाद पुलिस के पास हॉक आई एप है। ऑनलाइन शिकायत दर्ज करने के बाद चेक करें कि ऑनलाइन फ़ॉलो-अप की सुविधा उपलब्ध है या नहीं। अगर नहीं है, तो फ़ॉलो-अप के लिए आपको शिकायत नंबर के साथ संबंधित ज्युरिडिक्शन के पुलिस थाने जाना होगा।

ज़ीरो एफ़आईआर: ज्युरिडिक्शन के बिना विशेष एफ़आईआर

कुछ ख़ास गंभीर अपराधों जैसे बलात्कार, अपहरण, हत्या के मामलों में, जिनमें तेज़ी से पुलिस प्रक्रिया शुरू करना अहम होता है, ज्युरिडिक्शन के बारे में सोचे बिना आपको किसी भी पुलिस स्टेशन में शिकायत दर्ज करने की अनुमति है। इसे ज़ीरो एफ़आईआर कहते हैं।

आप शहर के या देश भर में कहीं के भी पुलिस थाने में ज़ीरो एफ़आईआर दर्ज कर सकती हैं। उदारहण के लिए, अगर अपराध दिल्ली के कनॉट प्लेस में हुआ था, तो आप गुड़गांव पुलिस थाने में, या हैदराबाद के पुलिस थाने में भी शिकायत दर्ज कर सकती हैं। आपको पुलिस थाने में ज़ीरो एफ़आईआर दर्ज करने के लिए कहना होगा।

ज़ीरो एफ़आईआर कैसे काम करती है?

हर एफ़आईआर (यानी ग़ैर-ज़ीरो एफ़आईआर) में उस पुलिस थाने से जुड़ा सीरियल नंबर होता है जहां आपने इसे दर्ज किया है। ज़ीरो एफ़आईआर में, वो पुलिस थाना जहां आप शिकायत दर्ज करती हैं, आपको एफ़आईआर में सीरियल नंबर 'ज़ीरो' देता है। फिर यह पुलिस थाना आपकी शिकायत उस पुलिस थाने में ट्रांसफ़र कर देता है जिसके ज्युरिडिक्शन में अपराध हुआ है। एफ़आईआर ट्रांसफ़र होने के बाद जांचकर्ता पुलिस थाना आपको एक नियमित सीरियल नंबर देगा। फिर नए सीरियल नंबर के ज़रिए आपको जांचकर्ता पुलिस थाने में अपनी शिकायत को ट्रैक करना होगा।

2. पुलिस में शिकायत कब दर्ज करें?

   i. आदर्श स्थिति तो यही है कि आप घटना होते ही पुलिस में शिकायत दर्ज कर दें। इससे पुलिस को झटपट कार्रवाई करने में मदद मिलेगी। जब अपराध ताज़ा-ताज़ा होता है, तो पुलिस

के लिए जांच करना और सबूत जुटाना भी आसान हो जाता है। जैसा कि कहा जाता है गर्म लोहे पर चोट करनी चाहिए।

ii. अगर आप जल्दी शिकायत दर्ज न कर पाएं, तो चिंता न करें। टेक्निकली किसी अपराध की रिपोर्ट करने के लिए कोई समयसीमा नहीं है। (मगर दीवानी अपराधों में समयसीमा आमतौर पर तीन साल होती है।) आप घटना होने के कई साल बाद भी शिकायत दर्ज कर सकती हैं। घरेलू हिंसा, यौन शोषण, रेप आदि मामलों में अक्सर मानसिक पीड़ा और इनसे जुड़े कलंक के कारण महिलाएं इनकी रिपोर्ट करने में समय लेती हैं। कोई बात नहीं। अगर देर हो गई है, तो भी आप पुलिस में शिकायत दर्ज कर सकती हैं। पुलिस देरी का कारण लिख लेगी।

व्यावसायिक सलाह: याद है 2018 में #मीटू आंदोलन छिड़ा था? बहुत सी महिलाएं बरसों पहले झेले यौन उत्पीड़न के बारे में सामने आई थीं। दुख की बात है कि उनमें से बहुत सी शिकायतें दोषी के पकड़े जाने से पहले ही बंद कर दी गई थीं, क्योंकि इतने साल बाद ठोस सबूत और गवाह जुटाना मुश्किल था।

अगर मेरे पास सबूत न हो तो?

कोई फ़िक्र नहीं! महिलाओं के ख़िलाफ़ अनेक अपराध, ख़ासकर जो घरेलू हिंसा और यौन शोषण से जुड़े होते हैं, अकेले में होते हैं। आमतौर पर उनका कोई गवाह नहीं होता और पीड़िता कोई सबूत पेश कर पाने में असमर्थ होती है।

इसमें घबराने की बात नहीं है, कोर्ट इस बात को समझता है। इसीलिए, वो बार-बार फ़ैसला देता हैं कि ऐसे अपराधों में अगर पीड़िता दूसरे सबूत दे पाने में सक्षम नहीं है तो उसका बयान ही पर्याप्त है।

यौन शोषण के मामलों में यह ख़ासतौर से सच है, जिनमें अदालतों ने बार-बार बल दिया है कि पीड़िता पर विश्वास करना ज़रूरी है। घरेलू हिंसा के मामलों में, दुर्भाग्य से, अदालतें दृढ़ रवैया अपनाने में संकोची रही हैं, क्योंकि उनका मानना है कि 'वैवाहिक विवाद' जटिल होते हैं जिनमें पेचीदा पारिवारिक डाइनेमिक्स जुड़े होते हैं।

3. पुलिस में शिकायत कौन दर्ज कर सकता है?

कोई भी पुलिस में शिकायत दर्ज कर सकता है, चाहे:

- आप पीड़ित हों, यानी आप प्रभावित व्यक्ति हों
- आप गवाह हों, यानी आपने कुछ होते देखा हो
- आपके पास अपराध की जानकारी है, यानी आपने किसी अपराध के बारे में देखा-सुना हो

इसलिए अगर आप किसी ऐसी व्यक्ति को जानती हैं जो किसी अपराध का शिकार हुई हो, तो आप उसकी ओर से पुलिस में शिकायत कर सकती हैं (यह पक्का कर लें कि आपके पास पीड़िता की सहमति हो)।

4. पुलिस शिकायत कैसे दर्ज करें?

i. सूचना दें: आपको अपराध के बारे में पुलिस को सूचना देनी होगी। आप यह ख़ुद पुलिस स्टेशन जाकर या (अगर उपलब्ध हो तो) ऑनलाइन शिकायत दर्ज करके कर सकती हैं। अगर आपने ऑनलाइन शिकायत दर्ज की है, तो पुलिस आपकी शिकायत दर्ज करने के लिए आपको पुलिस थाने में बुला सकती है।

ii. लिखित रूप में: अगर आप मौखिक रूप से सूचना देती हैं, तो आपकी ओर से पुलिस उसे लिखेगी। आप ख़ुद शिकायत लिखना भी चुन सकती हैं (मैं इसकी सिफ़ारिश करूंगी ताकि सारा विवरण आपके नियंत्रण में रहे)। आप पहले से

ही शिकायत लिखकर उसे पुलिस थाने में ले जा सकती हैं। यह देख लें कि शिकायत में आपने सारे विवरण का उल्लेख किया हो (जो आप निश्चयपूर्वक जानती हैं)। कुछ भी न छोड़ें! अगर ज़रूरत हो तो अतिरिक्त काग़ज़ मांगें।

iii. मौखिक रूप में: अगर आप मौखिक रूप से शिकायत दर्ज कर रही हैं जिसे पुलिस लिख रही है, तो वो आपकी स्वीकृति लेने के लिए उसे आपको पढ़कर सुनाएगी। अगर आप लिखित शिकायत देती हैं तो यह चरण ज़रूरी नहीं है।

iv. सत्यापन और हस्ताक्षर: पुलिस आपसे शिकायत के तथ्यों को सत्यापित करने और उस पर हस्ताक्षर करने को कहेगी।

v. मुहर और शिकायत नंबर: पुलिस शिकायत पर मुहर लगाएगी जिस पर रोज़नामचे की संख्या होगी और आपको शिकायत संख्या प्रदान करेगी। याद से इसकी मांग करें क्योंकि शिकायत नंबर से ही आप अपनी शिकायत की प्रगति को ट्रैक कर पाएंगी। यह 'ऑर्डन नंबर' की तरह है जिससे आप ऑनलाइन शॉपिंग पार्सलों को ट्रैक करती हैं।

vi. आपकी प्रति: पुलिस आपको आपकी शिकायत की मुफ़्त प्रति प्रदान करेगी, उस पर भी हस्ताक्षर और मुहर लगी होगी। याद से इसे मांग लें क्योंकि यह शिकायत दर्ज करने का सबूत है!

पुलिस में शिकायत दर्ज करना डरावना नहीं है

1. आपके लिए लागू होने वाले क़ानूनी प्रावधानों को जानना ज़रूरी नहीं है। आप बस घटना का ब्योरा दें और क़ानून और धाराएं लिखने का काम पुलिस कर लेगी।
2. पुलिस में शिकायत दर्ज करने के लिए कोई डॉक्युमेंट ज़रूरी नहीं है। लेकिन, अगर आपके पास कोई डॉक्युमेंट या सबूत हैं तो अपनी शिकायत को सुदृढ़ बनाने के लिए उन्हें साथ में लगाएं।

3. शिकायत आपकी अपनी सुविधा के अनुसार टाइप की हुई या हाथ से लिखी हो सकती है। हाथ से लिखी हो तो ध्यान रखें कि आप इसे साफ़-साफ़ लिखें।
4. आप किसी भी भाषा (क्षेत्रीय भाषा, हिंदी या अंग्रेज़ी) में पुलिस शिकायत दर्ज कर सकती हैं। उसे अंग्रेज़ी में ही लिखना ज़रूरी नहीं है।
5. शिकायत दर्ज करने के लिए आपको वकील की ज़रूरत नहीं है। आप ख़ुद भी यह कर सकती हैं। आपमें दम-ख़म है! अगर चाहें तो हौसला बढ़ाने के लिए किसी को साथ ले जाएं।
6. आपके लिए आरोपियों या उनके विवरण को जानना ज़रूरी नहीं है। आपको जो भी ब्योरा याद हो, वो सब पुलिस को बता दें। जैसे, 'कितने आदमी थे,' उन्होंने क्या पहना था, वो कैसे दिखते थे (चश्मा, घाव के निशान, टैटू, आदि)।

व्यावसायिक सलाह: याद रखें, विस्तार में ही सार है। आप जितने विस्तार से विवरण देंगी, पुलिस के लिए जांच करना उतना ही आसान हो जाएगा। लेकिन केवल उन्हीं विवरणों का उल्लेख करें जिनके बारे में आप पूरी तरह से निश्चित हैं। अगर आपको संदेह हो, तो कोई अनुमानित आंकड़ा (उदाहरण के लिए दोपहर ढाई बजे की जगह बस दोपहर कहें) दें या उसे छोड़ ही दें। ऐसा क्यों?

वो इसलिए कि पुलिस में दर्ज शिकायत को कोर्ट में साक्ष्य के तौर पर इस्तेमाल किया जा सकता है। यह आपके केस को तोड़ भी सकती है और मज़बूत भी कर सकती है। प्रतिवादी (दोषी) आपकी शिकायत और बयान में चूकें खोजने की कोशिश करेगा ताकि यह साबित कर सके कि आप झूठ बोल रही हैं। इसलिए पुलिस और कोर्ट की पूरी प्रक्रिया के दौरान एक सी

सूचना और विवरण पर क़ायम रहें, ताकि यह सुनिश्चित हो सके कि प्रतिवादी आपके केस को तोड़ नहीं सकता। कभी-कभी 'आरोपी हरी शर्ट के बजाय नारंगी शर्ट पहने हुए था,' जैसी छोटी सी बारीकी को भी आपके बयान पर संदेह उपजाने के लिए इस्तेमाल किया जा सकता है। इसलिए, वही लिखें जिसके बारे में आपको पूरा यक़ीन हो।

5. पुलिस में शिकायत दर्ज करने के बाद क्या होता है?

   i. जांच: आपराधिक प्रक्रिया का पहिया चल पड़ता है! अगर अपराध गंभीर है (जिसे संज्ञेय अपराध कहा जाता है), जैसे हत्या, बलात्कार, मोलेस्टेशन, स्टॉकिंग, दहेज हत्या, तो पुलिस सीधे एफ़आईआर लिखकर जांच शुरू कर सकती है। अगर अपराध कम गंभीर प्रकृति का (असंज्ञेय अपराध) है, जैसे मानहानि या बहु-विवाह, तो पुलिस को पहले मजिस्ट्रेट को रिपोर्ट देनी होगी। मजिस्ट्रेट से हरी झंडी मिलने के बाद ही पुलिस एफ़आईआर दर्ज करके जांच शुरू कर सकती है।

नोट: महिलाओं के ख़िलाफ़ होने वाले अधिकांश अपराध, सभी तरह के यौन उत्पीड़नों समेत, संज्ञेय अपराध होते हैं। जब भी संदेह हो, तो लागू होने वाली धारा संख्या जानने के लिए गूगल करें।

   ii. चार्ज शीट: पुलिस को अगर जांच करने, गवाहों से पूछताछ करने और सबूत जुटाने के बाद लगता है कि किसी अपराध के हुए होने की संभावना है तो वो चार्ज शीट फ़ाइल करती है और उसे मजिस्ट्रेट के सामने पेश करती है। चार्ज शीट एक क़ानूनी दस्तावेज़ है जिसमें जांच के अन्य विवरणों के साथ ही आरोपी के ख़िलाफ़ लगाए गए आरोपों का विवरण दर्ज होता है (जैसे, यौन उत्पीड़न और किसी महिला की गरिमा को ठेस पहुंचाने के साथ ही किसी महिला को निर्वस्त्र करने की कोशिश)।

दूसरी ओर, अगर पुलिस को लगता है कि यहां तो न सूत है, न कपास (यानी कोई अपराध हुआ ही नहीं हैं), तो वो केस को बंद कर देती है और मजिस्ट्रेट के सामने क्लोज़र रिपोर्ट प्रस्तुत करती है।
आरुषि तलवार हत्याकांड में, जिसने 2008 में सारे देश को झकझोर कर रख दिया था, पुलिस ने शुरू में क्लोज़र रिपोर्ट ही दर्ज की थी। मगर इस

मामले में मजिस्ट्रेट ने रिपोर्ट पर सवाल उठाए क्योंकि जांच करने के लिए पर्याप्त सबूत थे और पुलिस से केस फिर से खोलने के लिए कहा। यह मजिस्ट्रेट द्वारा पर्दे के पीछे रहकर इंसाफ़ सुनिश्चित करना था।

iii. आपराधिक मुकदमा: चार्ज शीट दर्ज होने के बाद आरोपी के ख़िलाफ़ कोर्ट केस, यानी आपराधिक मुकदमा शुरू होता है। यह वो हिस्सा है जो आप अक्सर वकीलों, सबूतों, गवाहों (और थोड़े से अदालती ड्रामे के) के साथ फ़िल्मों में देखती हैं।

याद रखने की बातें

1. पुलिस शिकायत किसी अपराध के बारे में पुलिस को तथ्य बताना है। एफ़आईआर आपके शिकायत लिखवाने के बाद पुलिस द्वारा दर्ज की जाने वाली पहली रिपोर्ट होती है।
2. आपको उस ज्युरिडिक्शन के पुलिस थाने में अपराध की शिकायत लिखवानी चाहिए जहां वो अपराध हुआ था। बहुत से शहरों में ऑनलाइन शिकायत दर्ज करने का विकल्प भी उपलब्ध है।
3. हालांकि पुलिस में शिकायत दर्ज करने के लिए कोई समयसीमा नहीं है, मगर आपको जल्द से जल्द ऐसा करना चाहिए ताकि अहम सबूत नष्ट न हों।
4. पीड़ित या उसकी ओर से कोई भी व्यक्ति पुलिस में शिकायत दर्ज कर सकता है।
5. पुलिस शिकायत में आपको वो सभी तथ्य और विवरण लिखने चाहिए जो आपको मालूम हैं। इसे यथासंभव विस्तृत बनाएं। लेकिन अगर किसी बात पर आपको पूरा यक़ीन नहीं है तो अनुमानित ब्योरा दें। जैसे, अगर आपको ठीक समय याद नहीं है, तो बस दोपहर या शाम कहें।

मैं कोर्ट केस कैसे फ़ाइल करूं?

केस फ़ाइल करने की बारीकियों में जाने से पहले हम भारत में कोर्ट की बुनियादी संरचना को समझ लेते हैं, जो तीन स्तरों वाली एक अधिक्रमिक प्रणाली पर चलती है:

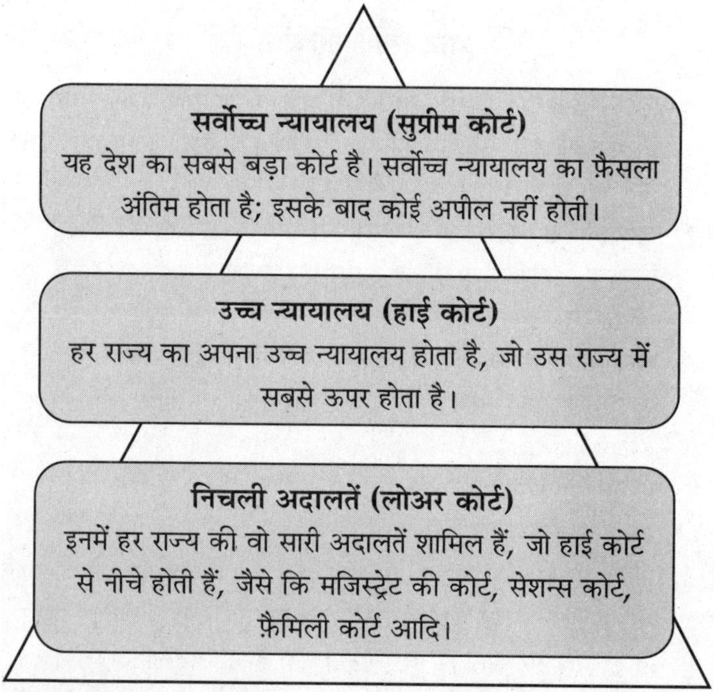

सर्वोच्च न्यायालय (सुप्रीम कोर्ट)
यह देश का सबसे बड़ा कोर्ट है। सर्वोच्च न्यायालय का फ़ैसला अंतिम होता है; इसके बाद कोई अपील नहीं होती।

उच्च न्यायालय (हाई कोर्ट)
हर राज्य का अपना उच्च न्यायालय होता है, जो उस राज्य में सबसे ऊपर होता है।

निचली अदालतें (लोअर कोर्ट)
इनमें हर राज्य की वो सारी अदालतें शामिल हैं, जो हाई कोर्ट से नीचे होती हैं, जैसे कि मजिस्ट्रेट की कोर्ट, सेशन्स कोर्ट, फ़ैमिली कोर्ट आदि।

1. सुप्रीम कोर्ट: सुप्रीम कोर्ट भारत का सबसे बड़ा कोर्ट है। इसका कथन अंतिम होता है और देश का क़ानून बन जाता है। यह निम्नलिखित पर फ़ैसले लेता है:
   i. संवैधानिक महत्व के मामले (यानी वो मामले जो भारत के संविधान पर असर डालें)।
   ii. दो या अधिक राज्यों के बीच विवाद।
   iii. हाई कोर्ट की अपील, जो लोगों के बीच आपसी विवाद भी हो सकती हैं और वो भी जिनमें राज्य शामिल होता है (जैसे, धारा 377 और शबरीमला निर्णय हाई कोर्ट की अपीलें थीं)।
2. हाई कोर्ट: हाई कोर्ट हर राज्य का सर्वोच्च कोर्ट होता है। हाई कोर्ट द्वारा स्थापित किया गया क़ानून उस राज्य विशेष में लागू होता है। जैसे, अगर

बॉम्बे हाई कोर्ट कहता है कि प्लास्टिक बैग पर प्रतिबंध लगाया जाएगा, तो यह फ़ैसला पूरे महाराष्ट्र पर लागू होगा, मगर भारत के किसी दूसरे राज्य पर नहीं।

3. निचली अदालतें: हर राज्य में निचली अदालतों की एक व्यूह रचना होती है जो हाई कोर्ट के मातहत काम करती हैं। दीवानी (सिविल) और फ़ौजदारी (क्रिमिनल) मामलों के लिए अलग-अलग अदालतें होती हैं। महत्वपूर्ण मुद्दों के लिए विशेष अदालतें भी होती हैं, जैसे फ़ैमिली कोर्ट, और रेप और यौन अपराधों से बच्चों के संरक्षण हेतु फ़ास्ट ट्रैक अदालतें। निचली अदालतों के अंदर भी अधिक्रमिक प्रणाली होती है, लेकिन फ़िलहाल हम इस तफ़्सील में नहीं जाएंगे।

आप मुकदमा कहां दायर करें?

पुलिस शिकायत की तरह ही आपको उस कोर्ट में मुकदमा दर्ज करना होगा जिसके ज्युरिडिक्शन में आपका मामला आता हो। मगर, पुलिस शिकायत के विपरीत जिसमें ज्युरिडिक्शन केवल भौगोलिक स्थान पर आधारित होता है, एक दीवानी मामले में कोर्ट का ज्युरिडिक्शन निम्न बातों के आधार पर निर्धारित होता है:

1. आपके केस का विषय: सारे आपराधिक मामले क्रिमिनल कोर्ट में जाते हैं और दीवानी मामले सिविल कोर्ट में। सिविल कोर्ट में भी विभिन्न विषयों के लिए अलग से कोर्ट निर्धारित होते हैं। उदाहरण के लिए, पारिवारिक क़ानून से संबंधित सभी मामले (जैसे कि तलाक़, घरेलू हिंसा, दहेज) फ़ैमिली कोर्ट में जाएंगे। इसी तरह, कंपनियों से संबंधित मामलों के लिए विशेष कंपनी लॉ कोर्ट होते हैं।
2. भौगोलिक स्थान: यह विवादित मामले और केस लड़ने वाले पक्षों का स्थान होता है। उदाहरण के लिए, अगर आप किसी ज़मीन पर

लड़ रहे हैं, तो उस ज़मीन का स्थान भौगोलिक ज्युरिडिक्शन तय करेगा।

3. मौद्रिक मूल्य: आप जिस कोर्ट में मुकदमा दायर करते हैं, उसकी वरिष्ठता उसके मौद्रिक मूल्य पर निर्भर करती है जिसके लिए आप मुकदमा लड़ रहे हैं। उदाहरण के लिए, अगर यह कोई संपत्ति से जुड़ा विवाद है, तो संपत्ति के मूल्य से कोर्ट की वरिष्ठता का निर्णय होगा। तलाक़ या घरेलू हिंसा के मामलों में मौद्रिक मूल्य लागू नहीं होगा क्योंकि उनके लिए पहले ही अलग से फ़ैमिली लॉ कोर्ट मौजूद हैं।

मुकदमा दायर करने के बाद क्या होता है?

एक उदाहरण से लागू होने वाली प्रक्रिया को समझते हैं। आख़िरकार, बुनियादी बातें तो एक सी ही रहती हैं; बस शब्दावली बदल जाती है। मान लीजिए, शीला अपने पति विजय पर तलाक़ लेने के लिए मुकदमा करती है। तो आगे यह होगा:

1. केस दायर करना: शीला उस फ़ैमिली लॉ कोर्ट में जाएगी, जिसके ज्युरिडिक्शन में वो जगह आती है जहां शीला अभी रहती है, या जहां वो और विजय साथ रहते थे। शीला एक वकील नियुक्त करेगी और केस दायर करेगी। वो कोर्ट की फ़ीस भरेगी (जो कि फ़ैमिली लॉ कोर्ट में न्यूनतम होती है)।
2. पहली सुनवाई: केस अदालत में दाख़िल करने के लिए लाया जाएगा। कोर्ट फ़ैसला करेगा कि यह जायज़ केस है या नहीं। जायज़ केस मान लिए जाने पर कोर्ट इसे दाख़िल कर लेगा और अगले क़दम पर बढ़ जाएगा। अगर केस को जायज़ नहीं माना गया तो कोर्ट उसे ख़ारिज कर देगा।
3. सूचना और सम्मन: कोर्ट मुकदमे की एक कॉपी विजय को भेजेगा यह सूचित करते हुए कि उसके ख़िलाफ़ मुकदमा दायर किया गया

है। वो विजय को (ख़ुद या वकील के ज़रिए) अपना बचाव करने हेतु एक निश्चित तारीख़ पर कोर्ट के सामने पेश होने का सम्मन भी जारी करेगा।

4. विजय का उत्तर: अब विजय को शीला के आरोपों के लिए उनकी पुष्टि करते या नकारते हुए अपना उत्तर दर्ज करना होगा (बुनियादी तौर पर अपने बचाव में)।
5. विजय के उत्तर पर शीला का प्रत्युत्तर: जब विजय अपना जवाब रिकॉर्ड पर रख देगा, तो शीला को उसके जवाबों का जवाब देने का एक और मौक़ा मिलेगा। यहां, वो विजय द्वारा अपनाए गए बचाव, और अगर उसने कोई प्रत्यारोप लगाए हों तो उनका भी जवाब दे सकती है।
6. तर्क: जब दोनों पक्ष लिखित में अपने आरोपों, बचाव और उत्तरों को जमा करने की प्रक्रिया पूरी कर लेते हैं, तो केस दोनों पक्षों द्वारा जमा किए गए तर्कों के आधार पर मौखिक तर्क-वितर्क की ओर बढ़ता है।

नोट: आपके केस फ़ाइल करने के बाद जो होता है, उसका यह मोटा-मोटा ब्योरा है, बस आपको बेसिक आइडिया देने के लिए। हर चरण के अंदर, और मुकदमे की पूरी अवधि के दौरान संबंधित पक्ष अस्थायी और फ़ौरी राहतों के लिए छोटी-छोटी कई दूसरी याचिकाएं फ़ाइल करते रहते हैं। मैं इस विस्तार में नहीं जाऊंगी, क्योंकि यह बेवजह आपको उलझा देगा।

साथ ही, मैंने जानबूझकर टेक्निकल शब्दों का इस्तेमाल नहीं किया है। शब्दावली में उलझने की जगह अवधारणा को समझना आपके लिए ज़्यादा ज़रूरी है।

क्या मुझे वकील चाहिए, या कोर्ट में मैं अपना केस ख़ुद लड़ सकती हूं?

वकील हो या न हो, भारत में हर नागरिक को अपना केस ख़ुद लड़ने का अधिकार प्राप्त है। अपने केस की ख़ुद पैरवी करने वाले व्यक्ति को 'पार्टी इन पर्सन' कहते है। मगर, मैं सलाह दूंगी कि अगर मुमकिन हो तो आप कोई

अच्छा वकील कर लें। भारत के क़ानून और क़ानूनी सिस्टम पेचीदा हैं; आधे केस तो तकनीकी नुक़्तों और प्रक्रियागत दोषों के आधार पर जीते जाते हैं (असल केस पर नहीं)। पार्टी इन पर्सन को ये तकनीकी नुक़्ते पता नहीं होंगे और उसे दूसरे पक्ष के वकील से लड़ना मुश्किल लगेगा।

नोटः भारत में हर महिला को मुफ़्त क़ानूनी सहायता पाने का अधिकार है, चाहे उसकी आय या वित्तीय स्थिति कुछ भी हो। यह प्रावधान लीगल सर्विस अथॉरिटीज़ एक्ट, 1987 की धारा 12(सी) के तहत है।

मुफ़्त क़ानूनी सहायता का मतलब है कि आपको बिना कोई फ़ीस दिए अपना केस लड़ने के लिए राज्य द्वारा नियुक्त वकील मिल सकता है। अगर आप वकील नहीं रख सकती हैं, और ख़ुद अपना मुकदमा नहीं लड़ना चाहतीं तो यह विकल्प चुन सकती हैं। मैं इस विकल्प को सावधानी के साथ चुनने की सलाह दूंगी, क्योंकि राज्य द्वारा नियुक्त वकील को लेकर हर व्यक्ति का अनुभव हमेशा अच्छा नहीं हो सकता। मुफ़्त क़ानूनी सहायता के लिए कहां जाना चाहिए, यह जानने के लिए इस वेबसाइट पर जाएं: https://nalsa.gov.in/

कोर्ट में मुकदमा लड़ने में कितना ख़र्च आता है?

अपना मुकदमा लड़ने के लिए आपको दो तरह के ख़र्च उठाने होंगे:

1. कोर्ट की फ़ीस: यह वो फ़ीस है जिसका अपना केस दायर करते समय आप कोर्ट में भुगतान करती हैं। राशि कोर्ट दर कोर्ट और केस दर केस अलग होती है, और विवाद के मौद्रिक मूल्य पर निर्भर करती है। उदाहरण के लिए, अगर प्रॉपर्टी संबंधी विवाद है, तो प्रॉपर्टी की क़ीमत जितनी ज़्यादा होगी, उतनी ही कोर्ट की फ़ीस बढ़ जाएगी। अधिकांश पारिवारिक क़ानून संबंधी मामलों में आपको कोई कोर्ट फ़ीस नहीं देनी पड़ती। मगर, चूंकि कोर्ट फ़ीस हर राज्य के अनुसार भिन्न होती है, इसलिए हमेशा चेक कर लें कि आपकी स्थिति में क्या लागू होता है।
2. वकील की फ़ीस: अगर आप अपनी ओर से कोर्ट में पेश होने के लिए वकील को रखती हैं, तो आपको वकील की फ़ीस देनी होगी।

एक बार फिर कहूंगी कि आपके शहर या क़स्बे में होने, केस के विषय, और वकील की वरिष्ठता, अनुभव और प्रतिष्ठा के आधार पर इसमें बहुत भारी अंतर आ सकता है। दुर्भाग्य से, मैं आपको कोई स्टैंडर्ड फ़ीस नहीं बता सकती क्योंकि यह बहुत ही व्यक्तिपरक है। मगर, मैं यह बता सकती हूं कि आपको किस पेमेंट स्ट्रक्चर की अपेक्षा करनी चाहिए।

i. प्रति केस भुगतान: यह पूरे केस के लिए एक निश्चित फ़ीस है, जिसमें केस दायर करना, सारी पेशियां और बहसें शामिल होती हैं।
ii. केस दायर करना और प्रति पेशी फ़ीस: इसमें आपको केस दायर करने के लिए एक शुरुआती निश्चित फ़ीस देनी होती है, और फिर वकील के हर बार मुकदमे की सुनवाई के लिए कोर्ट में आने पर आपको फ़ीस देनी होगी। पेशी की फ़ीस इस आधार पर भिन्न हो सकती है कि पेशी प्रशासनिक कामों के लिए है (कम फ़ीस) या बहस के लिए (ज़्यादा फ़ीस)।
iii. रेवेन्यु में हिस्सेदारी: इस स्ट्रक्चर में, आप वकील को कुछ नहीं देतीं, या शायद एक न्यूनतम शुरुआती फ़ीस दें। अगर आप केस जीत जाती हैं, तो जीत की राशि को वकील के साथ बांटेंगी। अगर केस हार जाती हैं, तो बेशक, न कुछ बांटना होगा न देना होगा।

फ़ीस स्ट्रक्चर वकील दर वकील भिन्न होता है, लेकिन मुझे उम्मीद है कि जब आप किसी वकील से फ़ीस के बारे में बात करेंगी तो यह रूपरेखा सुनिश्चित करेगी कि आपकी तैयारी अच्छी हो।

एक केस में कितना समय लगता है?

काश मैं इसका कोई सकारात्मक और आशावादी उत्तर दे पाती। दुर्भाग्य से, यह दुखद सच्चाई है कि भारतीय कोर्ट सिस्टम काम के बोझ और भारी

देरियों से त्रस्त है। उस पर तुर्रा यह कि जब पार्टियां देरी करने की तिकड़में लगाती हैं जिनमें वो केस को घसीटने और दूसरे पक्ष को हताश करने के लिए तारीख़ पर तारीख़ मांगती रहती हैं, तो कोर्ट कोई सख़्त रवैया नहीं अपनाती।

आपके इस सवाल का जवाब कि एक केस में कितना समय लगता है। तो साहब, यह समय दो साल से दो पीढ़ियों के बीच कुछ भी हो सकता है। जी हां, आपने सही पढ़ा। कुछ केस, ख़ासकर प्रॉपर्टी के, पीढ़ियों चलते रहते हैं! युवा पीढ़ी अपने माता-पिता के धन के साथ ही विरासत में केस की फ़ाइलें और वकीलों के चक्कर काटना भी पाती हैं।

संपत्ति विवाद की तुलना में फ़ैमिली लॉ के केस आमतौर पर तेज़ी से निपट जाते हैं। और तेज़ी से मेरा मतलब है दो से तीन साल।

लेकिन अच्छी ख़बर भी है! जब तक केस आगे नहीं बढ़ता, आप कोर्ट से अंतरिम राहतें पा सकती हैं। ये अंतिम निर्णय सुनाए जाने तक कोर्ट द्वारा दी जाने वाली उपचारात्मक अस्थायी राहतें होती हैं। उदाहरण के लिए, घरेलू हिंसा के मामले में आप कोर्ट से अंतरिम राहत के तौर पर अपने वैवाहिक घर में रहने के अधिकार की मांग कर सकती हैं, इससे केस के आगे बढ़ने के दौरान आपके सर पर छत बनी रहती है।

फ़िल्मों के झरोखे से

बॉलीवुड फ़िल्म *दामिनी* में, जिसमें सनी देओल ने एक रेप पीड़िता के वकील की भूमिका निभाई थी, उनका एक मशहूर डायलॉग एकदम सही है।

'तारीख़ पर तारीख़, तारीख़ पर तारीख़ मिलती रही है, लेकिन इंसाफ़ नहीं मिला, माई लॉर्ड, इंसाफ़ नहीं मिला। मिली है तो सिर्फ़ ये तारीख़।'

यह पंक्ति आज भी सच है, इसीलिए, इस किताब में कई जगहों पर हमने वैकल्पिक उपाय सुझाए हैं, और अंतिम उपाय के तौर पर कोर्ट का दरवाज़ा खटखटाने की सिफ़ारिश की है।

आपको एक उदाहरण देती हूं, निर्भया जैसे केस को, जिसने सारे देश को झकझोर कर रख दिया था और अंतरराष्ट्रीय सुर्ख़ियां बटोरी थीं, ख़त्म होने में लगभग आठ साल लग गए थे। अपराध 2012 में हुआ था, मगर मौत की सज़ा पाए चारों अपराधियों को 2020 में जाकर फांसी हुई। बहुत लंबे समय तक तो केस के लिए कोई जज ही नहीं था, जिससे देर हुई! आप सोच सकती हैं, अगर इतने गंभीर और हाई-प्रोफ़ाइल केस का यह हाल था, तो दूसरे केसों का क्या होता होगा?

याद रखने की बातें

1. भारत में तीन-स्तरीय न्यायिक प्रणाली है—सुप्रीम कोर्ट, हाई कोर्ट और निचली अदालतें। शादी, तलाक़ और संपत्ति विवाद जैसे दिन-प्रतिदिन के मामलों के लिए आपको निचली अदालतों में केस दाख़िल करना होगा।
2. हर महिला को मुफ़्त क़ानूनी सहायता पाने का अधिकार है, जो कि सरकार द्वारा प्रदान की जाती है। अगर आप वकील नहीं रख सकती हैं, तो आपको इस सेवा का उपयोग करना चाहिए।
3. हर नागरिक को कोर्ट में वकील के ज़रिए या ख़ुद अपना प्रतिनिधित्व करने का अधिकार है। मगर, हमारी सलाह यही है कि आप क़ानूनी प्रक्रियाओं से गुज़रने के लिए किसी वकील की ही मदद लें।
4. भारत में कोर्ट केस लंबे चलते हैं, जो जेब और जज़्बात दोनों को ख़ाली कर देते हैं। आप लागत और लाभ को तोलें और फ़ैसला करें कि आपके लिए कोर्ट केस करना सही रहेगा या कोर्ट के बाहर निपटान करना।
5. आप कोर्ट से अपने केस के लंबित होने के दौरान कभी भी अंतरिम राहत (अस्थायी राहत) की मांग कर सकती हैं, ताकि बुनियादी और तात्कालिक राहत पाने के लिए आपको बरसों इंतज़ार न करना पड़े।

एक महिला होने के नाते, गिरफ़्तारी के ख़िलाफ़ मेरे क्या अधिकार हैं?

पुलिस किसी व्यक्ति को कब गिरफ़्तार कर सकती है?

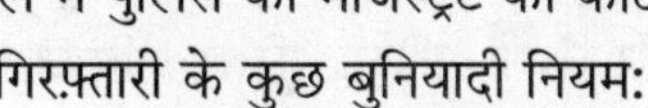

किसी आरोपी व्यक्ति के ख़िलाफ़ एफ़आईआर दर्ज होने के बाद ही पुलिस उसे गिरफ़्तार कर सकती है। ऊपर बताई गई बातों को याद करें, संज्ञेय अपराधों में पुलिस को मजिस्ट्रेट के पास जाने की ज़रूरत नहीं होती। इसका मतलब है कि वो एफ़आईआर दर्ज करके गिरफ़्तारी कर सकती है। मगर असंज्ञेय अपराध के मामले में पुलिस को मजिस्ट्रेट की कोर्ट से इजाज़त लेनी होगी।

गिरफ़्तारी के कुछ बुनियादी नियम:

1. पुलिस आरोपी को केवल तभी गिरफ़्तार कर सकती है जब उसे और ज़्यादा जांच या पूछताछ करनी हो, 'बस ऐसे ही.' नहीं।
2. मजिस्ट्रेट के आदेश के बिना पुलिस किसी आरोपी को बस चौबीस घंटे ही लॉक अप में रख सकती है। गिरफ़्तारी के चौबीस घंटे के अंदर उसे आरोपी को मजिस्ट्रेट के सामने पेश करना होगा।
3. चौबीस घंटे के बाद, मजिस्ट्रेट तय करेगा कि आरोपी को गिरफ़्तारी में रखा जाए या उसे ज़मानत पर छोड़ दिया जाए। गिरफ़्तारी का आदेश बस पंद्रह दिन का होता है, और उसे हर पंद्रह दिन बाद फिर से लेना होगा।

शुक्रवार शाम की गिरफ़्तारी

कुछ मामलों में, जब पुलिस राजनीतिक गिरफ़्तारियां करती है, या बस परेशान करने के लिए गिरफ़्तार करती है, तो वो आमतौर पर यह शुक्रवार की शाम को करती है। क्यों? क्योंकि वीकएंड पर मजिस्ट्रेट की कोर्ट बंद रहती है और पुलिस सोमवार तक आरोपी को अपनी हिरासत में रख सकती है।

महिलाओं की गिरफ़्तारी के विशेष नियम

यहां कुछ अहम नियम दिए जा रहे हैं जिनका किसी महिला को गिरफ़्तार करने से पहले पुलिस को पालन करना होता है:

1. सूरज निकलने से पहले या सूरज छिपने के बाद किसी महिला को गिरफ़्तार नहीं किया जा सकता।
2. कोई पुरुष पुलिस अधिकारी किसी महिला की शारीरिक तलाशी नहीं ले सकता।
3. एक महिला को केवल महिला पुलिस अधिकारी ही गिरफ़्तार कर सकती है।
4. पूछताछ के लिए किसी महिला को पुलिस थाने नहीं बुलाया जा सकता। पुलिस को उपयुक्त समय पर और किसी महिला पुलिस अधिकारी के साथ महिला के घर जाना होगा।
5. पुलिस की पूछताछ के दौरान महिलाएं अपने वकील को साथ रख सकती हैं।
6. सूर्यास्त के बाद किसी पुरुष के साथ न होने पर पुलिस किसी महिला को अपनी कार से उतरने को नहीं कह सकती (जब तक कि महिला पुलिस वहां मौजूद न हो)।

#मूवी टाइम

बॉलीवुड फ़िल्म *दृश्यम* में, जिसमें अजय देवगन और तब्बू हैं, देवगन के परिवार को, उनकी पत्नी और बेटियों समेत, पुलिस गिरफ़्तार कर लेती है और पुलिस स्टेशन ले जाती है। पूछताछ के दौरान, पुलिस को उनकी पत्नी और बेटियों के साथ निर्ममता से मारपीट करते दिखाया जाता है। कहना ज़रूरी नहीं है कि क़ानूनन इसकी इजाज़त नहीं है!

फ़िल्म *सिंघम रिटर्न्स* में, जब अवनि (करीना कपूर द्वारा अभिनीत) नेता प्रकाश राव (ज़ाकिर हुसैन द्वारा अभिनीत) को थप्पड़ मारती है, तो

राव पुलिस इंस्पेक्टर बाजीराव सिंघम (अजय देवगन) से उसे गिरफ़्तार करने को कहता है। सिंघम इंकार कर देता है और उसे याद दिलाता है कि पुरुष अधिकारी होने के नाते वो क़ानूनन किसी महिला को गिरफ़्तार नहीं कर सकता।

गिरफ़्तार की गई महिला के अधिकार

अगर आप अमेरिकी फ़िल्में देखती हैं, तो आपको वो ड्रिल पता होगी जो पुलिस किसी को गिरफ़्तार करते समय हर बार दोहराती है। 'आपको चुप रहने का अधिकार है। आप जो भी कहेंगी उसे क़ानून की अदालत में आपके ख़िलाफ़ इस्तेमाल किया जा सकता है और किया जाएगा। आपको वकील करने का अधिकार है। अगर आप वकील का ख़र्च नहीं उठा सकते तो आपको वकील उपलब्ध करवाया जाएगा।'

हालांकि भारत में ये शब्द हूबहू लागू नहीं होते हैं, और भारतीय फ़िल्में हमारे क़ानूनों का इतना प्रचार भी नहीं करतीं, मगर भारत में गिरफ़्तार होने वाले हर व्यक्ति के कुछ ख़ास क़ानूनी अधिकार हैं। महिलाओं को कुछ अतिरिक्त अधिकार भी प्राप्त हैं, यह सुनिश्चित करने के लिए कि उनके साथ दुर्व्यवहार की कोई गुंजाइश न रहे।

ये अधिकार सबके लिए मौजूद हैं:

1. आपको बिना वारंट के गिरफ़्तार नहीं किया जा सकता जब तक कि आप पर कोई संज्ञेय अपराध करने का संदेह न हो।
2. आपको अपनी गिरफ़्तारी का कारण जानने का अधिकार है।
3. आपको अपने परिवार के किसी सदस्य या अपने किसी मित्र को अपनी गिरफ़्तारी के बारे में सूचना देने का अधिकार है।
4. पुलिस हिरासत में आपको चुप रहने का अधिकार है। हैरानी हुई?
5. अगर आपको किसी ज़मानती जुर्म में गिरफ़्तार किया गया है, तो आपको पुलिस स्टेशन में ही ज़मानत मिल सकती है।

ऊपर दी गई सूची के साथ ही महिलाओं को ये अधिकार भी हासिल हैं:

1. केवल कोई महिला अधिकारी ही आपकी शारीरिक तलाशी ले सकती है।
2. अगर आपको पुलिस लॉक-अप में रखा जा रहा है, तो आपको महिलाओं की अलग कोठरी में रखा जाएगा।
3. पुलिस स्टेशन में 24×7 एक महिला पुलिस अधिकारी को मौजूद रहना होगा।

आपका वकील पाने का अधिकार

1. गिरफ़्तार होने के बाद हर व्यक्ति को किसी वकील से परामर्श करने का अधिकार है।
2. आप पूछताछ के दौरान अपने वकील से मौजूद रहने के लिए कह सकती हैं।

गिरफ़्तारी की स्थिति में आपको क्या करना चाहिए?

सबसे पहली बात तो, पुलिस बहुत कम ही किसी महिला को गिरफ़्तार करती है, बशर्ते वो किसी गंभीर अपराध में शामिल न हो (या कोई स्पष्टवादी जर्नलिस्ट न हो!)। लेकिन फिर भी गिरफ़्तारी की सूरत में शुरुआती क़दमों के बारे में जानना अच्छा रहता है:

1. अपने परिवार या मित्रों को सूचित करें (कोई भी ऐसा जो पुलिस स्टेशन आकर आपकी मदद कर सके)।
2. जल्दी से जल्दी कोई क्रिमिनल वकील करें।
3. ज़मानत मांगें (जिसके बारे में अगले चैप्टर में बताया गया है)।

आपका सारा फ़ोकस पुलिस स्टेशन से बाहर निकलने पर होना चाहिए। एक बार घर पहुंचने और वकील करने के बाद आप बाक़ी सब कुछ देख सकती हैं।

गतिविधि: अपने दोस्तों और परिवार के साथ एक क्विज़ खेलें। उनसे पूछें कि उन्हें कितने नियमों की जानकारी है? ये हमारे मानव अधिकारों की बुनियाद हैं और हर नागरिक को ये पता होने चाहिए।

मुझे ज़मानत कैसे मिलेगी?

आपने ये कहावत तो सुनी ही होगी 'दोषी साबित होने तक निर्दोष।' इस क़ानूनी कहावत को मीडिया ने और लोकप्रिय बना दिया है। इसका मतलब है कि जब तक किसी व्यक्ति पर अपराध साबित नहीं हो जाता, तब तक उसे निर्दोष माना जाना चाहिए। क्रिमिनल लॉ के तहत किसी व्यक्ति को केवल तभी किसी अपराध का दोषी माना जाएगा, जब 'किसी तर्कसम्मत संदेह के परे' यह साबित हो जाए कि उसने अपराध किया है। अगर ज़रा सी भी शंका है तो उस व्यक्ति को निर्दोष माना जाएगा। और एक निर्दोष व्यक्ति को जेल में नहीं रखा जा सकता। उसे ज़मानत पर रिहा करना होगा।

ज़मानत क्या है?

ज़मानत किसी अपराध के आरोपी के लिए जेल से अस्थायी रिहाई होती है। ज़मानत लेने के लिए आरोपी व्यक्ति को सिक्योरिटी (जिसे ज़मानती बॉन्ड कहते हैं) के रूप में कुछ राशि जमा करनी होती है और एक गारंटर चाहिए होता है जो यह सुनिश्चित करे कि आरोपी जांच में सहयोग करेगा।

एक और लोकप्रिय क़ानूनी कहावत है: 'ज़मानत नियम है, जेल नहीं।' ऐसा इसलिए कि, क़ानून के मुताबिक़, किसी व्यक्ति को केवल तभी जेल में रखा जाना चाहिए जब यह अत्यंत आवश्यक हो। वरना, उन्हें ज़मानत दे देनी चाहिए।

ज़मानती और ग़ैर-ज़मानती अपराध

मीडिया की मेहरबानी से आपने 'ज़मानती' और 'ग़ैर-ज़मानती' शब्दों को तो सुना ही होगा। एक आम मिथक है कि ज़मानती अपराध के लिए ज़मानत मिल सकती है मगर ग़ैर-ज़मानती अपराध के लिए नहीं। आप क्या सोचती हैं? अगर मैं कहूं कि आपको ग़ैर-ज़मानती अपराध के लिए भी ज़मानत मिल सकती है तो? ठीक है, मैं बताती हूं।

ज़मानती अपराध का मतलब है कि आपको ज़मानत पाने का अधिकार है। आपको पुलिस स्टेशन में ही ज़मानत मिल सकती है।

ग़ैर-ज़मानती अपराध का मतलब है कि आपको ज़मानत पाने का अधिकार नहीं है, मगर आप ज़मानत *पा सकते हैं।* यह मजिस्ट्रेट की अदालत से मिलती है।

कम गंभीर अपराध ज़मानती होते हैं (जैसे ज़मीन पर क़ब्ज़ा, ग़लत जानकारी देना आदि), और ज़्यादा गंभीर अपराध ग़ैर-ज़मानती होते हैं (जैसे रेप, मर्डर आदि)।

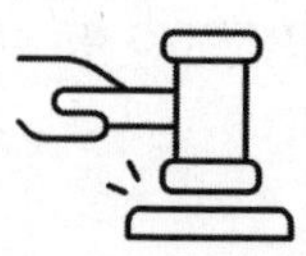

दुखद मगर सच

एक बार एक सीनियर वकील, जिनके साथ मैं काम कर रही थी, एक रेप आरोपी के केस की पैरवी कर रहे थे जो एक फ़िल्म प्रोड्यूसर था। एक एक्ट्रेस ने उस पर छह महीने की अवधि में 'गंभीर बलात्कार' करने का आरोप लगाया था। अंदर ही अंदर, हम सबको पूरा यक़ीन था कि यह प्रोड्यूसर दोषी था।

मेरे सीनियर उस प्रोड्यूसर को ज़मानत पर रिहा करवाने के लिए पैरवी कर रहे थे। वो इतने क़ाबिल वकील हैं कि आरोपों की गंभीरता के बावजूद उन्होंने कोर्ट को ज़मानत देने के लिए आश्वस्त कर लिया। उन्होंने पीड़िता के बयान को किरच-किरच करके उसके आरोपों पर संदेह की छाया डाल दी, और आरोपी की बेरोकटोक रिहाई करवा ली।

आंखों में सपने और मन में विश्वास से भरी नई-नई लॉ ग्रेजुएट के तौर पर मैं अपने सीनियर से पूछे बिना नहीं रह पाई, 'इस आदमी को बचाकर आपको अपराधी महसूस नहीं हुआ?' वो बस मुस्कुरा दिए और मैं बेचारगी से भर गई।

आख़िरकार, जब सुप्रीम कोर्ट ने हाई कोर्ट के फ़ैसले को पलट दिया तो एपेक्स स्तर पर इंसाफ़ की जीत हुई। अंत भला तो सब भला!

दिमाग़ी कसरत!

क़ानून एवं अव्यवस्थाः पुलिस पहेली बूझें

1. जब हो जुर्म, तो मैं हूं पहला क़दम,
बिना देरी रिपोर्ट करो पुलिस को उसी दम।
बोलो कौन हूं मैं?

2. जब हो तुम दुखी और निकालनी हो भड़ास
तो भेजना होगा इसे थाने में जो हो तुम्हारे पास
अपने दुख को करते हैं इसमें बयान पूरा
इस काग़ज़ को कहते हैं———

3. फंस गए मुश्किल में, पहुंच गए हवालात तक,
थोड़ा सा होगा ख़र्च, हो जाओगे बाहर रात तक।
नहीं है पूरी आज़ादी, बस है क़ानूनी राहत,
ये है भुगतान, पाने को———

4. जब पुलिस पकड़ती है, तो करती है जांच
हाथों में हथकड़ी, होते हैं आप ———

5. जांच के बाद, जुटाए जाते हैं सबूत,
आरोपों की बनती है सूची, लग सकता है टाइम।
ये है दस्तावेज़ औपचारिक, इंसाफ़ की चौखट,
आरोपों की इस सूची को कहते हैं ———

उत्तर:

1. एफ़आईआर, 2. शिकायतनामा, 3. ज़मानत, 4. गिरफ़्तार, 5. आरोप पत्र

उपसंहार

सब समेटें और आगे बढ़ें

बधाई हो! अगर आप सारी किताब पढ़ने के बाद इस सेक्शन तक आ पहुंची हैं तो अब आप क़ानूनी रूप से जागरूक और सशक्त महिला बन गई हैं। उम्मीद है क्विज़, पहेलियों और गतिविधियों के साथ मज़े करते हुए आपने चैप्टर दर चैप्टर ख़ुद को शिक्षित करने, और एक आसान तरीक़े से क़ानून की पेचीदा अवधारणाओं को समझने के इस सफ़र का आनंद लिया होगा।

इस किताब के ज़रिए मैं चाहती थी कि आप न केवल क़ानून के बारे में जानें, बल्कि इस बारे में सवाल करने योग्य भी हो सकें कि हमारी महिलाओं के बेहतर सशक्तीकरण के लिए क्या किया जाना चाहिए। अब तक, मुझे यक़ीन है कि आप यह तो जान ही गई होंगी कि भारत में महिलाओं के पक्ष में मज़बूत क़ानून हैं, लेकिन काग़ज़ों पर मिले अधिकार असल जीवन में हमेशा हासिल नहीं होते हैं। सबसे बड़ी समस्या, जिसने भारतीय क़ानून प्रक्रिया को त्रस्त कर रखा है, क़ानूनों का लचर क्रियान्वयन और सुस्त अदालती प्रणाली है।

इसलिए, यह हम सबके लिए ही ज़रूरी है कि अपने अधिकारों के लिए आवाज़ उठाएं, उन्हें अमल में लाने की मांग करें, और अपने क़ानून-निर्माताओं और क़ानूनी संस्थानों से सवाल करें। जितना हम सवाल करेंगे, उतना ही वो हमें हल्के में लेना कम करेंगे। निर्भया गैंगरेप के बाद का विशाल

विरोध प्रदर्शन याद है? उस आंदोलन की वजह से सख़्त बलात्कार क़ानून बनाए गए थे। इसी तरह, #मीटू आंदोलन ने वर्कप्लेस पर होने वाले यौन शोषण के बारे में बेहतर जागरूकता पैदा की थी, और पॉश क़ानून का नाम घर-घर में पहुंचा दिया। बेशक, अभी बहुत काम किया जाना है, लेकिन निश्चित रूप से यह एक शुरुआत है। डियर रीडर, इसी तरह क्रांतियां शुरू होती हैं और भारत में क़ानूनी अधिकारों की क्रांति आपसे शुरू हो सकती है।

अब आप क्या कर सकती हैं?

इस बात को फैलाएं! अपने आसपास की महिलाओं की उनके क़ानूनी अधिकारों को समझने में मदद करके उनकी स्थिति सुधारें। चलिए, सशक्तीकरण की एक चेन बनाएं जो हममें से हरेक से शुरू हो। विदा लेने से पहले एक आख़री मज़ेदार एक्टिविटी करते हैं: अपने आसपास की किन्हीं पांच महिलाओं को उनके अधिकारों के बारे में जानकारी दें। उन्हें इस किताब के बारे में बताएं या यह उन्हें गिफ़्ट ही कर दें।

अंत में, कुछेक बातें याद दिलाकर मैं आपसे इजाज़त लूंगी, जिन्हें उम्मीद है कि आप अपनी ज़िंदगी के हर पहलू में लागू कर सकती हैं:

1. बोलें। ख़ामोशी से कष्ट सहना बंद करें।
2. हमेशा हर बात को दर्ज करें, ताकि अगर आप कोई कार्रवाई करने का फ़ैसला करें तो आपके पास सबूत हों।
3. आर्थिक और भावात्मक रूप से आत्मनिर्भर बनें जिससे आप उस तरह से ज़िंदगी जी सकें जैसे आप चाहती हैं।
4. अपने आसपास एक सपोर्ट सिस्टम बनाएं, चाहे वो दोस्तों का हो या परिवार का।
5. मुश्किल सवाल पूछने से घबराएं नहीं।

केवल इसलिए दमकना बंद न करें कि कोई आपके आभामंडल से घबराता है!

क्विज़ टाइम!

बताइए सच है या झूठ!

अब जबकि आप इस किताब के अंत पर पहुंच गई हैं, तो समय है कि अपने दिमाग़ की कसरत करें और अपनी जानकारी का इम्तेहान लें। तो कमर कस लें!

मेरी बात मानें: जवाब देखने की तरफ न जाएं! अगर आप किसी सवाल पर अटक जाएं, तो उसके चैप्टर को एक बार फिर से समझें।

1. फ्रेशर प्रीति कॉलेज में पॉपुलर सीनियर कबीर की नज़र में बस जाती है। उसे देखने के साथ ही वो कह देता है कि प्रीति उसकी गर्लफ्रेंड है और जाकर बिना उसकी सहमति के उसे किस कर लेता है। यह सेक्शुअल हैरेसमेंट है। सही या ग़लत?
2. मोलेस्टेशन तभी ग़ैरक़ानूनी है जब कोई अजनबी करे। सही या ग़लत?
3. अगर ख़ुशी रवि से कहना चाहती है कि वो सेक्स के लिए सहमत नहीं है, तो उसे साफ़-साफ़ कहना होगा, 'नहीं, मैं नहीं करना चाहती।' सही या ग़लत?

4. अगर आप अपनी मर्ज़ी से अपनी बोल्ड फ़ोटो अपने बॉयफ्रेंड को भेजती हैं, और वो उन्हें अपने दोस्तों में लीक कर दे तो क़ानून आपका बचाव नहीं करेगा। सही या ग़लत?
5. अगर कोई ट्रोल अभिनेत्री रश्मिका मंदाना का डीपफ़ेक वीडियो बनाता है, तो वो साइबर क्राइम पुलिस में शिकायत दर्ज कर सकती हैं। सही या ग़लत?
6. अगर मैं आर्थिक रूप से अपने पति पर निर्भर हूं, और अपना गुज़ारा चलाने के लिए वो मुझे पर्याप्त पैसे नहीं देते हैं, तो इसे घरेलू हिंसा के अंतर्गत माना जाएगा। सही या ग़लत?
7. घरेलू हिंसा के ख़िलाफ़ समाधान मेरे पति के ही नहीं, बल्कि ससुरालवालों के ख़िलाफ़ भी उपलब्ध हैं। सही या ग़लत?
8. अगर मैं वर्क फ्रॉम होम करती हूं, तो वर्कप्लेस पर सेक्शुअल हैरेसमेंट के संदर्भ में ज़ूम कॉल को मेरा 'वर्कप्लेस' माना जाएगा। सही या ग़लत?
9. अगर मेरा बॉस मेरे साथ देर रात को अकेले मीटिंग रखने की कोशिश करता है, और मैं सहज नहीं हूं, तो मैं इस मुद्दे को पॉश अधिनियम के तहत उठा सकती हूं। सही या ग़लत?
10. हर महिला को पच्चीस हफ़्ते की सवैतनिक मैटरनिटी लीव मिलती है। सही या ग़लत?
11. मेरी मैटरनिटी लीव के दौरान मेरे एंप्लॉयर मुझे नौकरी से निकाल सकते हैं क्योंकि मैं संस्था में अपना योगदान नहीं दे रही हूं। सही या ग़लत?
12. अगर मेरे पास शादी की फ़ोटो हैं तो शादी का रजिस्ट्रेशन करवाना अनिवार्य नहीं है। सही या ग़लत?
13. भारत में विवाह-पूर्व समझौते ग़ैरक़ानूनी हैं। सही या ग़लत?
14. विवाह के बाद क़ानूनन मुझे अपना सरनेम बदलना होगा। सही या ग़लत?

15. अपने पति से तलाक़ मांगने का मेरा अधिकार मेरे धर्म पर निर्भर करता है। सही या ग़लत?
16. भारत में लिव-इन रिलेशनशिप ग़ैरक़ानूनी हैं। सही या ग़लत?
17. एक महिला होने के नाते मुझे अपनी प्रॉपर्टी अपने प्रियजनों को देने का अधिकार नहीं है। सही या ग़लत?
18. अगर मेरी बस एक ही संतान है तो मुझे वसीयत बनाने की ज़रूरत नहीं है। सही या ग़लत?
19. भारत में गर्भकाल के बीस हफ़्ते तक बिना कोई सवाल पूछे गर्भपात करवाने की अनुमति है। सही या ग़लत?
20. जिन क़ानूनों के तहत मैं बच्चा गोद ले सकती हूं, वो मेरे धर्म के आधार पर भिन्न होते हैं। सच कि झूठ?
21. नए सरोगेसी (विनियमन) क़ानून, 2021 के बाद भारत में सरोगेसी पूरी तरह से प्रतिबंधित है। सही या ग़लत?
22. दीवानी और फ़ौजदारी दोनों तरह के अपराधों के लिए पुलिस में शिकायत दर्ज की जा सकती है। सही या ग़लत?
23. एक महिला होने के नाते मुझे सूरज ढलने के बाद और सूरज निकलने से पहले गिरफ़्तार नहीं किया जा सकता। सही या ग़लत?
24. मैं अपना कोर्ट केस ख़ुद नहीं लड़ सकती। अपनी पैरवी करने के लिए मुझे वकील की ज़रूरत होगी। सही या ग़लत?
25. एक महिला होने के नाते मुझे भारत की किसी भी अदालत में मुफ़्त क़ानूनी सहायता पाने का अधिकार है। सही या ग़लत?

बहुत ख़ूब!

आपका स्कोर क्या है? ——/25

उत्तर:

1. सही। सेक्शुअल मंशा के साथ, और व्यक्ति की सहमति के बिना किया गया कोई भी शारीरिक स्पर्श सेक्शुअल हैरेसमेंट होता है। 2. ग़लत। इससे फ़र्क़ नहीं पड़ता कि मोलेस्ट करने वाला कौन है। 3. ग़लत। सहमति, या असहमति को किसी भी रूप में (शब्दों, शारीरिक भाषा, या संकेतों के ज़रिए भी) व्यक्त किया जा सकता है। 4. ग़लत। यह मायने नहीं रखता कि वो फ़ोटो अपनी मर्ज़ी से भेजे गए थे या नहीं। मायने बस यह रखता है कि आपने उन्हें शेयर करने की सहमति नहीं दी थी। 5. सही। 6. सही। इसे आर्थिक शोषण माना जाएगा। 7. सही। वो ऐसे किसी भी संबंधी के ख़िलाफ़ उपलब्ध होते हैं जिनके साथ आप रहती हैं। 8. सही। 9. सही। आप अपने बॉस से कहने की कोशिश कर सकती हैं कि आप सहज नहीं हैं। अगर वो न सुनें, तो आप पॉश कमेटी में या अपने ऑफ़िस के एचआर में शिकायत दर्ज कर सकती हैं। 10. ग़लत। यह अवधि छब्बीस हफ़्ते है। 11. ग़लत। मैटरनिटी लीव के दौरान आपको निकाला या डिमोट नहीं किया जा सकता। 12. ग़लत। भारत में विवाह का रजिस्ट्रेशन अनिवार्य है। 13. ग़लत। वो ग्रे एरिया में आते हैं (विस्तृत जानकारी के लिए संबंधित सेक्शन देखें)। 14. ग़लत। क़ानूनन आपके लिए सरनेम बदलना अनिवार्य नहीं है। 15. सही। 16. ग़लत। वो क़ानूनी हैं, लेकिन उनके लिए कोई संहिताबद्ध क़ानून नहीं है। 17. ग़लत। आप अपनी प्रॉपर्टी की इंचार्ज हैं, लेकिन आपके धर्म के अनुसार कुछ प्रतिबंध लागू हो सकते हैं। 18. न सही है न ग़लत। वसीयत पूरी तरह से स्वैच्छिक होती है, लेकिन इस बात की पुरज़ोर सिफ़ारिश की जाती है कि एक संतान होने पर भी आप अपनी वसीयत बनाएं। 19. सही। 20. सही। 21. ग़लत। केवल कमर्शियल सरोगेसी प्रतिबंधित है। परोपकारी सरोगेसी की अनुमति है। 22. ग़लत। यह केवल आपराधिक मामलों के लिए ही दर्ज की जा सकती है। 23. सही। 24. ग़लत। हर कोई अपना केस लड़ सकता है, लेकिन वकील रखना बेहतर रहता है। 25. सही।

आभार

मेरे माता-पिता, शंतनु और डॉ. मधुरा चौधरी, के प्रति जिन्होंने मुझे सबसे बड़े पंखों से उड़ान भरने का हौसला दिया और अपनी उड़ान के लिए मुझे सबसे बड़ा रनवे दिया। मेरे पिता जो हर मुश्किल हालात में मेरे साथ खड़े रहे और मेरी मां जो परेशानी झेलते हुए मुझे मेरी क्लासेज़ में छोड़ने जाती थीं। मेरे पार्टनर, मेरे सबसे अच्छे दोस्त, और अडिग सपोर्ट सिस्टम, अभिषेक महाराजू, मेरे सबसे बड़े चीयरलीडर और आलोचक—शुक्रिया मेरी छोटी से छोटी उपलब्धि पर मुझसे भी ज़्यादा ख़ुश होने के लिए, और जब कभी भी मैं गिरी तो खुली बांहों से मुझे थामने के लिए। साथ मिलकर, आप तीनों वो छतरी हैं जो मुझे बारिश और कड़ी धूप से बचाती है। मेरे बड़े से, स्नेही, विस्तृत परिवार के प्रति आभार—वो परिवार और भाई-बहन होने के लिए शुक्रिया जो मेरे पास नहीं थे!

हार्परकॉलिन्स इंडिया की मेरी संपादक रिद्धिमा कुमार का आभार—यूके में पतझड़ की उस ठंडी रात को आए आपके फ़ोन ने 'लेखक' बनने के मेरे गुपचुप सपने को सच बना दिया। मुझमें विश्वास करने के लिए, इस किसी हद तक तन्हा सफ़र में मुझे गाइड करने और आपके अनमोल सुझावों के लिए शुक्रिया।

मेरे (स्वर्गीय) परदादा का शुक्रिया जिन्होंने अपने लेखन के हुनर (जेनेटिकली!) को मुझे विरासत में दिया और मेरी (स्वर्गीय) मीना अज्जी का जिन्होंने बचपन में ही मेरे अंदर परफ़ेक्शनिज़्म के बीज बो दिए थे। स्कूल में मेरी इंग्लिश की टीचर्स के प्रति आभार जिन्होंने मेरे भाषाई कौशल को मांजा और लॉ स्कूल में मेरी मेंटर प्रोफ़ेसर दीपिका जैन के प्रति भी जिन्होंने मुझे अपने लिए बड़े सपने देखने की ओर मोड़ा। मैं आज जो हूं, उसके एक बड़े हिस्से को उन विरासतों और प्रभावों ने आकार दिया है जिन्होंने मुझे गाइड किया है।

परिवार सरीखे मेरे दोस्तों का आभार जिन्होंने मेरी ज़िंदगी में बेहिसाब ख़ुशियां, रंग और हंसी बिखेरी है—आपमें से कुछ मेरी पांडुलिपि के पहले पाठक थे (आपकी बात कर रही हूं, अज्जू 😊) और मेरा हौसला बढ़ाने के लिए हमेशा मौजूद रहे!

मेरी वर्क टीम का आभार, ख़ासकर पिंक लीगल की युक्ति गुप्ता का, जो तब साथ आ खड़ी हुईं जब अंतिम चरण में मुझे एक्सीलरेटर को दबाना था, और वो शख़्स होने के लिए भी जिस पर मैं भरोसा कर सकती हूं। साथ ही, मैं लगातार बढ़ते पिंक लीगल समुदाय की भी आभारी हूं, उस बेशुमार प्यार के लिए जो उन्होंने हमारे काम पर लुटाया है।

ऑक्सफ़ोर्ड में मेरी मनपसंद कॉफ़ी शॉप्स का (जहां मैं बहुत शौक़ से अक्सर जाती थी) और ऑक्सफ़ोर्ड यूनियन लाइब्रेरी का भी शुक्रिया जिसने अपनी किताब लिखने के लिए मुझे एकदम सटीक-सुंदर पृष्ठभूमि प्रदान की, और पूरे वक़्त मुझे ऐसा महसूस करवाया जैसे मैं विद्वानों के बीच हूं।

और अंत में, अपने प्रति मेरा आभार—इस सफ़र पर निकलने के लिए, इसके लिए ज़रूरी मेहनत करने के लिए, और उन थकान भरे वीकएंड और देर रात तक लिखने की मैराथनों के दौरान भी हार न मानने के लिए। तुमने कर दिखाया, दोस्त!

एक और बात: हमारी ज़िंदगी में बेपनाह ख़ुशियां लाने के लिए अगर मैंने अपने पपी रोमियो का शुक्रिया नहीं कहा तो यह आभार अधूरा रह जाएगा। ❤

नोट्स

भूमिका

1. क्रोनोलॉजिकल लिस्ट ऑफ सेंट्रल ऐक्ट्स, लेजिस्लेटिव डिपार्टमेंट, https://legislative.gov.in/document-category/list-of-central-acts/, लास्ट एक्सेस्ड ऑन 22 नवम्बर 2024।

1. ऐसा तो नहीं चाहा था: सेक्शुअल हैरेसमेंट के लिए कानूनी गाइड

1. भारतीय न्याय संहिता, https://www.mha.gov.in/sites/default/files/250883_english_01042024.pdf, लास्ट एक्सेस्ड ऑन 22 नवम्बर 2024।
2. '86% ऑफ़ रेप्स वर कमिटेड बाय पीपल नोन टू विक्टिम्स: एनसीआरबी', The Times of India, 19 अगस्त 2015, https://timesofindia.indiatimes.com/india/86-of-rapes-were-committed-by-people-known-to-victims-ncrb/articleshow/48544137.cms, लास्ट एक्सेस्ड ऑन 22 नवम्बर 2024।
3. 'इन 2018, इंडिया रिपोर्टेड अ स्टॉकिंग केस एवरी 55 मिनट्स. द एक्चुअल नंबर मे बी ईवन हायर', Scroll, 13 फ़रवरी 2020, https://scroll.in/article/952903/in-2018-india-reported-a-stalking-case-every-55-minutes-the-actual-number-may-be-even-higher, लास्ट एक्सेस्ड ऑन 22 नवम्बर, 2024।

4. 'सिक्योरिटी गार्ड अवॉयड्स जेल बाय ब्लेमिंग बॉलीवुड फ़ॉर स्टॉकिंग हैबिट', The Guardian, 29 जनवरी 2015, https://www.theguardian.com/film/2015/jan/29/security-guard-avoids-jail-by-blaming-bollywood-for-stalking-habit, लास्ट एक्सेस्ड ऑन 29 अगस्त 2024।
5. 'मुंबई कैबी हेल्ड फ़ॉर फ़्लैशिंग ऐट पैसेंजर हू फ़िल्म्ड ऐक्ट', The Times of India, 2 जुलाई 2019, https://timesofindia.indiatimes.com/city/mumbai/cabbie-held-for-flashing-at-passenger-who-filmed-act/articleshow/70030581.cms, लास्ट एक्सेस्ड ऑन 29 अगस्त 2024।
6. 'मैन फ़्लैशेज ऐट अ गर्ल इन ऐन एटीएम इन मुंबई, शी गेट्स हिम अरेस्टेड', The Quint, 13 मई 2019, https://www.thequint.com/gender/mumbai-man-flashed-woman-inside-atm-she-got-him-arrested, लास्ट एक्सेस्ड ऑन 29 अगस्त 2024।
7. 'मैरीटल रेप इज़ नॉट अ क्राइम इन 32 कंट्रीज़. वन ऑफ़ देम इज़ इंडिया', News18, 26 ऑगस्ट 2021, https://www.news18.com/news/india/marital-rape-is-not-a-crime-in-32-countries-one-of-them-is-india-4130363.html, लास्ट एक्सेस्ड ऑन 19 फ़रवरी 2025।
8. 'द अक्विटल इन द महमूद फ़ारूक़ी केस: अ मिरर टू अस ऑल', Bar and Bench, 30 सितम्बर 2017, https://www.barandbench.com/columns/acquittal-mahmood-farooqui-case, लास्ट एक्सेस्ड ऑन 29 ऑगस्ट 2024।
9. 'द फ़ारूक़ी जजमेंट्स इंटरप्रिटेशन ऑफ़ कंसेंट इग्नोर्स डिकेड्स ऑफ़ रेप-लॉ रिफ़ॉर्म एंड कैटास्ट्रोफ़िकली अफ़ेक्ट्स रेप अजुडिकेशन', Caravan, 7 अक्टूबर 2017, https://caravanmagazine.in/vantage/farooqui-judgment-consent-ignores-rape-law-reform-catastrophically-affects-adjudication, लास्ट एक्सेस्ड ऑन 29 अगस्त 2014।

2. साइबरबुलिंग: अदृश्य ख़तरा

1. 'एनुअल रिपोर्ट 2020–2021', नेशनल कमिशन फ़ॉर विमेन, https://ncwapps.nic.in/pdfReports/Annual_Report_2020_21_English_Full.pdf, लास्ट एक्सेस्ड ऑन 30 अगस्त 2024।

2. 'ऑनलाइन ट्रोलिंग ऑफ़ इंडियन विमेन इज़ ओनली एन एक्सटेंशन ऑफ़ द एवरीडे हैरसमेंट दे फेस', The wire, 8 जुलाई 2018, https://thewire.in/women/online-trolling-of-indian-women-is-only-an-extension-of-the-everyday-harassment-they-face, लास्ट एक्सेस्ड ऑन 30 अगस्त 2024।
3. 'स्टेट ऑफ़ वेस्ट बंगाल वर्सेस बॉक्सी', ग्लोबल फ्रीडम ऑफ़ एक्सप्रेशन (कोलंबिया यूनिवर्सिटी), https://globalfreedomofexpression.columbia.edu/cases/state-of-west-bengal-v-boxi/, लास्ट एक्सेस्ड ऑन 31 अगस्त 2024।
4. 'सुभ्रांशु राउट वर्सेस स्टेट ऑफ़ ओडिशा', इंडियन कानून, https://indiankanoon.org/doc/6266786/, लास्ट एक्सेस्ड ऑन 31 अगस्त 2024।
5. 'दिल्ली पुलिस नैब्स साइबर स्टॉकर फ़ॉर हैरासिंग, इश्यूइंग डेथ थ्रेट्स टू वुमन', India Today, 26 जुलाई 2022, https://www.indiatoday.in/cities/delhi/story/delhi-police-nabs-cyber-stalker-harassing-issuing-death-threats-woman-1980062-2022-07-26, लास्ट एक्सेस्ड ऑन 31 अगस्त 2024।
6. 'रेग्युलेटिंग डीपफ़ेक्स एंड जेनरेटिव एआई इन इंडिया | एक्सप्लेंड', The Hindu, 4 दिसम्बर 2023, https://www.thehindu.com/news/national/regulating-deepfakes-generative-ai-in-india-explained/article67591640.ece, लास्ट एक्सेस्ड ऑन 31 अगस्त 2024।
7. आइबिड
8. 'एंटी-साइबर बुलिंग लॉज़ इन इंडिया—एन एनालिसिस', Mondaq, 1 अक्टूबर 2020, https://www.mondaq.com/india/crime/989624/anti-cyber-bullying-laws-in-india---an-analysis#_ftn8, लास्ट एक्सेस्ड ऑन 31 अगस्त 2024।
9. आइबिड
10. द इन्फ़ॉर्मेशन टेक्नोलॉजी (इंटरमीडियरी गाइडलाइन्स एंड डिजिटल मीडिया एथिक्स कोड) रूल्स, 2021, https://www.meity.gov.in/writereaddata/files/Information%20Technology%20%28Intermediary%20Guidelines%20and%20Digital%20Media%20Ethics%20Code%29%20Rules%2C%202021%20%28updated%2006.04.2023%29-.pdf, लास्ट एक्सेस्ड ऑन 22 नवम्बर 2024।

11. 'वडोदरा: शुभम मिश्रा अरेस्टेड फ़ॉर 'रेप थ्रेट' टू स्टैंड-अप कॉमेडियन', The Times of India, 13 जुलाई 2020, https://timesofindia.indiatimes.com/city/vadodara/vadodara-shubham-mishra-arrested-for-rape-threat-to-stand-up-comedian/articleshow/76928687.cms, लास्ट एक्सेस्ड ऑन 22 नवम्बर 2024।

3. काम, काम, काम: वर्कप्लेस पर आपके राइट्स

1. 'विक्रमादित्य मोटवाने ऑन फ़ैंटम्स डिसोल्यूशन पोस्ट #मीटू: वी कुड हैव हैंडल्ड इट बेटर', Mid-day, 27 अप्रैल 2023, https://www.mid-day.com/entertainment/web-series/article/vikramaditya-motwane-on-phantoms-dissolution-post-metoo-we-couldve-handled-it-better-exclusive-23283211, लास्ट एक्सेस्ड ऑन 19 फ़रवरी 2025।
2. 'एमजे अकबर: इंडिया एक्स-मिनिस्टर लूज़ेस #मीटू डिफ़ेमेशन केस टू प्रिया रमानी', BBC, 17 फ़रवरी 2021, https://www.bbc.com/news/world-asia-india-56006498।
3. सी, 'ऐक्ट्स/रूल्स/एडवाइज़रीज़/जजमेंट्स रिगार्डिंग सेक्शुअल हैरेसमेंट ऑफ़ विमेन ऐट वर्कप्लेस (प्रिवेंशन, प्रोहिबिशन एंड रिड्रेसल) ऐक्ट 2013', मिनिस्ट्री ऑफ़ स्किल डेवलपमेंट एंड एंटरप्रेन्योरशिप, https://www.msde.gov.in/en/useful-links/sexual-harassment, लास्ट एक्सेस्ड ऑन 22 नवम्बर 2024।
4. 'द सेक्शुअल हैरेसमेंट ऑफ़ विमेन ऐट वर्कप्लेस (प्रिवेंशन, प्रोहिबिशन एंड रिड्रेसल) ऐक्ट, 2013', मिनिस्ट्री ऑफ़ विमेन एंड चाइल्ड डेवलपमेंट को https://wcd.gov.in/documents/legislations, पर जाकर देखें, लास्ट एक्सेस्ड ऑन 1 सितम्बर, 2024 और हैंडबुक ऑन सेक्शुअल हैरेसमेंट ऑफ़ विमेन ऐट वर्कप्लेस (प्रिवेंशन, प्रोहिबिशन एंड रिड्रेसल) ऐक्ट, 2013 को https://financialservices.gov.in/beta/sites/default/files/2024-08/HANDBOOK-POSH.pdf पर जाकर देखें, लास्ट एक्सेस्ड ऑन 1 सितम्बर, 2024। लास्ट एक्सेस्ड ऑन 22 नवम्बर 2024।
5. द कोड ऑन वेजेस, 2019, https://labour.gov.in/sites/default/files/the_code_on_wages_as_introduced.pdf, लास्ट एक्सेस्ड ऑन 22 नवम्बर 2024।

6. 'यूनिवर्सिटी ग्रांट्स कमिशन (मिनिमम स्टैंडड्र्स एंड प्रोसीज़र फ़ॉर अवॉर्ड ऑफ़ एम.फिल./पीएच.डी. डिग्रीज़) रेग्युलेशन्स, 2016', मिनिस्ट्री ऑफ़ ह्यूमन रिसोर्स डेवलपमेंट, 5 मई 2016, https://gndu.ac.in/dor/pdfs/UGCRegulations.pdf, लास्ट एक्सेस्ड ऑन 1 सितम्बर 2024।
7. 'मेटरनिटी बेनिफ़िट्स ग्रांटेड बियॉन्ड द कॉन्ट्रैक्चुअल टर्म इन फ़िक्स्ड टर्म कॉन्ट्रैक्ट्स', सायरिल अमरचंद मंगलदास, 14 मई 2024, https://corporate.cyrilamarchandblogs.com/2024/05/maternity-benefits-granted-beyond-the-contractual-term-in-fixed-term-contracts/, लास्ट एक्सेस्ड ऑन 1 सितम्बर 2024।
8. 'डिनाइंग विमेन चाइल्डकेयर लीव वायोलेशन ऑफ़ कांस्टीट्यूशन: सुप्रीम कोर्ट', बिज़नेस स्टैंडर्ड, 23 अप्रैल 2024, https://www.business-standard.com/india-news/denying-women-childcare-leave-violation-of-constitution-supreme-court-124042300327_1.html, लास्ट एक्सेस्ड ऑन 1 सितम्बर 2024।
9. 'वुमन रिक्वेस्ट्स हर हज़्बैंड पेज़ हर $50,000 टू कॉम्पनसेट फ़ॉर लॉस्ट सैलरी आफ्टर चाइल्डबर्थ: "आइकॉनिक एंड रेवोल्यूशनरी"', द इंडिपेंडेंट, 9 मार्च 2022, https://www.independent.co.uk/life-style/health-and-families/pregnancy-compensation-mother-pay-gap-b2031258.html, लास्ट एक्सेस्ड ऑन 1 सितम्बर 2024।

4. बंद दरवाज़ों के पीछे: घरेलू हिंसा

1. 'हाई कोर्ट अपहोल्ड्स ₹3-करोड़ कॉम्पनसेशन टू वुमन इन डोमेस्टिक वायलेंस केस', NDTV, 27 मार्च 2024, https://www.ndtv.com/india-news/high-court-upholds-rs-3-crore-compensation-to-woman-in-domestic-violence-case-5316410, लास्ट एक्सेस्ड ऑन 31 अगस्त 2024।

5. शादी की डगर: ख़ुद को कैसे सुरक्षित रखें

1. 'द कोड ऑन वेजेस, 2019, मैरिज ऑफ़ माइनर मुस्लिम गर्ल्स | सुप्रीम कोर्ट टू चेक लीगैलिटी ऑफ़ पर्सनल लॉ', The Hindu, 13 जनवरी 2023, https://www.thehindu.com/news/national/supreme-court-to-

examine-whether-girls-aged-15-can-be-married-off-under-muslim-personal-law-when-statutes-make-it-an-offence/article66373319.ece, लास्ट एक्सेस्ड ऑन 22 नवम्बर 2024।

2. 'केस इन सुप्रीम कोर्ट: कैन ऐन अंडरएज मुस्लिम गर्ल मैरी आफ्टर अटेनिंग प्यूबर्टी?', The Indian Express, 14 जनवरी 2023, https://indianexpress.com/article/explained/explained-law/supreme-court-to-examine-whether-an-underage-muslim-girl-can-marry-after-attaining-puberty-what-is-the-case-8380620/, लास्ट एक्सेस्ड ऑन 1 सितम्बर 2024।
3. 'पॉलीगेमी: मुस्लिम विमेन इन इंडिया फ़ाइट "एबॉरेंट" प्रैक्टिस', BBC, 10 मई 2022, https://www.bbc.com/news/world-asia-india-61351784, लास्ट एक्सेस्ड ऑन 1 सितम्बर 2024।
4. https://vakilsearch.com/online-name-change
5. 'प्रेनप्शुअल एग्रीमेंट्स नॉट एनफ़ोर्सेबल इन इंडिया बट कैन बी कंसिडर्ड टू डिटर्मिन पार्टीज़ इंटेंट: मुंबई कोर्ट', Live Law, 10 अक्टूबर 2023, https://www.livelaw.in/news-updates/prenuptial-agreement-in-india-marriage-divorce-239698, लास्ट एक्सेस्ड ऑन 1 सितम्बर 2024।
6. फ़ॉर मोर, सी: 'फ़ैमिली प्रेशर ऑफ़ मैरिज ऑन डॉटर एंड इंडियन लॉज़', वैष्णवी शेखर पवार, लीगल सर्विस इंडिया, https://www.legalserviceindia.com/legal/article-3584-family-pressure-of-marriage-on-daughter-and-indian-laws-.html, लास्ट एक्सेस्ड ऑन 1 सितम्बर 2024।
7. फ़ॉर मोर, सी: मैरिजेज़ टू ओवरसीज़ इंडियंस, https://mea.gov.in/images/pdf/marriages-to-overseas-indians-booklet.pdf, लास्ट एक्सेस्ड ऑन 19 अक्टूबर 2024।
8. 'द इवोल्यूशन ऑफ़ डाउरी इन रूरल इंडिया: 1960–2008', World Bank Blogs, 30 जून 2021, https://blogs.worldbank.org/en/developmenttalk/evolution-dowry-rural-india-1960-2008?cid=SHR_BlogSiteShare_EN_EXT, लास्ट एक्सेस्ड ऑन 1 सितम्बर 2024।

9. '19 विमेन वर किल्ड फ़ॉर डाउरी एवरी डे इन 2020: एनसीआरबी', CNBC, 16 सितम्बर 2021, https://www.cnbctv18.com/india/19-women-were-killed-for-dowry-every-day-in-2020-ncrb-10758421.htm, लास्ट एक्सेस्ड ऑन 1 सितम्बर 2024।

6. तलाक़: बाहर निकलने का विकल्प

1. द हिंदू मैरिज ऐक्ट, 1955, Indian Kanoon, https://indiankanoon.org/doc/1284729/, लास्ट एक्सेस्ड ऑन 22 नवम्बर 2024।
2. 'वियरिंग सिंदूर इज़ "रिलिजियस ड्यूटी" ऑफ़ मैरिड वुमन: इंदौर फ़ैमिली कोर्ट', Hindustan Times, 28 मार्च 2024, https://www.hindustantimes.com/trending/wearing-sindoor-is-religious-duty-of-married-woman-indore-family-court-101711599302376.html, लास्ट एक्सेस्ड ऑन 1 सितम्बर 2024।
3. 'रिमूवल ऑफ़ मंगलसूत्र बाय वाइफ़ इज़ मेंटल क्रुएल्टी ऑफ़ हाईएस्ट ऑर्डर: मद्रास एचसी', The Indian Express, 16 जुलाई 2022, https://indianexpress.com/article/cities/chennai/removal-of-mangalsutra-by-wife-is-mental-cruelty-of-highest-order-madras-hc-8030242/, लास्ट एक्सेस्ड ऑन 1 सितम्बर 2024।
4. 'दिल्ली कोर्ट ग्रांट्स क्रिकेटर शिखर धवन डिवोर्स फ्रॉम वाइफ़ आयशा मुखर्जी ऑन ग्राउंड ऑफ़ मेंटल क्रुएल्टी; अलाउज़ विज़िटेशन राइट्स टू मीट सन इन ऑस्ट्रेलिया', The Economic Times, 5 अक्टूबर 2023, https://economictimes.indiatimes.com/magazines/panache/delhi-court-grants-cricketer-shikhar-dhawan-divorce-from-wife-aesha-mukerji-on-ground-of-mental-cruelty-allows-visitation-rights-to-meet-son-in-australia/articleshow/104177189.cms?from=mdr, लास्ट एक्सेस्ड ऑन 1 सितम्बर 2024।
5. 'सानिया मिर्ज़ा ऑप्टेड फ़ॉर अ "ख़ुला" फ्रॉम शोएब मलिक, वाज़ "टायर्ड" ऑफ़ एक्स-हज़्बैंड्स रोविंग आइज़', The Economic Times, 22 जनवरी 2024, https://economictimes.indiatimes.com/magazines/panache/sania-mirza-opted-for-a-khula-from-shoaib-malik-

was-tired-of-ex-husbands-roving-eyes/articleshow/107024232.cms?from=mdr, लास्ट एक्सेस्ड ऑन 1 सितम्बर 2024।

6. 'सुप्रीम कोर्ट टू रिव्यू केरल वर्डिक्ट ऑन मुस्लिम विमेन्स यूनिलैटरल राइट टू डिवोर्स', India Today, 3 अप्रैल 2024, https://www.indiatoday.in/law/story/supreme-court-to-examine-kerala-hc-verdict-on-muslim-women-absolute-right-to-divorce-through-khula-2522710-2024-04-03, लास्ट एक्सेस्ड ऑन 1 सितम्बर 2024।
7. 'बॉम्बे हाई कोर्ट टेल्स वुमन टू पे मेंटिनेंस टू अनएम्प्लॉयड, इल हज़्बैंड', India Today, 12 अप्रैल 2024, https://www.indiatoday.in/law/story/bombay-high-court-tells-woman-to-pay-maintenance-to-unemployed-ill-husband-2526212-2024-04-12, लास्ट एक्सेस्ड ऑन 1 सितम्बर 2024।
8. 'महुआ मोइत्रा रो: हू हैज़ द राइट टू हेनरी? हियर्स व्हाट लॉयर्स से अबाउट पेट कस्टडी डिस्प्यूट्स', Scroll, 29 अक्टूबर 2023, https://scroll.in/article/1058197/mahua-moitra-row-who-has-the-right-to-henry-heres-what-lawyers-say-about-pet-custody-disputes, लास्ट एक्सेस्ड ऑन 1 सितम्बर 2024।
9. 'व्हाय डिवोर्स रेट्स आर इन्क्रीसिंग इन इंडिया? नो इट्स 5 की पॉइंट्स', DNA, 10 अक्टूबर 2022, https://www.dnaindia.com/lifestyle/report-why-divorce-rates-are-increasing-in-india-know-it-s-5-key-points-2991666, लास्ट एक्सेस्ड ऑन 1 सितम्बर 2024।
10. 'मैन वेलकम्स बैक डॉटर विद "बारात" आफ्टर शी फ़ाइल्स फ़ॉर डिवोर्स', Deccan Herald, 23 अक्टूबर 2023, https://www.deccanherald.com/india/jharkhand/man-welcomes-back-daughter-with-baraat-after-she-files-for-divorce-2737917, लास्ट एक्सेस्ड ऑन 1 सितम्बर 2024।
11. 'मोर इंडियन मेन रिमैरी दैन विमेन', Live Mint, 7 जुलाई 2016, https://www.livemint.com/Politics/QSxPeMsexmgw5s09lgArrN/More-Indian-men-remarry-than-women.html, लास्ट एक्सेस्ड ऑन 1 सितम्बर 2024।

7. लिव-इन रिलेशनशिप: गठबंधन करें या नहीं?

1. 'मोर विमेन सपोर्टिंग लिव-इन रिलेशनशिप्स: सर्वे', The Indian Express, 20 मई 2018, https://indianexpress.com/article/lifestyle/more-women-supporting-live-in-relationships5184419/, लास्ट एक्सेस्ड ऑन 1 सितम्बर 2024।
2. 'इंद्रा सरमा वि. वीकेवी सरमा', Indian Kanoon, https://indiankanoon.org/doc/192421140/, लास्ट एक्सेस्ड ऑन 22 नवम्बर 2024।
3. '"लिव-इन रिलेशन्स आर टेम्परारी एंड टाइमपास": इलाहाबाद एचसी रिजेक्ट्स पुलिस प्रोटेक्शन प्ली बाय इंटरफ़ेथ कपल', The Economic Times, 26 अक्टूबर 2023, https://economictimes.indiatimes.com/news/india/live-in-relations-are-temporary-timepass-allahabad-hc-rejects-police-protection-plea-by-interfaith-couple/articleshow/104720245.cms?from=mdr, लास्ट एक्सेस्ड ऑन 1 सितम्बर 2024।

8. धन दा मामला: पछताने से बेहतर है प्लान करें

1. 'हज़बैंड हैज़ नो कंट्रोल ओवर वाइफ़्स "स्त्रीधन", रूल्स सुप्रीम कोर्ट', India Today, 26 अप्रैल 2024, https://www.indiatoday.in/law/supreme-court/story/supreme-court-husband-no-control-wife-property-woman-stridhan-2531855-2024-04-26, लास्ट एक्सेस्ड ऑन 12 सितम्बर 2024।
2. 'इक्वल इनहेरिटेंस राइट्स: व्हाय डॉ. शीना शुकूर रिमैरिड अंडर स्पेशल मैरिज ऐक्ट 1954', Outlook, 17 अप्रैल 2023, https://www.outlookindia.com/national/fight-for-equal-inheritance-why-dr-sheena-shukoor-remarried-under-special-marriage-act-1954-news-279215, लास्ट एक्सेस्ड ऑन 12 सितम्बर 2024।

9. प्रजनन अधिकार: आपका शरीर, आपका चुनाव

1. 'रिपोर्ट: 67% अबॉर्शन्स इन इंडिया अनसेफ़, कॉज़ नियरली 8 डेथ्स एवरी डे', The Indian Express, 31 मार्च 2022, https://indianexpress.com/article/india/india-unintended-pregnancy-abortion-7845655/, लास्ट एक्सेस्ड ऑन 12 सितम्बर 2024।

2. 'एक्स वर्सेस द प्रिंसिपल सेक्रेटरी हेल्थ', डी.वाई. चंद्रचूड़, Indian Kanoon, 21 जुलाई 2022, https://indiankanoon.org/doc/134729746/, लास्ट एक्सेस्ड ऑन 12 सितम्बर 2024।
3. द क्राउडसोर्स्ड लिस्ट ऑफ़ गायनेकोलॉजिस्ट्स वी ट्रस्ट इन इंडिया, https://docs.google.com/document/d/17Z8mrQo80A_kYwGN-j9MjH1ppSTWjVxDgYK0njpb6yE/pub
4. 'एक्स वर्सेस द प्रिंसिपल सेक्रेटरी, हेल्थ एंड फ़ैमिली वेलफ़ेयर डिपार्टमेंट, गवर्नमेंट ऑफ़ एनसीटी ऑफ़ दिल्ली एंड एनर.', Live Law, 29 सितम्बर 2022, https://www.livelaw.in/pdf_upload/809-x-v-principal-secretary-health-and-family-welfare-department-govt-of-nct-of-delhi-29-sep-2022-437869.pdf, लास्ट एक्सेस्ड ऑन 19 फ़रवरी 2025।
5. 'जज आस्क्ड सुष्मिता सेन'स फ़ादर इफ़ ही फ़ियर्ड शी वुड नेवर गेट मैरिड आफ्टर अडॉप्टिंग रेनी. दिस इज़ व्हाट ही रिप्लाइड', Hindustan Times, 2 जुलाई 2022, https://www.hindustantimes.com/entertainment/bollywood/judge-asked-sushmita-sen-s-dad-if-he-feared-she-ll-not-get-married-postadoption-101656725490774.html, लास्ट एक्सेस्ड ऑन 22 नवम्बर 2024।
6. 'अडॉप्शन राइट्स इन इंडिया: बॉम्बे एचसी सेज़ अ सिंगल, वर्किंग वुमन इज़ एलिज़िबल टू अडॉप्ट', Her Zindagi, 17 अप्रैल 2023, https://www.herzindagi.com/society-culture/single-working-woman-eligible-to-adopt-abortion-law-and-process-in-india-article-228327, लास्ट एक्सेस्ड ऑन 12 सितम्बर 2024।
7. 'रवीना टंडन ऑन रिपोर्ट्स कॉलिंग हर अडॉप्टेड गर्ल्स "हिडन किड्स": "मस्ट हैव हैड देम आउट ऑफ़ वेडलॉक"', Bollywood Shaadis, 30 मई 2023, https://www.bollywoodshaadis.com/articles/raveena-tandon-recalls-being-trolled-for-adopting-two-girls-at-21-40933, लास्ट एक्सेस्ड ऑन 12 सितम्बर 2024।

लेखिका के बारे में

मानसी चौधरी पुरस्कार विजेता वकील और सामाजिक उद्यमी हैं। आपने ऑक्सफ़ोर्ड यूनिवर्सिटी से शिक्षा प्राप्त की है जहां आपने लॉ और फ़ाइनेंस में मास्टर्स किया था। मानसी पिंक लीगल की संस्थापक और सीईओ हैं, जो महिलाओं को उनके क़ानूनी अधिकारों के बारे में शिक्षित करने वाला भारत का अग्रणी डिजिटल प्लेटफ़ॉर्म है। आपको यूएन वीमन इंडिया द्वारा जेनरेशन इक्वलिटी एलाइ के तौर पर नियुक्त किया गया है। व्यावसायिक रूप से, मानसी की विशेषज्ञता कॉरपोरेट एवं एंटरटेनमेंट लॉ में है, और आपके अनुभव का दायरा हैदराबाद हाई कोर्ट, सुप्रीम कोर्ट और निचली अदालतों तक फैला हुआ है।

महिलाओं के क़ानूनी अधिकारों पर एक विश्वसनीय आवाज़, मानसी को अक्सर यूएन वीमन समेत महिलाओं के लिए आयोजित किए जाने वाले आयोजनों और कार्यशालाओं में वक्ता के तौर पर आमंत्रित किया जाता है। सीधे-सरल और ख़ूबसूरत अंदाज़ में महिला अधिकारों के बारे में जागरूकता पैदा करने के लिए आपने स्थानीय पुलिस कमिश्नरों और मेटा, प्यूमा और टिंडर जैसे ग्लोबल ब्रांड्स के साथ सहयोग किया है। स्कूपव्हूप ने मानसी को भारत की 'टॉप लॉ इन्फ्लुएंसर्स' में नामित किया था और

आप द *टाइम्स ऑफ़ इंडिया,* द *हिंदू, एनडीटीवी, कॉस्मोपॉलिटन मैगज़ीन,* NASDAQ और सिंगापुर के लियान्हे ज़ाओबाओ जैसे कई फ़ेमस मीडिया पब्लिकेशंस में आ चुकी हैं।

मानसी हैदराबाद में रहती हैं, और काम के सिलसिले में अक्सर मुंबई और दिल्ली आती-जाती रहती हैं। आपसे इंस्टाग्राम पर @adv.manasi पर संपर्क किया जा सकता है।

अनुवादक के बारे में

शुचिता मीतल एक लंबे समय से भारतीय अनुवाद परिषद एवं यात्रा बुक्स से जुड़ी हुई हैं। आपने नमिता गोखले की *शकुंतला*; संजीव सान्याल की *मंथन का सागर*; अमीश की *वायुपुत्रों की शपथ*, *रावण*, *अमर भारत: युवा देश, कालातीत सभ्यता*, *धर्म*, *मूर्ति पूजा*; नीलिमा डालमिया आधार की *कस्तूरबा की रहस्यमय डायरी* समेत तीस से अधिक पुस्तकों का अनुवाद किया है।

HarperCollins *Publishers* India

At HarperCollins India, we believe in telling the best stories and finding the widest readership for our books in every format possible. We started publishing in 1992; a great deal has changed since then, but what has remained constant is the passion with which our authors write their books, the love with which readers receive them, and the sheer joy and excitement that we as publishers feel in being a part of the publishing process.

Over the years, we've had the pleasure of publishing some of the finest writing from the subcontinent and around the world, including several award-winning titles and some of the biggest bestsellers in India's publishing history. But nothing has meant more to us than the fact that millions of people have read the books we published, and that somewhere, a book of ours might have made a difference.

As we look to the future, we go back to that one word—a word which has been a driving force for us all these years.

Read.

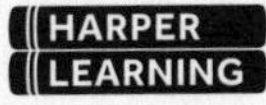